EXCELLENT COURSE

高等院校精品课程系列教材

U0368771

浙江省普通高校"十三五"首批新形态教材
浙江省高等教育重点建设教材
浙江省精品课"国际贸易实务"课程建设成果

国际贸易实务

INTERNATIONAL TRADE PRACTICE

|第4版|

胡丹婷 成蓉 编著

机械工业出版社
CHINA MACHINE PRESS

图书在版编目（CIP）数据

国际贸易实务 / 胡丹婷，成蓉编著 . --4 版 . -- 北京：机械工业出版社，2022.2（2025.1
重印）

高等院校精品课程系列教材

ISBN 978-7-111-55833-0

Ⅰ. ①国…　Ⅱ. ①胡… ②成…　Ⅲ. ①国际贸易 - 贸易实务 - 高等学校 - 教材　Ⅳ. ① F740.4

中国版本图书馆 CIP 数据核字（2022）第 016572 号

　　本书以国际货物买卖为对象，以贸易合同条款为重点，以国际贸易惯例为依据，结合我国对外贸易
实践，系统、完整地介绍了国际货物贸易实务的基本理论和基本知识。相比上一版，本书第 4 版采用了
《国际贸易术语解释通则 2020》的最新内容，增加了"跨境电子商务"一章，更新了案例和教学视频，
理论知识更丰富，实践性更强，更有利于读者学习。

　　本书适合国际经济与贸易专业的师生作为教材使用，还适合 MBA 以及从事进出口业务、国际商
务、涉外经济管理人员作为参考读物。

出版发行：机械工业出版社（北京市西城区百万庄大街 22 号　邮政编码：100037）

责任编辑：施琳琳　　　　　　　　　　　　　　　责任校对：马荣敏

印　　刷：北京捷迅佳彩印刷有限公司　　　　　　版　　次：2025 年 1 月第 4 版第 6 次印刷

开　　本：185mm×260mm　1/16　　　　　　　　印　　张：21.25

书　　号：ISBN 978-7-111-55833-0　　　　　　　定　　价：49.00 元

客服电话：（010）88361066　68326294

前　言
PREFACE
第4版

　　"国际贸易实务"是一门具有涉外活动特点的实践性很强的综合性应用学科课程，是我国普通高等院校和成人教育学院涉外经济专业的一门专业基础课程，更是国际经济与贸易专业的主要基础课程。为了适应国际国内市场环境以及国际贸易惯例的新发展，我们集几十年的教学经验编写了本书。本书在浙江省一流课程、浙江省精品在线开放课程以及浙江省精品课程建设的基础上完成，是浙江省高等教育重点建设教材。第4版基于SPOC（Small Private Online Course）"翻转课堂"教学实践修订，是浙江省普通高校"十三五"首批新形态教材。

　　《国际贸易实务》（第3版）已出版5年并得到读者的喜爱。根据国际贸易实践发展、读者反馈，以及省一流课程、精品在线开放课程建设的成果，本书再版时做了以下调整。

　　（1）更新教材内容。基于《国际贸易术语解释通则2020》（简称《2020年通则》）、《中华人民共和国民法典》[⊖]（简称《民法典》）以及其他国际贸易惯例、法律的最新发展，本书对相关内容做了更新。基于跨境电子商务的快速发展，本书增加了第17章"跨境电子商务"；合并了第10章、第11章，使之更具连贯性，教学安排上也更合理。

　　（2）更新课程教学视频。本书突破一个视频只讲解一个知识点的教条，基于学生的反馈和大学生注意力集中时间的研究成果，一个视频的时长为5～14分钟；对重点内容增加案例分析，以提高学生的学习效率和效果。因此，第4版的视频数量比第3版少，但学习内容更加丰富。

　　────────────

　　⊖　2020年5月28日，中华人民共和国第十三届全国人民代表大会第三次会议通过了《中华人民共和国民法典》。第一千二百六十条：本法自2021年1月1日起施行。《中华人民共和国婚姻法》《中华人民共和国继承法》《中华人民共和国民法通则》《中华人民共和国收养法》《中华人民共和国担保法》《中华人民共和国合同法》《中华人民共和国物权法》《中华人民共和国侵权责任法》《中华人民共和国民法总则》同时废止。

（3）更新拓展资料。在原有拓展资料的基础上，本书增加了《2020 年通则》和《民法典》（合同通则、买卖合同）等内容，删除了一些过时的内容。

（4）更新案例、改变案例的编写方式。本书案例遵循典型性和时代性原则。典型性强调案例在说明知识点时的典型意义以及在实际业务中的普遍意义，时代性强调案例能够反映正在发生的贸易现实。案例不再给出分析过程和结果，而是采用提问的方式，引导分析讨论，提出延伸思考。这样有助于提高学生分析思考的能力。案例解析将连同其他教辅材料（习题答案等）单独提供给教师。

（5）更新附录样单。本书采用实际业务中使用的单据，以求反映进出口业务原貌。

（6）更新部分习题。本书根据实际业务的发展和新修订的内容，更新了部分习题。

与已有的教材相比，本书的创新和特色如下。

（1）将静态的文字与活生生的课堂学习结合。本书采用二维码链接的方式，将课程视频融入教材中，读者可随时随地进入课堂。

（2）将有限的教材链接到无限的网络中。对拓展资料，本书采用二维码链接的方式延伸阅读，减少教材的体量，增加教材的容量，同时提供课程教学网站（https://www.zjooc.cn/），读者可以在网站上下载各种教学资源。

（3）突出案例分析在教学中的作用。本书结合知识点，开辟专栏，引进案例，将课本知识与实际问题结合起来，培养学生思考问题、分析问题的能力。

（4）改变现有教材重视出口贸易而忽略进口贸易的偏向，将出口贸易和进口贸易尽量一视同仁。在所有章节中，本书既讨论出口方的贸易做法，也讨论进口方的贸易做法。例如，在贸易结算中，既阐述出口方的风险和应该注意的问题，也阐述进口方的风险和应该注意的问题；在合同履行中，分别讨论了出口合同和进口合同的履行问题。

（5）在注重国际贸易惯例和相关法律的基础上，重视国内有关法律的介绍和运用。随着改革开放的深入，我国的法律体系不断完善，对我国的进出口业务有重要的规范作用，外贸员不能只知道国际贸易惯例而不了解本国的法律规定。本书在吸收现有教材内容的基础上，将国内有关的法律规定融入了具体的贸易做法和合同条款的介绍之中。

第 4 版由课程主讲教师胡丹婷、成蓉在第 3 版的基础上修订而成。成蓉老师修订了第 7、11、12 章，其余章节内容由胡丹婷修订、增列。书稿由胡丹婷编辑审定。

胡丹婷

2022 年 2 月

教学建议
SUGGESTION

一、线上线下混合式课程教学设计

本书以"学"为中心，基于 SPOC "翻转课堂"教学模式构建"线上学习和线下学习结合、课外自学和课内教学相长"的教学设计。线上教学注重知识目标，线下教学注重能力目标和素质目标。表 S-1 是本书教学设计。

表 S-1　本书教学设计

学习方式	学习目的	线上学习	线下学习
课外自学	学习知识 提出问题	学习社区 网站链接 论坛案例	教材 辅助材料 实践
课内教学	掌握知识 解决问题 提高能力	课程视频 课堂测验 课程作业	分析、思辨、讨论 重点、难点探讨 案例分析、动手操作

1. **以学生为中心**。除了线下课内教学，课外自学、线上学习的时间全部由学生自由支配。缩短必须在教室听课的时间，增加自由支配的时间；缩短线下读教材、听课的时间，增加线上收集资料、听课的时间。对于线上课程视频，学生可以选择自己最愿意、最有效率的时间听课；还可以重复播放，不用担心漏听内容而对后续课程的理解造成困难。

2. **教师主导、学生主体**。为了有效实现"翻转教学"，对学生课外自学、线上听课、作业，教师应给予充分的信息并积极引导，让学生达到"有准备地参加课堂教学、对课堂教学充满期待"的状态。线下课堂教师应针对重点、难点，就学生的问题和案例展开讨论，引导学生展开知识应用、反思与拓展，着力于分析应用能力和综合素质的提高。

3.**开放性的线上作业**。例如，通过网络收集相关案例，参与热点问题讨论，等等。学生通过做作业了解国际贸易方面的热点问题和实际问题，提出与课程有关但不限于课程的问题、案例，激发学习动机，拓宽学习渠道，拓展学习内容，也拓展分析思路，提高学生收集信息、分析问题的能力。

二、线上线下混合式课程教学安排

基于SPOC"翻转课堂"开展线上线下混合教学，教学时间建议：线上1学时、线下2学时，或者线上1学时、线下1学时，以达成最好的教学效果。表S-2是本书教学安排。

表 S-2　本书教学安排

开课序号	视频序号	授课内容	视频时长	线上学时	线下学时[①]
1	第1讲	**商品的品名与品质**		1	2
	1.1	以实物表示品质	8:03		
	1.2	以文字说明表示品质	9:40		
	1.3	合同中的品质条款	7:47		
2	第2讲	**商品的数量**		1	2
	2.1	商品的数量	11:45		
	第3讲	**商品的包装**			
	3.1	商品的包装	12:04		
3	第4讲	**贸易术语FOB**		1	2
	4.1	贸易术语及相关的国际贸易惯例	8:13		
	4.2	贸易术语FOB	14:09		
	4.3	FOB案例分析	7:47		
4	第5讲	**贸易术语CFR、CIF**		1	2
	5.1	贸易术语CFR	11:18		
	5.2	贸易术语CIF	11:37		
	第6讲	**贸易术语FCA、CPT与CIP**			
	6.1	贸易术语FCA	8:38		
	6.2	贸易术语CPT	7:50		
	6.3	贸易术语CIP	7:33		
5	第7讲	**其他贸易术语**		1	2
	7.1	贸易术语EXW、FAS	4:25		
	7.2	贸易术语DAP、DPU、DDP	6:05		
	7.3	《2020年通则》中11种贸易术语总结	3:40		
	第8讲	**佣金、折扣和出口成本核算**			
	8.1	佣金和折扣	4:20		
	8.2	出口成本核算	4:01		
	8.3	合同中的价格条款	4:56		
6	第9讲	**海洋运输**		1	2
	9.1	班轮运输	6:40		
	9.2	租船运输	6:01		
7	第10讲	**运输单据**		1	2
	10.1	海运提单的性质和作用	4:29		
	10.2	海运提单的种类	9:18		
	10.3	其他运输单据	8:55		
	10.4	合同中的装运条款	11:50		

（续）

开课序号	视频序号	授课内容	视频时长	线上学时	线下学时①
8	第 11 讲	**海洋运输货物保险**		1	2
	11.1	保险的概念和基本原则	7:30		
	11.2	海洋运输货物风险、损失和费用	10:44		
	11.3	我国海洋运输货物保险的险别	9:35		
9	第 12 讲	**海洋运输货物其他保险条款**		1	2
	12.1	承保责任的起讫期限和除外责任	5:18		
	12.2	伦敦保险协会海运物保险条款	6:57		
	12.3	保险实务	7:48		
10	第 13 讲	**票据**		1	2
	13.1	票据的含义与特性	13:30		
	13.2	汇票的使用与种类	11:06		
	13.3	票据案例	6:04		
	13.4	本票与支票	11:18		
11	第 14 讲	**汇付与托收**		1	2
	14.1	汇付	8:49		
	14.2	汇付案例	3:50		
	14.3	托收的含义及交单条件	9:20		
	14.4	托收项下的融资方式	6:38		
	14.5	托收案例	5:03		
12	第 15 讲	**信用证**		1	2
	15.1	信用证的含义及基本当事人	8:22		
	15.2	信用证的其他当事人及内容	7:56		
	15.3	信用证的业务程序及案例	12:13		
	15.4	信用证的种类与银行保证书	12:54		
	15.5	合同中的支付条款与支付方式的选择	6:35		
13	第 16 讲	**商品检验与索赔**		1	2
	16.1	商品检验	8:37		
	16.2	索赔	8:51		
	第 17 讲	**不可抗力条款与仲裁条款**			
	17.1	不可抗力	6:59		
	17.2	仲裁	8:59		
14	第 18 讲	**贸易合同的磋商和订立**		1	2
	18.1	交易磋商的一般程序			
	18.2	构成发盘的条件			
	18.3	发盘的有效期、生效和失效			
	18.4	构成接受的条件			
	18.5	贸易合同的签订			
15	第 19 讲	**贸易合同的履行**		1	2
	19.1	出口贸易合同的履行	10:24		
	19.2	进口贸易合同的履行	9:52		
16	第 20 讲	**贸易方式**		1	2
	20.1	经销与代理			
	20.2	拍卖与寄售			
	20.3	国际招标与投标			
	20.5	商品期货交易			
	20.4	跨境电子商务			

① 此处按 48 学时安排。若为 32 学时的课程，则每次线下 1 学时。

三、线上线下混合式课程成绩评定

本课程对学生学业成绩采用过程性评价和终结性评价相结合的方法。过程性评价主要有：① 线上设置内嵌测试的作业题或讨论题，以帮助学生掌握学习内容或测试学习效果；② 学生参与度评价：课堂上回答问题、介绍案例、案例分析、小组讨论等的参与情况。终结性评价主要采用线下书面考试。表 S-3 和表 S-4 分别是线上和线下考核与评价方法，学生成绩总评：线上成绩 50%，线下成绩 50%。

表 S-3　线上考核与评价方法

考核内容	视频观看	作业	测验	讨论发帖	笔记
占比（%）	40	25	25	5	5

表 S-4　线下考核与评价方法

考核内容	课堂发言	小组讨论	期末考试
占比（%）	10	10	80

目 录
CONTENTS

二维码目录
CONTENTS

课程视频

拓展资料

绪　论

:: **学习目标**

| 明确本课程的研究对象和内容体系。

| 了解进出口贸易的基本业务程序。

0.1 "国际贸易实务"的研究对象和课程性质

　　国际贸易是指世界各国或地区之间货物、服务和技术的交换活动，包括货物贸易、服务贸易、技术贸易三大内容。其中，货物贸易（货物进出口）是最早、最基本的国际贸易形式，目前仍是国际贸易的主要构成部分，也是各国（地区）经济往来的主要表现形式。"国际贸易实务"这门课程的研究对象是国家（地区）间有形商品交换的具体运作过程[⊖]，包括国与国之间货物买卖的有关原理、实际进出口业务过程所经历的环节、操作方法和技能，以及应遵循的法律和惯例等行为规范。

　　国际货物贸易属于商品交换范畴，与国内贸易在性质上并无不同，但由于它是在不同国家或地区间进行的，所以与国内贸易相比具有以下特点。

　　（1）国际货物贸易涉及不同的国家或地区，在政策措施、法律体系方面存在差异和冲突，在语言文化、社会习俗等方面也存在差异，所涉及的问题远比国内贸易复杂。

　　（2）国际货物贸易的交易数量和金额一般较大，运输距离较远，履行时间较长，因此，交易双方承担的风险远比国内贸易要大。

　　（3）国际货物贸易容易受到交易双方所在国家的政治、经济、双边关系及国际局势变化等条件的影响。

　　（4）国际货物贸易除了交易双方外，还需运输、保险、银行、商检、海关等部门的协作、配合，过程较国内贸易要复杂得多。国际货物贸易还涉及中间商、代理商，以及为国际贸易服务的仓储、金融等部门，因此，与国内贸易相比，更容易产生经济

　　⊖　技术贸易、服务贸易另有相关的课程设置。从业务角度来看，货物贸易的很多做法被借鉴到技术贸易和服务贸易中。因此，本课程既是从事货物贸易的基础，也是从事技术贸易、服务贸易的基础。

纠纷。

（5）国际货物贸易往往参与者众多，企业实力较强，有时还会受到参与国政府的鼓励和支持，因而竞争更为激烈。

因此，要成功地在国际市场上做货物买卖，需要熟练运用外语，掌握并运用国际贸易的理论与政策、国际贸易的法律与惯例、国际汇兑与结算、国际货运与保险、国际市场营销等专业知识。"国际贸易实务"正是将上述理论知识与实际业务相结合的一门综合性、实践性的课程，是国际经济与贸易专业的一门专业基础课程，也是经济管理类其他专业和工程类专业学习与了解国际贸易的基础课程。

0.2　"国际贸易实务"的内容体系

课程介绍

国际货物贸易是来自不同国家（或地区）的当事人在遵守相关的国内、国际贸易法律、惯例的前提下，采用特定的形式，遵循一定的程序，而进行的跨国货物买卖。因此，"国际贸易实务"以国际货物买卖为对象，以交易条件和合同条款为重点，以国际贸易惯例和法律规则为依据，并联系我国外贸实际，介绍国际货物买卖合同的具体内容以及合同订立和履行的基本环节与一般做法。

国际货物买卖最基本的贸易方式是单纯的进口、出口业务（逐笔交易），即进出口商为购买、出售某种货物进行交易磋商，建立买卖合同关系，然后各自履行合同义务（卖方交货、买方付款）。因此，本书以逐笔交易为基础，第一部分介绍贸易合同的条款，第二部分介绍贸易合同的磋商、签订和履行。合同条款及其相关的国际贸易惯例、国际条约及各国国内法是第一、二部分的主要内容。第三部分是关于国际贸易方式，对目前货物贸易中的其他贸易方式的性质、特点、基本做法及适用的业务做基本介绍。课程内容体系如图 0-1 所示。

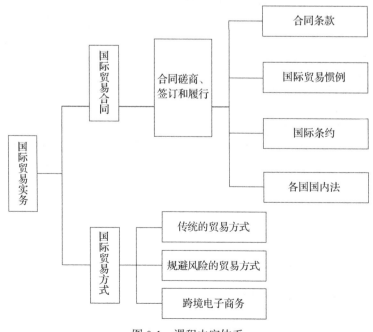

图 0-1　课程内容体系

国际贸易合同部分，先按合同的交易条款，如品质条款、数量条款、包装条款、价格条款等，学习国际货物买卖合同的具体内容，同时解释与有关条款相关的国际贸易惯例和法律规则。然后，学习合同的磋商、签订和履行，介绍各个环节的具体做法、相关的国际贸易惯例和法律规则。这是一种先见树木再见森林的方法，从具体的、容易理解的内容着手，然后介绍整体，构成一个完整的知识体系。

国际贸易方式部分，采取并列介绍的方法，并注意介绍各种贸易方式的比较与联系，使学生在掌握最基本的贸易合同的基础上，对常用的贸易方式有所了解，能够在实际中具体应用。

0.3 进出口贸易的基本业务程序

0.3.1 出口贸易的基本业务程序

出口交易的一般程序如图 0-2 所示。

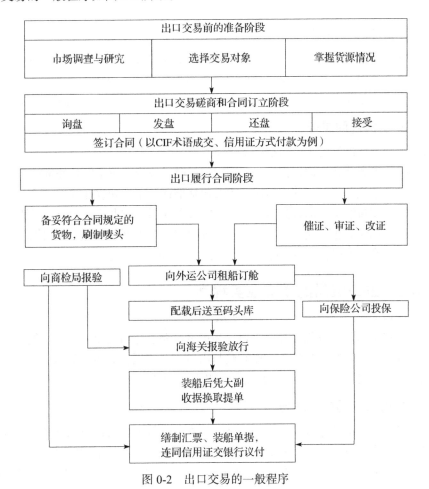

图 0-2 出口交易的一般程序

1. 出口交易前的准备

出口交易前主要应做如下准备工作。

（1）做好对国际市场的调查研究。这主要包括对进口国别地区的调查研究、对商品市场的调查研究和对交易对象（客户）的调查研究三个方面。

（2）制订出口商品经营方案或价格方案。制订出口商品经营方案或价格方案是以对国际市场调查研究为基础的，出口商品经营方案是根据国家的方针政策和本企业的经营意图对该出口商品在一定时期内所做出的全面业务安排。价格方面的内容一般比较简单，局限于成本核算与出口定价。

（3）落实货源、制订出口商品生产计划。在制订出口商品经营方案或价格方案的同时或前后，应根据经营方案和商品的特点，及时与生产、供货部门落实货源收购、调运或制订出口商品生产计划。

（4）广告宣传。广告宣传的内容及其采用的方式与手段要针对不同的市场和商品的特点，要注意实际效果，符合我国的国情。

（5）选定客户和建立业务关系。通过对业务对象深入、细致的调查，选定资信情况良好、经营能力较强、对我方友好（或不抱偏见）的客户，通过采取主动发函、发电等方式进行初步联系并与之建立业务关系。

2. 出口交易磋商和合同订立

在与选定的国外客户建立业务关系以后，双方就货物买卖的各种交易条件进行实质性谈判，即交易磋商。交易磋商包括面对面的磋商、书信磋商和数据电文磋商等方式。在实际业务中，通常当事人双方要签署一份有一定格式的书面合同。

3. 出口合同履行

出口合同的履行主要包括以下步骤。

（1）准备货物。即根据出口合同规定按时、按质、按量准备好货物。

（2）落实信用证。落实信用证主要包括催证、审证和改证等。

（3）安排装运。即收到信用证并经审核无误后，应办理货物装运手续。

（4）制单结汇。货物装运后，应缮制和备妥各种单据，包括商业发票、运输单据和保险单等。单据备妥后，即可向有关银行交单收取货款。

0.3.2　进口贸易的基本业务程序

进口交易的一般程序如图0-3所示。

进口贸易的业务程序分为进口交易前的准备、进口交易磋商和合同订立以及进口合同履行三个阶段。其具体工作有些与出口业务相同，如市场调研、选择客户、建立业务关系、交易磋商、签订合同等，有些与出口业务不同，简述如下。

1. 进口交易前的准备

（1）从商品的供应、价格、规格、技术水平等方面对供应国的主要生产者进行比较，力争从产品对路、货源充足、技术水平高、价格较低的市场采购。

（2）对客户进行调研，了解其购销渠道，减少不必要的中间环节，降低进口成本。

2. 进口交易磋商和合同订立

进口交易磋商和合同订立的做法与出口基本相同，但要特别注意做好价格比较工作，力争签订对我方较有利的购货合同或购货确认书。

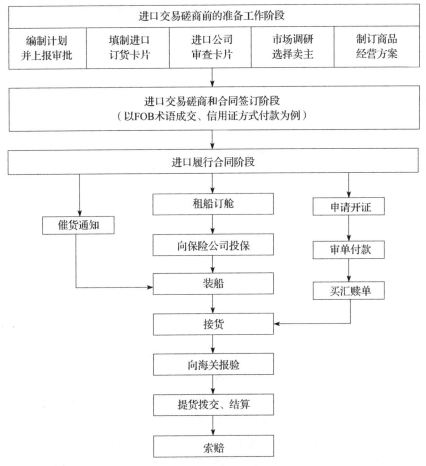

图 0-3　进口交易的一般程序

3. 进口合同履行

我国进口货物，按 FOB、FCA 条件和信用证方式付款订立合同较多，其履行程序一般包括向银行申请开立信用证、催货、租船订舱或订立运输合同、通知装货日期、接运货物、办理保险、付款赎单、进口报关、接卸货物、进口报验、拨交等环节。

不管出口业务还是进口业务，交易前的准备工作都是非常重要的，但往往被没有经验的业务员所忽略。下面的案例很好地说明了交易前准备的重要性。

案例 0-1
盲目经营招致重大损失案

【案情】

改革开放初期，某侨商 L 经私人介绍，同我国某进出口公司 X 建立业务关系。某年 9 月，客户 L 在 X 公司有关人员陪同下到工厂参观，对某重工业产品表示有兴趣，声称该产品在国外有销路，年销 2 万台没问题。后经 X 公司、工厂及 L 三方协商，签订了一份 5 年产销合作协议。协议规定 L 每年在国外市场销售 2 万台。当年 10 月，客户 L 以 U 公司名义同 X

公司就 A、B 两个型号共 1 万台正式签订合同，价格条件为 CIFC 8%，总值 2 500 余万港元。合同规定次年 4～11 月交货，支付条件规定"买方须于接到卖方电报 15 天内开出不可撤销的即期信用证"，卖方在"收到信用证后 45 天内装出"。

X 公司签订出口合同后，于当月同工厂签订 1 万台收购合同。合同中的两个型号，A 型是公司早期的产品，后因销路不佳而停产。这次安排生产后，又经有关部门鉴定通过，并于当年年底将样品送客户确认。B 型原是该厂签订合同的前一年的产品，这次又根据客户样品进行改制而成。工厂为完成这次供货任务，又同 50 多家协作厂分别签订零部件生产与供货合同。

从当年 10 月签订合同起，工厂即着手生产，陆续组装成品，部分产品已抵装运口岸。这期间，X 公司多次向客户 L 催证，而客户既不开证，也不回复。直到次年 5 月 11 日，客户 L 才来电称 5 月底可开证，确认 3 000 台。X 公司对此未置可否。6 月 2 日，客户 L 又电传通知 X 公司，先试订 200 台，稍后再订 500 台，并称市场竞争激烈，不久可开证，但需要时间。6 月 16 日，X 公司收到客户 L 的来信，信上并未提及上封信确认的 3 000 台，也不提以后的 200 台或 500 台，更不提 1 万台的合同，只是解释他"正在按计划进行"，但"国际经济衰退，市场竞争激烈"，他是"逆风前进"；并称他的公司"已在各地配备了精悍的技术队伍和完善、坚强的销售网"，要我方公司对该产品"有一定数量存仓，不必担心"。

来信之后，客户 L 再无音信。从次年 6 月到 10 月，X 公司多次向客户发函发电，催促开证，但都石沉大海，毫无反应。次年 10 月，X 公司不得不致函我国驻马来西亚商务处请求协助，敦促客户履约。据我国驻马来西亚商务处反映，签订合同的前一年，马来西亚全年进口各种型号的该类重工业产品只有 1.3 万余台，其中来自中国的不足 800 台。本案所涉及的合同，仅仅两个型号，在 8 个月内交货的数量达 1 万台，这个数量从市场容量来看，是没有可能的。

不久，我国商务处函告 U 公司，该公司称"此事由 L 经营，别人不管此事，现 L 在日本养病，不知何时返马"。从此之后，我方公司的所有函电催促，均未得到回复。至于客户 L，也不知下落了。

由于客户不履行合同，X 公司也无法履行同工厂签的收购合同，使工厂遭受重大损失。为此，X 公司同工厂多次协商，进行善后处理。最后双方达成协议，由 X 公司承担一定的经济责任。按协议计算，X 公司在这笔交易中除直接损失 30 余万元人民币外，还占用了 400 余万元的资金。

【讨论分析】

1. X 公司遭受了哪些损失？哪些是直接损失？哪些是间接损失？

2. X 公司在签订合同前有没有做市场调研？如果做了市场调研，它会认为市场容量有多大？对于初次入市的它，合同数量多少为宜？

3. X 公司在签订合同前有没有做客户调研？如果做了客户调研，它会认为这是一个在该重工业产品上经营多年，并且"已在各地配备了精悍的技术队伍和完善、坚强的销售网"的大客户吗？

4. 客户 U 公司遭受了哪些损失？U 公司为何与 X 公司签订这样的合同呢？

5. 本次交易导致合同双方都遭受损失的原因是什么？

【延伸思考】

1. 从合同条款来看，本次交易存在哪些问题？一个完备的合同应该具备哪些条款？

2. 从合同履行来看，本次交易存在哪些问题？合同得不到履行，X 公司可以有哪些补救方法？

（注："延伸思考"在学完本课程后可以有更全面的分析思考和解答。）

 本章小结

"国际贸易实务"的研究对象是国家之间有形商品交换的具体运作过程，包括国与国之间货物买卖的有关原理，实际进出口业务过程所经历的环节、操作方法和技能，以及应遵循的法律和惯例等行为规范。从业务程序来看，国际货物买卖的三大环节是交易前的准备、合同磋商和订立、合同履行。本课程以逐笔交易为基础，介绍贸易合同的条款、贸易合同的磋商与订立、贸易合同的履行；对其他贸易方式的性质、特点、基本做法及适用的业务做基本介绍。

 练习题

1."国际贸易实务"的研究对象是什么？
2."国际贸易实务"课程的主要学习内容是什么？

第1章
CHAPTER1

商品的品名与品质

:: **学习目标**

| 掌握商品品质的表示方法。

| 掌握合同中的品质条款。

| 理解品名与品质条款的注意事项。

以实物表示
品质

1.1 商品的品名

1. 商品品名的含义和重要性

商品名称（name of commodity）或称"品名"是指能使某种商品区别于其他商品的一种称呼。商品名称在一定程度上表明了商品的自然属性、用途以及主要的性能特征。

合同中确定的品名就是交易双方确定的交易标的。按照有关法律和惯例，对商品名称的描述，是构成商品说明（description）的一个主要组成部分，是买卖双方交接货物的一项基本依据，它关系到买卖双方的权利和义务。若卖方交付的货物不符合约定的品名或说明，买方有权提出赔偿要求，直至拒收货物或撤销合同。例如，有时因为使用品名不当，会导致报关受阻，甚至遇到罚交关税等问题。

在国际贸易中，一个明确的品名，对开展一系列国际贸易业务具有明确的指示作用。因为无论是备货采购、商检报关，还是运输保险、制单结汇等，都与品名直接有关。

案例 1-1

【案情】

我国某公司出口苹果酒一批，进口方信用证规定品名为"APPLE WINE"，我方公司为了单证一致起见，所有单据上均用"APPLE WINE"。不料货到国外后遭海关扣留罚款，因该批酒的内、外包装上均写的是"CIDER"字样。结果外商要求我方赔偿其损失。

【讨论分析】

1. 请查阅字典，明确"APPLE WINE"和"CIDER"的区别。

2. 请查阅（某国，例如美国）海关税则，看看"APPLE WINE"和"CIDER"的进口关税相差多少。

3. 分析海关扣留罚款的原因。

4. 总结本案的教训。

【延伸思考】

1. 若"CIDER"和"APPLE WINE"都可以作为"苹果酒"的品名，已知"APPLE WINE"比"CIDER"进出口监管更严厉、关税更高，在商订合同的时候，你会选择"CIDER"还是"APPLE WINE"作为品名？

2. 若本案合同规定的品名是"CIDER"，但信用证规定的品名是"APPLE WINE"，出口方应如何处理才能顺利履行合同？

2. 规定品名条款时应注意的问题

买卖合同中的品名条款是合同的要件，在规定时买卖双方应予以重视。具体来说应注意以下问题。

商品命名的
方法

（1）必须具体明确。商品名称必须能明确反映交易标的物的特点，应避免空泛、笼统的规定，以利于合同的履行。

（2）尽可能使用国际上通用的名称。许多商品各地叫法不一，为避免误解，应尽可能使用国际上通用的称呼。若使用地方性的名称，交易双方应事先就其含义取得共识。对于某些新商品的定名及其译名，应力求准确、易懂，符合国际上的习惯，并注意它在外文中的意义。新商品的定名必须做到准确、易懂，译名应符合国际习惯。我国于 1992 年 1 月 1 日起采用《商品名称及编码协调制度》(The Harmonized Commodity Description and Coding System，H.S.)，目前各国的海关统计、普惠制待遇等都按H.S. 进行。所以，我国在采用商品名称时，应与 H.S. 规定的品名相适应。

（3）适当选择商品的不同名称，以利于降低关税和节省运费。有些商品具有不同的名称，因而存在着同一商品因名称不同导致关税率和班轮运费率不同的现象，甚至所受的进出口限制也不同。为了减少关税支出、方便进出口和节省运费开支，在确定合同的品名时应当选用对交易双方有利的名称。

1.2　商品品质的含义

狭义地理解，商品品质（quality of commodity）是指商品的外观形态和内在品质的综合表述。商品的外观形态是通过人们的感觉器官可以直接获得的商品的外形特征，如商品的大小、长短、结构、造型、款式、色泽、光彩、宽窄、轻重、软硬、光滑、粗糙以及味觉、嗅觉等。商品的内在品质则是指商品的物理性能、化学成分、生物特征、技术指标和要求等，一般需借助各种仪器、设备分析测试才能获得。例如，纺织品的断裂强度、伸长率、回潮率、缩水率、防雨防火性能、色牢度；化工商品的熔点、沸点、凝固点；机械类产品的精密度、光洁度、强度；肉禽类商品的各种菌类含量等。

对广义品质的理解，需要从生产过程、市场营销等方面出发。例如，国际贸易商品的生产过程中加工方法是否符合有关规定，生产过程是否违反环境保护的要求，是否产生有害物质，等等；如果从国际市场营销的整体产品概念角度来看，国际贸易商品的品质还应该包括商品的包装和售后服务等方面的内容。随着国际贸易的进一步深入，不仅要加深对国际贸易商品品质的狭义品质含义的理解，而且要从广义品质的角度，完善国际贸易商品的品质。

案例 1-2

【案情】

出口合同规定的商品名称为"手工制造书写纸"（hand-made writing paper），买方收到货物后，经检验发现货物部分制造工序为机械操作，而我方提供的所有单据均表示手工制造，对方要求我方赔偿，而我方拒赔，主要理由是：① 该商品的生产工序基本上是手工操作，而且关键工序完全采用手工；② 该交易是经买方当面看了样品才成交的，而且实际货物品质又与样品一致，因此应认为所交货物与样品一致。

【讨论分析】

1. 双方对商品品质的理解存在怎样的差异？
2. 你认为卖方的解释有道理吗？
3. 你认为应该如何解决本案纠纷？

【延伸思考】

对这种"关键工序完全采用手工、部分制造工序为机械操作"的"手工制造书写纸"，应在合同中如何表述才能避免类似本案的纠纷？

1.3　商品品质的表示方法

在国际贸易中，由于商品种类纷繁复杂，而不同商品有各自的特点，其中包括制造加工情况、市场交易习惯等，因此描述商品品质的方法也各不相同。表示商品品质的方法主要有两大类，即实物表示法和文字说明表示法。实际业务中，具体采用何种方式，须视商品的种类、特性及双方的交易习惯等而定。

1.3.1　以实物表示商品品质的方法

在国际贸易中，有些商品由于其本身的特点，难以用文字说明表示其品质，或者出于市场习惯而以实物表示商品品质，主要包括看货买卖（sales by actual quality）和凭样品买卖

（sales by sample）两种。

1. 看货买卖

看货买卖又称看货成交，即买方先验货物而后达成交易，卖方须按对方验看的商品交货，只要卖方所交付的商品已为买方所检验，买方就不能对品质提出异议。在国际贸易中，这种交易方式多用于寄售、拍卖、展卖等业务中。

有些特种商品，既无法用文字概括其品质，也没有品质完全相同的样品可以作为交易的品质依据，如珠宝、首饰、字画、特定工艺制品等，对于这类具有独特性质的商品，买卖双方只能看货洽商，按货物的实际状况达成交易。

2. 凭样品买卖

样品（sample）通常是指从一批商品中抽取出来，或者由生产、使用部门设计加工出来的足以代表整批商品品质的少量实物。凭样品买卖即以样品表示商品的品质，并以此作为交货依据。这种方法主要适用于部分工艺品、服装、轻工业品和土特产品等一些难以用科学的方法表示商品品质的买卖。凭样品买卖可分为凭卖方样品买卖、凭买方样品买卖。

（1）凭卖方样品买卖。凭卖方样品买卖（sales by seller's sample）是指交易双方约定以卖方提供的样品作为交货依据的买卖。由卖方提供的样品称为"卖方样品"（seller's sample），凡凭卖方样品作为交货的品质依据者，称为"凭卖方样品买卖"。在此情况下，在买卖合同中应订明："品质以卖方样品为准"（quality as per seller's sample），卖方所交整批货物的品质必须与其提供的样品一致。

卖方所提供的能充分代表日后整批交货品质的少量实物，可称之为代表性样品（representative sample）。代表性样品也就是原样（original sample）或称标准样品（type sample）。卖方在送交买方代表性样品的同时，应保留一份或数份同样的样品，即留样（keep sample），或称复样（duplicate sample）。卖方应在原样和留存的复样上编制相同的号码，注明样品提交买方的具体日期，以便日后联系及洽商交易时参考。

（2）凭买方样品买卖。买方为了使其订购的商品符合自身要求，有时也提供样品交由卖方依样承制。如卖方同意按买方提供的样品成交，称为"凭买方样品买卖"（sales by buyer's sample），表明交易双方约定以买方提供的样品作为交货品质依据的买卖，习惯上又称"来样成交"或"来样制作"。凭买方样品买卖的好处是可以提高卖方产品在国外市场的适销性，有助于扩大出口。

在此情况下，在买卖合同中应订明："品质以买方样品为准"（quality as per buyer's sample）。卖方所交整批货物的品质，必须与买方样品相同。

在实际业务中，如卖方认为按买方来样供货没有切实的把握，卖方可根据买方来样加工仿制或从现有货物中选择品质相近的样品提交买方，这种样品称"对等样品"（counter sample）或称"回样"（return sample）。对等样品经买方确认后，称为"确认样"（confirmed sample）。卖方所交整批货物的品质，必须与确认样相同。这样做，等于将"凭买方样品买卖"转变成了"凭卖方样品买卖"。

3. 凭样品买卖应该注意的问题

（1）凡凭样品买卖，卖方交货品质必须与样品完全一致（strictly same as sample）。[注]买方

[注]《民法典》第六百三十五条：出卖人交付的标的物应当与样品及其说明的质量相同。

《中华人民
共和国
民法典》
（合同编
第一分编）

《中华人民
共和国
民法典》
（合同编
第二分编）

联合国国际
货物销售合
同公约

应有合理的机会对卖方交付的货物与样品进行比较，卖方所交货物不应存在合理检查时不易发现的不符合销售的缺陷。《民法典》第六百三十六条：凭样品买卖的买受人不知道样品有隐蔽瑕疵的，即使交付的标的物与样品相同，出卖人交付的标的物的质量仍然应当符合同种物的通常标准。买方对与样品不符的货物，可以提出赔偿要求甚至拒收货物。

（2）采取措施防止在履约过程中可能产生品质方面的争议。凡能用客观的指标表示商品品质的，尽量避免采用凭样品买卖。对于某些需要采用凭样品买卖，而在制造、加工技术上有一定困难，难以做到与货样一致或无法保证批量生产时品质稳定的商品，则应在订立合同时规定一些弹性条款，如：品质与样品近似（quality to be nearly the same to the sample ...）或品质与样品大致相同（quality be similar to the sample ...）。

（3）采用"凭买方样品买卖"时，要特别注意防止侵犯第三者工业产权。根据《联合国国际货物销售合同公约》（以下简称《公约》）的规定：卖方所交付的货物，必须是第三方不能根据工业产权或其他知识产权主张任何权利或要求的货物，但以卖方在订立合同时已知道或不可能不知道的权利或要求为限。为了避免纠纷，最好在品质条款中对此做出明确声明。例如：

凡根据买方提供的式样、商标、品牌及（或）印记等生产的产品，如果因涉及第三方的工业产权或其他知识产权而引起纠纷，概由买方负责。

For any goods produced with the designed, trade marks, brands and/or stamps provided by the Buyers should there be any dispute arising from infringement upon the third party's industrial property or other intellectual property right, it is the Buyers to be held responsible for it.

但是随着国际社会对此类侵权越来越重视，许多国家纷纷从法律、法规、行政措施上加强和完善对知识产权的保护。一旦发生了侵权之诉，作为侵权商品的生产者、出售者，仅根据合同中的这一免责条款是难以逃脱其应承担的侵权责任的。因此，在接受买方样品时，一定要做细致的调查，以防在不知情的情况下侵犯了他人的知识产权。

（4）结合其他描述商品品质的有效方法，完善凭样品成交方法。在国际贸易中，单纯凭样品成交的情况并不多，而是以样品来表示商品的某个或某几个方面的品质指标。例如，在纺织品和服装交易中，"色样"（color sample）用来表示商品的色泽，"款式样"（pattern sample）则用来表示商品的造型；而对这些商品其他方面的品质规定则通过文字说明来表示。

（5）凡凭样品买卖，为了避免双方在履约过程中产生品质争议，必要时还可以使用"封样"（sealed sample），即由第三方或公证机关在一批商品中抽取同样品质的样品若干份，每份样品采用铅丸、钢卡、封条、封识章、不干胶印纸以及火漆等各种方式加封留存备案。有时，封样也可由出样人自封或买卖双方会同加封。《民法典》第六百三十五条规定，凭样品买卖的当事人应当封存样品，并可以对样品质量予以说明。

1.3.2　以文字说明表示商品品质的方法

以说明表示商品品质是指用文字、图片、照片等方式来说明商品的品质。这是国际货物买卖中大多数商品表示品质的方法，称为"凭文字说明买卖"（sales by descriptions），具体有以下几种方式。

以文字说明
表示品质

1. 凭规格买卖（sales by specifications）

商品规格（specification of goods）是指一些足以反映商品品质的主要指标，如化学成分、含量、纯度、性能、容量、长短、粗细等。用规格表示商品品质的方法，具有简单易行、明确具体、可根据每批成交货物的具体品质状况灵活调整的特点，故在国际贸易中广为运用。例如：

漂白布	纱支	密度（每英寸）	幅宽（英寸）
	30 支 × 36 支	72 × 69	38 英寸⊖ × 121 码⊜
Bleached Cotton Shirting	Yarn Counts	No.of threads (per inch)	Width (inch)
	30s × 36s	72 × 69	38″ × 121yds

由于各种商品有其特定的结构，规格的内容也各不相同，即不同商品所采用的商品品质的指标也不同；商品用途不同，描述用途要求的品质指标也会有所不同，即同一商品，因用途不同，规格的内容也会有差异。如大豆，用来榨油时，规格中应列明含油量指标，而食用时规格中则应列明蛋白质含量。

2. 凭等级买卖（sales by grade）

商品的等级是指把同一种商品按其质地的差异，或尺寸、形状、重量、成分、构造、效能等的不同，划分为不同的级别和档次，用数码或文字表示，如特级（special grade）、一级（first grade）、二级（second grade）等。如我国出口的钨砂，主要根据三氧化钨和锡含量的不同，分为特级、一级和二级三种。而每一级又规定有下列相对固定的规格。

	三氧化钨最低	锡最高	砷最高	硫最高
特级	70%	0.2%	0.2%	0.8%
一级	65%	0.2%	0.2%	0.8%
二级	50%	0.5%	0.2%	0.8%

因此，在交易双方对等级所含规格理解一致时，采用凭等级交易，无须再列明规格。

商品的等级通常是由制造商或出口商根据其长期生产和了解该项商品的经验，在掌握其品质规律的基础上制定出来的，它有助于满足各种不同的需要，也有利于根据不同需要来安排生产与加工整理。这种表示品质的方法，对简化手续、促进成交和体现按质论价等方面都有一定的作用。

⊖　1 英寸 = 0.025 4 米。
⊜　1 码 = 0.914 4 米。

案例 1-3

【案情】

某出口公司与国外成交红枣一批，合同规定是三级红枣，卖方交货时发现三级红枣缺货，卖方在没有征得买方同意的情况下，交货时用二级红枣代替三级红枣并在发票上注明"二级红枣仍按三级计价"。不料货到对方后，进口方却以所交货物不符合合同规定为由拒绝收货。

【讨论分析】

1. 货物的品质高于合同规定也构成"货物品质不符合合同"吗？
2. "货物品质符合合同"的要求是什么？

【延伸思考】

1. 履行合同时，出现需要以好顶次的情况，卖方应怎样处理才不会出现类似本案的纠纷？
2. 在收到货物的品质高于合同规定时，买方为什么还会拒绝收货？

3. 凭标准买卖（sales by standard）

商品的标准是指将商品的规格、等级标准化并以一定的文件表示出来。标准化的规格、等级所代表的品质指标即为一定规格、一定等级的指标准则，如国际标准化组织的 ISO 标准、国际电工委员会（IEC）制定的一些标准，还有世界上发达国家的先进标准，如英国的 BS、美国的 ANSI、法国的 NF 等。在国际贸易中，商品的品质标准，有的由国家政府组织规定，有的则由同业公会、贸易协会、科学技术协会、商品交易所等制定。

国家制定的标准，有的具有品质管制的性质。不符合标准的商品不准进口或出口；有的则没有约束性，只供贸易双方选择使用。买卖双方可另行约定品质的具体要求。由于科学技术的发展和人民生活水平的不断提高，某些标准需要经常修改。当规定了新的标准后，旧的标准一般都废弃不用，但有时仍然保持使用一段时期。所以标准一般有不同年份的版本，版本不同，品质标准内容也不尽相同。在合同中援引标准时，应注明采用标准的版本名称及其年份。在实际业务中，买方要求卖方交货品质符合其指定标准，并经其确认。

我国有国家标准、专业标准、地方标准和企业标准。我国外贸实践中，除使用国际标准和某些外国的标准外，也有使用我国国家标准的。

例如： 生丝   5A 级   20/22   GB/T 1797—2008[一]   Raw Silk   5A   20/22   GB/T 1797—2008

在国际贸易中，对于某些品质变化较大而难以规定统一标准的农副产品，往往采用"良好平均品质"这一术语来表示其品质。

所谓良好平均品质（fair average quality, F.A.Q），是指一定时期内某地出口货物的平均品质水平，即指由同业公会或检验机构从一定时期或季节，某地装船的各批货物中分别

[一] 根据《中华人民共和国国家标准：生丝》（GB/T 1797—2008）规定，生丝的等级分为 6A、5A、4A、3A、2A、A、级外品等 7 个标准等级。20/22 表示生丝的粗细。

抽去少量实物加以混合拌制，并由该机构封存保管，以此实物所显示的平均品质水平，作为该季节同类商品的品质的比较标准。这种表示品质的方法非常笼统，实际并不代表固定、具体的品质规格。在我国，某些农副产品的交易中也使用 F.A.Q 表示品质，习惯上我们称其为"大路货"，其交货品质一般以我国产区当年生产该项农副产品的平均品质为依据而确定。采用这种方法，除在合同中注明 F.A.Q 字样和年份外，一般还订明该商品的主要规格指标。例如：

中国花生仁 F.A.Q 2014	China Peanuts F.A.Q 2014
水分不超过 13%	Moisture (Max) 13%
不完善粒不超过 5%	Admixture (Max) 5%
含油量最低 44%	Oil Content (Min) 44%

国际上在买卖木材和冷冻鱼虾等水产品时，往往采用"上好可销品质"（good merchantable quality，G.M.Q）。所谓上好可销就是卖方要保证其交付的货物品质良好，适合商销。如果卖方所交货物无该类货物通常的使用目的，无市场交易可能，则由卖方承担责任。显然这种标准更为笼统，这种方法极少使用。

4. 凭牌名或商标买卖（sales by brand or trade mark）

商品的牌名是指厂商或销售商所生产或销售商品的牌号，简称"品牌"；商标则是牌号的图案化，是特定商品的标志。使用牌名和商标的主要目的是使之区别于其他同类商品，以利于销售。在国际交易中，凭牌名或商标买卖一般适用于品质稳定的工业制成品或半制成品。在市场上行销已久、品质稳定、信誉良好的产品，其品牌或商标本身实际上就是一种品质象征，人们在交易中可以只凭品牌或商标买卖，无须对品质提出详细要求。

例如：SH 100 大白兔清凉奶糖　　　　SH 100 White Rabbit Mint Creamy Candy

采用商标或品牌规定商品品质时，主要有以下两种规定办法。一种是在合同中既订明商品的商标或品牌，同时又列明该商品的具体品质要求，此种规定办法要求卖方所交付的货物必须具有合同中所指明的商标或品牌，而且货物的品质还要与合同中的具体规定一致。另一种规定办法是买卖双方在合同中仅订明商品的商标或品牌，而未列明品质要求，此种情况下，卖方所交货物必须符合该商标或品牌的商品通常所具有的品质，否则，即构成违约。

应当注意，牌名和商标属于工业产权，各国都制定了有关商标法加以保护。在凭牌名或商标买卖时，生产厂商或销售商应注意有关国家的法律规定，在销往国办理登记注册手续，以维护商标专用权。

5. 凭产地名称买卖（sales by name of origin, or sales by geographical indication）

在国际贸易中，有些产品，尤其是农副产品，因产区的自然条件、传统的加工工艺等因素的影响，在品质方面具有其他产区的产品所不具有的独特品质，这类产品一般可用产地名称来表示其品质。如以一个国家为标志的"法国香水"（France Perfume）、"德国啤酒"（German Beer）、"中国梅酒"（China Plum）；以某个国家的某一地区为标志的"中国东北大米"（China Northeast Rice）；以某个国家的某一地区的某一地方为标志的"四川榨菜"（Sichuan Preserved

Vegetable)、"绍兴花雕酒"（Shaoxing Hua Tiao Chiew）等。这些标志不仅标注了特定商品的产地，更重要的是无形中对这些商品的特殊品质提供了一定的保障。

凭产地名称买卖涉及地理标志，实际使用中要确切了解其中的内涵。地理标志在《关税及贸易总协定》乌拉圭回合最终协议文件中已被正式列入知识产权保护范畴，因此，不仅要充分理解其中的价值，而且要注意保护和避免侵权。

6. 凭说明书和图样买卖（sales by description and illustration）

凭说明书和图样买卖，是指在国际贸易中以说明书并附以图样、照片、设计、图纸、分析表及各种数据来说明商品具体性能和结构特点。

例如： 品质和技术数据符合本合同所附技术协议书

Quality and Technical Data to Be in Conformity with the Attached Technical Agreement Which Forms an Integral Part of This Contract

凭说明书和图样买卖适用于对材料和设计的要求严格，产品结构复杂，说明其性能的数据较多的机械、电器和仪表等技术密集型产品的国际贸易。以说明书和图样表示商品品质时，卖方要承担"所交货物的品质必须与说明书和图样完全相符"的责任。

目前，不少厂商为了推销自己的产品，定期或不定期地向顾客分送整本的商品目录或单张的产品介绍，用图片和文字介绍其产品造型、外观设计、内部构造、性能、使用方法、注意事项以及价格和售后服务等情况，供顾客选购。这种办法又称凭商品目录买卖。国际上有不少定型的机电产品都是用这种办法进行交易的。

以上表示商品品质的各种方法，可以单独运用，也可以根据商品的特点、市场或交易的习惯，将几种方式结合运用。但要注意，在销售某一商品时，原则上，可用文字说明表示品质的，就不再同时用样品表示。反之亦然。如果有些商品确需既用文字说明又用样品表示品质，则一旦成交，卖方必须承担交货品质既符合文字说明又符合样品的责任，否则买方有权拒收货物，并可以提出索赔要求。因此，凡能用一种方法表示品质的，一般就不宜用两种或两种以上的方法来表示。

在用文字说明表示品质时，为了使买方进一步了解商品的实际品质，增加感官认识，可寄送一些参考样品（reference sample）。这与"凭样买卖"是有区别的，因为这种参考样品是作为卖方宣传介绍之用，仅供对方决定购买时参考，不作为交货时的品质依据。为了防止可能发生的纠纷，一般应标明"仅供参考"（for reference only）字样。同时，在对外寄送参考样品时，也必须慎重对待，力求做到日后交货的品质既符合文字说明，又与参考样品相接近。总之，卖方应根据商品的特点、市场习惯和实际需要，适当地选用适合于有关商品的表示品质的方法，以利销售，并维护其自身利益。

💡 案例 1-4

【案情】

我方某公司向德国出口农产品一批，合同规定水分最高为 15%，杂质不得超过 3%，但在成交前我方曾向买方寄过样品，订约后，我方又电告对方所交货物与样品相似，货物装运之前，由我国商品检验检疫机构检验签发了品质规格证书，货到德国后，买方提出了货物质量比样品低 7% 的检验证明，并据此要求我方赔偿 1 500 英镑的损失。

【讨论分析】

1. 按照书面合同，此笔交易是凭规格买卖还是凭样品买卖？

2. 成交前我方向买方寄送样品，对买方在交易中的决定有无影响？

3. 订约后，我方电告对方所交货物与样品相似，买方是否可以据此认为样品是货物品质依据之一？

4. 买方能否依据货物与样品的差异提出索赔？

5. 卖方应如何据理力争、处理此事？

6. 如果你是仲裁员，你将如何裁决此纠纷？

【延伸思考】

从本案中，卖方应该吸取的教训有哪些？

1.4 合同中的品名品质条款

在国际货物买卖合同中，品名和品质条款是与合同标的有着密切关系的条款，合同条款对交易商品的名称和品质描述往往是结合在一起的，是构成商品说明的重要组成部分，是买卖双方交接货物的基本依据。

合同中的
品质条款

1.4.1 品名品质条款的基本内容

合同中的品名条款通常是在"货物名称"或"品名"（name of commodity）的标题下，具体列明双方当事人同意买卖的货物名称。但有的合同品名条款不单独列出，而是与品质条款一起出现。合同中的品质条款在国际货物买卖合同中，是一项重要条款，它既是构成商品说明的重要组成部分，又是买卖双方交接货物时对货物的品质进行评定的主要依据。在合同的品质条款中，表示品质的方法和品质条款的繁简应视商品特性而定，表示商品品质的方法不同，合同中品名品质条款的内容也各不相同，但通常应包括商品的名称、货号和表示商品品质的方法。品质条款的写法与品质的表示方法紧密关联。品质可以用样品（样 1）来表示，也可以用规格（样 2）、等级（样 3）、标准（样 4）来表示，还可以用商标或牌名（样 5）、产地名称（样 6）、说明书和图样（样 7）来表示。

样 1： 样品号 NT001 长毛绒玩具，尺码 24 英寸，根据卖方于 2006 年 10 月 20 日寄送的样品

Sample NT001, Plush Toy Bear, Size24", as per the sample dispatched by the seller on 20th Oct., 2006

样 2： "金鱼"印花布
纱支
密度（每英寸）
幅宽（英寸）

Printed Shirting "Golden Fish"
Yarn Counts 30×36
No.of Threads (per inch) 72×69
Width (inch) 35/36'

样3：中国绿茶   Chinese Green Tea

　　特珍眉　特级　货号 41022   Special Chunmee Special Grade
                                                      Art. No. 41022

　　特珍眉　一级　货号 9317   Special Chunmee Grade 1
                                                      Art. No. 9317

　　特珍眉　二级　货号 9307   Special Chunmee Grade 2
                                                      Art. No. 9307

样4：利福平（甲哌利福霉素）《英国药典》   Rifampicin B.P. 1993[⊖]
　　　1993 年版

样5：梅林牌辣酱油   Maling Brand Worcestershire Sauce

样6：绍兴花雕酒   Shaoxing Hua Tiao Chiew

样7：1515A 型多梭箱织机，详细规格如所附   Multi-shuttle Box Loom Model 1515A,
　　　文字说明与图样   Detail Specifications as Attached description
                                                      and illustrations

1.4.2　品质公差和品质机动幅度

在国际贸易中，卖方交货品质必须严格与买卖合同规定的品质条款相符。[⊖]但是，某些工业制成品和初级产品由于其本身的特性和生产过程中存在自然损耗，以及受生产能力等因素的影响，难以保证交货品质与合同规定的内容完全一致。对于这些商品，如果条款规定过死或把品质指标绝对化，必然会给卖方的顺利交货带来困难。为了避免因交货品质与合同稍有不符而引起争议，订立合同时可在品质条款中规定一些灵活条款，如在品质条款中规定品质公差（quality tolerance）或品质机动幅度，规定卖方所交商品品质只要在公差范围内，即可认为交货品质与合同相符，买方无权拒收。

1. 品质公差

品质公差是指国际上公认的产品品质的误差，如手表每天出现误差若干秒应算正常。这种公认的误差，即使合同没有规定，也不能视作违约。凡在品质公差范围内的货物，买方不得拒收或要求调整价格。

在实际操作中，对于国际同行业有公认的品质公差，可以不在合同中明确规定；但如果国际同行业对特定指标并无公认的品质公差或者买卖双方对品质公差理解不一致，或者由于生产原因，需要扩大公差范围时，也可在合同中具体规定品质公差的内容，即买卖双方共同认可的误差。

2. 品质机动幅度

某些初级产品的品质不甚稳定，为了交易的顺利进行，在规定其品质指标的同时可另订

⊖ 《民法典》第六百一十五条：出卖人应当按照约定的质量要求交付标的物。出卖人提供有关标的物质量说明的，交付的标的物应当符合该说明的质量要求。

一定的品质机动幅度，即允许卖方所交货物的品质在一定幅度内波动。关于品质机动幅度条款，有下列几种定法。

（1）规定范围。这是指对某项商品的主要品质指标规定允许有一定机动的范围。例如：

色织条格布	幅宽	104/107cm
Yarn-dyed Gingham	Width	104/107cm

即布的幅宽只要在 104 ～ 107cm 的范围内，均视为合格。

（2）规定极限。这是指对某些商品的品质规格规定上下极限，如最大、最高、最多、最小、最低、最少等。例如：

白籼米	White Rice	Long-shaped
碎粒最高 20%	Broken Grains	20% max
杂质最高 0.25%	Ad-mixture	0.25% max
水分最高 15%	Moisture	15% max

（3）规定上下差异。这是指在规定某一具体质量指标的同时，规定必要的上下变化幅度。有时为了包装的需要，也可以订立一些灵活办法。

例如： 灰鸭毛，含绒量 18%，允许上下 1%。　Grey Duck's Down with 18% down content 1% more or less allowed.

卖方交货品质在品质机动幅度或品质公差允许的范围内，一般均按合同单价计价，不再按质量高低另做调整。但有些商品，也可按交货时的品质状况调整价格，这时就需要在合同中规定品质增减价格条款。

例如： 中国芝麻　水分（最高）8%；杂质（最高）2%；含油量（湿态、乙醚浸出物）以 52% 为基础。如实际装运货物的含油量每增减 1%，价格应该相应增减 1%，不足整数部分，按比例计算。　China Sesame seeds　Moisture (max.) 8%；Admixture (max.) 2%；Oil Content (wet basis ethyl ether extract) 52% basis. Should the oil content of the goods actually shipped be 1% higher or lower the price will be accordingly increased or decreased by 1%, and any fraction will be proportionally calculated.

本章小结

在国际贸易合同中品名和品质描述往往是结合在一起的，是构成商品说明的重要组成部分，是买卖双方交接货物的基本依据。货物的品质既可以用实物也可以用文字说明表示。前者包括看货买卖和凭样品买卖两种方式，后者则包括凭规格、等级、标准、商标或牌名、产地名称，以及凭说明书和图样买卖。这些表示方法可以单独运用。实际业务中，能够采用一种方法表示商品品质的，就不要采用两种或以上的方法表示。为了使品质条款具有一定的灵活性，可在合同中规定品质公差或品质机动幅度。

练习题

1. 明确商品的品名有什么重要作用？

2. 表示商品品质有哪些方法？分别说明其含义和特点以及在使用时应注意的问题。

3. 什么是"对等样品"？为什么要使用对等样品？

4. 试述"品质机动幅度"和"品质公差"的含义及作用。

5. 在品质机动幅度范围内，交货品质如有差异，卖方应如何收取货款？

6. 日本某商人曾按凭样成交方式，从加拿大购进一批当饲料用的谷物，由于加拿大商人的交货品质太好，使日本海关误认为是供人食用的粮食而课以重税，使日商增加了税收负担，因此，日商诉诸法院，要求加拿大商人赔偿因交货品质与样品不同所造成的关税差额损失。你认为此案应如何判决，并说明理由。

第2章
CHAPTER2

商品的数量

∷ **学习目标**

| 掌握数量条款的表述方法。

| 了解商品数量的表现形式、计算方法和计量单位。

| 掌握溢短装条款的相关内容与注意事项。

2.1 数量条款的法律意义

商品的数量

合同中的数量条款是合同的要件之一，卖方交货数量必须与合同规定相符，否则买方有权提出索赔，甚至拒收货物。例如：

《民法典》第六百二十九条：出卖人多交标的物的，买受人可以接收或者拒绝接收多交的部分。买受人接收多交部分的，按照约定的价格支付价款；买受人拒绝接收多交部分的，应当及时通知出卖人。

英国《1893 年货物买卖法》第 30 条规定："卖方交付货物的数量如果少于约定数量，买方可以拒收货物；卖方实际交货数量多于约定数量，买方可以只接受约定数量而拒收超过部分，也可以全部拒收。如果买方接受了卖方所交的全部货物，则必须按约定单价支付货款。"

《公约》规定，按约定的数量交付货物是卖方的一项基本义务，如卖方交货数量大于约定的数量，买方可以拒收多交的部分，也可以收取多交部分中的一部分或全部，但应按合同价格付款。如卖方交货数量少于约定的数量，卖方应在规定的交货期届满前补交，但不得使买方遭受不合理的不便或承担不合理的开支，即使如此，买方也有保留要求损害赔偿的权利。⊖

由于交易双方约定的数量是交接货物的依据，因此，正确掌握成交数量和订好合

⊖ 参见《公约》第 35、52、37 条。

同中的数量条件，具有十分重要的意义。正确掌握成交数量，对促成交易的达成和争取有利的价格，也具有一定的作用。

2.2   国际贸易中常用的度量衡制度

商品的数量是以一定度量衡表示的商品的重量、个数、长度、面积、体积、容积的量。在国际贸易中，世界各国使用的度量衡制度不同，致使计量单位上存在差异，即同一计量单位所表示的实际数量不同。例如：重量单位吨，有公吨、长吨、短吨之分，分别等于 1 000 千克、1 016 千克、907.2 千克。所以，了解和熟悉不同的度量衡制度关系到货物的计量单位是否符合进口国有关计量单位使用习惯和法律规定等问题。目前，国际贸易中通常使用的度量衡制度有 4 种：① 公制（或米制，Metric System）；② 美制（U.S. System）；③ 英制（British System）；④ 国际单位制（International System of Units）。

国际标准计量组织大会在 1960 年通过的，在公制基础上发展起来的国际单位制，已为越来越多的国家所采用，这有利于计量单位的统一，标志着计量制度的日趋国际化和标准化，从而对国际贸易的进一步发展起到推动作用。我国实行法定计量单位。《中华人民共和国计量法》第 3 条中明确规定：国家实行法定计量单位制度。国际单位制计量单位和国家选定的其他计量单位，为国家法定计量单位。在外贸业务中，出口商品，除合同规定需采用公制、英制或美制计量单位者外，应使用法定计量单位。

此外，有些国家对某些商品还规定有自己习惯使用的或法定的计量单位。以棉花为例，许多国家都习惯于以包（bale）为计量单位，但每包的含量各国解释不一：如美国棉花规定每包净重为 480 磅；巴西棉花每包净重为 396.8 磅；埃及棉花每包净重为 730 磅。又如糖类商品，有些国家习惯采用袋装，古巴每袋糖重规定为 133 公斤，巴西每袋糖重规定为 60 公斤等。由此可见，了解不同度量衡制度下各计量单位的含量及其计算方法是十分重要的。

2.3   计量单位和计量方法

2.3.1   计量单位

在国际贸易中，确定买卖商品的数量时，必须明确采用什么计量单位。由于商品的种类和性质不同，所以采用的计量单位也不同。下面介绍几种常用商品的计量单位。

1. 重量单位（weight unit）

适用商品：一般农副产品、矿产品以及部分工业制成品，如谷物、油类、沙盐、药品等。

常用计量单位：千克（kilogram，kg.），吨（ton，t），公吨（metric ton，m/t），公担（quintal，q.），公分（gram，gm.），磅（pound，lb.），盎司（ounce，oz.），长吨（long ton，l/t），短吨（short ton，s/t）。钻石之类的商品，则采用克拉作为计量单位。

2. 个数单位（number unit）

适用商品：一般日用消费品、轻工业品、机械产品以及一部分土特产品，如文具、纸张、玩具、成衣、车辆、拖拉机、活牲畜等。

常用计量单位：只（piece，pc.），件（package，pkg.），双（pair），台、套、架（set），打（dozen，doz.），罗（gross，gr.），大罗（great gross，g. gr.），令（ream，rm.），卷（roll，coil），辆（unit），头（head）。有些商品也可按箱（case）、包（bale）、桶（barrel，drum）、袋（bag）等计量。

3. 长度单位（length unit）

适用商品：纺织品匹头（如丝绸、布匹）、绳索、电线电缆等。

常用计量单位：码（yard，yd），米（metre，m.），英尺（foot，ft.），厘米（centi-metre，cm.），等等。

4. 容积单位（capacity unit）

适用商品：谷物类，以及部分流体、气体物品，如小麦、玉米、煤油、汽油、酒精、啤酒、过氧化氢、天然瓦斯等。

常用计量单位：公升（litre，l.），加仑（gallon，gal.），蒲式耳（bushel，bu.），等等。美国以蒲式耳作为各种谷物的计量单位，但每蒲式耳所代表的重量，则因谷物不同而有差异。例如，每蒲式耳亚麻籽为56磅，燕麦为32磅，大豆和小麦为60磅。公升、加仑则用于酒类、油类商品的计量。

5. 面积单位（area unit）

适用商品：皮制商品、塑料制品等，如皮革、塑料篷布、地毯、铁丝网等。

常用计量单位：平方码（square yard，yd^2），平方米（square metre，m^2），平方英尺（square foot，ft^2），平方英寸（square inch），等等。

6. 体积单位（volume unit）

适用商品：化学气体、木材等。

常用计量单位：立方码（cubic yard，yd^3），立方米（cubic metre，m^3），立方英尺（cubic foot，ft^3），立方英寸（cubic inch），等等。

💡 案例 2-1

【案情】

大连某出口公司向日本出口大米一批，在洽谈时，谈妥 2 000 公吨，每公吨 US$280 FOB 大连口岸。但在签订合同时，在合同上只是笼统地写了 2 000 吨，我方当事人认为合同上的吨就是指公吨，而发货时日商却要求按长吨供货。请问外商要求是否合理，应如何处理此项纠纷？

【讨论分析】

1.1 长吨等于多少公吨？

2. 若按长吨发货，对何方有利？

3. 该合同的数量条款存在什么问题？

4. 针对外商的要求，出口方应如何处理？

【延伸思考】

本案例是在发货时外商提出的要求，我方尚可据理力争，若货到目的地后，国外市场价格下跌，外商以此让我方让步，我方将遭遇什么后果？

2.3.2 计量方法

在国际贸易中，许多商品采用按重量计量，计算重量的方法主要有以下几种。

1. 按毛重计

毛重（gross weight）是指商品本身的重量加上包装材料的重量，也就是商品连同包装的重量，即皮重（tare）。有些单位价值不高的商品（例如，用麻袋包装的粮食、蚕豆等农产品）可采用按毛重计量，即以毛重作为计算价格和交付货物的计量基础。这种计重方法在国际贸易中被称为"以毛作净"（gross for net）。

由于这种计重方法直接关系到价格的计算，因此，在销售上述种类的商品时，不仅在规定数量时，需明确"以毛作净"，在规定价格时，也应加注此条款，例如，"每公吨 200 美元，以毛作净"（US $200 per metric ton，gross for net）。

2. 按净重计

净重（net weight）是指商品本身的实际重量，不包括包装材料的重量，即毛重扣除皮重的重量。在国际货物买卖中，按重量计量的商品大都采用以净重计量。有包装的商品如按净重计算时，应将包装重量扣除，即用毛重减去皮重。

计算皮重的方法有以下 4 种。

（1）实际皮重（real tare，actual tare）。将整批商品的包装逐一过秤，算出每一件包装的重量和总重量。

（2）平均皮重（average tare）。从全部商品中抽取几件，称其包装的重量，除以抽取的件数，得出平均数。再以平均每件的皮重乘以总件数，算出全部包装重量。

（3）习惯皮重（customary tare）。某些商品的包装比较规格化，并已经形成一定的标准，即可按公认的标准单件包装重量乘以商品的总件数，得出全部包装重量。例如，装运粮食的机制麻袋，已被公认每只麻袋的重量为 2.5 磅。这种已被公认的皮重，即为习惯皮重。

（4）约定皮重（computed tare）。买卖双方以事先约定的单件包装重量，乘以商品的总件数，求得该批商品的总皮重。

去除皮重的方法，依交易商品的特点，以及商业习惯的不同，由买卖双方事先商定在买卖合同中做出具体规定。如果在合同中未明确规定用毛重还是用净重计量、计价，则按惯例应以净重计。

3. 其他计算重量的方法

（1）按公量计重（conditioned weight）。在计算货物重量时，使用科学方法，抽去商品中所含水分，再加标准水分重量，求得的重量称为公量。这种计重办法较为复杂，主要使用于少数经济价值较高而水分含量极不稳定的商品，如羊毛、生丝、棉花等。其计算公式有下列两种，见式（2-1）和式（2-2）。

$$公量 = 商品干净重 \times (1 + 公定回潮率) \tag{2-1}$$

$$公量 = 商品净重 \times \frac{1 + 公定回潮率}{1 + 实际回潮率} \tag{2-2}$$

式中，公定回潮率[○]按国际上公认的标准回潮率计算。实际回潮率是指商品中所含的实际水分与剩下的干量之比。例如，1 公斤生丝，用科学的方法除掉水分 0.2 公斤，剩下的干量为 0.8 公斤，0.2 与 0.8 的比率为 25%，即实际回潮率为 25%。

（2）按理论重量计重（theoretical weight）。理论重量适用于有固定规格和固定体积的商品。规格一致、体积相同的商品，每件重量也大致相等，根据件数即可算出其总重量。如马口铁、钢板等。

（3）法定重量（legal weight）和净净重（net net weight）。纯商品的重量加上直接接触商品的包装材料，如内包装等的重量，即为法定重量。法定重量是海关依法征收从量税时，作为征税基础的计量方法。而扣除这部分内包装的重量及其他包含杂物（如水分、尘芥）的重量，则为净净重，净净重的计量方法主要也为海关征税时使用。

在国际货物买卖合同中，如果货物是按重量计量和计价，而未明确规定采用何种方法计算重量和价格时，根据惯例，应按净重计量和计价。

2.4 合同中的数量条款

1. 基本内容

合同中的数量条款，主要包括成交商品的具体数量和计量单位。有的合同还需要规定确定数量的方法。

样 1：5 000 箱，每箱 10 打　　（毛巾）　　　　5 000 cartons of 10 doz. each.

样 2：1 000 码　　　　　　　　（布）　　　　　　1 000 yards.

样 3：2 500 包，每包 300 磅　（棉纱）　　　　2 500 bales of 300 lbs each.

2. 数量的机动幅度条款

在国际货物买卖中，有些商品是可以精确计量的，如金银、药品、生丝等，但有些商品受本身特性、生产、运输或包装条件以及计量工具的限制，不易精确计量，如散装的谷物、油类、矿砂以及一般的工业制成品等。为了便于合同顺利履行，减少争议，可以在合同中规定数量机动幅度条款，允许交货数量可以在一定范围内灵活掌握。数量机动幅度通常采用溢短装条款（more or less clause）来表示。

溢短装条款，又称数量增减条款（plus or minus clause），就是在规定具体数量的同时，在合同中规定允许多装或少装一定百分比的数量。卖方交货数量只要在允许增减的范围内即为符合合同有关交货数量的规定。一个完整的溢短装条款应包括三项内容：第一，允许溢装或

○ 为了消除因回潮率不同而引起的重量不同，满足纺织材料贸易和检验的需要，国家对各种纺织材料的回潮率规定了相应的标准，称为公定回潮率。各国对纺织材料公定回潮率的规定往往根据自己的实际情况而定，所以并不完全一致。羊毛、生丝、棉花的公定回潮率分别为 15% ～ 16%、11%、8.5%。

短装的比率；第二，实际交货时由谁决定溢短装；第三，溢短装部分的价格计算。

样 1：20 000 公吨，允许溢短装 3%，由卖方选择。（白砂糖）

20 000 metric tons, 3% more or less at seller's option.

样 2：卖方可比合同规定的货物数量多装或短装 6%，溢短装部分按合同价格计算。（大米）

The seller has the option to load 6% more or less than the quantity contracted, each difference shall be settled at the contract price.

样 3：中国东北大豆：6 000 公吨，以毛作净，卖方可溢装或短装 3%。

Chinese northeast soybean：6 000M/T gross for net，3% more or less at seller's option.

拟订溢短装条款时要注意以下几点。

（1）数量机动幅度的大小要适当。

数量机动幅度的大小通常都以百分比表示，如 3% 或 5% 不等。究竟百分比多大合适，应视交易数量、商品特性、行业或贸易习惯和运输方式等因素而定。数量机动幅度可酌情做出各种不同的规定，其中一种是只对合同数量规定一个百分比的机动幅度，而对每批分运的具体幅度不做规定，在此情况下，只要卖方交货总量在规定的机动幅度范围内，就算按合同数量交了货；另一种是，除规定合同数量总的机动幅度外，还规定每批分运数量的机动幅度，在此情况下，卖方总的交货量，就得受上述总机动幅度的约束，而不能只按每批分运数量的机动幅度交货，这就要求卖方根据过去累计的交货量，计算出最后一批应交的数量。此外，有的买卖合同，除规定一个具体的机动幅度外，如 ±3%，还规定一个追加的机动幅度，如 ±2%，在此情况下，总的机动幅度，应理解为 ±5%。

在实际业务中，还有以"约"量来表示交货数量的增减范围的，例如，约 5 000 码（about 5 000 yards）。常见的有"大约""近似""左右"（about, circa, approximate）。但是，以"约"量表示机动幅度，常常会引起贸易纠纷。因为在目前的国际贸易中，对于"大约""近似""左右"等用语尚缺统一的解释，有的解释为 2.5%，有的解释为 5%，有的解释为 10%，所以，在我国的对外贸易中，一般不用约量来表示机动幅度，即使采用，也要求双方当事人就这种约量做出具体规定。按《跟单信用证统一惯例》（Uniform Customs and Practice for Documentary Credit，简称 UCP 600）的规定，"约"或"大约"用于信用证金额或信用证规定的数量或单价时，应解释为允许有关金额或数量或单价有不超过 10% 的增减幅度。

（2）机动幅度选择权的规定要合理。

在合同规定有机动幅度的条件下，由谁行使这种机动幅度的选择权呢？一般来说，是履行交货的一方，也就是由卖方选择。但是，如果涉及海洋运输，交货量的多少与承载货物的船只的舱容关系非常密切，在租用船只时，就得跟船方商定。所以，在这种情况下，交货机动幅度一般是由负责安排船只的一方（如 FOB 的买方）选择，或是由船方根据舱容和装载情况做出选择。总之，机动幅度的选择权可以根据不同情况，由买方行使，也可由卖方行使，或由船方行使。因此，为了明确起见，最好是在合同中做出明确合理的规定。

此外，当成交某些价格波动剧烈的大宗商品时，为了防止卖方或买方利用数量机动幅度条款，根据自身的利益故意增加或减少装船数量，也可在机动幅度条款中加订："此项机动幅度只是为了适应船舶实际装载量的需要时，才能适用。"

（3）溢短装数量的计价方法要公平合理。

目前，机动幅度范围内超出或低于合同数量的多装或少装部分，一般是按合同价格结算货款，多交多收，少交少收。但是，由于数量是计算货款的基础，数量上的溢短装在一定条件下关系到买卖双方的商业利益。在按合同价格计价的条件下，就卖方而言，在市场价格下跌时，大都按照最高约定数量交货，相反，在市场价格上涨时，则尽量争取少交货物。这样，按合同价格计算多交或少交货款，对买方不利。而如由买方决定时，根据市场价格情况，选择上限还是下限交货，则对卖方不利。因此，为了防止有权选择多装或少装的一方当事人利用行市的变化，有意多装或少装以获取额外的好处，也可在合同中规定，多装或少装的部分，不按合同价格计价，而按装船时或货到时的市价计算，以体现公平合理的原则。

（4）并不是所有的商品交货时都适合采用溢短装方式。

例如，出口彩电 10 000 台，装运时发现仅存 9 500 台，那么卖方能否援引 5% 的增减幅度以 9 500 台彩电交货？对于这个问题，国际商会《跟单信用证统一惯例》（UCP 600）有如下规定："如凭信用证付款方式进行的买卖，除非信用证所列的货物数量不得增减，在支取金额不超过信用证金额的条件下，即使不允许分批装运，卖方交货数量也可有 5% 的伸缩幅度，但货物数量按包装单位或个体计算时，此项伸缩则不适用。"由于彩电是按包装单位或个体一台一台计算的，因此，对于装运时发现缺少的 500 台彩电不能援引溢短装条款规避责任。

案例 2-2

【案情】

合同中数量条款规定 "10 000 M/T 5% MORE OR LESS AT SELLER'S OPTION"，卖方正等待交货时，该货物国际市场价格大幅度上涨。

【讨论分析】

1. 如果你是卖方，拟实交多少货量？为什么？

2. 站在买方立场上，磋商合同条款时，应注意什么？

【延伸思考】

1. 如果交货时，恰逢国际市场价格下跌，买卖双方将如何决策？

2. 如果合同规定，多装或少装部分按照交货时候的市场价格计算，上述分析有何不同？

本章小结

合同中的数量条款包括商品数量的表示方法、计量单位和溢短装条款。商品的数量包括重量、个数、长度、容积、面积、体积 6 种表现形式，不同的形式对应不同的计量单位。目前，国际贸易中通常使用的度量衡制度有 4 种：（1）公制（或米制，Metric System）；（2）美制（U. S. System）；（3）英制（British System）；（4）国际单位制（International System of Units）。溢短装条款是指允许卖方交货时可多交或少交一定比例的数量，包括货物数量大小比例的确定、溢短装选择权的决定、溢短装数量的计价方法等内容。

 练习题

1. 什么叫"溢短装条款""公量""以毛作净"?

2. 在国际货物买卖中,如何正确掌握成交数量?

3. 在国际贸易中,常用的度量衡制度有几种? 我国《计量法》对我国进出口商品所使用的计量单位有什么规定?

4. 在合同未约定溢短装条款的情况下,能否多装或少装?

5. 在合同中规定"About 500 M / T"或"500 M/T, 5% more or less at seller's option"条款,对买卖双方有无区别? 为什么? 在后一种规定情况下,卖方最多可交多少公吨? 最少可交多少公吨? 如何计价?

6. 如卖方按每箱 150 美元的价格出售某商品 1 000 箱,合同规定"数量允许有 5% 增减,由卖方决定"。试问:(1)这是一个什么条款?(2)最多可装多少箱? 最少可装多少箱?(3)如实际装运 1 020 箱,买方应付货款多少?

7. 某公司出口生丝,合同为 100 公吨,溢短装 5%,约定标准回潮率为 11%。现有生丝 104 公吨,回潮率为 9%,问:(1)这批生丝公量为多少?(2)是否符合溢短装条款规定的重量? 如不符合应取出多少回潮率为 9% 的生丝?

8. 中国某公司从国外进口某农产品,合同数量为 100 万公吨,允许溢短装 5%,而外商装船时共装运了 120 万公吨,对多装的 15 万公吨,我方应如何处理?

第3章
CHAPTER3

商品的包装

商品的包装

:: **学习目标**

| 理解各类运输包装标志，掌握"唛头"的制作。

| 掌握定牌、无牌和中性包装的基本做法。

| 掌握国际贸易合同包装条款。

销售包装的
种类和选用

条形码

运输包装的
种类和选用

3.1　包装的种类

　　国际贸易中，除少数商品难以包装、不值得包装或根本没有包装的必要，而采取裸装或散装[○]的方式外，其他绝大多数商品都需要有适当的包装。经过适当包装的商品，不仅便于运输、装卸、搬运、储存、保管、清点和携带，还防止丢失或被盗，为各方面都提供了便利。

　　在国际货物买卖中，包装分为销售包装（selling packing）和运输包装（transport packing）。

　　销售包装，又称小包装（small packing）、内包装（inner packing）或直接包装（direct packing），是在商品制造出来以后以适当的材料或容器所进行的初次包装。销售包装除了保护商品的品质外，还能美化商品，宣传推广，便于陈列展销，吸引顾客和方便消费者识别、选购、携带和使用，从而能起到促进销售、提高商品价值的作用。

　　运输包装又称大包装、外包装（outer packing），它是将货物装入特定的容器，或

　　○　裸装货（nude packed）：指将商品稍加捆扎或以自身进行捆扎，适用于自然成件、品质稳定、难以包装或不需要包装的货物，如钢管、木材、藤条、车辆、游艇等。散装货（bulk cargo）：指不需要包装，散装在船甲板上或船舱中的大宗货物，如煤、粮食、矿砂和石油等。这类商品的装卸需要有相应的码头装卸设备，有的还需要特殊的运输工具，如油轮。区别在于，散装货一般是指大宗散货，而裸装货一般是独立成件的。

以特定方式成件或成箱的包装。运输包装具有保护性、单位集中性及便利性三大特性，具有保护商品、方便物流、促进销售、方便消费的四大功能。

3.2　运输包装的标志

运输包装的标志是为了方便货物交接，防止错发、错运货物，方便货物的识别、运输、仓储，以及方便海关等有关部门依法对货物进行查验等，而在商品的外包装上标明或刷写的标志。根据其作用的不同，包装可以分为运输标志（shipping mark）、指示性标志（indicative mark）、警告性标志（warning mark）、重量体积标志和产地标志。

1. 运输标志

运输标志，俗称唛头，由一些数字、字母及简单的文字组成，通常印刷在外包装明显的部位，目的是使货物运输途中的有关人员辨认货物，核对单证，而且唛头也是唯一体现在装运单据上的包装标志。由国际标准化组织和国际货物装卸协会推荐使用的标准运输标志由以下四个要素构成。

（1）收货人或者买方的名称字首或简称。

（2）参考号码，常用合同号、信用证号、发票号码等表示。

（3）目的地，表明货物最终运抵地点，通常为港口。如需转运则标明转运地点，例如 London Via Hong Kong，这里 London 是卸货港，而 Hong Kong 则是转运港。

（4）件数号码，主要说明本件货物与整批货的关系。假如该批货只有一种规格，货物的件号可以是一个，如 C/NOS.1-100。但如果一批货物有 100 箱，每一箱的包装细数和规格均不相同时，则采用顺序件号的方法，即在包装上用 C/NOS.1-100、C/NOS.2-100、C/NOS.3-100……来表示，以便理货清查短损。C/NOS.3-100 中的 C 表示 Carton 纸箱，3-100 中的 100 表示该批货物共计 100 件，3 则表示本件是 100 件中的第三件。另外，在业务往来函电中经常看到的写法“C/NO.1-UP”这表明包装件数待定，装运时按实际件数刷制。

例如：P&G
　　　206LC1132
　　　NEW YORK
　　　CTN/NOS.1-2000

上述四项内容，构成了货物运输标志，是货物安全运抵目的地交货所必需的。运输标志在国际贸易中还有其特殊作用。按《公约》规定，在商品特定化之前，风险不转移到买方承担。所谓“商品特定化”，是指以某种方式表明该商品属于某贸易合同项下。而商品特定化最常见的有效方式，是在商品外包装上标明运输标志。此外，国际贸易主要采用的是凭单付款的方式，而主要的出口单据如发票、提单、保险单上，都必须显示运输标志。所以，认真刷制运输标志是非常重要的。

刷制运输标志时应注意以下四点。

（1）运输标志上的文字和数字要简明、清晰、易于辨认，文字要符合运输部门的规定。

（2）运输标志必须刷在外包装的显著位置，并用不褪色的颜料刷写。

（3）不要加上任何广告性的宣传文字或图案。

（4）结汇用的提单、发票等单据上的运输标志应与外包装上的运输标志完全相同。

2. 指示性标志

指示性标志是根据商品的特性，对一些容易破碎、残损、变质的商品在搬运装卸操作和存放保管条件方面提出的要求和注意事项，用图形或文字表示的标志。例如，"小心轻放"（handle with care）、"此面朝上"（this side up）、"请勿抛掷"（don't throw down）、"易腐物品"（perishable goods）、"请勿平放"（not to be laid flat）、"请勿用钩"（no hooks）、"避免日光直射"（keep out of the direct sun）。

为了统一各国运输包装指示性标志的图形与文字，一些国际组织，如国际标准化组织、国际航空运输协会和国际铁路货物运送公约分别制定了包装的指示性标志，并建议各个成员方或会员国采纳。我国制定有运输包装或指示性标志的国家标准，所用图形与国际上通用的基本上一致。图 3-1 列举的是一些常用的指示性标志。

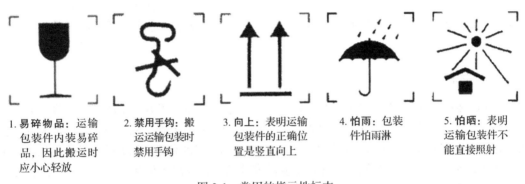

1. 易碎物品：运输包装件内装易碎品，因此搬运时应小心轻放
2. 禁用手钩：搬运运输包装时禁用手钩
3. 向上：表明运输包装件的正确位置是竖直向上
4. 怕雨：包装件怕雨淋
5. 怕晒：表明运输包装件不能直接照射

图 3-1 常用的指示性标志

3. 警告性标志

有些特殊物品，如爆炸品、易燃物品、腐蚀物品、氧化剂和放射物质等，需在外包装上用图形或文字等标志表示其危险性，以便搬运人员注意，保障货物和操作人员的安全，所以称其为警告性标志。部分警告性标志如图 3-2 所示。

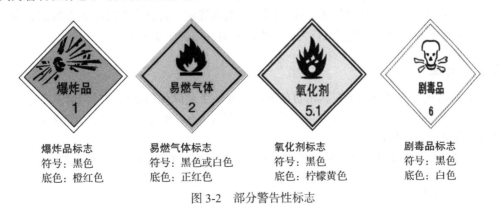

爆炸品标志
符号：黑色
底色：橙红色

易燃气体标志
符号：黑色或白色
底色：正红色

氧化剂标志
符号：黑色
底色：柠檬黄色

剧毒品标志
符号：黑色
底色：白色

图 3-2 部分警告性标志

4. 其他标志

除上述包装标志外，在货物的包装上一般还需刷制每件货物的品名、货号、装箱数量及配比、毛重（gross weight）、净重（net weight）、包装容器的体积（measurement）和货物的产地（如 Made in China）等标志，其中磅、码、产地标志必须刷制。

例如：Safety Boots   安全靴
　　　Art No.JL608TS   货号：JL608TS
　　　QTY.12PRS   数量：12 双
　　　G.W.27KGS   毛重：27 公斤
　　　N.W.21.6KGS   净重：21.6 公斤
　　　MST.50×35×78cm   体积：50 厘米 ×35 厘米 ×78 厘米
　　　Made in China   中国制造

3.3　定牌、无牌和中性包装

在出口商品的包装上，通常标有生产国别、生产商及出口方使用的商标和牌号。但为了把生意做活，有时应进口方的要求，也可以采用定牌、无牌和中性包装等国际贸易中的习惯做法。

3.3.1　定牌

定牌是指卖方应买方的要求在其出售的商品和包装上标明买方指定的商标牌号，或在卖方的商标和牌号上加注买方商号或代表其商号的标志。采用定牌，从买方（主要是大百货公司、超级市场和专业商店）来讲，是为了扩大本商店的知名度和显示该商品的身价；从卖方来讲，也可以利用买主的经营能力和他们企业的商业信誉，提高售价和扩大销路，所以也愿意接受定牌生产。

使用定牌生产应注意以下三点。

（1）要对买方提供的图案、文字内容进行审查，不接受违背我国宪法原则以及与我国精神文明标准不符的图案和文字。

（2）要求买方提供可以使用指定商标牌号、不涉及第三方知识产权的证明，以确保我方接受定牌生产不会导致侵犯第三方知识产权的后果。

（3）若买方无法提供这类证明，在合同中要明确规定，若日后因使用买方指定的商标牌号而发生工业产权纠纷或出现侵权行为，由买方承担一切责任和费用。

3.3.2　无牌

无牌是指卖方应买方要求在其出售的商品和包装上免除任何商标牌号。这主要适用于一些原料性或半成品商品或低价值商品。对于这类商品，客户要求无牌，是为了减少加工生产的耗费，降低成本和售价。

无论是定牌还是无牌，若无特殊说明，则一般都要标出制造国别和生产厂商。

3.3.3　中性包装

中性包装是指在商品和包装上不注明制造国别、产地、厂商和原有的商标牌号等有可能导致识别商品来源的内容。

中性包装根据其商业秘密程度可以分为定牌中性包装和无牌中性包装。

定牌中性包装是指卖方按照合同规定，在商品和包装上使用买方指定的商标牌号，但不注明原产地和制造厂商。

无牌中性包装是在出口商品和包装上既不注明原产地和制造厂商，也无任何商标牌号。这类商品一般需要经买方重新包装整理后再销往最终的销售市场。

中性包装是国际贸易中的习惯做法和特定要求，其作用是有助于避开进口国家或地区的配额限制、关税壁垒和非关税壁垒等方面的一些歧视性、限制性乃至敌对性的贸易政策和贸易保护措施，从而扩大出口。尤其是对那些暂无直接外交关系、正在交战之中或正处于对方经济制裁中的国家或地区，中性包装成为各自向对方出口商品的一种必要手段。通常的做法是，采用中性包装将商品出口到第三国，经过重新包装和整理后，再出口到对方国家。

💡 案例 3-1

【案情】

国内公司 A 与国外客户 B 在 2000 年 12 月下了 1×40' 集装箱产品 P1（货号为 828-12）的订单。客户在 E-mail 上要求所有包装上不能显示货号"828"，由于此次进口国海关对于"828"等几种产品征收很高的反倾销关税，所以客户有此要求。而公司 A 在给供应商下订单上仅仅注明了在货物的外箱上不能注明"828"，其他具体要求跟此客户以前的出货一致（以前订单的彩卡包装上都有"828"），所以造成彩卡包装生产下来都有"828"字样。客户在收到公司 A 寄来的货样照片时，发现彩卡上仍有"828"字样，随即提出去掉"828"，由于我方的货物已全部完成，若换彩卡会造成 5 万元的经济损失，同时交货期将推迟 20 天。A 公司告诉客户货物已全部生产完毕，若返工将造成 5 万元损失并希望客户接受有"828"的彩卡。最后客户答应愿意接受我们的货物，但是客户疏通海关需要 2 000 美元的费用，我司只好同意接受了。

【讨论分析】

1. 在合同签订后，一方能够就合同履行再提出要求吗？
2. 如果一方不能接受另一方的要求，他应该如何做？
3. 如果一方接受了另一方的要求，该接受视同什么？
4. 本案卖方是否接受买方的要求？在合同履行中，卖方有哪些失误？
5. 买方提出的要求合理吗？
6. 卖方就该纠纷的处理合理吗？

【延伸思考】

如果买方不是要求卖方承担损失，而是要求撤销合同并索赔，请问卖方应如何处理？

3.4　合同中的包装条款

在国际货物买卖中，包装是说明货物的重要组成部分，包装条件是买卖合同中的一项主要条件，按照某些国家的法律规定，如卖方交付的货物未按规定的条件包装，或者货物的包装与行业习惯不符，买方有权拒收货物，如果货物虽按约定的方式包装，但却与其他货物混杂在一起，买方可以拒收违反约定包装的那部分货物，甚至可以拒收整批货物。根据《公约》第 35 条（1）款规定：卖方必须按照合同规定的方式装箱或包装。《民法典》第六百一十九条：出卖人应当按照约定的包装方式交付标的物。如果卖方不按照合同规定的方式装箱或包装，即构成违约。另外，包装不良（insufficient packing），船方将在大副收据上有所批注，从而产生不清洁提单，也影响安全收汇。

包装条款通常包括包装材料、包装方式以及包装费用等。

样 1：木箱装，每箱装 30 匹，每匹 40 码。

To be packed in wooden cases, 30 pieces per case of 40 yd each.

样 2：铁桶装，每桶净重 25 公斤。

In iron drum of 25kg net each.

样 3：用聚丙烯编制包装袋，每包重 50 公斤，以毛重作净重，包装袋质量良好，适于海运，包装袋上用英语写上品名、重量、原产国别和包装日期。

To be packed in polypropylene woven bags, 50kg each, gross for net. The bags should be fairly good in quality and suitable for ocean transportation, on which the name of the goods, weight, country of origin and package date should be written/marked in English.

样 1、样 2 和样 3 都明确了特定标的物的具体包装要求，如在包装材料上，样 1 采用木箱，样 2 采用铁桶，而样 3 采用聚丙烯编制包装袋；在包装方式上，上述条款也明确了每独立包装单位能容纳多少货物。

包装费用通常包含在价格中，一般不再另做规定，除非买方对包装有特别要求。合同履行时，如果买方对包装有特别要求，致使包装费用高于原先的成本，卖方可以另收包装费。

在实际业务中，可能对包装要求仅做笼统规定。

样 4：习惯包装

To be packed in customary packing

样 5：卖方习惯包装

Seller's usual packing

样 6：适合海运包装

Seaworthy packing

样 7：适合长途运输包装

Packing suitable for long distance

这样的笼统规定，一般不提倡使用。因为合同履行中可能因双方对该条款的理解不同而引起争议。这类笼统规定，除非买卖双方事先取得一致认识，应避免使用。对设备的包装条件，应在合同中做出具体明确的规定，如对特别精密的设备包装必须符合运输要求外，还应规定防震措施等条件。

另外，对于买卖双方来说，还须确定运输标志，但是按照国际惯例，运输标志一般由卖方设计确定。当买方要求指定运输标志时，买卖双方须在包装条款中对买方提供运输标志的时间做出规定。若买方逾期尚未指定，则卖方可以自行决定。

案例 3-2

【案情】

某公司外售杏脯 1.5 公吨，合同规定用纸箱包装，每箱 15 公斤（内装 15 小盒，每小盒 1

公斤）。交货时，因为没有这样包装的货物，该公司改为小包装交货（每箱 15 公斤，内装 30 小盒，每小盒 0.5 公斤）。结果外商以货物包装不符合规格为由提起索赔。

【讨论分析】

1. 卖方违反了合同中的哪个条款？

2. 买方的索赔有理吗？

3. 卖方应如何处理该索赔？

【延伸思考】

1. 如果合同规定用塑料袋包装，由于备货时没有塑料袋，我方改用纸袋包装。这样是否可行？

2. 合同规定出口的是不需要包装的散装货，而在实际交货时货物用麻袋包装，净重相同，且不另外收费，这样对方能接受吗？

本章小结

商品的包装是为了保护商品品质完好、数量完整及促进销售等所使用的容器或包装材料。包装条款通常包括包装材料、包装方式以及包装费用由谁承担等内容。商品包装通常分运输包装和销售包装。运输标志，俗称唛头，通常刷印在外包装明显的部位，目的是使货物运输途中的有关人员辨认货物，核对单证。实际业务中，可能出现定牌、无牌、中性包装的做法。

练习题

1. 在货物买卖过程中，包装的重要性体现在什么地方？

2. 什么是运输标志？它由哪几个部分组成？

3. 什么是定牌包装？使用定牌时应注意什么问题？

4. 菲律宾客户与上海某自行车厂洽谈进口"永久牌"自行车 10 000 辆，但要求我方改用"剑"牌商标，并在包装上不得注明"Made in China"字样。买方为何提出这种要求？我方能否接受？为什么？

第4章
CHAPTER4

贸易术语与价格条款

∷ **学习目标**

| 掌握贸易术语，特别是几种常用贸易术语的含义、内容及其应用。
| 了解有关贸易术语的主要国际贸易惯例。
| 掌握佣金和折扣的表示方法及计算方法。
| 了解出口核算的意义并掌握核算的方法。
| 掌握合同中的价格条款。

4.1 有关贸易术语的国际贸易惯例

4.1.1 贸易术语的含义和作用

贸易术语及
相关的国际
贸易惯例

1. 含义

价格是货物贸易的核心条款。实际业务中，对外报价除了考虑成本外，还必须考虑交货地点，以及卖方需要办理的手续、支付的费用和承担的风险。例如，杭州某外贸公司就某商品对外报价，交货地点是在该公司所在地、在上海港还是在美国的纽约港，业务员的报价显然是不一样的。交货地点越远，报价越高。即使是同一交货地点，例如在上海港交货，买卖双方有关手续、费用、风险的划分不同，报价也不一样。任何一笔交易在报价前，必须明确交货地点及手续、费用、风险的划分。在长期的贸易实践中，某些做法逐渐被固定下来，并赋予名称，即形成术语。

贸易术语（trade terms）又称价格术语（price terms），是国际贸易中定型化的买卖条件，是在长期的国际贸易实践中产生的，它用简明的语言或缩写字母来概括说明交货地点，以及买卖双方在责任、费用和风险上的划分。

2. 作用

（1）明确交易方式，简化交易内容，缩短磋商时间，节约费用开支。

（2）明确价格内涵，有利于交易双方进行比价和加强成本核算。

（3）明确交货地点，有利于界定合同性质、运输方式和保险事宜。

（4）明确责任、风险、费用的分担及其他权利义务关系，有利于减少贸易纠纷和妥善解决贸易争端。

贸易术语确定了买卖双方的部分合同义务，在磋商和订立合同时，采用某种贸易术语，例如 FOB 或 CIF，使该合同具有一定的特征，从而可分别称之为"FOB 合同"或"CIF 合同"。

4.1.2　国际贸易惯例的含义和作用

1. 含义

贸易术语是典型的国际贸易惯例。国际贸易惯例（international trade practice）或称国际商业惯例（international commercial practice），是指人们在长期的国际贸易实践中逐渐形成的，具有法律约束力的，成文或不成文的原则、规则、先例和习惯做法。

国际贸易惯例一般是不成文的，因此它缺乏足够的明确性和稳定性，而且不同国家或地区的惯例，在内容上也有不一致的地方。对此，有关国际性民间组织（如国际商会）或学术团体（如国际法协会）或不同国家的某些组织（如美国商会（Chamber of Commerce of the United States of America）、美国进出口协会（National Council of American Importers，Inc.））对国际惯例进行了整理和编纂，使之日益标准化、定型化，从而避免了内容上的矛盾、抵触，增加了相互协调和统一。

2. 作用

国际贸易惯例的适用是以当事人的自愿、真实的意思表示为基础的。因为，惯例本身不是法律，它对贸易双方不具有强制性，故买卖双方有权在合同中做出与某项惯例不符的规定。只要合同有效成立，双方均要遵照合同的规定履行。一旦发生争议，法院和仲裁机构也要维护合同的有效性。虽然国际贸易惯例不是法律，但它对贸易实践仍具有重要的指导作用。这体现在以下两个方面。

（1）如果双方都同意采用某种惯例来约束该项交易，并在合同中做出明确规定，那么这项约定的惯例就具有了强制性。

（2）如果双方对某一问题没有做出明确规定，也未注明该合同适用某项惯例，在合同执行中发生争议时，受理该争议案的司法和仲裁机构也往往会引用某一国际贸易惯例进行判决或裁决。

所以，国际贸易惯例虽然不具有强制性，但它对国际贸易实践的指导作用却不容忽视。不少贸易惯例被广泛采纳、沿用，说明它们是行之有效的。

4.1.3　有关贸易术语的国际贸易惯例

早在 19 世纪初，贸易术语已开始在国际贸易中使用。但是，最初国际上对各种贸易术语并无统一的解释。为了消除分歧，以利于国际贸易的发展，国际上某些商业团体、学术机构试图统一对贸易术语的解释。于是，陆续出现了一些有关贸易术语的解释和规则。这些解释和规则为较多的国家或贸易团体所熟悉、承认和采用，就成为有关贸易术语的国际贸易惯例。

目前，在国际上有较大影响的有关贸易术语的国际贸易惯例有三种，现分述如下。

1.《1932 年华沙 – 牛津规则》

《1932 年华沙 – 牛津规则》（Warsaw-Oxford Rules，1932）的前身是《1928 年华沙规则》（Warsaw Rules，1928），是国际法协会⊖于 1928 年在波兰华沙制定的，共有 22 条规则，旨在统一解释 CIF 买卖合同下买卖双方的权利与义务。后于 1932 年在各国商会的协助下，在英国牛津予以修订，并改称《1932 年华沙 – 牛津规则》。

这一规则对 CIF 合同的性质，买卖双方所承担的风险、责任和费用的划分，以及所有权转移的方式等问题都做了比较详细的解释，至今仍有较大的权威性。其对 CIF 贸易术语确定的性质，被后来的国际商会制定的国际贸易术语解释通则所采用。

2.《1990 年美国对外贸易定义修正本》

《1990 年美国对外贸易定义修正本》解释的贸易术语

该修正本的前身是美国九大商业团体于 1919 年制定的《美国出口报价及其缩写》（The U.S. Export Quotations and Abbreviations）。其后，因贸易习惯发生了很多变化，在 1940 年举行的美国第 27 届全国对外贸易会议上对其进行了修订，并于 1941 年 7 月 31 日经美国商会、美国进出口协会和美国对外贸易协会（National Foreign Trade Council, Inc.）所组成的联合委员会通过，称为《1941 年美国对外贸易定义修正本》（Revised American Foreign Trade Definitions 1941）。至 1990 年又加以修订，改称《1990 年美国对外贸易定义修正本》（Revised American Foreign Trade Definitions 1990，以下简称《美国定义》），其解释的贸易术语共有 6 种，不过其中 FOB 术语又分为 6 种，所以实际上其所解释的贸易术语共有 11 种之多。

由于《美国定义》主要用于国际贸易报价，而《国际贸易术语解释通则》则对买卖双方的义务有详细的规定，且为世界多数国家贸易商所采用，因此，美国贸易界已同意使用《国际贸易术语解释通则》，以实现贸易术语解释的国际性和统一化。然而，事实上，部分美国贸易商仍继续使用《美国定义》。因此，我们与美商交易时，应特别注意，避免由于两大惯例文本的差异，造成不必要的误会，甚至纠纷。

3.《国际贸易术语解释通则 2020》

国际商会⊜自 20 世纪 20 年代初即开始对重要的贸易术语做统一解释的研究，1936 年提出了一套解释贸易术语的具有国际性的统一规则，定名为 Incoterms®⊜1936，其副标题为 International Rules for the Interpretation of Trade Terms，即《国际贸易术语解释通则 1936》。此后，为了适应不同时期国际贸易发展的需要，国际商会先后于 1953 年、1967 年、1976 年、1980 年、1990 年、2000 年和 2010 年进行过七次修改和补充。

　⊖　国际法协会（International Law Association），前身是 1873 年 10 月在布鲁塞尔成立的国际法革新和编纂协会，两年后，改名为国际法协会。其总部设在伦敦，现在包括 62 个国家（地区）分支机构和 1 个执行理事。国际法协会的宗旨是研究、诠释和促进国际公法与国际私法；研究比较法律；提出解决法律冲突的办法；统一法律并促进国际理解和善意。

　⊜　国际商会（International Chamber of Commerce，ICC）成立于 1919 年，总部设在巴黎，其设立目的是在自由、平等的基础上改善世界贸易和投资。国际商会目前是世界上最重要的民间商业组织，是联合国的一级咨询机构。其会员分布在 140 多个国家和地区。1994 年 11 月，国际商会正式授予中国国际商会（China Chamber of International Commerce，CCOIC）成员国地位，并同意中国建立国际商会中国国家委员会。目前，国际商会在包括中国在内的 60 多个国家设立了国家委员会。国际商会中国国家委员会 1995 年 1 月 1 日正式成立。

　⊜　Incoterms 是 International Commerce Terms 的缩写。

2019 年 9 月，国际商会又公布了新版本《国际贸易术语解释通则 2020：国际商会国内与国际贸易术语使用规则》[⊖]（Incoterms®2020: ICC rules for the use of domestic and international trade terms，以下简称《2020 年通则》），成为该商会的第 723E 号出版物，并于 2020 年 1 月 1 日正式实施。

Incoterms®
2020 对
Incoterms®
2010 的
修改

随着运输方式、通信方式的改变，商业实践也发生改变。历次《国际贸易术语解释通则》修订的原因，主要是为了使其适应当代的商业实践。《2020 年通则》考虑了货物运输中对安全问题的日益关注，根据货物的性质和运输灵活安排保险的需要，以及 FCA 规则下银行在特定货物销售融资中对已装船提单的要求。《2020 年通则》对所有规则做出了更加简洁、明确的陈述，更加突出了交货和风险，更加清晰地解释了销售合同与附属合同之间的区分和联系。

为了便于阅读和理解，《2020 年通则》采用"A 卖方义务，B 买方义务"的方式对应编排，对买卖双方分列了 10 项义务，如表 4-1 所示。

表 4-1　《2020 年通则》列明的卖方、买方 10 项义务

A 卖方义务	B 买方义务
A1 一般义务	B1 一般义务
A2 交货	B2 提货
A3 风险转移	B3 风险转移
A4 运输	B4 运输
A5 保险	B5 保险
A6 交货、运输单据	B6 交货证据
A7 出口、进口清关	B7 出口、进口清关
A8 查验、包装、标记	B8 查验、包装、标记
A9 费用划分	B9 费用划分
A10 通知	B10 通知

《2020 年通则》共解释了 2 组 11 种贸易术语（见表 4-2）。

表 4-2　《2020 年通则》解释的贸易术语

组别	贸易术语	英文全称	中文名称
适用于任何运输方式或多种运输方式的术语	EXW	EX Works (insert named place of delivery)	工厂交货（填入指定交货地点）
	FCA	Free Carrier (insert named place of delivery)	货交承运人（填入指定交货地点）
	CPT	Carriage Paid to (insert named place of destination)	运费付至（填入指定目的地）
	CIP	Carriage and Insurance Paid to (insert named place of destination)	运费保险费付至（填入指定目的地）
	DAP	Delivered at Place (insert named place of destination)	目的地交货（填入指定目的地）
	DPU	Delivery at Place Unloaded (insert named place of destination)	目的地卸货后交货（填入指定目的地）

⊖　国际商会（ICC）. 国际贸易术语解释通则 2020：国际商会与国际贸易术语使用规则［M］. 中国国际商会组织，编译. 北京：对外经济贸易大学出版社，2020，本书有关《2020 年通则》的内容均来自对该出版物的引用和编写。

（续）

组别	贸易术语	英文全称	中文名称
适用于海运和内河水运的术语	DDP	Delivered Duty Paid (insert named place of destination)	完税后交货（填入指定目的地）
	FAS	Free alongside Ship (insert named port of shipment)	船边交货（填入指定装运港）
	FOB	Free on Board (insert named port of shipment)	船上交货（填入指定装运港）
	CFR	Cost and Freight (insert named port of destination)	成本加运费（填入指定目的港）
	CIF	Cost Insurance and Freight (insert named port of destination)	成本、保险费加运费（填入指定目的港）

《国际贸易术语解释通则2020》

《2020 年通则》是上述 11 种有关贸易术语的国际贸易惯例中影响最大、最具权威性的贸易术语文本。以下以《2020 年通则》为基础，具体介绍各个贸易术语的内容。

4.2 适用于海洋运输和内河水运的 3 种主要贸易术语

在国际贸易中，FOB、CFR、CIF、FCA、CPT 和 CIP 是实践中使用较多的贸易术语。根据适用的运输方式，这 6 种贸易术语可分为仅适合于海洋运输和内河水运（FOB、CFR、CIF）和适合于多种运输（FCA、CPT 和 CIP）两大类。FOB、CFR、CIF 术语在实际业务中产生最早、使用最广。因此熟悉并掌握这 3 种贸易术语的含义、买卖双方分别应承担的义务与费用，以及使用中应该注意的问题，非常重要。

4.2.1 FOB

贸易术语 FOB

FOB 的英文全称是 Free on Board (insert named port of shipment)，中文译为"船上交货（填入指定装运港）"，俗称"离岸价"。在国际贸易中，FOB 术语的使用有着悠久的历史。早在 1812 年，英国法院的判决中就提过 FOB 术语，距今 200 多年。FOB 是最为经典的贸易术语，本书将对 FOB 做详尽的解释，并以 FOB 为基础，通过比较来学习其他贸易术语。

1. 基本含义及解释说明

FOB 术语是指卖方以在指定装运港将货物装上买方指定的船舶或通过取得已交付至船上货物的方式交货。货物灭失或损坏的风险在货物交到船上时转移，同时买方承担自那时起的一切费用。FOB 术语后面应标明装运港，例如"FOB 上海"，即交货地点就是指定装运港"上海"。

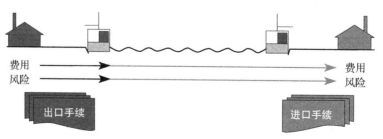

（1）交货与风险。

FOB 是指卖方通过以下方式向买方完成交货：

❑ 将货物装上船；

❑ 该船舶由买方指定；

❑ 在指定装运港；

❑ 取得已经如此交付的货物。

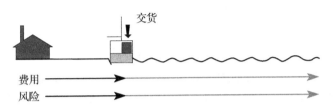

货物灭失或损坏的风险在货物交到船上时发生转移，同时，买方承担自那时起的一切费用。

（2）运输方式。

FOB 仅适用于海运或内河水运运输方式。如果货物在交到船上之前已经移交给承运人，如在集装箱终端交给承运人，则双方应当考虑使用 FCA，而非 FOB。

（3）取得已经如此交付的货物。

卖方应将货物在船上交付或者取得已经如此交付的货物完成交货。此处的"取得"[⊖]一词适用于交易链中的多层销售（链式销售），在大宗商品贸易中尤其常见。

（4）进口、出口清关。

卖方办理货物出口清关；买方办理货物进口清关或经由第三国过境的清关，或支付任何进口关税或办理任何进口海关手续。

2.《2020 年通则》FOB 条款及解读

以下 A 为卖方义务、B 为买方义务，并以 1 ～ 10 标明各条款，逐条引用《2020 年通则》的条款，必要时加以说明，以全面理解、掌握 FOB 术语。引用时对于重复部分做了适当编辑、删除。

A1　一般义务

卖方必须提供符合销售合同约定的货物和商业发票，以及合同可能要求的其他与合同相符的证据。

B1　一般义务

买方必须按照销售合同约定支付货物价款。

A1 ～ A10、B1 ～ B10 中所指的任何单证在双方约定或符合惯例的情况下，可以是具有同等作用的电子记录或程序。

解读：交货和提供相关单据是卖方的一般义务，支付价款则是买方的一般义务，两者是对流的。单证可以是传统的纸质凭据，也可以是具有同等作用的电子记录或程序。

A2　交货

卖方必须在买方指定的装运港内的装货点（如有），以将货物置于买方指定的船上或以取

⊖ 除 EXW 术语外，包括 FOB 在内的其余 10 种贸易术语都有"或取得已经如此交付的货物"的情形，"取得"一词的解释与在 FOB 术语下的一样，以下不再重复说明。

得已经如此交付的货物的方式交货。

卖方必须按照下述要求交货：

a）在约定日期；

b）在买方按照 B10 所通知的约定期限内的交货时间；

c）如果未通知上述时间，则在约定期限届满之时；

d）按照该港口的习惯方式。如果买方未指定具体的装货点，卖方则可以在指定的装运港选择最符合其目的的装货点。

B2   收取货物

当卖方按照 A2 完成交货时，买方必须提取货物。

解读： 卖方在约定日期或期限内，按照港口习惯方式完成交货[⊖]。有两种情况：

（1）在指定装运港的装船点，将货物置于买方指定的船上。这种情况适合于负责装运的卖方。FOB 买方负责派船（订立运输合同），卖方负责装运（在指定装运港将货物置于买方指定的船上）。买方在派船时，应通知卖方具体的装货点，若没有具体通知，卖方可在指定装运港选择装船点。

船货衔接
问题

（2）取得已在船上的货物（procure goods shipped）。这种情况适合于链式销售中处于销售链中间的卖方。在国际贸易中，货物在被运送至终端时，其间可能经过多次转卖，即所谓链式销售（string sales）。处于销售链中间的卖方，实际上不需要装运货物，这时他可以以"取得货物"的方式完成交货义务。这种交货方式，在贸易实践中早已存在，但《2010 年通则》第一次做出了解释，《2020 年通则》沿用了这一解释。这一规定使得《国际贸易术语解释通则》更符合贸易实践。

A3   风险转移

除按照 B3 的灭失或损坏情况外，卖方承担按照 A2 完成交货前货物灭失或损坏的一切风险。

B3   风险转移

买方承担按照 A2 交货时起货物灭失或损坏的一切风险。

如果：

a）买方未按照 B10 发出通知；

b）买方指定的船舶未准时到达，致使卖方未能遵循 A2 的规定、未接收货物，或早于 B10 通知的时间停止装货。

则：

（ⅰ）自约定的日期起，或在未约定的情况下；

（ⅱ）自买方根据 B10 所选择的日期起，或如未通知该日期；

（ⅲ）自任何约定期限届满之时起。

买方承担货物灭失或损坏的一切风险。

但以该货物已清楚地确定为合同项下货物为前提条件。

解读： 风险转移的情形有两个。

（1）货物灭失或损坏的一切风险在卖方完成交货时转移给买方。对于负责装运的

⊖   交货：在贸易法律与实务中，此概念有多种含义。但在《2020 年通则》术语中，它所指的是货物灭失与损坏的风险从卖方转移至买方。

卖方，其承担货物灭失或损坏的一切风险，直至在指定装运港的装船点将货物置于买方指定的船上为止。买方承担自此以后货物灭失或损坏的一切风险。这是 FOB 风险转移的一般原则。

与以前的解释相比，《2010 年通则》关于 FOB 风险转移的修改是符合贸易实践的，《2020 年通则》沿用了这一修改。一直以来，FOB 风险转移"在装运港以船舷为界"，然而这一规定在实际业务中容易出现问题。如由于装货方式的改进，有些货物在装船时并不越过船舷，此时风险转移"以船舷为界"失去存在的基础。又如，FOB 合同买方要求卖方提交"清洁已装船提单"，而卖方也同意提供此种运输单据凭以向买方收款，则 FOB 合同的交货点已从"船舷"延伸到了"船舱"。此时风险转移"以船舷为界"在实际中无法操作。

（2）如果由于买方的原因，使得卖方不能如期交货，则自约定的交货日期或交货期限届满之日起，买方承担货物有关的风险，前提是货物已清楚地确定为合同项下[⊖]。按照这一规定，卖方虽尚未完成交货，风险照样转移至买方，这在法律上称为"提早转移风险"。由于买方的原因，致使卖方不能如期装运（完成交货），若仍规定风险以"完成交货"为界，则不够公平。因此，以"约定的交货日期或交货期限届满之日起"为风险转移的时间，有利于平衡当事人的权益。

💡 案例 4-1

FOB 案例
分析

【案情】

我方与荷兰某客商以 FOB 条件成交一笔出口交易，合同规定以信用证为付款方式。卖方收到买方开来的信用证后，及时办理了装运手续，并制作好一整套结汇单据。在卖方准备到银行办理议付手续时，收到买方来电，得知载货船只在航海运输途中遭遇意外事故，大部分货物受损，据此，买方表示将等到具体货损情况确定以后，才同意银行向卖方支付货款。我方一方面回复买方，对货物在航运途中遭遇风险受损表示遗憾；另一方面照常向银行办理议付手续，最终取得了货款。

【讨论分析】

1. 按 FOB 术语成交，买卖双方风险划分的界限在何处？

2. 按 FOB 术语成交，卖方何时完成交货义务？本案例中卖方是否已经完成交货义务？

3. 买方提出"等到具体货损情况确定以后，才同意银行向卖方支付货款"的要求合理吗？

4. 银行能否根据买方的要求拒绝付款？

5. 对于"载货船只在航海运输途中遭遇意外事故，大部分货物受损"，买方有何救济方法？

6. 卖方应该如何处理，以确保取得货款？

⊖ 货物已清楚地确定为合同项下，是指货物已正式划归合同项下，或货物已经特定化，即货物已经清楚地分置或可以辨认其为合同货物。例如，已将货物予以适当包装及标识、分类储库等。

【延伸思考】

1.若货物在码头待运期间发生意外事故，致使货物受损，该由何方承担？

2.若货物在码头待运，买方所派船只迟迟未能到达，交货期限届满后的第二天发生意外事故，致使货物受损，该由何方承担？

3.若买方所派船只迟迟未能到达，交货期限届满后的第二天，货物在卖方仓库发生意外事故，致使货物受损，该由何方承担？

A4　运输

卖方对买方没有订立运输合同的义务。但是，应买方要求并由其承担风险和费用，卖方必须向买方提供卖方所拥有的买方安排运输所需的任何信息，包括与运输有关的安全要求。如已约定，卖方必须按照惯常条款订立运输合同，由买方承担风险和费用。

卖方必须在完成交货之前遵守任何与运输有关的安全要求。

B4　运输

买方必须自付费用订立自指定装运港起的货物运输合同，除非卖方按照 A4 的规定订立了运输合同。

解读： 自指定的装运港起运货物的运输合同，一般情况下由买方订立；特定情况下，卖方协助办理。"特定情况"是指买方有要求，且卖方接受，即双方有约。"协助办理"是指签订运输合同的风险和费用由买方负担。即使在这样的条件下，卖方也可以拒绝办理运输合同，但应立即通知买方。实际业务中，以 FOB 术语交易的零星杂货贸易，买方有时会请求卖方安排船运。这时须明确卖方是以代理人名义还是以本人名义安排船运，同时应约定谁作为托运人的身份。

A5　保险

卖方对买方没有订立保险合同的义务。但是，应买方要求并由其承担风险和费用，卖方必须向买方提供卖方所拥有的买方获取保险所需的信息。

B5　保险

买方对卖方没有订立保险合同的义务。

解读： FOB 术语下，买方、卖方可以为自己承担的风险订立保险合同，但任何一方均无为对方所承担风险订立保险合同的义务。为了便于买方办理保险，应买方要求并由其承担风险和费用（如有的话）的情况下，卖方有义务提供办理保险所需的相关信息。

案例 4-2

【案情】

某公司以 FOB 条件出口一批农产品，合同签订后接到买方来电，称租船较为困难，委托卖方代为租船，有关费用由买方负担。为了方便合同履行，卖方接受了对方的要求，但几经努力，时间已到了装运期，卖方在规定的装运港仍无法租到合适的船，且买方又不同意改变装运港，因此到装运期届满时，货仍未装船。买方因销售旺季即将结束，便来函以卖方未按期租船履行交货义务为由撤销合同。

【讨论分析】

1. FOB 贸易术语下，何方承担订立运输合同的义务？

2. FOB 贸易术语下，卖方可以接受买方的请求，代为订立运输合同吗？

3. 本案例中卖方接受了对方的要求，但几经努力仍未能订到合适的船只，卖方应该承担因此而产生的风险、费用和责任吗？

4. 卖方应该接受买方提出的撤销合同的要求吗？卖方应如何处理？

5. 本案例中当卖方在规定的装运港无法租到合适的船只时，卖方应如何与买方沟通，使得买方接受不能按期装运的事实，而不至于提出撤销合同？

【延伸思考】

在 FCA 贸易术语下，是否可能出现类似的问题？

（注：该问题可以在学习 FCA 贸易术语后再来回答。）

A6　交货、运输单据

卖方必须自付费用向买方提供已按照 A2 交货的通常证明。

除非上述证明是运输单据，否则，应买方要求并由其承担风险和费用，卖方必须协助买方获取运输单据。

B6　交货证据

买方必须接受按照 A6 提供的交货凭证。

解读：卖方有义务提供足以证明其完成交货的凭证。实际业务中，卖方通常按照港口习惯取得交货凭证。该凭证往往是运输凭证。由于 FOB 卖方无义务订立运输合同，因此允许其取得的是运输凭证以外的交货凭证。但应买方要求并由其承担风险和费用，卖方必须协助买方取得运输凭证。

A7　出口、进口清关

a）出口清关

如适用时，卖方必须办理出口国要求的所有出口清关手续并支付费用，例如：

出口许可证；

出口安检清关；

装运前检验；

任何其他官方授权。

b）协助进口清关

如适用时，应买方要求并由其承担风险和费用，卖方必须协助买方获取任何过境国或进口国需要的与所有过境、进口清关手续有关的任何单据及（或）信息，包括安全要求和装运前检验。

B7　出口、进口清关

a）协助出口清关

如适用时，应卖方要求并由其承担风险和费用，买方必须协助卖方获取出口国需要的与所有出口清关手续有关的任何单据及（或）信息，包括安全要求和装运前检验。

b）进口清关

如适用时，买方必须办理任何过境国和进口国要求的所有手续并支付费用，例如：

进口许可证及过境所需的任何许可；

进口及任何过境安检清关；

装运前检验；

任何其他官方授权。

解读：卖方办理出口手续，买方办理进口及过境手续。各自承担相关的风险和费用，取得需要的官方文件和许可。"如适用时"表明有些情况，如国内贸易、在类似欧盟等的贸易同盟内贸易等，买方、卖方无须办理进口、出口、过境手续。

A8 查验、包装、标记

卖方必须支付为了按照 A2 交货所需要进行的查验的费用（如查验品质、丈量、计重、点数的费用）。

卖方必须自付费用包装货物，除非该特定贸易运输的所售货物通常无须包装。除非双方已经约定好具体的包装或标记要求，否则，卖方必须以适合该货物运输的方式对货物进行包装和标记。

B8 查验、包装、标记

买方对卖方没有义务。

解读：卖方交货时应对货物进行查对、检验、包装并做适当标记，承担相关的费用。如果买方没有特殊要求，对需要包装的货物，卖方应提供适合运输的包装。

A9 费用划分

卖方必须支付：

a）按照 A2 完成交货之前与货物相关的所有费用，按照 B9 应由买方支付的费用除外；

b）按照 A6 向买方提供已经交货的通常证明的费用；

c）如适用时，按照 A7a 办理出口清关有关的关税、税款和任何其他费用；

d）买方为按照 B7a 提供协助取得单据及信息相关的所有款项和费用。

B9 费用划分

买方必须支付：

a）自按照 A2 交货之时起与货物相关的所有费用，按照 A9 应由卖方支付的费用除外；

b）卖方为按照 A4、A5、A6 和 A7b 协助获取单据及信息相关的所有款项和费用；

c）如适用时，按照 B7b 办理过境或进口清关有关的关税、税款和任何其他费用；

d）由于以下原因之一发生的任何额外费用：

（ⅰ）买方未能按照 B10 发出通知；

（ⅱ）买方按照 B10 指定的船舶未准时到达，未提取货物或早于 B10 通知的时间停止装货，但以该货物已清楚地确定为合同项下货物者为前提条件。

解读：卖方承担的费用包括完成交货前与货物相关的一切费用；提供已经交货的通常证明（协助取得运输单据）的费用；货物出口所需海关手续费用，以及出口应缴纳的一切关税、税款和其他费用。

买方承担的费用包括卖方完成交货后与货物相关的一切费用，货物进口应缴纳的一切关税、税款和其他费用，以及办理进口海关手续的费用和从他国过境运输费用；如果由于买方的原因，使得卖方不能如期交货，所产生的额外费用也由买方承担，前提是货物已清楚地确定为合同项下。

装货费用的
承担

案例 4-3

【案情】

某年某月中国某地粮油进出口公司 A 与欧洲某国一商业机构 B 签订出口大米若干吨的合同。该合同规定：规格为水分最高 20%，杂质最高为 1%，以中国商品检验局的检验证明为最后依据，单价为每公吨 ×× 美元，FOB 中国某港口，麻袋装，每袋净重 ×× 公斤，买方须于 × 年 × 月派船只接运货物。中国商品检验局出具了品质检验证明，证明所交货物符合合同规定。

然而 B 并没有按期派船前来接运，而是一直延误了数月才派船来华接货，当大米运到目的地后，买方 B 发现大米生虫。于是委托当地检验机构进行了检验，并签发了虫害证明，买方 B 据此向卖方 A 提出索赔 20% 货款的损失赔偿。当 A 接到对方的索赔后，不仅拒赔，而且要求对方 B 支付延误时期 A 方支付的大米仓储保管费及其他费用。另外，保存在中国商品检验局的检验货样至争议发生后仍然完好，未生虫害。

【讨论分析】

1. 按 FOB 条件，如果买方指定的船只不能在规定日期到达，买方负有怎样的责任？

2. A 要求 B 支付延误时期的大米仓储保管费及其他费用能否成立？为什么？

3. B 的索赔要求能否成立？为什么？

【延伸思考】

1. 有人认为：B 的索赔要求不能成立，因为按 FOB 条件，买方承担货物自装运港装上船以后的一切风险，所以卖方对运输途中所引起的大米品质变化不承担责任。这个说法对吗？为什么？

2. 案例中未提及包装检验，如果买方能够证明大米生虫是因为包装用的是旧麻袋、附有虫卵，那么 B 的索赔要求能否成立？

3. 若本合同规定的商检条款是"装运港检验、目的港复验"，B 的索赔要求能否成立？

（注："延伸思考"在学习第 8 章"商检与索赔"后能够全面回答。）

A10　通知买方

由买方承担风险和费用，卖方必须就其已经按照 A2 交货或船舶未在约定时间内收取货物给予买方充分的通知。

B10　通知卖方

买方必须就船舶名称、装船点和其在约定期间内选择的交货时间（如需要时），向卖方发出充分的通知。

解读：买方通知卖方的义务：买方订立运输合同后，必须就船舶名称、装船点和其在约定期间内选择的交货时间（如需要时），向卖方发出充分的通知。若买方没有发出充分通知，则可能承担"提早转移风险"（B3）和额外费用（B9），可见买方的通知义务是非常重要的。

卖方通知买方：卖方在完成交货后应给予买方充分的通知（装船通知）；若由于买方原因，卖方未能按时交货，卖方也应给予买方充分的通知。

FOB 买方负责派船，卖方负责装运，会出现"船货衔接"问题。实际业务中，买卖双方及时沟通，可以尽量避免船货不能衔接问题。B3 风险转移、B9 费用划分，规定了买方未及时给予卖方充分通知，可能承担的后果。

3.《1990 年美国对外贸易定义修正本》对 FOB 的解释

《1990 年美国对外贸易定义修正本》将 FOB 术语分为 6 种，其中只有"指定装运港船上交货"（Free on Board Vessel（named port of shipment））与《2020 年通则》解释的 FOB 术语相近。然而按《1990 年美国对外贸易定义修正本》规定，只有在买方提出请求，并由买方负担费用的情况下，FOB Vessel 的卖方才有义务协助买方取得由出口国签发的为货物出口或在目的地进口所需的各种证件，并且，出口税和其他税捐费用也需由买方负担。这些规定与《2020 年通则》FOB 术语关于卖方须负责取得出口许可证，并负担一切出口税捐及费用的规定，有很大不同。因此，我外贸企业在与美国和其他美洲国家出口商按 FOB 术语洽谈进口业务时，除了应在 FOB 术语后注明"轮船"（vessel）外，还应明确提出由对方（卖方）负责取得出口许可证，并支付一切出口税捐及费用。

贸易术语
CFR

4.2.2　CFR

1. 基本含义及解释说明

CFR 的英文全称是 Cost and Freight (insert named port of destination)，在《1980 年通则》及先前版本中的缩写为 C&F，中文译为成本加运费（填入指定目的港）。CFR 术语是指卖方在船上交货或以取得已经交付的货物方式交货。货物灭失或损坏的风险在货物交到船上时转移。卖方必须签订合同，并支付必要的成本和运费，以将货物运至指定的目的港。

CFR 术语后面应标明目的港，例如"CFR London"。该指定目的港是卖方运费付至的地点，不是卖方完成交货的地点。

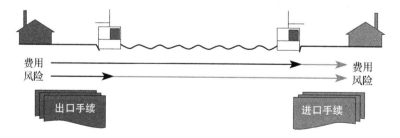

（1）交货与风险。

CFR 是指卖方通过以下方式向买方完成交货：

❑ 将货物装上船；

□ 取得已经如此交付的货物。

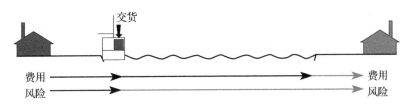

　　货物灭失或损坏的风险在货物交到船上时转移，这样卖方即被视为已履行了交货义务，而无论货物是否实际以良好的状态、约定的数量或是否确实到达目的地。在 CFR 中，卖方对买方没有购买保险的义务。因此，特别建议买方为其自身购买一定的保险。

　　（2）运输方式。

　　CFR 仅适用于海运或内河水运运输。如果使用多种运输方式（常见于货物在集装箱终端被交给承运人的情形），则适合使用 CPT，而非 CFR。

　　（3）交货港和目的港。

　　在 CFR 中，有两个港口很重要，即货物交到船上的港口和约定为目的港的港口。当货物在装运港装上船或者以取得已经如此交付的货物的方式交付给买方时，风险即从卖方转移到买方。但是，卖方必须签订将货物从交货地运往约定目的地的运输合同。例如，货物在上海（港口）装船，运往南安普顿（港口）。货物在上海装到船上时交付，风险于此时即转移到买方；而卖方必须签订从上海到南安普敦的运输合同。

　　（4）指定装运港。

　　CFR 术语后面应标明目的港，例如 "CFR London"。虽然有些合同未必会指定装运港，但装运港是风险转移给买方的地方。如果装运港对买方具有特殊意义，例如，买方希望借以确定货物价格中的运费构成是否合理，那么双方则应在合同中尽可能清楚地指定装运港。

　　（5）确定卸货港的终点。

　　双方需尽可能精准地指定目的港的特定地点，因为卖方需承担将货物运往该地点的费用。卖方必须签订涵盖货物运输的一份或多份合同，包括从货物交付到运至指定港或销售合同中已约定的该港口范围内的地点。

　　（6）多个承运人。

　　海运的不同航段可能由不同的承运人负责，例如，货物先由承运人驾驶支线船舶从上海运到香港，再由远洋船舶从香港运到南安普顿。此时产生的问题在于，风险是在上海还是香港从卖方转移到买方？交货发生在哪里？买卖双方很可能已在销售合同中约定。但是，如果双方无此约定，则默认风险在货物交付给第一个承运人时转移，这就延长了买方承担货物灭失或损坏风险的时间。如果买卖双方希望风险晚些转移的话（此例的香港），则他们需要在销售合同中予以明确。

　　（7）卸货费用。

　　如果卖方根据运输合同产生了在目的港指定地点与卸货相关的费用，除非双方另有约定，卖方无权另行向买方追偿该项费用。

　　（8）出口或进口清关。

　　CFR 要求卖方办理货物出口清关。买方办理货物进口清关或经由第三国过境的清关，支付任何进口关税或办理任何进口海关手续。

2. CFR 与 FOB 比较

CFR 与 FOB 在适用的运输方式、交货地点、风险转移点以及进出口手续划分等方面是相同的。它们之间最大的不同是，CFR 卖方有义务缔结运输契约，支付将货物运至指定目的港所必需的费用和运费，并提交运输单据。CFR 与 FOB 的交货点和风险转移点都是在装运港和"在装运港装上船"，CFR 中的 C 可以理解为是 FOB 价，F 指货物从装运港到目的港的运费。因此，CFR 与 FOB 在价格构成上的关系是：CFR = FOB + F。

🔍 案例 4-4

【案情】

有一份 CFR 合同，买卖一批蜡烛，货物装船时，经公证人检验合格，符合合同的规定。货到目的港，买方发现有 20% 的蜡烛有弯曲现象，因而向卖方索赔。但卖方拒绝，其理由是：货物在装船时，品质是符合合同规定的。事后又查明起因是货物交给承运人后，承运人把该批货物装在靠近机房的船舱内，由于舱内温度过高而造成的。试问上述情况下，卖方拒赔的理由是否成立？为什么？

【讨论分析】

1. 装船时货物检验合格，说明卖方所交货物品质符合合同吗？

2. 货到目的港后买方发现货物品质不符合合同，可以向卖方提出索赔吗？

3. 关于货物品质问题，买方除了向卖方提出索赔外，还可以向何方提出索赔？

4. 本案卖方能否"以货物在装运港装上船后风险已经转移"为理由拒绝赔偿？

5. 本案卖方可以拒绝赔偿吗？为什么？

【延伸思考】

1. 若本例合同是按 FOB 条件成交，分析及结果有不同吗？

2. 有人认为，本案是按 CFR 条件成交，卖方在装船时，货物经由公证人检验，证明其品质完全符合合同的规定，双方货物的损失发生在装船以后，所以卖方不承担有关货物损失的责任。这样解释对吗？为什么？

3. 使用中应该注意的问题

（1）卖方租船订舱的责任。

CFR 合同的卖方为按合同规定的时间装运出口，必须负责自费办理租船或订舱。如果卖方不能及时租船或订舱，而不能按合同规定装船交货，即构成违约，从而需承担被买方要求解除合同及（或）损害赔偿的责任。CFR《2020 年通则》A4 规定："卖方必须订立或取得运输合同，将货物自交货地的约定交货地点（如有的话），运至指定目的港或该港口内的约定地点（如有）。卖方必须自付费用，按通常条件订立此运输合同，以通常用来运输该类货物的船只，并经惯常航线运送此货物。"因此，买方一般无权提出关于限制船舶的国籍、船型、船龄、船级以及指定装载某船或某班轮公司的船只等要求。但在出口业务中，如国外买方提出上述要求，在能够办到又不增加额外费用的情况下，我方也可灵活掌握考虑接受。

（2）及时发出交货通知。

按 CFR 术语订立合同，需特别注意的是交货通知（装船通知）问题。因为，在 CFR 术语下，卖方负责安排在装运港将货物装上船，而买方需自行办理货物运输保险，以就货物装上船后可能遭受灭失或损坏的风险取得保障。因此，在货物装上船前，即风险转移至买方前，买方及时向保险公司办妥保险，是 CFR 合同中一个至关重要的问题。国际商会在 INCOTERMS 先前版本中均强调，CFR 卖方必须毫不迟延地（without delay）通知买方货物已装上船。CFR《2020 年通则》A5 规定："卖方对买方无订立保险合同的义务。但是，应买方要求并由其承担风险和费用，卖方必须向买方提供卖方所拥有的买方获取保险所需的信息。"所提供的信息，在内容上，应"详尽"，在时间上，应"毫不延迟"，使买方能够在货物风险转移时（或之前）办理保险。在实际业务中，卖方通常以发出装船通知的方式提供有关办理保险所需信息。虽然，《2020 年通则》没有对卖方未能给予买方该项充分通知的后果做出具体规定，但是根据有关货物买卖合同的适用法律，如果卖方未向买方发出装船通知，致使买方未能及时办妥货运保险，那么，货物在海运途中的风险被视为卖方承担。[一] 为此，在实际业务中，我方出口企业应事先与国外买方就如何发出装船通知商定具体做法；如果事先未曾商定，则应根据双方已经形成的习惯做法，或根据订约后、装船前买方提出的具体请求（包括在信用证中对装船通知的规定），及时用电信向买方发出装船通知。上述做法也适用于我方出口的 FOB 合同。

（3）卸货费用的承担。

关于货物在目的港的卸货费用，早期的版本没有做规定，实际业务中出现贸易术语变形，如 CFR Landed、CFR Liner Terms 等，但在实际操作中存在诸多不便。《2000 年通则》对卸货费用做了明确规定，原则上该费用由买方承担，但如果卖方按照运输合同在目的港发生了卸货费用，则除非双方事先另有约定，卖方无权向买方要求补偿该项费用。《2020 年通则》基本沿用了《2000 年通则》的说明，同时在 CFR 使用说明中指出，由于卖方需承担将货物运至目的地具体地点的费用，特别建议双方应尽可能确切地在指定目的港内明确该地点。

卸货费用的
承担

案例 4-5

【案情】

我国一家出口企业按 CFR 术语与法国一家进口商签订一批抽纱台布出口合同，货值 8 万美元，支付方式为 D/P 即期。货物于某年 3 月 1 日上午装昌盛轮完毕，当天因经办该项业务的外销员工作较忙，忘给买方发装船通知。3 月 2 日法商收到我装船通知向当地保险公司申请投保时，不料该保险公司已获悉昌盛轮已于 2 日凌晨在海上遇难而拒绝承保。于是法商立即来电称：由于你方晚发装船通知，以致我方无法投保，因货轮已遇难，该批货物损失应由你方负担并应赔偿利润及费用损失 8 000 美元。不久我方通过托收行寄去的全部货运单证也被代收银行退回，理由是进口商拒不赎单。

<hr>

[一]　英国《1893 年货物买卖法》（1979 年修订）。

【讨论分析】

1. CFR 贸易术语，何方负责订立运输合同？

2. 订立运输合同的一方应该负责怎样的责任？

3. 卖方能否以工作较忙为由，延迟发出装船通知？

4. 装船通知的内容应提供怎样的信息？

5. 本案例中进口商的做法合理吗？

6. 本案的教训是什么？

7. 根据案情分析，出口方在本案中共计损失多少？

【延伸思考】

如果是 FOB 贸易术语，会有类似事件发生吗？为什么？

贸易术语
CIF

4.2.3 CIF

1. 基本含义及解释说明

CIF 的英文全称是 Cost Insurance and Freight (insert named port of destination)，中文译名为"成本、保险费加运费（填入指定目的港）"，俗称"到岸价"。CIF 术语是指卖方在船上交货或以取得已经这样交付的货物方式交货。货物灭失或损坏的风险在货物交到船上时转移。卖方必须签订合同，并支付必要的成本和运费，以将货物运至指定的目的港。然而，在 CIF 术语中卖方还必须为货物在运输中灭失或损坏的买方风险取得海上保险。因此，卖方须订立保险合同，并支付保险费。

与 CFR 一样，CIF 术语后面应标明目的港，例如"CIF New York"。该指定目的港是卖方运费付至的地点，不是卖方完成交货的地点。

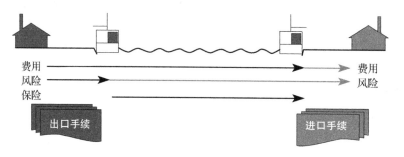

（1）交货与风险。

CIF 是指卖方通过以下方式向买方完成交货：

❑ 将货物装上船；

❑ 取得已经如此交付的货物。

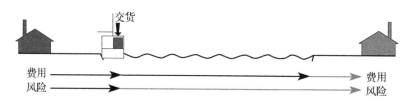

货物灭失或损坏的风险在货物交到船上时发生转移，这样卖方即被视为已履行了交货义务，而无论货物是否实际以良好的状态、约定的数量或确实到达目的地。

（2）运输方式。

CIF 仅适用于海运或内河水运运输。如果使用多种运输方式（常见于货物在集装箱终端交给承运人的情形），则适合使用 CIP，而非 CIF。

（3）交货港与目的港。

在 CIF 中，有两个港口很重要，即货物交到船上的港口和约定为目的港的港口。当货物在装运港装上船或者以取得已经如此交付的货物的方式交付给买方时，风险即从卖方转移到买方。但是，卖方必须签订将货物从交货地运送往约定目的地的运输合同。例如，货物在上海（港口）装船、运往伦敦（港口），货物在上海装到船上时交付，风险于此时即转移给买方，而卖方必须签订从上海到伦敦的运输合同。

（4）指定装运港。

CIF 术语后面应标明目的港，例如"CIF London"。虽然有些合同未必会指定装运港，但装运港是风险转移给买方的地方。如果装运港对买方具有特殊意义，例如，买方希望借以确定货物价格中的运费构成是否合理，那么双方则应在合同中尽可能清楚地指定装运港。

（5）确定卸货港的终点。

双方应尽可能精准地指定目的港的特定地点，因为卖方需承担将货物运往该地点的费用。卖方必须签订涵盖货物运输的一份或多份合同，包括从货物交付到运至指定港或销售合同中已约定的该港口范围内的地点。

（6）多个承运人。

海运的不同航段可能由不同的承运人负责，例如，货物先由承运人驾驶支线船舶从上海运到香港，再由远洋船舶从香港运到南安普顿。此时产生的问题在于，风险是在上海还是香港从卖方转移到买方？交货发生在哪里？买卖双方很可能已在销售合同中约定。但是，如果双方无此约定，则默认风险在货物交付给第一个承运人时转移，这就延长了买方承担货物灭失或损坏风险的时间。如果买卖双方希望风险晚些转移的话（此例的香港），则他们需要在销售合同中予以明确。

（7）保险合同。

卖方还必须签订保险合同，以对由买方承担的从装运港至少到目的港过程中货物灭失或损坏的风险投保。如目的地国家要求在本地购买保险，则可能会造成困难，在此种情况下，双方应考虑使用 CFR。买方应注意，在 CIF《2020 年通则》规则下，卖方需要投保符合《伦敦保险协会货物保险条款》（C）款或其他类似条款下的有限的险别，而不是《伦敦保险协会货物保险条款》（A）款下的较高险别。但是，双方仍然可以约定较高的险别。

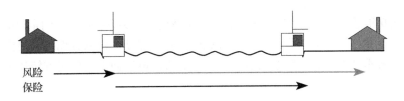

（8）卸货费用。

如果卖方根据运输合同产生了在目的港内指定地点与卸货相关的费用，除非双方另有约定，卖方无权另行向买方追偿该项费用。

（9）出口或进口清关。

CIF 要求卖方办理货物出口清关。买方办理货物进口清关或经由第三国过境的清关、支付任何进口税或办理任何进口海关手续。

2. CIF 与 CFR 的不同

CIF 与 CFR 相比，卖方增加的义务是订立保险合同，支付保险费，并提交保险单。CIF、CFR 与 FOB 的交货点和风险转移点都是在装运港和"在装运港装上船"，CIF 中的 C 可以理解为是 FOB 价，I 是指保险费，F 指货物从装运港到目的港的运费。因此，CIF 与 CFR、FOB 在价格构成上的关系是：CIF = CFR + I = FOB + I + F。

3. 使用中应该注意的问题

（1）卖方办理保险的责任。

在 CIF 合同中，卖方是为了买方的利益而办理货运保险的，因为此项保险主要是为了保障货物装船后在运输途中的风险。《2020 年通则》关于 CIF 术语卖方的保险责任规定：卖方应办理保险合同，并支付保险费，提交保险单据。该保险应采用合同货币按合同价 110% 投保最低险别，如 ICC 条款（C）、CIC 平安险等。保险期间应自交货点起，至少到指定目的港止。卖方应与信誉良好的承保人或保险公司订立保险合同，并使买方或其他对货物有可保利益者有权直接向保险人索赔。当买方要求，且能够提供卖方所需的信息时，卖方应帮助买方办理任何附加险别，保险费由买方承担。如果买方准备自己办理任何附加险别，买方可要求卖方提供办理保险所需信息，但相关的风险和费用（如有的话）由买方承担。

在实际业务中，CIF 合同通常订有保险条款，内容包括保险金额、险别、承保人、保险条款等，以明确卖方办理保险的义务；卖方根据保险条款核算保险费，计入 CIF 价格中。而目前中国保险条款和国际上使用较多的伦敦保险业协会货物险条款均列有保险公司的保险责任的起讫期限。如果合同没有订立保险条款，则按照《2020 年通则》的规定履行。

（2）象征性交货。

CIF 是最典型的象征性交货（symbolic delivery）贸易术语。象征性交货又称凭单据交货（documentary delivery），指卖方以表明货物所有权的单据交付买方或其代理人，以代替货物实际交付的交货方法。按象征性交付的贸易术语交易时，卖方在装运货物后，将货运单据交给买方（大多数情况下都是通过银行交单）就算完成交货义务，并有权要求买方支付货款。也就是说，不论货物是否运抵目的港（地），卖方凭交付货运单据而非凭交付货物本身向买方收取货款。

CIF《2020 年通则》A6 规定："卖方必须自付费用，向买方提供载明约定目的港的通常运输单据。此运输单据必须涵盖合同货物，且载明约定装船期间内的日期，以便使买方能在目的港向承运人提取货物，并且除非另有约定，使买方能够以向下一位买方转让单据或以通知承运人的方式，转售在运输途中的货物。如果此运输单据是以可转让的形式并有数份正本签发，则必须向买方提交全套正本。"

如前所述，CIF 合同属"装运合同"性质，卖方按合同规定在装运港将货物装上船，但卖方不保证货物必然到达和在何时到达目的港，也不对货物装上船后的任何进一步的风险承担责任。因此，即使在卖方提交单据时，货物已经灭失或损坏，买方仍必须凭单据付款，但买方可凭提单向船方或凭保险单向保险公司要求赔偿。在此有必要指出，如果采用 CIF 术语订立合同，卖方被要求保证货物的到达或以何时到货作为收取价款的条件的话，则该合同将成为一份有名无实的 CIF 合同。

另外在 CFR 术语中讨论过的"卖方租船订舱的责任""卸货费用的负担"等注意点同样适用于 CIF。

案例 4-6

【案情】

我某出口公司与外商按 CIF 某港口即期 L/C 方式付款的条件达成交易，出口合同和收到的 L/C 均规定不准转运。我方在 L/C 有效期内将货物装上直驶目的港的班轮，并以直运提单办理了议付，国外开证行也凭议付行提交的直运提单付了款。承运船只驶离我国途经某港时，船公司为接载其他货物，擅自将我方托运的货物卸下，换装其他船舶继续运往目的港，由于中途耽搁，加上换装的船舶设备陈旧，使抵达目的港的时间比正常直达船的时间晚了两个多月，影响了买方对货物的使用。为此，买方向我出口公司索赔，理由是我方提交的是直运提单，而实际是转船运输，是弄虚作假行为。我方有关业务员认为，合同用的是"到岸价"，船舶的舱位是我方租订的，船方私自转船的风险理应由我方承担。因此，按对方要求进行了理赔。

【讨论分析】

1. CIF 贸易术语何方承担订立运输合同的责任？

2. 本案卖方是否已经履行了订立运输合同的义务？

3. CIF 贸易术语买卖双方的风险是如何划分的？卖方要承担货物到达目的港的风险吗？

4. 本案承运人中途将货物换装到其他船舶，由此带来的损失应该由卖方负责吗？

5. 买方向卖方提出索赔的理由是否成立？

6. 本案卖方这样做是否正确？为什么？

【延伸思考】

1. 如果本案采用的是 CFR，分析方法和结论有什么不同？

2. 本案买方的损失可以向何方索赔？

案例 4-7

【案情】

某年，我方某外贸公司出售一批核桃给数家英国客户，采用 CIF 术语，凭不可撤销即期信用证付款。由于核桃的销售季节性很强，到货的迟早，会直接影响货物的价格，因此，在合同中对到货时间作了以下规定："10 月自中国装运港装运，卖方保证载货轮船于 12 月 2 日抵达英国目的港。如载货轮船迟于 12 月 2 日抵达目的港，在买方要求下，卖方必须同意取消合同，如货款已经收妥，则须退还买方。"合同订立后，我方外贸公司于 10 月中旬将货物装船出口，凭信用证规定的装运单据（发票、提单、保险单）向银行收妥货款。不料，轮船在航行途中，主要机件损坏，无法继续航行。为保证如期到达目的港，我方外贸公司以重金租用大马力拖轮拖带该轮继续前进。但因途中又遇大风浪，致使该轮抵达目的港的时间，较合同限定的最后日期晚了数小时。适遇核桃市价下跌，除个别客户提货外，多数客户要求取消合同。我方外贸公司最终因这笔交易遭受重大经济损失。

【讨论分析】

1. CIF 是"装运合同"还是"到达合同"？

2. 何谓"象征性交货"？

3. 本案实际上是按照"装运合同"还是"到达合同"处理的？

4. 本案实际上是按照"象征性交货"还是"实际交货"处理的？

5. 为什么会出现这样的后果，合同中哪些条款改变了合同性质？

【延伸思考】

CIF 合同、CFR 合同、FOB 合同的装运期（交货期）分别应如何规定？

4.3 适用于各种运输方式的 3 种常用贸易术语

4.3.1 FCA

贸易术语
FCA

FCA 最早出现于国际商会的《1980 年通则》（缩写为 FRC）。《1990 年通则》出现了 FCA、CPT 和 CIP 这 3 种术语，并规定其不仅适用于铁路、公路、海洋、内河、航空运输的单一方式的运输，也适用于两种或两种以上运输方式相结合的多式运输。《2000 年通则》对这 3 个术语中关于装货和卸货的义务做了改变。《2020 年通则》主要修改有：FCA 术语增加了卖方提交已装船提单的选择机制和买方自己运输货物的选择；CIP 术语提高了卖方保险的投保险别；FCA、CPT、CIP 三种术语都可适用于链式销售。

1. 基本含义及解释说明

FCA 的英文全称是 Free Carrier (insert named place)，中文译为"货交承运人（填入指定交货地点）"，是指卖方在卖方所在地或其他指定地点将货物交给买方指定的承运人或其他人。

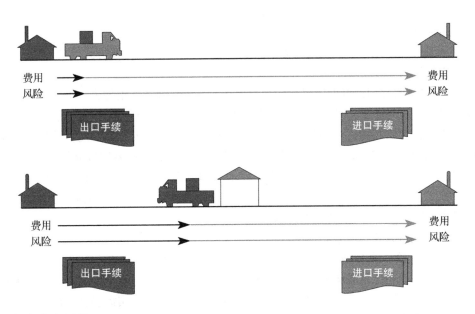

（1）交货与风险。

FCA 是指卖方通过以下两种方式之一向买方完成交货。

第一，如指定地点是卖方所在地，则货物完成交付是：

❑ 当货物装上了买方的运输工具之时。

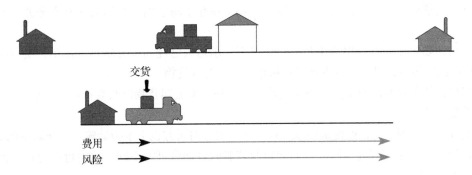

第二，如指定地点是另一地点，则货物完成交付是：

❑ 当货物已装上了卖方的运输工具；

❑ 货物已抵达该指定的另一地点；

❑ 已做好从卖方的运输工具上卸载的准备；

❑ 交由买方指定的承运人或其他人处置之时。

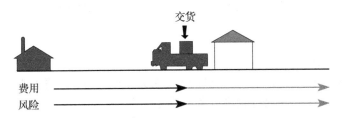

无论选择了二者之中的哪一个地点作为交货地点，该地点即是确定风险转移给买方且买方开始承担费用的地点。

（2）运输方式。

FCA 可适用于所选择的任何运输方式，也可适用于使用多种运输方式的情形。

（3）交货地或交货点。

以 FCA 进行的货物销售可以仅指定交货地在卖方所在地或其他地方，而不具体说明在该指定地点内的详细交货点。但是，建议双方尽可能清楚地指明指定地方范围内的详细交货点。详细的交货点会让双方均可清楚货物交付的时间和风险转移至买方的时间，并且还标志了买方承担费用的地点。如果详细的交货点未予以指明，则可能给卖方造成问题。在此情况下，卖方有权选择"最适合卖方目的"的地点，该地点即成为交货点，风险和费用从该地点开始转移至买方。若货物恰好在该交货点之前发生了灭失或损坏，则可能使买方承担风险。因此，买方最好选择将要交货地范围内的详细交货点。

（4）FCA 销售方式下已装船提单。

FCA 适用于单一或多种运输方式。如果货物是在杭州由买方的公路运输车接载，那么期待由承运人出具在杭州装运的已装船提单相当不常见，因为杭州不是港口，船舶无法抵达该地装运货物。但是，卖方用"FCA 杭州"销售货物时，有时确实需要含有已装船提单的情况（通常是由于银行托收或信用证的要求），尽管该提单有必要说明货物在上海已装船同时也要说明货物在杭州收妥待运。为满足卖方用 FCA 术语销售时对已装船提单的可能需求，FCA《2020 年通则》首次提供了以下可选机制：

如果双方在合同中如此约定，则买方必须指示承运人出具已装船提单给卖方。当然，承运人可能同意或不同意买方的请求，鉴于一旦货物在上海装船，承运人才有义务并且有权出具该提单。

但是，如果在买方承担费用与风险情况下，承运人已经向卖方出具了提单，卖方必须将该单据提供给买方，以便买方用该提单从承运人处提取货物。

当然，如果双方已约定卖方将提交给买方一份声明表明货物已收妥待运而非已装船提单，则不需要选择该方案。

此外，应强调的是，即使采用该可选机制，卖方对买方也不承担运输合同条款下的义务。

最后，如采用该可选机制，内陆交货及装船的日期将可能不同，这将可能对信用证下的卖方造成困难。

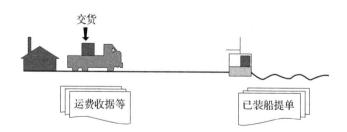

（5）出口或进口清关。

如适用，FCA 要求卖方办理货物出口清关。买方办理货物进口清关或经由第三国过境的清关、支付任何进口关税或办理任何进口海关手续。

2. FCA 与 FOB 的关系及其选用标准

FCA 是从 FOB 术语发展出来的，其目的主要是适应集装箱运输、混装船运输及多式联运的需要，可应用于包括多式联运在内的任何运输方式承运货物的交易。实务中，常将 FCA 术语称为"多式联运的 FOB"，而将仅适用于海上交易的 FOB 术语称为"海上 FOB"。但如 FCA 术语适用于铁路或公路运输方式的交易时，可称其为"陆上 FOB"（取代《1980 年通则》中的 FOR，Free on Rail；FOT, Free on Truck）；适用于空运方式的交易时，则可称其为"航空 FOB"（取代《1980 年通则》中的 FOA、FOB Airport）。

FCA 与 FOB 基本原则相同。例如，由买方缔结运输契约并承担运费；卖方在指定地点交货；卖方完成交货后风险转移；卖方办理出口手续，买方办理进口手续，等等。FCA 与 FOB 的主要区别为以下三点。

（1）交货责任不同。

在 FOB 术语中，卖方必须在合同规定的装运港，将货物交到买方指定的船舶上时，卖方的交货责任才终了；但在 FCA 术语下，在合同规定地点，将货物交给买方指定的承运人时，卖方即完成交货义务。

（2）货物风险转移时间、地点不同。

在 FCA 术语下，货物灭失或损坏的风险在货物交给承运人时，即由卖方转移至买方，而不像 FOB 那样是在装运港将货物装上船后才转移。

（3）适用的运输方式不同。

FOB 只能适用于海运或内河航运，以其他运输方式运送货物的交易均不能使用 FOB 术语；但 FCA 术语则可使用于包括多式联运在内的任何运输方式。因此，凡通过铁路运输、公路运输、海运、空运、内河航运运输以及结合这些运输方式的多式联运方式运送货物的交易均可使用 FCA 术语。

因此，实际业务中是选用 FOB 还是 FCA，主要取决于运输方式。即使在海运或内河航运的情况下，如果在船舶抵达装运港以前，必须把货物交给承运人或代表承运人的集散场地经营人（terminal operator），则宜采用 FCA。因为如果使用 FOB，则意味着货物还没有装上船以前，放在集散场地的风险与费用仍由卖方承担。

3. 运输契约的缔结

FCA《2020 年通则》B4："买方必须自付费用订立运输合同或使用自己的运输工具安排从指定交货地开始的货物运输。"A5："卖方对买方并无订立运输合同的义务。然而，如买方请求并由买方承担风险和费用的情况下，卖方必须向买方提供卖方所拥有的买方安排运输所需的任何信息，包括与运输有关的安全要求。如已约定，卖方必须按照惯常条款订立运输合同，由买方承担风险和费用。卖方必须在完成交货之前遵守任何与运输有关的安全要求。"由此，实际业务中，需要卖方提供协助的话，卖方可代为安排运输，但有关费用和风险由买方负担。假如，买方有可能较卖方取得较低的运价，或按其本国政府规定必须由买方自行订立运输合同，则买方应在订立买卖合同时明确告知卖方，以免双方重复订立运输合同而引起问题和发生额外费用。反之，如卖方不愿按买方的请求或商业惯例协助买方订立运输合同，也必须及时通知买方，否则，遗漏安排运输，也将引起额外费用和风险。

4. 货物集合化的费用负担

按《2020 年通则》，每种贸易术语的交货点既决定风险转移，也关系到买卖双方费用负担的划分。与 FOB 术语一样，FCA 卖方在完成交货义务之前所发生的一切费用，都须由卖方负担，而在其后所发生的费用，则由买方负担。鉴于在采用 FCA 术语时，货物大都做了集合化或成组化（cargo unitization），例如装入集装箱或装上托盘（pallets），因此，卖方应考虑将货物集合化所需的费用也计算在价格之内。

案例4-8

【案情】

我国北京 A 公司向美国纽约 B 公司出口某商品 50 000 箱，B 公司提出按 FOB 新港条件成交，而 A 公司则提出采用 FCA 北京的条件。试分析 A 公司提出上述成交条件的原因。

【讨论分析】

1. 对卖方来说，FOB 新港和 FCA 北京交货地点一样吗？哪个更方便？

2. 对卖方来说，FOB 新港和 FCA 北京承担的风险一样吗？哪个风险转移更早？

3. 对卖方来说，FOB 新港和 FCA 北京承担的费用一样吗？哪个费用更少？

【延伸思考】

1. 你认为 FOB 新港和 FCA 北京在报价的价格金额上将会有怎样的不同？

2. 对于地处内陆的贸易公司，在出口时应优先选用 FOB 还是 FCA？

案例4-9

【案情】

我国 A 商按 FCA Shanghai Airport 条件向印度 B 商出口手表，货价 5 万美元，规定交货期为 2021 年 8 月。自上海运往孟买，支付条件：B 商凭由孟买某银行转交的航空公司空运到货通知即期全额电汇付款。A 商于 2021 年 8 月 31 日将该批手表运到上海虹桥机场交由航空公司收货并出具航空运单，随即向 B 商发出装运通知。航空公司于 9 月 2 日将该批手表空运至孟买，并将到货通知连同有关发票和航空运单交孟买某银行。该银行立即通知 B 商收取单据并电汇付款。此时，国际手表价格下跌，B 商以 A 商交货延期为由拒绝付款、提货。A 商坚持对方必须立即付款、提货。

【讨论分析】

1. FCA 卖方交货地点在哪里？何时完成交货？

2. 本案例中卖方有无完成交货？

3. 买方拒绝付款的理由成立吗？

4. A 商的坚持是否正确？

【延伸思考】

1. 买方能否以航空公司将货物起运时间作为卖方交货时间？

2. 买方能否以国际手表价格下跌拒绝付款？

4.3.2　CPT

1. 基本含义及解释说明

CPT 术语的英文全称为 Carriage Paid to (insert named place of destination)，中文译为"运费付至（填入指定目的地）"，是指卖方将货物在双方约定地点（如果双方已经约定了地点）交给卖方指定的承运人或其他人。卖方必须签订运输合同并支付将货物运至指定目的地所需费用。

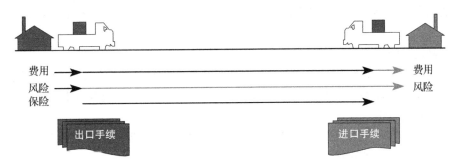

（1）交货与风险。

"运费付至"是指卖方通过以下方式向买方完成交货及风险转移：

☐ 将货物交付给承运人；

☐ 该承运人已与卖方签约；

☐ 取得已经如此交付的货物；

☐ 卖方为此可根据所使用的运输工具的合适方式和地方让承运人实际占有货物。

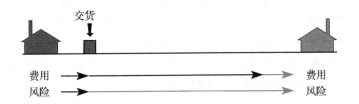

一旦货物以此种方式交付给买方，卖方并不保证货物将以良好的状态、约定的数量或确实到达目的地。这是因为在将货物移交给承运人完成对买方的交货时，风险即从卖方转移到了买方，尽管如此，卖方必须签订从交货地运往约定目的地的货物运输合同。例如，货物在杭州（不是港口）被移交给承运人运输至西雅图（港口）或者达拉斯（不是港口）。在这种情况下，将风险转移给买方的货物交付发生在杭州，而卖方必须签订运往西雅图或者达拉斯的运输合同。

（2）运输方式。

CPT 适用于所选择的任何运输方式，也可适用于使用多种运输方式。

（3）交货地（或交货点）和目的地（或目的点）。

在 CPT 规则中，有两个地点很重要，即货物的交货地或交货点（如有）（用于确定风险转移），以及约定为货物终点的目的地或目的点（作为卖方承诺签订运输合同运至的地点）。

（4）精准确定交货地或交货点。

建议双方在销售合同中尽可能精准地确定交货地和目的地，或交货地和目的地内的具体地点。对于多个承运人各自负责自交货地到目的地之间不同运输路程的常见情形，尽可能精准地确定交货地或交货点（如有）对于满足上述情形的需要尤为重要。在这种情形下，若双方没有约定具体的交货地或交货点，则默认当卖方在某个完全由其选择且买方不能控制的地点将货物交付给第一个承运人时，风险即发生转移。如双方希望风险的转移发生在稍晚阶段（例如，在某海港、河港或者机场），或者甚至发生在稍早阶段（例如，在某个与海港或河港有一段距离的内陆地点），则需要在销售合同中明确约定，并谨慎考虑在货物灭失或损坏时如此做法的后果。

（5）精准确定目的地。

同样，特别建议双方在销售合同中尽可能精准地确定约定目的地内的具体地点，因为该地点是卖方必须签订运输合同运至的地点，并且是卖方承担运费直到该地点为止的地点。

（6）目的地卸货费用。

如果卖方在其运输合同项下承担了在指定目的地的相关卸货费用，除非双方另有约定，卖方无权另行向买方追偿该费用。

（7）出口或进口清关。

CPT 要求卖方办理货物出口清关。买方办理货物进口清关或经由第三国过境的清关、支付任何进口关税或办理任何进口海关手续。

2. CPT 与 FCA 的比较

CPT 与 FCA "承运人"的含义相同。所不同的是，FCA 的"承运人"由买方指定，买方缔结运输契约并支付运费；而 CPT 的"承运人"由卖方指定，卖方缔结运输契约并支付运费。这是 CPT 与 FCA 最大的不同。如果说 FCA 是在 FOB 的基础上发展起来的，那么 CPT 就是在 CFR 的基础上发展起来的。因此，前述关于 FCA 的选用标准同样适用于 CPT。

CPT 术语后应标明目的地，该指定目的地是卖方运费付至的地点，不是卖方完成交货的地点。CPT 的交货地点在卖方所在地或承运人所在地。CPT 的交货点和风险转移与 FCA 完全相同。CPT 与 FCA 在价格上的构成关系是：CPT = FCA+ 运费。

3. 交货通知和提供买方购买保险所需的信息

在 CPT 合同中，卖方负责安排运输，而买方负责货物运输保险。为了避免两者脱节，造成货物装运（货交承运人接受监管）后失去对货物必要的保险保障，卖方应及时向买方发出交货通知。实务中，该通知通常包括买方购买保险所需的信息。关于这一问题的重要性及其处理方法，在前文 CFR 所做的说明，也同样适用于按 CPT 术语达成的交易。

案例4-10

【案情】

我国江苏某食品进口公司在某年 3 月与越南金兰市某出口公司签订了购买 2 350 吨咖啡豆的合同，交货条件是 CPT 苏州每吨 870 美元，约定提货地为卖方所在地。合同中规定，由买方在签约后的 20 天内预付货款金额的 25% 作为定金，而剩余款项则由买方在收到货物之后汇付给卖方。合同签订后两个星期内，买方如约支付了 25% 的定金。当年 5 月 7 日，买方指派越南的一家货代公司到卖方所在地提货，此时，卖方已装箱完毕并放置在其临时敞篷仓库中，买方要求卖方帮助装货，卖方认为货物已交买方照管，拒绝帮助装货。两日后买方再次到卖方所在地提货，但因遇湿热台风天气，致使堆放货物的仓库进水，300 吨咖啡豆受水浸泡损坏。由于货物部分受损，买方以未收到全部约定的货物为由，仅同意支付 40% 的货款，拒绝汇付剩余 35% 的货款。于是，买卖双方产生争议。

【讨论分析】

1. CPT 约定交货地点为卖方所在地时，卖方何时完成交货？

2. 本案例中卖方有无义务帮助装货？

3. 本案例中"因遇湿热台风天气，致使堆放货物的仓库进水"，这个风险应该由何方承担？

4. 因风险而带来的损失应该由何方承担？

5. 买方可以拒绝汇付剩余 35% 的货款吗？

【延伸思考】

1. 如果合同规定的交货地点在承运人所在地，本案的分析结论有无不同？

2. 如果采用 FCA 或 CIP 贸易术语，本案的分析结论有无不同？

4.3.3　CIP

1. 基本含义及解释说明

贸易术语
CIP

CIP 术语的英文全称为 Carriage and Insurance Paid to (insert named place of destination)，中文译为"运费保险费付至（填入指定目的地）"，是指卖方将货物在双方约定地点（如双方已经约定了地点）交给其指定的承运人或其他人。卖方必须签订运输合同并支付将货物运至指定目的地的所需费用。

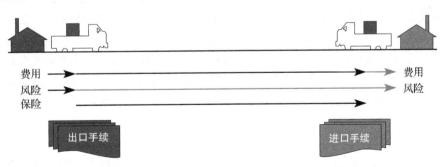

（1）交货与风险。

CIP 是指卖方通过以下方式向买方完成交货及风险转移：

❏ 将货物交付给承运人；

❏ 该承运人已与卖方签约；

❏ 取得已经如此交付的货物；

❑ 卖方为此可根据所采用的运输工具的合适方式和地方让承运人实际占有货物。

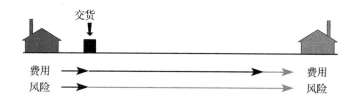

一旦货物以此种方式交付给买方，卖方并不保证货物将以良好的状态、约定的数量或确实到达目的地。这是因为在货物移交给承运人完成对买方的交货时，风险即从卖方转移到了买方，尽管如此，卖方必须签订从交货地运往约定目的地的货物运输合同。例如，货物在拉斯维加斯（不是港口）被移交给承运人运输至南汉普顿（港口）或者温切斯特（不是港口）。在这种情况下，将风险转移给买方的货物交付发生在拉斯维加斯，而卖方必须签订运往南汉普顿或者温切斯特的运输合同。

（2）运输方式。

CIP 可适用于所选择的任何运输方式，也可适用于使用多种运输方式。

（3）交货地（或交货点）和目的地（或目的点）。

在 CIP 规则中，有两个地点很重要，即货物的交货地或交货点（如有）（用于确定风险转移），以及约定为货物终点的目的地或目的点（作为卖方承诺签订运输合同运至的地点）。

（4）保险。

卖方还必须为买方签订从交货点起至少到目的点买方的货物灭失或损坏的保险合同。如目的地国家要求在本地购买保险，则可能会造成困难，在此种情况下，双方应考虑使用 CPT。买方还应注意，在 CIP《2020 年通则》下，卖方需要投保符合《伦敦保险协会货物保险条款》（A）款或其他类似条款下的范围广泛的险别，而不是符合《伦敦保险协会货物保险条款》（C）款下的范围较为有限的险别。但是，双方仍然可以自行约定更低的险别。

（5）精准确定交货地或交货点。

建议双方在销售合同中尽可能精准地确定交货地和目的地，或交货地和目的地内的具体地点。对于多个承运人各自负责交货地到目的地之间不同运输路程的常见情形，尽可能精准地确定交货地或交货点（如有）对于满足上述情形的需要尤为重要。在这种情形下，若双方没有约定具体的交货地或交货点，则默认当卖方在某个完全由其选择且买方不能控制的地点将货物交付给第一个承运人时，风险即发生转移。如双方希望风险的转移发生在稍晚阶段（例如，在某海港、河港或者机场），或者甚至发生在稍早阶段（例如，在某个与海港或河港有一段距离的内陆地点），则需要在其销售合同中明确约定，并谨慎考虑在货物灭失或损坏时这种做法的后果。

（6）精准标明目的地。

同样，建议双方在销售合同中尽可能精准地确定约定目的地内的地点，因为该地点是卖方必须签订运输合同运至的目的地点及签订保险合同投保覆盖的地点，也是卖方承担运费和保险费直到该地点为止的地点。

（7）目的地卸货费用。

如果卖方在其运输合同项下承担了在指定目的地的相关卸货费用，除非双方另有约定，卖方无权另行向买方追偿该费用。

（8）出口或进口清关。

CIP 要求卖方办理货物出口清关。买方办理货物进口清关或经由第三国过境的清关、支付任何进口关税或办理任何进口海关手续。

2. CIP 与 CPT 的比较

CIP 合同的卖方除缔结运输契约支付运费外，还要订立保险合同并支付保险费。这是CIP 与 CPT 最大的不同。CIP 的交货点与风险转移和 CPT、FCA 完全相同。CIP 与 CPT、FCA 在价格上的构成关系是：CIP = CPT+ 保险费；CIP = FCA+ 运费 + 保险费。

CIP 术语后应标明目的地，该指定目的地是卖方运费付至的地点，不是卖方完成交货的地点。CPT、CIP、CFR 或 CIF 风险转移和费用转移的地点不同，这些术语分别有两个关键点。在使用 CPT、CIP、CFR 或 CIF 术语时，当卖方将货物交付承运人时，即完成交货；而不是当货物到达目的地时，才完成交货。

3. FOB、CFR、CIF 和 FCA、CPT、CIP 的比较

至此，我们应该认识到，FCA、CPT、CIP 三种术语是分别从 FOB、CFR、CIF 这 3 种传统术语发展起来的，其责任划分的基本原则是相同的，所不同的是适用的运输方式、交货地点和风险转移点。这两类术语的比较如表 4-3 所示。

表 4-3　FOB、CFR、CIF 和 FCA、CPT、CIP 的比较

比较项目	FOB、CFR、CIF	FCA、CPT、CIP
合同性质	装运合同	装运合同
适用的运输方式	海运及内河运输	任何运输方式、多种运输方式
出口手续的办理	卖方	卖方
进口手续的办理	买方	买方
交货地点	装运港	出口国内地或港口指定地点
风险转移点	货物在装运港装到船上时	货交承运人处置时
运输单据	海运单据或内河运单	视运输方式而定

可以认为，FCA、CPT 和 CIP 这三种术语事实上涵盖了 FOB、CFR 和 CIF 这三种术语，随着运输技术的革新，适合于多种运输方式的 FCA、CPT 和 CIP 这三种术语将得到广泛应用。同时应该注意到，FCA、CPT 和 CIP 这三种术语的交货点和风险转移点通常比 FOB、CFR 和 CIF 这三种术语要早。如果能够熟练运用 FCA、CPT 和 CIP 这三种术语，能够更好地促进对外贸易。

案例 4-11

【案情】

2011 年 5 月，美国某贸易公司（以下简称买方）与我国江西某进出口公司（以下简称卖方）签订合同，购买一批日用瓷具，价格条件为 CIF Los Angeles，支付条件为不可撤销跟单信用证，信用证要求提供已装船提单等有效单证。卖方随后与宁波某运输公司（以下简称承运人）签订运输合同。8 月初卖方将货物备妥，装上承运人派来的货车。途中由于驾驶员的过失

发生了车祸，耽误了时间，错过了信用证规定的装船期限。得到发生车祸的通知后，卖方即刻与买方洽商要求将信用证的有效期和装船期延展半个月，并本着诚信原则告知买方两箱瓷具可能受损。美国买方回电称，同意延期，但要求货价降 5%。卖方回电据理力争，同意受震荡的两箱瓷具降价 1%，但认为其余货物并未损坏，不能降价。买方坚持要求全部降价。最终卖方还是做出让步，受震荡的两箱降价 2.5%，其余降价 1.5%，为此受到货价、利息等有关损失共计达 15 万美元。

事后，卖方作为托运人向承运人就有关损失提出索赔。对此，承运人同意承担有关仓储费用和两箱震荡货物的损失；利息损失只赔 50%，理由是自己只承担一部分责任，主要是由于卖方修改单证耽误时间；但对于货价损失不予理赔，认为这是由于卖方单方面与买方的协定所致，与己无关。卖方却认为货物降价及利息损失的根本原因都在于承运人的过失，坚持要求其全部赔偿。经多方协商，3 个月后，承运人最终赔偿各方面损失共计 5.5 万美元。卖方实际损失 9.5 万美元。问：本案如果卖方采用 CIP 合同，结果将有怎样的不同？

【讨论分析】

1. 贸易术语 CIF 与 CIP 的风险转移点和卖方的交货责任有何不同？分别是什么？

2. 贸易术语 CIF 与 CIP 要求提交的单据有何不同？

3. 贸易术语 CIF 与 CIP 的交货地点有何不同？对卖方的运输成本有何影响？

4. 对于地处内陆，更多采用陆海联运或陆路出口的贸易，贸易术语 CIF 与 CIP，采用哪个更合适？

【延伸思考】

1. FCA、CPT、CIP 这三种术语是在 FOB、CFR、CIF 这三种术语的基础上发展起来的，实际业务中，何时选用 FCA、CPT 或 CIP？

2. 选择 FCA、CPT 或 CIP 比之选用 FOB、FCR 或 CIF 对出口方有哪些影响？

资料来源：蔡晓春，《阿里巴巴"以商会友"》(经改写)。

4.4 其他 5 种贸易术语

在《2020 年通则》中，除了上述常用的 6 个常用的贸易术语外，还有其他 5 种贸易术语，现简要分述于下。

4.4.1 EXW

贸易术语
EXW、FAS

EXW 术语的英文全称为 Ex Works (insert named place)，中文译为"工厂交货（填入指定交货地点）"，是指当卖方在其所在地或其他指定地点（如工厂、车间或仓库等）将货物交由买方处置时，即完成交货。

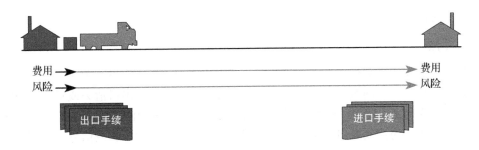

1. 交货与风险

EXW 是指卖方通过以下方式向买方完成交货：

❑ 在指定地点（如工厂或仓库）将货物交由买方处置时；

❑ 该指定地点可以是卖方所在地，也可以不是卖方所在地。

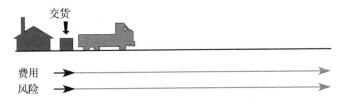

为完成交货，卖方不需将货物装上任何前来接收货物的运输工具，需要清关时，卖方也无须办理出口清关手续。

2. 运输方式

EXW 可适用于所选择的任一或多种运输方式（如有）。

3. 交货地或精准的交货点

买卖双方仅需指定交货地。但是，建议双方尽可能清楚地指明交货地范围内的精确交货点。精确交货点会让双方均可清楚货物交付的时间和风险转移至买方的时间，并且还标志着买方承担费用的地点。如果双方不指定交货，则视为留待由卖方选择"最适合卖方目的"的交货点。这意味着，卖方可能会选择某个点作为交货点，而若货物恰好在该点之前发生了灭失或损坏，则可能使买方承担风险。因此，买方最好选择交货地范围内的精确地点。

4. 对买方的提示

在《国际贸易术语解释通则》中，EXW 对卖方规定的义务最少。因此，从买方的角度而言，应谨慎使用该术语。

5. 装载风险

当货物置于交货地、尚未装载、由买方处置时，交货已完成，且风险随之转移。但是，货物装载很可能是由卖方操作的，装载操作中发生货物灭失或损坏的风险很可能由没有实际参与货物装载的买方承担。考虑到这种可能性，建议在由卖方装载货物时，双方预先约定由哪方承担货物在装载中发生灭失或损坏的风险。这种情形颇为常见，因为卖方更有可能在其场所拥有必要的装载设备，或由于相关的安全规则禁止未经授权人员进入卖方场所。如买方希望规避在卖方场所转载货物期间的风险，则应当考虑选择 FCA 术语（在 FCA 术语下，如货物是在卖方场所交付，则卖方对买方负有装载货物的义务并承担货物在由卖方实施装载作业中发生灭失或损坏的风险）。

6. 出口清关

若以将货物交由买方处置的方式进行的交货发生在卖方场所或另一个典型的卖方所在国司法管辖区或同一关税同盟区的指定地点时，卖方没有义务办理出口清关或货物经由第三国过境的清关。实际上，EXW 可能更适合于完全无意出口货物的国内贸易。在出口清关中，卖方的参与内容限于协助获取诸如买方要求的用于办理货物出口的单据或信息。如买方希望出口货物而又预计办理出口清关会有困难时，建议买方最好选择 FCA 术语。在 FCA 术语下，办理出口清关的义务和费用由卖方承担。

4.4.2 FAS

FAS 术语的英文全称为 Free alongside Ship (insert named port of shipment)，中文译为"船边交货（填入指定装运港）"，是指当卖方在指定的装运港将货物交到买方指定的船边（例如，置于码头或驳船上）时，即为交货。货物灭失或损坏的风险在货物交到船边时发生转移，同时买方承担自那时起的一切费用。

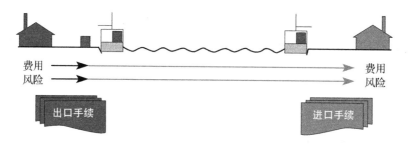

1. 交货与风险

FAS 是指卖方通过以下方式向买方完成交货：

❑ 当货物被交到船边（例如，置于码头或驳船上）时；

❑ 该船舶由买方指定；

❑ 在指定的装运港；

❑ 取得已经如此交付的货物。

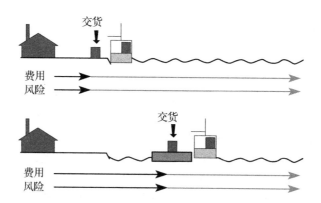

货物灭失或损坏的风险在货物交到船边时发生转移，同时，买方承担自那时起的一切费用。

2. 运输方式

FAS 仅适用于海运或内河水运运输方式下买卖双方意在将货物交到船边即完成交货的情形。因此，FAS 不适用于货物在交到船边之前已经移交给承运人的情形，如货物在集装箱终端交给承运人。在此种情况下，双方应当考虑使用 FCA，而非 FAS。

3. 精准确定装货点

由于卖方承担在特定地点交货前的费用和风险，而且这些费用和相关作业费可能因各港口惯例的不同而发生变化，因此特别建议买卖双方尽可能清楚地约定指定装运港内的装货点，货物将在此装货点从码头或驳船装上船舶。

4. 出口或进口清关

FAS 要求卖方办理货物出口清关；买方办理货物进口清关或经由第三国过境的清关、支付任何进口关税或办理任何进口海关手续。

4.4.3　DAP

贸易术语
DAP、DPU、
DDP

DAP 的英文全称为 Delivered at Place (insert named place of destination)，中文译为"目的地交货（填入指定目的地）"，是指当卖方在指定目的地的约定地点（如有），将装在抵达的运输工具上并已做好卸载准备的货物交由买方处置，或取得已经如此交付的货物时，即履行了交货。卖方承担将货物运送到指定地点的一切风险和费用。

1. 交货与风险

DAP 是指卖方通过以下方式向买方完成交货及风险转移：

❑ 当货物已交由买方处置时；

❑ 处于抵达的运输工具上并已做好卸载准备；

❑ 在指定目的地；

❑ 在该指定目的地内的约定交货点，如已约定该交货点；

❑ 取得已经如此交付的货物。

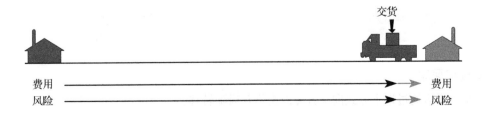

卖方承担将货物运送到指定目的地或该指定目的地内的约定交货点的一切风险。因此，对于 DAP，交货和到货的目的地是相同的。

2. 运输方式

DAP 可适用于所选择的任何运输方式，也可适用于使用多种运输方式的情形。

3. 精准确定交货地或交货点、目的地或目的点

特别建议双方尽可能清楚地约定目的地或目的点。这基于几个原因：第一，货物灭失或损坏的风险在交货点或目的点转移至买方，因此买卖双方应清楚地知晓该关键转移发生的地点；第二，该交货地或交货点、目的地或目的点之前的费用由卖方承担，该地方或地点之后的费用则由买方承担；第三，卖方必须签订运输合同或安排货物运输到约定的交货地或交货点、目的地或目的点。如果卖方未履行此义务，卖方即违反了《国际贸易术语解释通则》中有关 DAP 术语的义务，并将对买方随之产生的任何损失承担责任，例如卖方将负责承担承运人因额外的续运而向买方收取的任何额外费用。

4. 卸货费用

卖方不需要将货物从抵达的运输工具上卸载。但是，如果卖方按照运输合同在交货地或目的地发生了卸货相关的费用，除非双方另有约定，卖方无权另行向买方追偿该费用。

5. 出口或进口清关

DAP 要求卖方办理出口清关，买方办理进口清关或交货后经由第三国过境的清关、支付任何进口关税或办理任何进口海关手续。因此，如果买方没有安排进口清关，货物将被滞留在目的地国家的港口或内陆运输终端。那么谁来承担货物因被滞留在目的地国家的入境港而可能发生损失的风险？答案是买方，因为交付还没完成，在货物重新起运至指定内陆地点之前，货物灭失或损坏的风险由买方承担。如果想要避免此种情况，双方希望卖方办理货物进口清关、支付任何进口关税或税款，并办理任何进口海关手续，那么双方可以考虑使用 DDP。

4.4.4 DPU

DPU 的英文全称为 Delivered at Place Unloaded (insert named place of destination)，中文译为目的地卸货后交货（填入指定目的地），是指当卖方在指定目的地的约定地点（如有）将货物从抵达的运输工具上卸下，交由买方处置，或取得已经如此交付的货物时，即完成交货。卖方承担将货物运送至指定目的地的约定地点（如有）并卸下的一切风险和费用。

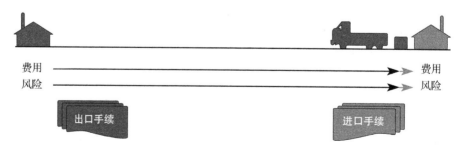

1. 交货与风险

DPU 是指卖方通过以下方式向买方完成交货及风险转移：

❑ 当货物已从抵达的运输工具上卸载时；

❑ 已交由买方处置；

❑ 在指定目的地；

❑ 在该指定目的地内的约定交货点，如已约定该交货点；

❑ 取得已经如此交付的货物。

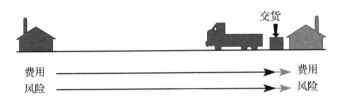

卖方承担将货物运送到指定目的地以及卸载货物的一切风险。因此对于 DPU，交货和到达的目的地是相同的。在《国际贸易术语解释通则》中，DPU 是唯一要求卖方在目的地卸货的术语。因此，卖方应当确保其可以在指定地组织卸货。如果双方不希望卖方承担卸货的风险和费用，则不应使用 DPU 术语，而应使用 DAP 术语。

2. 运输方式

DPU 可适用于所选择的任何运输方式，也可适用于使用多种运输方式的情形。

3. 精准确定交货地或交货点、目的地或目的点

特别建议双方尽可能清楚地约定目的地或目的点。这是因为：第一，货物灭失或损坏的风险在交货点或目的点转移至买方，因此买卖双方应清楚地知晓该转移发生的关键地点；第二，该交货地或交货点、目的地或目的点之前的费用由卖方承担，该地方或地点之后的费用则由买方承担；第三，卖方必须签订运输合同或安排货物运输到约定交货地或交货点、目的地或目的点。如果卖方未履行此义务，即违反了其在本规则下的义务，将对买方随之产生的任何损失承担责任。例如，卖方将负责承担承运人因额外的续运而向买方收取的任何额外费用。

4. 出口或进口清关

DPU 要求卖方办理出口清关，买方办理进口清关或交货后经由第三国过境的清关、支付任何进口关税或办理任何进口海关手续。因此，如果买方没有安排进口清关，货物将被滞留在目的地国家的港口或内陆运输终端。那么谁来承担货物因此被滞留在目的地国家的入境港而可能发生的损失的风险？答案是买方，因为交付还没完成，在货物重新起运至指定内陆地点之前，货物损坏灭失的风险由买方承担。如果想要避免此种情况，双方希望卖方办理货物进口清关、支付任何进口关税或税款并办理任何进口海关手续，双方可以考虑使用 DDP。

DPU 是《2020 年通则》新增的术语，取代了《2010 年通则》新出现的术语 DAT。

4.4.5　DDP

DDP 的英文全称为 Delivered Duty Paid (insert named place of destination)，中文译为"完税后交货（填入指定目的地）"，是指当卖方在指定目的地的约定地点（如有），将仍处于抵达的

运输工具上，但已完成进口清关，且已做好卸载准备的货物交由买方处置，或取得已经如此交付的货物时，即完成交货。

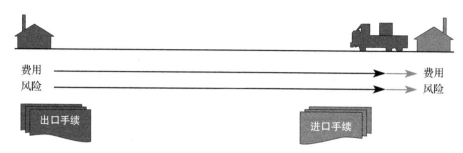

1. 交货与风险

DDP 是指卖方通过以下方式向买方完成交货：

❑ 当货物已交由买方处置时；

❑ 已办理进口清关；

❑ 处于抵达的运输工具上；

❑ 已做好卸载准备；

❑ 在指定目的地或该指定目的地内的约定交货点，如已约定该交货点；

❑ 取得已经如此交付的货物。

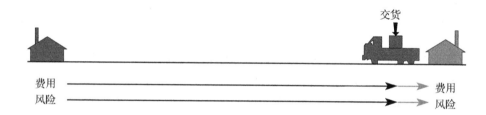

卖方承担将货物运送到指定目的地或指定目的地内约定交货点的一切风险。对于 DDP，交货和到货目的地是相同的。

2. 运输方式

DDP 可适用于所选择的任何运输方式，也可适用于使用多种运输方式的情形。

3. 对卖方的提示：最大责任

在《国际贸易术语解释通则》中，DDP 是全部 11 个贸易术语中加诸于卖方最大义务的术语。在 DDP 下，交货发生在目的地并且卖方负责支付进口关税和其他应纳的税款。因此，从卖方角度而言，应谨慎使用 DDP。

4. 精准确定交货地或交货点、目的地或目的点

建议双方尽可能清楚地约定目的地或目的点。这是因为：第一，货物灭失或损坏的风险在交货点或目的点转移至买方，因此买卖双方最好清楚该转移发生的关键地点；第二，该交货地或交货点、目的点之前的费用（包括进口清关费用）由卖方承担，该地方或地点之后的费用（进口以外的费用）则由买方承担；第三，卖方必须签订货物运输合同或安排货物运输到约

定的交货地或交货点、目的地或目的点。如果卖方未履行此义务，即违反了其在《国际贸易术语解释通则》中 DDP 下的义务，将对买方随之产生的任何损失承担责任。例如，卖方将负责承担承运人因额外的续运而向买方收取的任何额外费用。

5. 卸货费用

如果卖方按照运输合同在交货地或目的地发生了卸货相关的费用，除非双方另有约定，卖方无权单独向买方追偿该项费用。

6. 出口或进口清关

DDP 要求卖方办理货物的出口清关以及进口清关，并支付任何进口关税或办理任何海关手续。因此，如果卖方无法办理进口清关，而是更希望将这些事项交由进口国的买方负责，那么，卖方应考虑选择 DAP 或 DPU。在 DAP 或 DPU 术语下，交货仍发生在目的地，但进口清关则留给买方负责。这里可能有税收的影响，并且此种税款可能无法向买方追偿。

4.5 11 种贸易术语关键点及选用

《2020 年通则》中 11 种贸易术语总结

4.5.1 贸易术语的关键点

学习完《2020 年通则》11 种贸易术语后，我们应该明白，每个贸易术语都有其特定的"关键点"（critical points），明确关键点是掌握某个贸易术语的起点。

贸易术语关键点有"风险划分点"（point for division of risk）和"费用划分点"（point for division of costs）之分，其中"风险划分点"也就是"交货点"（point of delivery）。例如 FOB 术语，其关键点是"装运港船上"，对该术语来说，这个关键点既是风险划分点（交货点），也是费用划分点；CIF 术语有两个关键点，一个是风险划分点（交货点），即"装运港船上"，另一个是费用划分点，即目的港；CFR、CPT、CIP 等术语也有两个关键点。

图 4-1、图 4-2 是《2020 年通则》中规定的 11 种贸易术语风险划分点或费用划分点示意图。

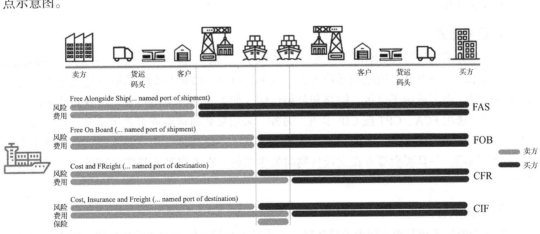

图 4-1 《2020 年通则》适用于海洋运输和内河水运的贸易术语

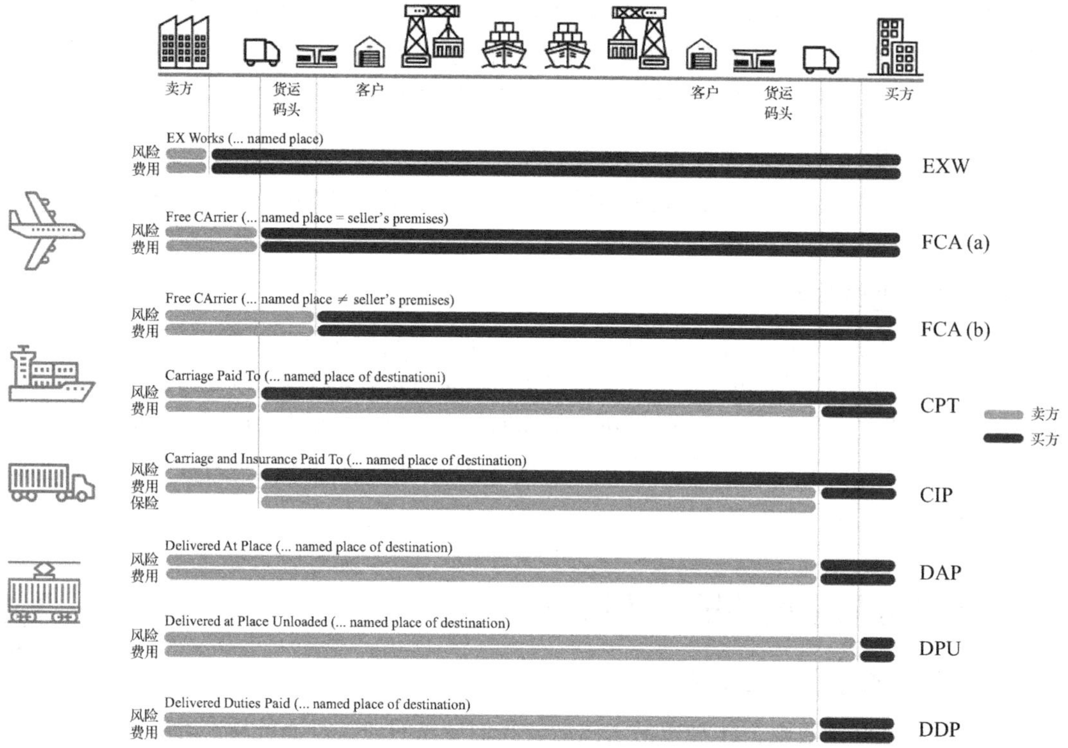

图 4-2　适合于各种运输方式的贸易术语

资料来源：https：//www.kn-portal.com/incoterms_2020/.

4.5.2　贸易术语的选用

《2020 年通则》对 11 种贸易术语做了解释，其中 6 种（FOB、CFR、CIF、FCA、CPT、CIP）在实际业务中应用得较多，其他 5 种（EXW、FAS、DAP、DPU、DDP）在实际业务中应用得较少。贸易术语是确定合同性质、决定交货条件的重要因素，选定适当的贸易术语对促进合同的订立和履行，提高企业的经济效益具有重要意义。在实际业务中，贸易术语的选用主要应考虑以下因素。

1. 运输方式

买卖双方采用何种贸易术语，首先应考虑货物的运输方式。按照《2020 年通则》的解释，每种贸易术语，各有其所适用的运输方式。例如，FOB、CFR 和 CIF 术语只适用于海洋运输和内河运输，而不适用于空运、铁路和公路运输。如买卖双方拟使用空运、铁路或公路运送货物，则应选用 FCA、CPT 或 CIP 术语。另外，采用集装箱运输或多式运输时，也应尽量采用 FCA、CPT 或 CIP 术语。不顾所使用的运输方式，不适当地选用贸易术语，将使该术语的解释产生困难。一旦买卖双方在交接货物时发生纠纷，有关当事人将陷入困境，并可能遭受损失。

2. 运输条件

在报价时应考虑是否有能力安排运输。在本身有足够运输能力或安排运输无困难，而且经济上又合算的情况下，可争取按照由自身安排运输的贸易术语成交（如按 FCA、FAS 或 FOB

进口，按 CIP、CIF 或 CPT、CFR 出口）；否则，则应酌情争取按照由对方安排运输的条件成交（如按 FCA、FAS 或 FOB 出口，按 CIP、CIF 或 CPT、CFR 进口）。

3. 货源情况

国际贸易中货物品种很多，不同类别的货物具有不同的特点，它们在运输方面各有不同要求，故安排运输的难易程度不同，运费开支大小也有差异。这是选用贸易术语应考虑的因素。此外，成交量的大小，也直接涉及安排运输是否有困难和经济上是否合算的问题。成交量太小，又无班轮通航的情况下，负责安排运输的一方势必会增加运输成本，故选用贸易术语时也应予以考虑。

4. 运费因素

运费是货价构成因素之一，在选用贸易术语时，应考虑货物经由路线的运费收取情况和运价变动趋势。一般来说，当运价看涨时，为了避免承担运价上涨的风险，可以选用由对方安排运输的贸易术语成交，如按 FCA、FAS 或 FOB 出口，按 CFR、CPT 或 CIF、CIP 进口。在运价看涨的情况下，如因某种原因不得不采用由自身安排运输的条件成交，则应将运价上涨的风险考虑到货价中去，以免遭受运价变动的损失。

5. 运输途中的风险

在国际贸易中，交易的商品一般需要通过长途运输，货物在运输过程中可能遇到各种自然灾害、意外事故等风险，特别是在遇到战争或正常的国际贸易遭到人为障碍与破坏的时期和地区，则运输途中的风险更大。因此，买卖双方洽商交易时，必须根据不同时期、不同地区、不同运输路线和运输方式的风险情况，并结合购销意图来选用适当的贸易术语。

6. 进出口货物结关手续

在国际贸易中，关于进出口货物的结关手续，有些国家规定只能由结关所在国的当事人安排或代为办理，有些国家则无此项限制。因此，若某出口国政府规定，买方不能直接或间接办理出口结关手续，则不宜按 EXW 条件成交，而应选用 FCA 条件成交；若进口国当局规定，卖方不能直接或间接办理进口结关手续，此时则不宜采用 DDP，而应选其他术语成交。

4.6　佣金和折扣

4.6.1　佣金

佣金（commission）是卖方或买方付给中间商为其对货物的销售或购买提供中介服务的酬金。上述中间商通常为经纪人（middleman；broker）或代理人（agent）。但在实际业务中，凡是为招揽生意、促成交易提供服务的企业或个人，都可能成为佣金的收受者。

在我国的外贸实践中，正确和灵活运用佣金，可调动中间商或代理人推销我方出口货物的积极性，增强有关货物在国外市场的竞争力，从而扩大销售。正确使用佣金，有时还可提高售价。在实际业务中，佣金的名目很多，如销售佣金（selling

佣金和折扣

commission）、累计佣金[⊖]（accumulative commission）等。

1. 佣金的表示方法

凡价格中包含佣金的，称为"含佣价"（price including commission）。"含佣价"可用文字表示。

例如： 每公吨 120 美元 CIF 纽约包含佣金 2%   US $120 per metric ton CIF New York including 2%commission

也可在贸易术语后面加注"佣金"的英文缩写字母"C"并注明佣金的百分比来表示。

例如： 每公吨 120 美元 CIFC2% 纽约   US $120 per metric ton CIFC2% New York

还可以用绝对数表示。

例如： 每公吨佣金 50 美元   USD50 commission per metric ton

2. 佣金的计算方法

按国际贸易习惯，佣金一般是按交易额（即发票金额）为基础进行计算的。

$$佣金 = 发票金额 \times 佣金率$$

例如：CIF 发票金额为 10 000 美元，佣金率为 2%，则应付佣金为 200 美元；或 CFR 发票金额为 9 900 美元，佣金率为 2%，应付佣金为 198 美元。

另一种更为精确的方法是，按 FOB 或 FCA 价值作为计算佣金的基础。

$$佣金 = FOB（或 FCA）发票金额 \times 佣金率$$

这时，如按 CIF 或 CIP 术语成交，计算佣金时要先扣除运费和保险费，或如按 CFR 或 CPT 术语成交，应先扣除运费，然后按 FOB 或 FCA 价值计算佣金。

是按交易额（发票金额）为基础计算佣金，还是按 FOB 或 FCA 价值（FOB 或 FCA 发票金额）计算佣金，并无定则，主要由双方协商决定。有人认为，从理论上讲，以按 FOB 或 FCA 价值计算较为合理，否则，似乎卖方除对货物本身价值支付佣金外，还要对运费和保险费部分甚至对佣金本身支付佣金。其实，不管按何种价值，它只是作为给中间商以多少酬金的计算基础。而按交易额计算佣金，在操作上也比较简便，所以，在实践中使用较多。假如双方事先约定一切交易按 FOB 或 FCA 价值计算佣金，那么，就应同时商定，是按实际运费、保险费扣除，还是按商定的估计运费、保险费扣除，以求得 FOB 或 FCA 价值后计算佣金。按实际运费、保费计算较为复杂，而按商定的估计运费、保费（如运费按交易额的 10% 估计；保险费按交易额的 1% 估计）计算较为方便。

从含佣价计算净价，比较简单，只需扣除佣金（即含佣价乘佣金率）即可。

$$净价 = 含佣价 - 单位佣金$$
$$净价 = 含佣价（1 - 含佣率）$$

如果已知净价，要在不降低净收入的基础上给予一定百分率的佣金，则：

$$含佣价 = 净价 \div（1 - 含佣率）$$

⊖　累计佣金或称累进佣金，是指按中间商实际销售数量（或金额）给付不同比率的佣金，销售数量（或金额）越多，佣金率越高，从而能更好地促进中间商推销的积极性。

3. 佣金的支付方法

在我国的出口业务中，佣金通常由出口企业于收到全部货款后再支付给中间商或代理商。因为，中间商的服务，不仅在于促成交易，还应负责联系、督促实际买方履约，协助解决履约过程中可能发生的问题，以使合同得以圆满地履行。但是，为了防止误解，对佣金于货款全部收妥后才予支付的做法，应由出口企业与中间商在双方建立业务关系之初即予以明确，并达成书面协议；否则，有的中间商可能于交易达成后，即要求我方支付佣金，而日后有关合同是否能得到切实履行，货款能否顺利收到，却并无绝对保证。

佣金可于合同履行后逐笔支付，也可按月、按季、按半年甚至一年汇总计付，通常由双方事先就此达成书面协议，以凭执行。

4.6.2 折扣

折扣（discount）是卖方按照原价给买方以一定的减让。常见的折扣有数量折扣（quantity discount）、特别折扣（special discount）、季节性折扣（seasonal discount）等。

1. 折扣的表示方法

如价格中允许给予折扣，一般应用文字表示。

例如：每公吨 200 美元 FOB 上海减折扣 2%　　US$200 per metric ton FOB Shanghai less 2% discount

一般说来，含佣或给予折扣的价格，应用文字或简略的方法明确表示出来。除非双方事先另有约定，如有关价格对含佣或给予折扣未做表示，通常应理解为不含佣或不给折扣的价格。不包含佣金或不给折扣的价格称为"净价"（net price），即卖方可照价全数收款，不另支付佣金或扣除折扣。有时为了明确起见，特地加列"净价"（net）字样。

例如：每公吨 200 美元 FOB 上海净价　　US$200 per metric ton FOB Shanghai net

2. 折扣的计算方法

$$折扣金额＝发票金额×折扣百分率$$
$$净值＝发票金额－折扣金额$$
$$净值＝发票金额×（1－折扣百分率）$$

折扣一般由买方在支付货款时扣除。

以上所述是指在合同中明确表示的佣金和折扣，也称为"明佣"和"明扣"。在实际业务中，有时出于某种特殊需要，会出现实际中有佣金和折扣但不在合同中表明的情况。这种佣金和折扣称为"暗佣"和"暗扣"。

4.7　出口成本核算

为了控制亏损、增加盈利，出口商在对外报价或磋商交易前，都必须对拟出口的商品进行成本核算。出口成本核算，涉及以下概念和计算问题。

出口成本
核算

1. 出口成本

在出口业务中，出口成本包括出口商品总成本和出口商品成本价格两个概念。

出口商品总成本是指，出口企业为出口商品所支付的国内总成本，该项总成本包括购货成本（或生产成本）和出口前国内的一切费用及税款，但应扣除出口退税款：

$$出口商品总成本（退税后）＝出口商品购进价格（含增值税^{\ominus}）＋定额费用－出口退税^{\ominus}款$$
$$定额费用＝出口商品购进价格×费用定额率^{\ominus}$$
$$退税款＝出口商品购进价（含增值税）÷（1＋增值税率）×退税率$$

出口商品成本价格是指，以出口商品总成本为基础计算的单位成本价格，但不涉及任何国外费用。

2. 出口收入

出口收入包括出口外汇净收入和出口本币（人民币）净收入两部分。

出口外汇净收入也叫 FOB 出口外汇净收入，是指出口外汇总收入扣除国外运费、保险费、佣金等非贸易性外汇支出后的外汇收入，即以 FOB 报价所得的外汇收入。因此，若以 CFR 或 CIF 条件成交，对外报价中扣除国外运费及（或）保险费之后，所得收入为外汇净收入；若对外报价中含有佣金，则扣除佣金后的收入为外汇净收入。

出口人民币净收入是指，出口外汇净收入按当时的外汇汇率折算的人民币收入额。

$$出口人民币净收入 ＝FOB 出口外汇净收入 × 银行外汇买入价$$

3. 出口盈亏计算指标

在出口业务中，判断出口企业的盈亏情况可以通过出口换汇成本、出口盈亏率、出口创汇率等指标加以衡量。

（1）出口换汇成本。出口换汇成本又称为换汇率，是指出口商品净收入 1 单位外汇所需的本币成本。在中国通常是指商品出口后净收入 1 美元所付出的人民币成本，即用多少人民币换回 1 美元。其计算公式表示为：

$$出口换汇成本 ＝出口商品总成本（人民币）÷ FOB 出口外汇净收入（美元）$$

出口换汇成本（换汇率）是衡量出口企业出口盈亏的一个重要指标，若换汇率高于银行外汇牌价，则表示出口为亏损，即人民币亏损；若换汇率低于银行外汇牌价，则表示出口为盈利，即人民币盈利。因此，计算换汇率对出口商具有重要意义：出口商可以比较不同商品的出口换汇成本，以便调整出口商品结构；比较同类商品出口到不同国家或地区的换汇率，以作为选择市场的依据之一；比较同类商品不同时期换汇率的变化，以利于改善经营管理，采取扭亏增盈的有效措施。

（2）出口盈亏率。出口盈亏率是指，出口盈亏额与出口商品总成本之比，一般用百分比表示。

$$出口盈亏率 ＝出口盈亏额 ÷ 出口商品总成本 ×100\%$$

⊖ 增值税是以商品生产流通和劳务服务各个环节的增值额为课税对象征收的一种流转税。

⊖ 为了避免双重征税，很多国家和地区对出口商品已征收的增值税实行退税。我国于 1985 年开始全面实行出口退税办法。

⊜ 费用一般包括银行利息、工资支出、邮电通信费用、交通费用、仓储费用、码头费用以及其他的管理费用。定额费率为 5%～10% 不等，由各外贸公司按不同的出口商品实际情况和经验自行核定。

　　其中，出口盈亏额是指出口人民币净收入扣除出口商品总成本之后的数额：

$$出口盈亏额 = 出口人民币净收入 - 出口商品总成本（退税后）$$

　　出口盈亏率是衡量出口企业盈亏程度的重要指标，出口商可据此调整经营管理方案，制定积极有效的营销策略。

　　（3）出口创汇率。出口创汇率，又称外汇增值率，是指成品出口后的外汇净收入与原料外汇成本之比。用公式表示为：

$$出口创汇率 = [（成品出口外汇净收入 - 原料外汇成本）÷ 原料外汇成本] × 100\%$$

　　出口创汇率也是衡量出口企业盈亏状况的一个主要指标之一。

　　在进行外汇增值率计算时，进口原料不论使用何种贸易术语，一律折合为 CIF 价格计算；成品出口时，不论使用何种贸易术语成交，一律按 FOB 价格计算成品出口外汇净收入；若成品全部使用国产或部分使用国产的原辅料，其外汇成本按出口该原料的 FOB 价格计算。

👆 **例 4-1**　出口健身椅 1 000 只，出口价：每只 17.3 美元 CIF 纽约，CIF 总价 17 300 美元，其中运费 2 160 美元，保险费 112 美元。进价每只人民币 117 元，共计人民币 117 000 元（含增值税 13%），定额费率 10%，出口退税率 9%。当时银行的美元买入价为 8.28 元。请计算出口换汇成本和出口盈亏率。

【解答】

出口商品总成本（退税后）= 出口商品购进价格（含增值税）+ 定额费用 - 出口退税款
　　　　　　　　　　　= 117 000 + 117 000 × 10% - [117 000 ÷（1 + 13%）× 9%]
　　　　　　　　　　　= 119 381.42（元人民币）

　　FOB 出口外汇净收入 = 17 300 - 2 160 - 112 = 15 028（美元）

　　　　出口换汇成本 = [出口商品总成本（人民币）] ÷ [FOB 出口外汇净收入（美元）]
　　　　　　　　　　= 119 381.42US ÷ 15 028 = 7.944

　　　　出口盈亏额 = 出口销售人民币净收入 - 出口商品总成本（退税后）
　　　　　　　　　=（15 028 × 8.28）- 119 381.42
　　　　　　　　　= 5 050.42（元人民币）

　　　　出口盈亏率 = 出口盈亏额 ÷ 出口商品总成本 × 100%
　　　　　　　　　= 5 050.42 ÷ 119 381.42 × 100%
　　　　　　　　　= 4.23%

若人民币升值，银行的美元买入价为 7.28 元，则：

　　　　出口盈亏额 =（15 028 × 7.28）- 119.381.42
　　　　　　　　　= - 9 977.58（元人民币）

　　　　出口盈亏率 = - 9 977.58 ÷ 119 381.42 × 100%
　　　　　　　　　= - 8.36%

　　上例计算表明，当换汇成本低于银行的美元买入价（汇率）时，出口商品收入折算为人民币是有盈利的；当换汇成本高于银行的美元买入价（汇率）时，出口商品收入折算为人民币存在亏损。因此，核算换汇率是反映出口盈亏的一种形式。

　　应用到实际报价业务中，在已知出口总成本的条件下，可以利用换汇成本公式计算人民币盈亏相抵的美元报价（底价）：

FOB 底价（美元）＝出口商品总成本（人民币）÷ 当天银行的美元买入价

例如 2007 年 1 月 5 日中国银行美元买入价是 7.794 1，则上述健身椅的 FOB 美元底价为：

FOB 底价 =119.381 4 ÷ 7.794 1 = 15.32（美元 / 只）

也就是说，该健身椅按当天汇率，对外报价最低不能低于每只 15.32 美元，不然企业出口后，折算为人民币就会有亏损。

又如 2020 年 11 月 28 日中国银行美元买入价是 6.563 6，则上述健身椅的 FOB 美元底价为：

FOB 底价 =119.381 4 ÷ 6.563 6 = 18.19（美元 / 只）

健身椅前后两个 FOB 美元底价对比表明，对于出口成本不变的商品来讲，当人民币升值（银行美元买入价下降）时，出口的美元报价必须提高，否则出口企业将面临亏损。而出口商品价格提高，将使该商品在国际市场的价格竞争力下降；反之，当人民币贬值（银行美元买入价上升）时，出口的美元报价可以下调，将使该商品在国际市场的价格竞争力提高。这就证实了"本币币值上升不利于出口，本币币值下降有利于出口"。

如果说人民币有看涨的趋势，即中国银行的美元买入价可能进一步下降，考虑到企业结汇是在将来某一天，企业面临外汇风险，出口企业的报价需要做相应调整（提高报价），或者进行规避和管理业务，这是《国际金融实务》的内容，在此不展开。

4.8　合同中的价格条款

商品价格是国际货物买卖的主要交易条件。价格条款是买卖合同中必不可少的合同条款。价格条款的确定不仅直接关系到买卖双方的利益，而且与合同中的其他条款也有密切联系。合同中的价格条款通常包括单价、金额、总值，其中单价（商品的单位价格，unit price）是核心内容。

4.8.1　单价条款

合同中的
价格条款

国际货物买卖的作价方法，一般均采用固定作价，即在磋商交易中，把价格确定下来，事后不论发生什么情况，均按确定的价格结算货款。但在实际业务中，有时也采用暂不固定价格、暂定价格和滑动价格等作价方法。

1. 固定作价

国际贸易的单价条款，通常由计量单位、单位价格金额、计价货币、贸易术语等四个部分组成。

例如：　每公吨　　　　100　　　　　　美元　　　　　FOB 上海
　　　　计量单位　　单位价格金额　　计价货币　　　贸易术语

计量单位一般与合同数量条款采用的计量单位一致。单位价格金额是双方讨价还价的结果。计价货币在国内贸易中一般采用本国货币，在国际贸易中一般需要采用双方都能接受的可兑换的货币，同时需要考虑汇率风险问题。贸易术语说明买卖双方的交货地点，有关的手续、费用和风险的划分，是单价条款重要的组成部分。基于不同的贸易术语和交货地点以及佣金、折扣等条件，不同的合同中可以有各种单价条款。

样 1： 每公吨 100 美元 FOB 上海　　　　US $100 per M/T FOB Shanghai

样 2： 每盎司 20 美元 FCA 北京首都机场　　US $20 per oz FCA Capital Airport, Beijing

样 3： 每打 10 英镑 CFR 伦敦含 5% 佣金　　£Stg10 per dozen CFR London including 5% Commission

样 4： 每打 10 英镑 CFRC5% 伦敦　　　　£Stg10 per dozen CFRC5% London

样 5： 每加仑 3.5 德国马克 CIF 鹿特丹减 2% 折扣　　DM3.5 per gallon CIF Rotterdam less 2% discount

2. 非固定价

非固定作价主要用于市场行情变动频繁、交货期较长的商品，目的是避免价格风险。

样 6： 以 3 月 30 日东京谷物商品期货交易所当日生丝期货收盘价为准。　　The price will be determined by Raw silk Futures closing price in Tokyo Grain Exchange on Mar 30th.

样 6 没有规定具体价格，只规定了作价的时间和作价的方法。采用这种方法，作价时间和作价方法规定得越具体，定价依据越明确，日后双方对价格的不一致越少，合同的履行越有保障。

样 7： 每磅 152 港元 CIP 香港

备注：上列价格为暂定价，于装运月份前 15 天由买卖双方另行协商确定价格。　　HK $152 per lb CIP Hong Kong

Remarks: The above is a provisional price, which shall be determined through negotiation between the buyer and the seller 15 days before the month of shipment.

样 7 暂定了一个价格，但没有规定日后作价的时间和方法，缺乏明确的定价依据。双方在商定最后价格时可能因各持己见而不能取得协议，而导致合同的无效。在实际业务中，采用这种做法，应以关系密切信誉可靠的客户为限。

样 8： 每台 3 000 美元 CPT 横滨

以上基础价格将按下列公式根据 ×××（机构）公布的 × 年 × 月的工资指数和物价指数予以调整。　　US $3 000 per set CPT Yokohama

The above basic price will be adjusted according to the following formula based on the wage and price indexes published by the ... (organization) as of ... (month) ... (year).

调整公式（adjustment formula）：

$$P_1 = P_0(a + b \times M_1 / M_0 + c \times W_1 / W_0)$$

式中　P_1——调整后的价格（final price after adjustment）；

　　　P_0——订约时的基础价格（basic price）；

a、b、c——权重（$a + b + c = 1$）；

M_1、M_0——分别为交货时、订约时的物价指数（price indexes at the time of delivery and conclusion of contract）；

W_1、W_0——分别为交货时、订约时的工资指数（wage indexes at the time of delivery and conclusion of contract）。

样 8 主要用于成套设备、大型机械的交易，利用订约时和交货时的价格指数、工资指数烫平通货膨胀带来的影响。谈判中，除了基础价格 P_0 是焦点外，a、b、c 这三个权重系数也是重要内容。

4.8.2　金额和总值

金额 = 数量 × 单价。对合同中的每个商品项目，都应该计算并写明金额。

总值等于各项金额之和再加上其他费用（如特殊包装费等）、减去折扣等。如果某合同只有一个商品项目，并且没有其他费用或折扣，则总值等于金额。合同中，总值通常需要大写。

本章小结

价格条款是贸易合同的核心条款，通常包括单价、金额和总值。单价是价格条款的关键部分，通常说的价格即指单价。国际商品贸易的价格通常由计量单位、单位价格金额、计价货币、贸易术语等四个部分组成。其中贸易术语是重要的国际贸易惯例（因此是本章的重点内容），同时我国国内贸易没有使用贸易术语的传统。FOB、CFR、CIF、FCA、CPT 和 CIP 是最常用的 6 种贸易术语。佣金和折扣有时需要在价格条款中表达出来，这时需要掌握其写法和计算方法。出口成本核算的主要指标有出口商品的换汇成本、出口盈亏额和出口盈亏率，其中最重要的是出口换汇成本的核算。利用出口换汇成本核算公式，还可以计算出口最低报价。

练习题

1. 解释下列名词：贸易术语；国际贸易惯例；CIF；象征性交货；FCA。

2. 试分别指出《2020 年通则》中 11 种贸易术语的交货点和风险点。

3. 试写出国际贸易中使用较多的 6 种贸易术语的中英文全称和英文缩写。

4. 试简述 FOB、CFR、CIF 与 FCA、CPT、CIP 的主要区别。

5. 我方某公司出口商品每公斤 100 美元 CFRC2% 纽约。试计算：CFR 净价和佣金各为多少？

如对方要求将佣金增加到 5%，我方可同意，但出口净收入不能减少。试问：CFRC5% 应报何价?

6. 外贸公司出售一批货物至日本,出口总价为 10 万美元 CIF 横滨,其中从中国口岸至横滨的运费和保险费占 12%。这批货物的国内购进价为人民币 702 000 元(含增值税 13%),该外贸公司的费用定额率为 5%,退税率为 9%。结汇时银行外汇买入价为 1 美元折合人民币 7.79 元。试计算:这笔出口交易的换汇成本、盈亏额和盈亏率是多少。

7. 某公司从美国进口瓷制品 5 000 件,外商报价为每件 10 美元 FOB Vessel New York,我方如期将金额为 50 000 美元的不可撤销即期信用证开抵卖方,但美商要求将信用证金额增加至 50 800 美元,否则,有关的出口关税及签证费用将由我方另行电汇。试问:美商的要求是否合理? 为什么?

8. 我方以 CFR 贸易术语与 B 国的 H 公司成交一批消毒碗柜的出口合同,合同规定装运时间为 4 月 15 日前。我方备妥货物,并于 4 月 8 日装船完毕,由于遇星期日休息,我公司的业务员未及时向买方发出装运通知,导致买方未能及时办理投保手续,而货物在 4 月 8 日晚因发生了火灾被烧毁。试问:货物损失责任由谁承担? 为什么?

9. 我方以 FCA 贸易术语从意大利进口布料一批,双方约定最迟的装运期为 4 月 12 日,由于我方业务员的疏忽,导致意大利出口商在 4 月 15 日才将货物交给我方指定的承运人。当我方收到货物后,发现部分货物有水渍,据查是因为货交承运人前两天大雨淋湿所致。据此,我方向意大利出口商提出索赔,但遭到拒绝。试问:我方的索赔是否有理? 为什么?

10. 我方某进出口公司向新加坡某贸易有限公司出口香料 15 公吨,对外报价为每公吨 2 500 美元 FOB 湛江,装运期为 10 月,集装箱装运。我方 10 月 16 日收到买方的装运通知,为及时装船,公司业务员于 10 月 17 日将货物存于湛江码头仓库,不料货物因当夜仓库发生火灾而全部灭失,以致货物损失由我方承担。试问:在该笔业务中,我方若采用 FCA 术语成交,是否需要承担案中的损失? 为什么?

11. 2019 年 1 月,我国某一进口商与东南亚某国以 CIF 条件签订合同进口香米,由于考虑到海上运输距离较近,且运输时间段海上一般风平浪静,于是卖方在没有办理海上货运保险的情况下将货物运至我国某一目的港口,适逢国内香米价格下跌,我国进口商便以出口方没有办理货运保险,卖方提交的单据不全为由,拒收货物和拒付货款。试问:我方的要求是否合理? 此案应如何处理?

12. 我国某出口公司就钢材出口对外发盘,每吨 2 500 美元 FOB 广州黄埔,现外商要求我方将价格改为 CIF 伦敦。试问:我方出口公司对价格应如何调整? 如果最终按 CIF 伦敦条件签订合同,买卖双方在所承担的责任、费用和风险方面有何不同?

第5章
CHAPTER5

货物运输

:: **学习目标**

| 掌握国际海洋货物运输中班轮运费的计算。

| 掌握海运提单的性质、作用和种类。

| 了解各种运输方式的应用条件和基本知识。

| 掌握合同中的运输条款。

5.1 海洋运输

海洋运输（sea transport；ocean transport）是国际贸易最传统、最重要的运输方式。它具有其基本优势：一是运量大，海运船舶的运载能力远远大于铁路和公路运输车辆的运载能力，世界大型油船达到 50 万吨级；二是运费低，因为运量大、航程远，分摊于每吨货物的运输成本就少，因此运价相对低廉；三是对货物的适应性强，远洋运输的船舶可适应多种运输的需要。现在许多船舶是专门根据货物需要设计的，如多用途船舶、专用化船舶的产生，为不同货物的运输提供了条件。但它也有其基本劣势：一是易受自然条件和气候等因素影响，风险较大；二是普通商船的航运速度相对较慢，因而，对不能经受长时间长途运输的货物和易受气候条件影响以及急需的货物，一般不宜采用海运。海运业务根据船舶经营方式可以分为班轮运输（liner transport）和租船运输（charter transport）两种。

5.1.1 班轮运输

班轮是指按照预定的航行时间表，沿着固定的航线，按照既定的港口顺序，收取相对固定的运费（即"四定"），经常从事航线上各港口之间运输的船舶。

1. 班轮运输的特点

① 有"四定"的基本特点；② 船方负责配载装卸，装卸费包括在运费中，货方

班轮运输

不再另付装卸费，船货双方也不计算滞期费和速遣费；③ 船货双方的权利、义务与责任豁免，以船方签发的提单条款为依据；④ 班轮承运货物的品种、数量比较灵活，货运质量较有保证，且一般采取在码头仓库交接货物，故为货主提供了较便利的条件。

2. 班轮运费

班轮运费包括基本运费和附加费两部分。前者是指货物从装运港到卸货港所应收取的基本运费，它是构成全程运费的主要部分；后者是指对一些需要特殊处理的货物，或者由于突然事件发生或客观情况变化等原因而需另外加收的费用。有的是在基本运费的基础上，加收一定百分比；有的是按每运费吨加收一个绝对数计算。常见附加运费有以下 10 种：① 燃油附加费；② 港口附加费；③ 港口拥挤附加费；④ 转船附加费；⑤ 绕航附加费；⑥ 超重、超长附加费；⑦ 货币贬值附加费；⑧ 变更卸货港附加费；⑨ 直航附加费；⑩ 选港附加费。

（1）基本运费的计收方法和标准。

根据货物的不同，班轮运费的计收方法和标准主要有以下几种。

① 按货物重量（weight）计算，以"W"表示。如 1 公吨（1 000 公斤）、1 长吨（1 016 公斤）或 1 短吨（907.2 公斤）为一个计算单位，也称重量吨。

② 按货物尺码或体积（measurement）计算，以"M"表示。如 1 立方米（约合 35.314 7 立方英尺）或 40 立方英尺为一个计算单位，也称尺码吨或容积吨。

以上两种计算运费的重量吨和尺码吨统称为运费吨（freight ton）。

③ 按货物重量或尺码，选择其中收取运费较高者计算运费，以"W/M"表示。按惯例凡一重量吨货物的体积超过一立方米或 40 立方英尺者即按体积收费；一重量吨货物其体积不足一立方米或 40 立方英尺者，按毛重计收。

④ 按货物 FOB 价收取一定的百分比作为运费，称从价运费，以"AD VALOREM"或"ad.val."表示。这原是拉丁文，按英文是"按照价值"（according to value）的意思，一般适用于高值货物。

⑤ 按货物重量或尺码或价值，选择其中一种收费较高者计算运费，以"W/M or ad.val."表示。

⑥ 按货物重量或尺码选择其高者，再加上从价运费计算，以"W/M plus ad.val."表示。

⑦ 按货物的件数计收。对包装固定，包装内的数量、重量、体积也固定的货物，以及对那些用其他方法难以计收的商品，如汽车，活牲畜等，按"每头"（per head）计收；车辆有时按"每辆"（per unit）计收；起码运费按"每提单"（per B/L）计收。

⑧ 按临时议定的价格（open rate）计收运费。由承运人、托运人双方临时议定的价格收取运费。一般多用于大宗低价货物，如粮食、煤炭、矿砂等。

⑨ 按起码费率计收，是指按每一提单上所列的重量或体积所计算出的运费，尚未达到运价表中规定的最低运费额时，则按最低运费计收。

（2）班轮运价表。

根据费率结构，可以将班轮运价表分为等级费率运价表（class rate freight tariff）和单项商品费率运价表。等级运价表是将货物分成若干等级，每一等级规定一个基本费率，商品被归为几级就采用该级的费率计征运费。一般将货物分为 20 个等级，第 1 级运费率最低，第 20 级运费率最高。单项商品费率运价表是将每项商品及对应的基本费率逐个开列，为每项商品规定单独的费率。

等级运价表包含货物分级表（classification of commodities）和航线等级费率表（scale of class rate)。前者将不同货物按字母顺序排列，并分别表明特定货物所属等级和相应的计费标准，如表 5-1 所示；后者按不同的航线和货物分级规定基本费率，如表 5-2 所示。

表 5-1　货物分级表

货名	计算标准	等级
棉布及棉织品	M	10
小五金及工具	W/M	10
玩具	M	20

表 5-2　中国 – 东非航线等级费率表　　　　　　　（单位：港元）

等级	费率
1	243
4	280
10	443
20	1 120
从价费	290

根据一般费率表规定：不同的商品如混装在一个包装内（集装箱除外），则全部货物按其中收费高的商品计收运费；同一种货物因包装不同而计费标准不同，但托运时如未申明具体包装形式时，全部货物均要按运价高的包装计收运费；同一提单内有两种以上不同计价标准的货物，托运时如未分列货名和数量，计价标准和运价全部要按高者计算。这是在包装和托运时应该注意的。此外，对无商业价值的样品，凡体积不超过 0.2 立方米，重量不超过 50 公斤的，可要求船方免费运送。班轮费率表中还有起码运费的规定：每张提单的最低运费，根据不同地区、是否转船等情况决定。

（3）班轮运费的具体计算步骤。

首先要明确：班轮运费 = 基本运费 + 附加运费 = 基本运费 × （1 + 附加费率）。

其计算步骤如下：

第一步，根据货物的英文名称从货物分级表中查出有关货物的计费等级和计算标准；

第二步，从航线费率表中查出有关货物的基本费率；

第三步，加上各项需支付的附加费率，得出有关货物的单位运费；

第四步，将计算出的单位运费乘以计费重量吨或尺码吨，即得到该批货物的运费总额。

例 5-1　某企业出口柴油机一批，共 15 箱，总毛重为 5.65 公吨，总体积为 10.676 立方米，由青岛装中国远洋运输公司轮船，经香港转船至苏丹港，试计算该企业应付船公司运费多少？

【解答】

① 首先，按柴油机的英文名称 diesel engine，查阅货物分级表，柴油机属于 10 级，计算标准为 W/M；

② 然后在内地—香港航线费率表中查出 10 级货从青岛运至香港的费率为每运费吨 22 美元，香港中转费为 13 美元；

③ 再从香港—红海航线费率表中查出 10 级货的费率为 95 美元；

④ 最后查附加费率表，了解到苏丹港要收港口拥挤附加费，费率为基本运费的 10%。

因此，该批货物每一运费吨的运费应为：

22 + 13 + 95 + 95×10% = 139.5（美元）

由于该批货物的尺码（10.676 运费吨）较重量吨（5.65 运费吨）为高，而其计费标准为 W/M，应按尺码吨计，

共需支付总运费 = 10.676×139.5 = 1 489.302（美元）

答：应付总运费 1 489.302 美元。

5.1.2　租船运输

租船运输（shipping by chartering）又称不定期船运输。在租船运输业务中，没有预定的船期表，船舶经由航线和停靠的港口也不固定，须按租船双方签订的租船合同来安排；有关船舶的航线和停靠的港口、运输货物的种类以及航行时间，运费或租金等也由双方根据租船市场价格在租船合同中加以约定。

租船运输
种类

租船运输按租船性质可以分为：定程租船（voyage charter；trip charter）、定期租船（time charter）、光船租船（bare boat charter）、光船租购（bare boat charter and purchase）、包运租船（contract of affreightment）等 5 种。其中定程租船与国际货物贸易合同有时有直接关系。

1. 定程租船

定程租船，又称航次租船，是指由船舶所有人负责提供船舶，在指定港口之间进行一个航次或数个航次，承运指定货物的租船运输。在此方式下，船方、租方均以定程租船合同为准。租方据此提交货物并支付运费，船方据此将全部或部分舱位出租，并负责货物运输。除装卸费用等少数几项费用由船租双方协议分担外，航行、管理和其他费用均由船方承担。

租船运输

定程租船就其租赁方式的不同分为：① 单程租船（single trip charter），又称单航次租船；② 来回航次租船（return trip charter）；③ 连续航次租船（consecutive trip charter）。

定程租船的特点：① 船舶的营运调度由船舶所有人负责，船舶的燃料费、物料费、修理费、港口费、淡水费等营运费用也由船舶所有人负担；② 船舶所有人负责配备船员，负担船员的工资、伙食费；③ 航次租船的租金通常称为运费，运费按货物的数量及双方商定的费率计收；④ 在租船合同中需要订明货物的装、卸费用的承担人。

定程租船是租船市场上最活跃，且对运费水平的波动最为敏感的一种租船方式。在国际现货市场上成交的绝大多数货物（主要包括液体散货和干散货两大类）都是通过定程租船方式运输的。在签订租船合同时，承租双方需约定船舶的装卸速度以及装卸时间的计算办法，并相应地规定延滞费和速遣费率的标准及计算方法。

2. 定程租船费用

（1）受载期（费用的计算期）。

受载期是指租方可接受船舶的最早装货日期（受载日）至租方可接受的最晚装货日期（解约日）。有可能出现"受载日未到船先到"或"解约日已到船未到"等情况。

（2）运费的支付方式。

定程租船运费是指货物从装运港至目的港的海上运费。其计算方法主要有两种：一种是根据运费率（rate of freight），规定按装船时的货物数量（intaken quantity）还是按卸船时的货物数量（delivered quantity）来计算总运费；另一种是整船包价（lump-sum freight），即规定一笔整船运费，船东保证船舶能提供的载货重量和容积，不管租方实际装货多少，一律按照整船包价支付。

定程租船运费率的高低取决于诸多因素，如租船市场的运费水平、承运的货物价值、装卸货物所需的设备和劳动力、运费的支付时间、装卸费的负担方法、港口费用的高低及船舶经纪人的佣金高低等。

定程租船运费有预付和到付之分。预付有全部预付的，也有部分预付的；到付有船到目的港开始卸货前付的、边卸货边付的，也有货物卸完后支付的。

（3）装卸费用的划分。

关于定程租船的装卸费，具体做法是：① 船方负担装货费和卸货费，又称为"班轮条件"（liner terms）；② 船方管装不管卸（Free Out，FO）；③ 船方管卸不管装（Free In，FI）；④ 船方不管装和卸（Free In and Out，FIO）；⑤ 船方不管装卸、理舱和平舱（Free In and Out，Stowed and Trimmed，FIOST）。

（4）许可装卸时间。

许可装卸时间是指因船方不能直接控制装卸时间，故在合同中订明，租方应在多长时间完成装卸；简称"许可时间"：天、小时、装卸率。在确定装卸数量后，装卸率可以折算为装卸时间。许可时间表示方法有以下几种。

连续日：连续装卸 24 小时（如 3 个连续日），不扣除风雪日（坏天气）、周末、法定节假日等实际不应装卸的时间。

工作日：按装卸港口习惯可进行正常工作的时间，扣除周末和法定节假日，但不扣除风雪日。

累计 8 小时工作日：累计工作时间达 8 小时为一个工作日，扣除周末和节假日。

累计 24 小时工作日，累计工作时间达 24 小时为一个工作日，扣除周末和节假日。这种规定最有利于租船人，不用担心滞期。

晴天工作日：扣除周末、节假日和风雪日的（8 小时）正常工作日。

连续 24 小时晴天工作日：扣除周末、节假日和风雪日后，连续工作 24 小时正常工作日。

关于许可时间的扣除，要注意以下几点：工作日已表明"周末和节假日例外"，但最好还是注明"Weekends and Holidays Excepted"；周末为"周五或周六 12：00 至周一 8：00"；在除外时间里若有实际作业，执行"不用不算，用了即算"，即周末节假日例外，除非使用（Weekends and Holidays Excepted Unless Used）；或"不用不算，用也不算"，即周末节假日例外，即使使用（Weekends and Holidays Excepted Even Used）；许可时间计算以前，实际已经作业的时间，是否记入，应明确在合同中订明。

（5）滞期费（demurrage）和速遣费（dispatch money）。

定程租船合同中，当船舶装货或卸货延期超过装卸货时间时，由租方向船方支付滞期费。在英国，滞期费被认为是约定性损害赔偿（liquidated damages），而在美国，滞期费被认为是延期运费（extended freight）。滞期费率通常在租船合同中约定。有些合同规定，超过一定的滞期时间后则必须支付额外滞期费或者船期损失。大部分合同会规定，只要滞期费发生，船舶就处于滞期状态（on demurrage）。一旦船舶处于滞期状态，在计算滞期费时就不再减去周末这样的除外时间，所以有这样的说法：一旦滞期，永远滞期（once on demurrage，always on demurrage）。

定程租船合同中，承租人实际使用的装卸时间比合同约定允许使用的装卸时间短，因而缩短了船舶为装卸作业而停留在港口或泊位的时间，使得船舶产生速遣。船方因船舶产生速遣而需要向租方支付速遣费。定程租船实务中，速遣费率通常规定为滞期费率的一半。速遣费实际上是船方用来鼓励租方尽快完成装卸作业、缩短船舶滞港时间以提高船舶营运效率的一种奖励。

5.2 海洋运输单据

5.2.1 海运提单

海运提单（bill of lading，B/L）简称提单，是指证明海上运输合同和货物由承运人接管或装船，以及承运人据以保证交付货物的凭证。

1. 海运提单的性质和作用

海运提单的
性质和作用

（1）货物收据（receipt for the goods）。提单是承运人应托运人的要求所签发的货物收据，表明承运人已按提单所列内容收到货物。

（2）物权凭证（document of title）。提单是货物所有权的凭证。货物抵达目的港后，提单的合法持有人可以凭提单要求承运人交付货物，而承运人也必须按照提单所载内容向提单的合法持有人交付货物。提单的合法持有人亦可凭提单向银行办理抵押贷款或叙作押汇。至于记名提单，由于不能转让和流通，故不能视作物权凭证。

（3）运输契约的证明（evidence of the contract of carriage）。提单条款明确规定了承运人与托运人或提单持有人各方之间的权利与义务、责任与豁免，是处理他们之间有关海洋运输方面争议的依据。

2. 海运提单的格式和内容⊖

一般包括提单正面记载的事项和提单背面印就的运输条款。

（1）提单正面内容：托运人、收货人、被通知人、收货地或装运港、目的地或卸货港、船名及航次、唛头及件号、货名及件数、重量和体积、运费预付或运费到付、正本提单的份数、船公司或其代理人的签章、签发提单的地点及日期。

（2）提单背面的条款。各船公司签发的提单，其背面条款规定不一。为了统一提单背面条款的内容，国际上先后签署并生效了下列三个国际公约。

1）1924 年 8 月 2 日在布鲁塞尔签署的《关于统一提单的若干法律规则的国际公约》，简称《海牙规则》。《海牙规则》在 99 个国家生效。

2）1968 年 2 月 23 日在布鲁塞尔签署的《修改统一提单的若干法律规则的国际公约》，简称《海牙 – 维斯比规则》。《海牙 – 维斯比规则》在 32 个国家和地区生效。

3）1978 年 3 月在汉堡签署的《联合国海上货物运输公约》，简称《汉堡规则》。《汉堡规则》有 34 个缔约国，于 1992 年生效。

⊖ 见本书附录样单（六）。

　　上述三个公约签署的时代背景不同，内容有差别，加之参加公约的国家不一，因此各国船公司签发的提单背面条款的内容也就有差异，但以《海牙规则》为依据的居多。

　　为了适应国际海运技术和运营方式的最新发展，提高货物运送效率，降低交易成本，联合国国际贸易法委员会于 2009 年 9 月 23 日颁布了《联合国全程或部分海上国际货物运输合同公约》，在鹿特丹举行了签字仪式，称为《鹿特丹规则》。目前该公约签约国达到 24 个，但尚未正式生效。《鹿特丹规则》的目标是取代《海牙规则》《海牙－维斯比规则》与《汉堡规则》，统一国际海上货物运输法律制度。

海运提单的种类

3. 海运提单的种类

　　（1）根据货物是否已经装船，分为已装船提单和备运提单。

　　已装船提单（shipped B/L ；on board B/L）是指承运人在已将货物装上指定船只后签发的提单。该提单的特点是提单上面有载货船舶名称和装货日期，同时还应由船长或其代理人签字。提单签发日期即为装船日期。

　　备运提单（received for shipment B/L）是指承运人在收到托运的货物后准备装船期间签发给托运人的提单。这种提单上面没有装船日期，也无载货的具体船名，将来货物能否装运，何时装运，都很难预料，因此，买方一般都不愿意接受这种提单。在国际贸易中，一般都必须是已装船提单。《跟单信用证统一惯例》（UCP 600）规定，在信用证无特殊规定的情况下，要求卖方必须提供已装船提单，银行一般不接受备运提单。

　　（2）根据提单上对货物外表状况有无不良批注，分为清洁提单和不清洁提单。

　　清洁提单（clean B/L）是指货物装船时，表面状况良好，承运人在签发提单时未加任何货损、包装不良或其他有碍结汇批注的提单。

　　不清洁提单（unclean B/L）是指承运人收到货物之后，在提单上加注货物外表状况不良，或货物存在缺陷和包装破损等批注的提单。例如"3 箱有水渍""2 箱破损"等。

　　（3）根据提单抬头人不同，分为记名提单、不记名提单和指示提单。

　　记名提单（straight B/L），又称收货人抬头提单，它是指在提单的收货人栏内，具体写明收货人的名称。这种提单收货人已经确定，不得进行转让。

　　不记名提单（open B/L ；blank B/L）是指在提单的收货人栏内，不填明具体的收货人或指示人的名称，而写"来人"（bearer）。这种提单可以转让，而且不需要任何背书手续，仅凭提单交付即可，提单持有人凭提单提货，由于这种提单不凭人，只凭单，谁持有提单，谁就可以提货。因此，采用这种提单风险大，实际较少应用。

　　指示提单（order B/L）是指在收货人栏内，只填写"凭指示"（to order）或者"凭某人指示"(to order of ××)字样的提单。这种提单通过指示人的背书，可以转让，所以又称为可转让提单。

　　使用过程中，指示提单背书方式又有"记名背书"和"不记名背书"之分。记名背书是指背书人除在提单背面签名外，还需列明被背书人名称。不记名背书又称空白背书，背书人在提单背面签名，而不注明被背书人名称。目前在实际业务中使用最多的是"凭指示"(to order)并经空白背书的提单，习惯上称为"空白抬头、空白背书"提单。

　　（4）根据运输方式不同，分为直达提单、转船提单和联运提单。

　　直达提单（direct B/L）是指轮船装货后，中途不经过转船而直接驶往目的港所签发的提单。这种提单不能出现"在某地转船"的字样。在国际贸易中，如果信用证规定不准转船，托运人就必须取得直达提单方能结汇。

转船提单（transhipment B/L）是指货物在装运港装船后，需在中途其他港口换装另一船只运往目的港，有的甚至换船不止一次。第一承运人在装运港签发包括全程的提单。这种提单一般注明"在某港转船"的字样。

联运提单（through B/L）是指海陆、海空、海河等联运货物，由第一承运人或其代理人收取全程运费后并负责代办下程运输手续，在装运港签发的全程提单。转运提单和联运提单的区别在于前者仅限于转船，后者可在中途转换其他运输工具。

（5）根据船舶营运方式不同，分为班轮提单和租船提单。

班轮提单（liner B/L）是指由班轮公司承运货物后签发给托运人的提单。

租船提单（charter party B/L）是指承运人根据租船合同签发的提单。提单上通常注明"一切条件、条款和免责事项按照某某租船合同"字样。这种提单受租船合同条款的约束，银行或买方在接受这种提单时，有时要求卖方提供租船合同副本。

（6）根据提单内容的繁简，分为全式提单和简式提单。

全式提单（long form B/L）是指在大多数情况下使用的既有正面内容又有背面提单条款的提单。背面提单条款规定了承运人与托运人的权利与义务。

简式提单又称略式提单（short form B/L），是指省略了提单背面条款的提单。简式提单的背面无条款，只在提单正面列出必须记载的事项。

（7）根据提单使用效力，可分为正本提单和副本提单。

正本提单（original B/L）是指提单上有承运人、船长或其代理人签字盖章，并注明签发日期的提单。这种提单在法律上和商业上都是公认有效的单证。提单上必须标有"正本"（original）字样，以示与副本提单有别。

副本提单（copy B/L）是指提单上没有承运人、船长或其代理人签字盖章，仅供工作上参考使用的提单。一般注明"副本"（copy）或"不可转让"（non-negotiable）字样。

（8）其他提单。

舱面提单（on deck B/L）是指承运货物装在船舶甲板上所签发的提单，故又称为甲板货提单。由于货物装在甲板上风险较大，故托运人一般都向保险公司加保甲板险。承运人在签发提单时加批"货装甲板"字样。

过期提单（stale B/L）是指由于航线较短或银行转递提单较慢或卖方延迟交货，以致船舶到达目的港时，收货人尚未收到的提单。按照《跟单信用证统一惯例》（UCP 600）第 14 条的规定："受益人或其代表在不迟于本惯例所指的发运日之后的 21 个日历日内交单，但是任何情况下都不得迟于信用证的截止日。"一般理解，迟于提单签发日后 21 天提交的单据，视为过期提单。过期提单对买方不利，影响收货人及时提货、转售甚至可能造成费用损失。因此，除非信用证另有规定，银行不接受过期提单。

集装箱提单（container B/L）是指以集装箱装运货物所签发的提单。集装箱提单有两种形式：一种是在普通的海运提单上加注"用集装箱装运"字样；另一种是使用"多式联运提单"，这种提单的内容增加了集装箱号码和封号。

预借提单（advanced B/L）。信用证规定的最迟装运期已届临，而此时货物因故尚未装船，为了取得与信用证规定相符的提单，托运人要求承运人在货物装船前先行签发已装船提单，这种提单称为预借提单。预借提单是一种违法的提单。

倒签提单（anti-dated B/L）。货物实际装船的日期晚于信用证规定的最迟装运日期，但仍在信用证的有效期内，若按实际装船日期签发提单，会造成单、证不符，托运人无法结汇。为了使提单日期与信用证规定相符，承运人根据托运人的请求，按信用证规定的装运期签发提单，这种提单称为倒签提单。它是一种违法的提单。

5.2.2　其他运输单据

其他运输
单据

1. 海上货运单

海上货运单（sea waybill，S/W）又称海运单（ocean waybill），是证明海上货物运输合同和货物由承运人接管或装船，以及承运人保证据以将货物交给单证所载明的收货人的一种不可流通的单证，因此又称"不可转让海运单"（non-negotiable sea waybill）。海运单的形式与作用同海运提单相似，其主要特点在于收货人已明确指定。收货人不凭海运单提货，而仅需证明自己是海运单载明的收货人即可提取货物。承运人也不凭海运单而凭海运单载明的收货人提货凭条交付货物，只要该凭条能证明其为运单上指明的收货人即可。因此，海运单实质上不是物权凭证。目前，欧洲、斯堪的纳维亚半岛、北美和某些远东、中东地区的贸易越来越倾向于使用不可转让的海运单，主要是因为海运单不仅能方便买方及时提货，简化手续，节省费用，还可以在一定程度上减少以假单据进行诈骗的现象。另外，由于电子信息技术在国际贸易中的广泛使用，不可转让海运单更适宜于这种新技术，在我国的对外贸易运输业务中，也有使用。

2. 订舱单

订舱单（booking note，B/N）是承运人或其代理人在接受发货人或货物托运人的订舱时，根据发货人的口头或书面申请货物托运的情况据以安排集装箱货物运输而制订的单证。该单证一经承运人确认，便作为承托双方订舱的凭证。

3. 装货单

装货单（shipping order，S/O）是接受了托运人提出装运申请的船公司，签发给托运人的用以命令船长将承运的货物装船的单据。它既能用作装船的依据，又是货主用以向海关办理出口货物申报手续的主要单据之一，所以又叫关单。对于托运人来讲，它是办妥货物托运的证明。对船公司或其代理来讲是通知船方接受装运该批货物的指示文件。装货单场站收据是集装箱运输专用的出口单证，不同的港口、货运站使用的也不一样。

4. 收货单

收货单（mates receipt，M/R）又称大副收据，是船舶收到货物的收据及货物已经装船的凭证。收货单内容和格式同装货单，只是最后有大副签字一栏。当单上的货物已由船方收到，并已装到船上，即由船上大副签署，作为船方收到货物的凭证。托运人收到经大副签署的收货单后，即可凭此向船方或其代理人换取已装船提单。

5. 舱单

舱单（manifest）的全称是"国际航行船舶出口载货清单"（export manifest，E/M），内容有船名、航次、船长、起运和到达港、开航日期、提单号、发货人、收货人、标记唛头、货物件数、包装式样、货名、毛重、净重、尺码等项目。它是海关对海上货运进出境进行监管的单证之一，是全船所载货物的证明，目的港代理可以据以事前做好卸货准备。

6. 货物溢短单和货物残损单

在卸货过程中，如发现货物溢短装或货物残损，则由理货人员开列货物溢短单和货物残损单（overlanded/shortlanded cargo list，broken & damaged cargo list），请船方签署，作为今后处理溢短装和残损时的证明文件。

💡 案例 5-1

【案情】

某年 3 月，我国 A 公司与美国 B 公司签订了一份买卖合同，约定 B 公司向 A 公司购买一批塑料文具。A 公司委托承运人 C 将这批塑料文具运往纽约。6 月，货物装船，船长代理承运人签发了一式三份正本记名提单。货到目的港后，B 公司始终未付款，A 公司拟将货物运回。在与承运人 C 交涉过程中，A 于同年 12 月得知货物已被 B 凭借汇丰银行出具的保函提走。A 公司遂要求承运人 C 承担无单放货的责任，而承运人 C 认为应由买方 B 公司自己承担责任。双方协商不成，A 公司遂提起诉讼。

【讨论分析】

1. 承运人 C 签发了记名提单，收货人是 B 公司，在 B 未付货款的情况下，A 公司可以主张提单的物权吗？

2. 如果承运人 C 签发的是指示凭提单，在 B 未付货款的情况下，A 公司可以主张提单的物权吗？

3. 提单作为物权凭证，其作用主要有哪些？

4. A 公司可以向承运人 C 索赔吗？

5. 承运人 C 应该承担无单放货的责任吗？

【延伸思考】

1. A 公司可以向买方 B 公司索赔吗？

2. 汇丰银行是否应该承担责任？

（注："延伸思考"中的第 1 个问题可以在学习第 7 章之后再来回答。）

5.3　其他运输方式

5.3.1　铁路运输

铁路运输（railway transportation）一般不受气候条件的影响，可保障全年的正常运输，而且运量较大，速度较快，有高度的连续性，运输过程中可能遭受的风险也较小。办理铁路货运手续比海洋运输简单，而且发货人和收货人可在就近的始发站和目的站办理托运和提货手续。

铁路货物运输种类，按中国铁路技术条件，现行的铁路货物运输种类分为整车、零担、集装箱三种。整车适于运输大宗货物；零担适于运输小批量的零星货物；集装箱适于运输精密、贵重、易损的货物。

　　铁路运输货物重量按毛重计算，计算单位为公斤。重量不足 1 公斤，按 1 公斤算，超过 1 公斤的尾数四舍五入；非宽体飞机装载的每件货物重量一般不超过 80 公斤，体积一般不超过 40cm×60cm×100cm；宽体飞机装载每件货物重量一般不超过 250 公斤，体积一般不超过 250cm×200cm×160cm。超过以上重量和体积的货物，由铁路运输公司依据具体条件核定可否收运。

　　我国外贸铁路运输主要是针对俄、蒙、朝、越等国或经上述地区转往欧洲、中亚。内地对香港地区出口或经香港地区转口的部分货物也通过铁路运送。

1. 国际铁路货物联运

　　在两个或两个以上国家的铁路货运中，使用一份国际联运票据，以连带责任办理货物的全程运送，在两国铁路交接货物时无须收、发货人在场，这种运输方式被称为国际铁路货物联运（international railway through transport）。

　　欧亚大陆的国际铁路运输业务分为两大片，分属不同国际公约管辖。一片由《国际铁路货物运输公约》(简称《国际货约》)成员国组成，包括德国、法国、比利时、伊朗、伊拉克等亚欧国家。我国没有加入该公约。另一片由《国际铁路货物联运协定》(简称《国际货协》)成员国组成，包括俄罗斯、中国、朝鲜、越南、伊朗、匈牙利等亚欧国家。

　　《国际货约》和《国际货协》都规定片内可办理同一运单的联运。由于一些国家（如保加利亚、匈牙利、罗马尼亚、波兰、捷克、德国等国）同时作为两个公约的成员国，另外一些分属不同公约的接壤国之间也缔结有双边协定，因此两大片之间的联运实际上也可以办理。

　　我国是《国际货协》成员国，通过铁路出口的货物主要利用《国际货协》范围内的国际铁路货物联运。其业务范围是：① 国际货协成员国之间运送；② 从国际货协成员国向非成员国运送；③ 从非成员国向国际货协成员国运送；④ 通过成员国港口向其他国家运送。

　　办理外贸货物运输的此项业务有两种做法：① 直接通过相关国家铁路办理；② 通过国际货运代理企业办理。我国通过国际铁路联运出口的货物多数以 CPT 或 CIP 条件成交，部分以 FCA 成交。

　　根据《国际货协》规定，成员国的货物从发货国始发站到收货国终点站，只要始发站办妥托运手续，铁路即根据运送单据将货物运交终点站收货人。运输全程的各项手续均由铁路负责办理。

　　国际铁路货物联运的办理种类分为整车（full wagon cargo）、零担（less than wagon cargo）和大吨位集装箱。

　　国际铁路货物联运运单（international railway through transport bill）是铁路承运国际联运货物时签发给托运人的单据。作为铁路与收、发货人之间的运输合同。按规定，发货人提交全部货物并付清一切费用，经始发站在运单上加盖始发站日期戳记，证明货物已经承运，运输契约即告缔结，具有法律效力。运单正本随货同行，最后交给收货人。运单副本在始发站加盖日期戳记后交还发货人凭以结汇，当所运货物及票据丢失时还可以作为向铁路索赔的凭证。

2. "一带一路" 中欧班列

　　亚欧之间的物流通道主要包括海运通道、空运通道和陆运通道。2011 年 3 月 19 日，首列中欧班列（重庆—杜伊斯堡）成功开行。2013 年我国提出 "一带一路" 倡议以来，中欧铁路运输通道建设速度加快，2016 年 6 月 8 日起，中国铁路正式启用 "中欧班列"（China Railway Express，CR）品牌，启动 "统一品牌标志、统一运输组织、统一全程价格、统一服务标准、统一经营团队、统一协调平台" 的运行机制。依托新亚欧大陆桥和西伯利亚大陆桥，形成了西、中、东 3 条通道中欧班列运行线：西部通道由我国中西部经阿拉山口（霍尔果斯）出境，中部通道由我国华北地区经二连浩特出境，东部通道由我国东南部沿海地区经满洲里（绥芬河）出境。

中欧班列是指按照固定车次、线路等条件开行，往来于中国与欧洲及 "一带一路" 沿线各国的集装箱国际铁路联运班列。我国充分利用多边机制，推动与沿线国家铁路、海关、检验检疫、国际铁路运输过境手续等方面的合作，已与 "一带一路" 沿线国家签署了《上海合作组织成员国政府间国际道路运输便利化协定》《中哈俄国际道路临时过境货物运输协议》等双边和区域运输协定。根据《中欧班列建设发展规划（2016-2020）》，中欧班列将创新运输服务方式，推动与铁路合作组织、国际铁路联盟、世界海关组织、万国邮政联盟等国际组织的合作，建立统一互认的单证格式、货物安全、保险理赔、通关便利、数据共享等规则体系和技术标准，以提高班列服务质量和效率。

中欧班列以其运距短、速度快、安全性高的特征，以及安全快捷、绿色环保、受自然环境影响小的优势，已经成为国际物流中陆路运输的骨干方式。中欧班列物流组织日趋成熟，班列沿途国家经贸交往日趋活跃，国家间铁路、口岸、海关等部门的合作日趋密切，这些有利条件，为铁路进一步发挥国际物流骨干作用，在 "一带一路" 倡议中将丝绸之路从原先的 "商贸路" 变成产业和人口集聚的 "经济带" 起到重要作用。

3. 对港铁路联运

对港铁路联运主要是指对香港出口货物原车直接过轨的运输方式，即货物在内地装上火车后，经深圳（北站）直接过轨至香港九龙车站，由内地段运输和港段铁路运输两部分构成。它是一种特殊的租车方式的两票运输。具体做法是：从发货地至深圳北站的内地段运输，由发货人或发货地外运机构依照对港铁路运输计划的安排，填写内地铁路运单，先行运往深圳北站，收货人为中国对外贸易运输公司深圳分公司。深圳分公司作为各外贸企业的代理，负责在深圳与铁路局办理货物运输单据的交换，并向深圳铁路局租车，然后申报出口，经查验放行后，将货物运输至九龙港。货车过轨后，由深圳外运分公司在香港的代理人——香港中国旅行社向香港九广铁路公司办理港段铁路运输的托运、报关等工作，货车到达九龙目的站后，由香港中国旅行社将货物卸交给香港收货人。

内地通过铁路运往港澳地区的多为鲜活冷冻货物，此类货物占深圳过轨总运量的 50% 左右（按车数计）。为争取时间，并按规定配额发运，外贸与铁路双方协作，先后开辟有 "751" "753" 和 "755" 三次快运货物列车，分别由湖北江岸站、上海新龙华站和郑州北站发车，沿途列车不解体直达深圳，从而加快了运送速度，保证了商品质量，并有利于对香港市场保证均衡供应，达到 "优质、适量、均衡和应时" 的要求。

各地外运公司以承运人的身份向出口商签发 "承运货物收据"（cargo receipt），它是运输合同的证明，是货物收据，可以作为结汇凭证，也是收货人的提货凭证。

5.3.2　航空运输

航空运输（air freighting；air transport）是一种现代化的运输方式，它与海洋运输、铁路运输相比，具有运输速度快、货运质量高，且不受地面条件的限制等优点。因此，它最适宜运送急需物资、鲜活商品、精密仪器和贵重物品。

一般而言，航空公司只负责货物的空中运输，而提货、接货以及为这一段运输所必须办理的订舱、报关、报验、制单、发运还有通知目的地机场接货、送货、报关等一系列手续则由航空货运代理（airfreight agent）办理。

航空运输货物重量按毛重计算，计算单位为公斤。重量不足 1 公斤，按 1 公斤算，超过 1 公斤的尾数四舍五入；非宽体飞机装载的每件货物重量一般不超过 80 公斤，体积一般不超过 40cm×60cm×100cm；宽体飞机装载每件货物重量一般不超过 250 公斤，体积一般不超过 250cm×200cm×160cm。超过以上重量和体积的货物，由航空公司依据具体条件确定可否收运。

一般情况下，每件货物的长、宽、高之和不得少于 40 厘米；每公斤的体积超过 6 000 立方厘米的货物按轻泡货物计；轻泡货物以每 6 000 立方厘米折合 1 公斤计量。

1. 国际空运货物的运输方式

（1）班机运输（scheduled flight）。班机运输有固定航线、航期、经停空港和相对固定的收费标准。在此条件下，买方可预知货物的起运地和到达时间，并准确核算运费，交货也有保障，因而成为首选空运方式。贵重物品、鲜活易腐物品以及时令商品大都采用该方式。但班机运输多采用客货混合机型，货物舱位有限，难以满足大批量货物的运输要求。一些规模较大的航空公司也在一些航线上开辟使用全货机运输的定期航班。

（2）包机运输（chartered flight）。包机运输是大批量货物空运出口的重要方式，其费率通常随市场供求而变化。中国民航包机运费按每一飞行公里固定费率核收，并按每一飞行公里运价的 80% 收取空放费。

（3）集中托运（consolidation consignment）。这是指集中托运人（consolidator）受托运人委托，将若干批单独发运的货物组成一整批，集中向航空公司托运，填写一份航空总运单发送到同一到达站，由集中托运人在当地的代理负责收货、报关，并按集中托运人签发的航空分运单拨发给实际收货人的空运方式。

（4）航空快递（air courier；air express）。这是指航空快递经营业者将进出口货物从发件人所在地通过自身或代理的网络送达国外收件人的快运方式。它以收运文件和小包裹（document & parcel）为主。对寄送各类商务单证、信函、图纸、资料、零配件、小件样品、小件行李非常合适。

2. 航空运单

航空运单（air way bill；air consignment note）是作为承运人的航空公司或其代理人签发的运输单据，是承运人和托运人之间的运输合同。它是承运人出具的货物收据，可以作为运费账单（freight bill）和通关单证，还可以作为保险凭证和承运人内部业务凭证。但航空运单非物权凭证，不可转让。货物运抵目的地后，承运人向航空运单上的记名收货人发出"到货通知"，收货人凭"到货通知"及身份证明文件提货，并签收。

航空运单主要分为以下两大类。① 主运单（master air way bill，MAWB），凡由航空运输公司签发的航空运单就称为主运单。它是航空运输公司据以办理货物运输和交付的依据，是航空公司和托运人订立的运输合同，每一批航空运输的货物都有自己相对应的航空主运单。② 分运单（house air way bill，HAWB），集中托运人在办理集中托运业务时签发的航空运单。

在集中托运的情况下，除了航空运输公司签发主运单外，集中托运人还要签发航空分运单。在这中间，航空分运单作为集中托运人与托运人之间的货物运输合同，合同双方分别为货 A、B 和集中托运人；而航空主运单作为航空运输公司与集中托运人之间的货物运输合同，当事人则为集中托运人和航空运输公司。

货主与航空运输公司没有直接的契约关系。不仅如此，由于在起运地货物由集中托运人将货物交付航空运输公司，在目的地由集中托运人或其代理从航空运输公司处提取货物，再转交给收货人，因而货主与航空运输公司也没有直接的货物交接关系。

根据《华沙公约》第 7 条第一款与第四款的规定，托运人应当填写航空货运单正本一式三份，承运人根据托运人的请求填写航空货运单的，在没有相反证明的情况下，应当视为代托运人填写。也就是说，托运人因为种种原因未能填写，那么在没其他证据证明的情况下，航空承运人也有权代托运人填写。这里的"代为填写"实际是一种代理关系，托运人作为被代理人，根据法律规定，仍要对填写的内容承担责任。其他法律体系关于本项的立法取向与华沙公约也是一致的。

3. 航空运价

航空运价（air freight rates）是航空公司向托运人收取的空运费，通常指机场至机场间的空中运费，且是运单填开之日所适用的运费，不包括其他额外费用，如提货费、报关费、接交费和仓储费用等。运价与运输距离、运输数量、运输货物种类有关，如运价大小随运输货量的增加而降低，即所谓的"数量折扣"原则。

常见的航空运价种类包括：一般货物运价（general cargo rate，GCR）、指定货物运价（special cargo rate，SCR）和等级货物运价等（class cargo rate，CCR）。航空运价通常由国际航空运输协会（IATA）制定，会员公司按其所定的航空运价费率（air freight tariff）表计算运费。

5.3.3　集装箱运输

集装箱运输（container transport）是指以集装箱为基本运输单位，采用海陆空等运输方式将货物运往目的地的一种现代化运输方式。与传统的货物运输方式相比，集装箱运输可以取得提高装卸效率、加快货运速度、提高货运质量、节省包装费用及运杂费、降低运输成本等经济效果；而且以集装箱运输为单位，还有利于组织多种运输方式，进行大量、快速、廉价、安全的联合运输。目前在世界海上杂货运输中已占有支配地位，并且已形成一个世界性的集装箱运输方式。

1. 集装箱

集装箱（container）是一种能反复使用的运输辅助设备，为统一其规格，国际标准化组织（ISO）制定了 13 种规格。目前在国际航运上应用最广的是 IA 型（$8' \times 8' \times 40'$）、IAA 型（$8' \times 8.6' \times 40'$）、IC 型（$8' \times 8' \times 20'$），习惯上称为 40 英尺和 20 英尺集装箱。为了便于统计计算，国际上都以 20 英尺集装箱作为标准计算单位（简称"标准箱"或"标箱"），以 TEU（twenty-foot equivalent unit）表示。在统计型号不同的集装箱时，按集装箱的长度一律换算成 20 英尺单位（TEU，简称"标准箱"）加以计算。

当前，在各国的集装箱运输中，广泛使用的是干杂货集装箱（dry cargo container）。该集装箱适用于装载各种干杂货，是最常用的标准集装箱。此外，运输中还使用冷藏集装箱、散货集装箱、开顶集装箱、罐式集装箱等类型，以适应某些特定货物的运输需要。

2. 集装箱货物装箱方式

（1）整箱货（full container load，FCL），是指当货方有足够的货源装载一个或数个集装箱时，在自己的仓库或工厂里自行将货物装满整箱后，直接运往集装箱堆场，交由承运人托运的一种方式。

（2）拼箱货（less than container load，LCL），是指货主托运的数量不足整箱时，由承运人在集装箱货运站根据货物的性质和目的地分类整理，把不同货主的运往同一目的地的货物拼装在一个集装箱内，货到目的地（港）以后再由承运人拆箱后分拨给收货人的一种方式。

3. 集装箱货物交接地点与交接形式

货物运输中的交接地点是指根据运输合同，承运人与货方交接货物、划分责任风险和费用的地点。目前集装箱运输中货物的交接地点有门（双方约定的地点）、集装箱堆场、船边或吊钩或集装箱货运站。

（1）门（door）：指收发货人的工厂，仓库，或双方约定收、交集装箱的地点。在多式联运中经常使用。

（2）集装箱堆场（container yard，CY）：简称"场"或"场站"，是交接和保管空箱（empty container）和重箱（loaded container）的场所，也是集装箱换装运输工具的场所。

（3）船边或吊钩（ship's rail or hook/tackle）：简称"钩"，指装货港或卸货港装卸船边或码头集装箱装卸吊具，并以此为界区分运输装卸费用的责任界限。

（4）集装箱货运站（container freight station，CFS）：简称"站"，是拼箱货交接和保管的场所，也是拼箱货装箱和拆箱的场所。集装箱堆场和集装箱货运站也可以同处于一处。

按照上述交接地点进行交接，主要可以分为以下几种交接形式。

（1）门到门（door to door），即从发货人工厂或仓库至收货人工厂或仓库。整个运输过程完全是集装箱运输方式，最适宜于整箱交、整箱接。

（2）门到场站（door to CY or CFS），即从发货人工厂或仓库至目的地（港）的集装箱堆场或货运站。该方式中，由门到场站为集装箱运输，由场站到门为货物运输，适宜于整箱交、拆箱接。

（3）场站到门（CY or CFS to door），即从装运地的集装箱堆场或货运站至收货人工厂或仓库。该方式中，由门到场站为货物运输，由场站到门为集装箱运输，适宜于拼箱交、整箱接。

（4）场站到场站（CY or CFS to CY or CFS），即从装运地的集装箱堆场或货运站至目的地（港）的集装箱堆场或货运站。该方式中，中间段为集装箱运输，两端为货物运输，适宜于拼箱交、拆箱接。

按照前面所述集装箱货物装箱方式，在交接方式上也有所不同，大致有以下四类。

（1）整箱交、整箱接（FCL/FCL）：货主在工厂或仓库把装满货后的整箱交给承运人，收货人在目的地以同样整箱接货，换言之，承运人以整箱为单位负责交接。货物的装箱和拆箱均由货方负责。

（2）拼箱交、拆箱接（LCL/LCL）：货主将不足整箱的小票托运货物在集装箱货运站或内陆转运站交给承运人，由承运人负责拼箱和装箱运到目的地货站或内陆转运站，由承运人负责拆箱，拆箱后，收货人凭单接货。货物的装箱和拆箱均由承运人负责。

（3）整箱交、拆箱接（FCL/LCL）：货主在工厂或仓库把装满货后的整箱交给承运人，在目的地的集装箱货运站或内陆转运站由承运人负责拆箱后，各收货人凭单接货。

（4）拼箱交、整箱接（LCL/FCL）：货主将不足整箱的小票托运货物在集装箱货运站或内陆转运站交给承运人。由承运人分类调整，把同一收货人的货集中拼装成整箱，运到目的地后，承运人以整箱交，收货人以整箱接。

上述各种交接方式中，以整箱交、整箱接效果最好，也最能发挥集装箱的优越性。

4. 集装箱运费

集装箱运费由内陆运输费（inland transport charge）、堆场服务费（terminal handling charge，THC）、拼箱服务费（LCL service charge）、集装箱及其他设备使用费（charge of container and other equipments）、海运运费（ocean freight）等项目构成。

拼箱货运费以运费吨为计算单位，除按传统的件杂货等级费率收取基本运费外，还收取一定的附加费。整箱货则以一个集装箱为计算单位，按包箱费率（box rate）计算运费。

集装箱班轮公司规定有一些按季节、分地区向托运人或收货人收取的附加费，包括旺季附加费、空箱调运费和目的地（北美）交货费等。

5. 集装箱运输的主要单据

集装箱运输单证不同于传统的货运单据，主要有：场站收据（dock receipt，D/R）、集装箱装箱单（container load plan，CLP）、提单（bill of lading）、集装箱联运提单（combined transport B/L，CTB/L）、多式运输单据（multi-modal transport document，MTD）。此外，还有设备交接单（equipment receipt，E/R）、收（交）货记录（delivery record）等。

5.3.4　国际多式联运

国际多式联运（international multimodal transportation）是指按照多式联运合同，以至少两种不同的运输方式，由多式联运经营人把货物从一国境内接运货物的地点运至另一国境内指定交付货物的地点。构成多式联运应具备以下条件。

（1）必须有一个多式联运合同，合同中明确规定多式联运经营人和托运人之间的权利、义务、责任和豁免。

（2）必须是国与国之间两种或两种以上不同运输方式连贯运输。

（3）必须使用一份包括全程的多式联运单据，并由多式联运经营人对全程运输负总的责任。

（4）必须有一个多式联运经营人对全程运输负总的责任。

（5）必须是全程单一运费费率，其中包括全程各段运费的总和、经营管理费用和合理利润。

国际多式联运极少由一个经营人承担全部运输。往往是接受货主的委托后，联运经营人自己办理一部分运输工作，而将其余各段的运输工作再委托其他的承运人。但这又不同于单一的运输方式，这些接受多式联运经营人负责转托的承运人，只是依照运输合同关系对联运经营人负责，与货主不发生任何业务关系。因此，多式联运经营人可以是实际承运人，也可是"无船承运人"（non-vessel operating carrier，NVOC）。

国际多式联运与一般国际货物运输的主要不同点有以下几个方面。

（1）货运单证的内容与制作方法不同。国际多式联运大都为"门到门"运输，故货物于装船或装车或装机后应同时由实际承运人签发提单或运单，多式联运经营人签发多式联运提单，这是多式联运与任何一种单一的国际货运方式的根本不同之处。在此情况下，海运提单或运单上的发货人应为多式联运的经营人，收货人及通知方一般应为多式联运经营人的国外分支机构或其代理；多式联运提单上的收货人和发货人则是真正的、实际的收货人和发货人，通知方则是目的港或最终交货地点的收货人或该收货人的代理人。多式联运提单上除列明装货港、卸货港外，还要列明收货地、交货地或最终目的地的名称以及第一程运输工具的名称、航次或车次等。

（2）多式联运提单的适用性与可转让性与一般海运提单不同。一般海运提单只适用于海运，从这个意义上说多式联运提单只有在海运与其他运输方式结合时才适用，但现在它也适用于除海运以外的其他两种或两种以上的不同运输方式的连贯的跨国运输（国外采用"国际多式联运单据"就可避免概念上的混淆）。多式联运提单把海运提单的可转让性与其他运输方式下运单的不可转让性合二为一，因此多式联运经营人根据托运人的要求既可签发可转让的也可签发不可转让的多式联运提单。如属前者，收货人一栏应采用指示抬头；如属后者，收货人一栏应具体列明收货人名称，并在提单上注明不可转让。

（3）信用证上的条款不同。根据多式联运的需要，信用证上的条款应有以下三点变动：①向银行议付时不能使用船公司签发的已装船清洁提单，而应凭多式联运经营人签发的多式联运提单，同时还应注明该提单的抬头如何制作，以明确可否转让。②多式联运一般采用集装箱运输（特殊情况除外，如在对外工程承包下运出机械设备则不一定采用集装箱），因此，应在信用证上增加指定采用集装箱运输条款。③如不由银行转单，改由托运人或发货人或多式联运经营人直接寄单，以便收货人或代理能尽早取得货运单证，加快在目的港（地）提货的速度，则应在信用证上加列"装船单据由发货人或由多式联运经营人直寄收货人或其代理"之条款。如由多式联运经营人寄单，发货人出于议付结汇的需要应由多式联运经营人出具一份"收到货运单据并已寄出"的证明。

（4）海关验放的手续不同。一般国际货物运输的交货地点大都在装货港，目的地大都在卸货港，因而办理报关和通关的手续都是在货物进出境的港口。而国际多式联运货物的起运地大都在内陆城市，因此，内陆海关只对货物办理转关监管手续，由出境地的海关进行查验放行。进口货物的最终目的地如为内陆城市，进境港口的海关一般不进行查验，只办理转关监管手续，待货物到达最终目的地时由当地海关查验放行。

5.3.5   大陆桥运输

大陆桥运输（land bridge transport service）是指以横贯大陆的铁路作为交通桥梁，将集装箱以船舶运至大陆一端港口后，经由铁路运至大陆的另一端港口，再由船舶运至目的港（地）的运输方式。国际上实际运行的大陆桥有两条，一条是亚欧大陆桥，另一条是北美大陆桥。

（1）亚欧大陆桥。

第一亚欧大陆桥，又称为西伯利亚大陆桥。由俄罗斯东部的符拉迪沃斯托克（海参崴）为起点，横穿西伯利亚大铁路通向莫斯科，然后通向欧洲各国，最后到荷兰鹿特丹港。贯通亚洲北部，整个大陆桥共经过俄罗斯、中国（支线段）、哈萨克斯坦、白俄罗斯、波兰、德国、荷兰 7 个国家，全长 13 000 千米左右，沟通了太平洋和大西洋。

第二亚欧大陆桥，也称新亚欧大陆桥。该大陆桥东起我国的连云港，西至荷兰鹿特丹港，全长 10 837 千米，其中在中国境内 4 143 千米，途经中国、哈萨克斯坦、俄罗斯、白俄罗斯、波兰、德国和荷兰 7 个国家，可辐射到 30 多个国家和地区。

（2）北美大陆桥。

北美大陆桥指从日本东向，利用海路运输到北美西海岸，再经由横贯北美大陆的铁路线，陆运到北美东海岸，再经海路运输到欧洲的"海—陆—海"运输结构。北美大陆桥是世界上历史最悠久、影响最大、服务范围最广的陆桥运输线。

北美大陆桥包括美国大陆桥运输和加拿大大陆桥运输。美国大陆桥有两条运输线路：一条是从西部太平洋沿岸至东部大西洋沿岸的铁路和公路运输线；另一条是从西部太平洋沿岸至东南部墨西哥湾沿岸的铁路和公路运输线。

北美大陆桥运输对巴拿马运河的冲击很大，由于陆桥运输可以避开巴拿马运河宽度的限制，许多海运承运人开始建造超巴拿马型集装箱船，增加单艘集装箱船的载运箱量，放弃使用巴拿马运河，使集装箱国际海上运输的效率更为提高。

后来，在北美大陆桥基础上又发展出小陆桥运输等做法。北美小陆桥运输是指日本经美国太平洋沿岸各港的海铁联运，它与大陆桥运输的区别是运输终点为美国东海岸，而不再下海。采用这样的运输方式，使海运和陆运结合起来，从而达到了运输迅速、降低运输成本的目的。小陆桥运输刺激美国铁路发展了双层集装箱列车与超长列车，以提高运输效率，降低运输成本。据报道，美国总统轮船公司的双层集装箱列车，每标准箱成本，比单层列车节省 1/3。

使用北美大陆桥运输一般在买卖合同中规定订立 OCP 条款。OCP（overland common points）称为内陆公共点或陆上公共点，它的含义是使用两种运输方式将卸至美国西海岸港口的货物通过铁路转运抵美国的内陆公共点地区，并享有优惠运价。美国的 OCP 地区只限于美国的中部和东部各州，它以落基山脉为界，在其之东的各州均为 OCP 地区，在其之西的各州均为非 OCP 地区。从远东至美国西岸港口，而后再向东运往 OCP 地区的货物，不仅其海运运费可享受优惠的 OCP Rate（每吨运费低 3 ～ 4 美元），而且进口方在支付从西岸至最终目的地的铁路（或公路）运费也较其本地运输费率低 3% ～ 5%。因此，OCP 一词，应视为美国运输业划分业务地区和收取优惠费率的专有运输名词而不是大陆桥运输，更不是小陆桥或微型陆桥运输的别称。

采用 OCP 条款时应注意以下 3 个问题。① 货物最终目的地必须属于 OCP 地区范围。② 货物必须经由美国西海岸港口中转。因此，签订 CFR 和 CIF 出口合同时，目的港必须是美国西海岸港口。③ 提单上必须标明 OCP 字样，并且在提单目的港一栏中除填明美国西部海岸港口名称外，还要加注内陆地区的城市名称。

5.3.6　公路运输

公路运输（road transportation）是以公路为运输线，利用汽车等运载工具将货物从甲地运往乙地的运输方式。公路运输灵活简便，其他运输方式均难以完成两端的运输任务。我国与俄罗斯、朝鲜、蒙古、哈萨克斯坦、吉尔吉斯斯坦、缅甸、越南、尼泊尔均有公路相通，与这些国家之间的货物运输有相当部分是由公路运输完成的。

公路运输单据一般使用"承运货物收据",既是承运人出具的货物收据,也是承运人与托运人签订的运输契约的证明。中国内地通过铁路运往港、澳地区的出口货物,一般委托中国对外贸易运输公司承办。当出口货物装车发运后,对外贸易运输公司即签发承运货物收据交给托运人,作为对外办理结汇的凭证。承运货物收据只有第一联为正本,反面印有"承运简章",载明承运人的责任范围。承运人的责任期限是从接收货物起始至交付货物时止。公路运费通常以"吨/公里"计费,运费费率分为整车和零担两种。

5.3.7　邮包运输

邮包运输(parcel post transportation)是利用邮政服务将货物从一国运送至另一国目的地的运输方式。包件一般需经两个或两个以上国家的邮政机构,但托运人只需在当地邮政局办理一次投递手续,付清邮费,即可取得邮政包裹收据(postal parcel receipt,PPR)。

邮包收据只是收据和合同证明,不是物权凭证,一律做记名抬头,由经办邮局盖戳后成为有效凭证。

邮包运输对包件的重量和大小都有一定限制,只适合仪器、零件、药品、样品以及急需的零星物资的运送。

随着现代交通技术和物联网技术的飞速发展,在邮包运输中派生出了"快递"业务。快递(express delivery)是兼有邮递功能的门对门物流活动,即指快递公司通过铁路、公路和空运等交通工具,对客户货物进行快速投递。在很多方面,快递要优于邮政的邮递服务。除了较快送达目的地及必须签收外,现时很多快递业者均提供邮件追踪功能、送递时间的承诺及其他按客户需要提供的服务。因此,快递的收费比一般邮递高出许多。

快件报关是以快件公司名义向海关递交快件报价单(KJ1、KJ2、KJ3类报关单等),以快件形式进行货物通关的方式。与一般贸易报关的主要区别在于:① 快件报关由于税费减免的原因,没有一般贸易报关中的《海关关税缴款书》和《海关代征增值税缴款书》,也就是说没有税单和增值税票;② 既然是快件,当然主要就是指货样、广告品,所以根据国家进出境快件监管办法等法规规定,其每票货的数量、重量甚至尺寸,都有一些限制性规定,所以,如果是大宗货物,比如1吨以上的货物,就必须分车分批分次报关;③ 快件进口报关方便要从国外进口商品的客户,手续没有这么麻烦,时间短。

5.3.8　管道运输

管道运输(pipeline transportation)是指利用管道将货物从一国运往另一国的运输方式,运输工具就是管道本身。管道运输不受地面气候影响,可以连续运送,货损和货差率低,经营管理简单,成本低廉。主要适合输送原油、成品油、化学品、天然气等。

我国目前已经建成和正在建设的原油、成品油、天然气管道共有2万多公里。我国和朝鲜、哈萨克斯坦、俄罗斯等国之间建有输油管道。

5.3.9　内河运输

内河运输(inland water transportation)是指利用船舶通过连接两个或两个以上相邻国家的江河或湖泊将货物从一国运往另一国的运输方式,主要适合运送矿砂、粮食、化肥、煤炭等大宗货物。

内河运输单据是指以出具提单、运单或其他任何内河运输贸易中使用的单据形式证明内河运输合同和货物已经由承运人接管或者装船的运输单据。除以提单形式出具的内河运输单据外，一般不是物权凭证，不可流通转让。

5.4　合同中的装运条款

合同中的
装运条款

在国际贸易中，存在着"交货"（delivery）和"装运"（shipment）两种不同的用语，因此，也就有"交货时间"（time of delivery）和"装运时间"（time of shipment）两种不同的提法。但是，在使用 FOB、CIF、CFR 以及 FCA、CIP、CPT 六种装运术语达成的交易中，卖方在装运港或装运地将经出口清关的货物装到船上或者交付给承运人以运交买方就算完成了交货义务。因此，在采用上述六种术语订立合同的情况下，"交货"和"装运"在一定意义上是一致的，在实际业务中，人们往往把它们当作同义词来使用。国际商会《跟单信用证统一惯例》的历次版本都对"装运日期"（date for shipment）做出了具体规定，例如该惯例的最新版本国际商会第 600 号出版物（UCP 600）第 19 条 ii 款规定："运输单据的签发日期将被视为发运（dispatch），接受监管（taking in charge）或装船（shipped on board）日期，以及装运日期（date of shipment）。然而如单据以印戳或批注的方式表明了发运、接受监管或装船日期，该日期将被视为装运日期。"该惯例在第 20 ~ 25 条中对各种运输方式如何在运输单据上表明装运日期又分别做了具体规定。以上规定虽是针对信用证条款中关于装运日期的"装运"一词的解释，但在采用凭单交货条件的国际货物买卖合同中，有关"装运日期"一般也可按此解释。在《国际贸易术语解释通则》中，"交货"一词是用于表示，货物灭失或损坏的风险自卖方转移至买方的时间和地点。因此在实际业务中，在采用 FOB、CFR、CIF、FCA、CPT 和 CIP 术语订立的买卖合同中规定卖方应于何时、何地交货时，以使用"装运时间""装运地点"较为相宜。至于 DPU、DAP 和 DDP 术语，这些术语属于"到货合同"，卖方必须于目的地实际交货，因此，"装运"和"交货"的概念完全不同，不能相互替代使用。

合同中的装运条款通常包括装运时间、装运港和目的港，以及是否允许分批、转船等内容。

5.4.1　装运时间

装运时间又称装运期或交货时间、交货期，是指卖方履行交货的时间，它是合同中的一项重要条款。在合同签订后，卖方能否按规定的装运时间交货，直接关系到买方能否及时取得货物，以满足其生产、消费或转售的需要。因此，卖方必须按合同规定的时间交货。有些西方国家法律规定，如果卖方未按合同规定的时间交货，即构成卖方的违约行为，买方有权撤销合同，并要求卖方赔偿其损失。[⊖]

1. 装运时间的规定方法

国际贸易合同中，对装运期的规定方法一般有以下两种。

⊖　根据《公约》第 33 条规定。

（1）明确规定具体装运时间。这种规定的方法可以是在合同中订明某年某月装或某年跨月装，或某年某季度装，或跨年跨月装等。但装运时间一般不确定在某一个日期上，而只是确定在某一段时间内。这种规定方法，期限具体，含义明确，双方不至于因在交货时间的理解和解释上产生分歧，因此，在合同中采用较普遍。

样 1：2021 年 3 月装   Shipment during March 2021

样 2：2022 年 2/3 月装   Shipment during Feb./Mar. 2022

样 3：2021 年 7 月底或以前装运   Shipment at or before$^{\ominus}$ the end of July 2021

样 4：不晚于 2021 年 7 月底装运   Shipment not later than the end of July 2021

（2）规定在收到信用证后若干天或若干月内装运，同时规定信用证开抵卖方的时间。在一些外汇管制较严的国家或地区，或实行进口许可证或进口配额的国家，合同签订后，买方因申请不到进口许可证或其国家不批准外汇，迟迟不开信用证。卖方为避免因买方不开证、迟开证带来的损失，即可采用这种方法来约束买方。

样 5：收到信用证后 30 天内装运，买方必须   Shipment within 30 days after receipt of L/C .
最迟于 6 月 15 日之前将有关信用证开   The Buyer must open the relative L/C to reach
抵卖方。   the Seller before June 15th.

对于装运时间，有时也采用笼统规定，如迅速装运（prompt shipment）、立即装运（immediate shipment）、尽快装运（shipment as soon as possible）。对于这些笼统规定，在各国、各地区、各行业中并无统一的解释，按国际商会《跟单信用证统一惯例》（UCP 600）第三条的规定，如信用证采用这类术语，"银行将不予置理"。因此，为避免误解而引起纠纷，除买卖双方对这类术语有一致的理解外，在合同中尽量避免使用这类术语。

2. 规定装运时间应注意的问题

（1）应该考虑货源和船源的实际情况，使船货衔接。如对货源心中无数，盲目成交，就有可能出现到时交不了货，形成有船无货的情况，无法按时履约。在按 CIF 和 CFR 条件出口和 FOB条件进口时，还应考虑船源的情况。如船源无把握而盲目成交，或没留出安排舱位的合理时间，规定在成交的当月交货或装运，则可能出现到时租不到船或订不到舱位而出现有货无船的情况。或要经过多次转船，造成多付运费，甚至倒贴运费的情况。

（2）对装运期限的规定应适度。应视不同商品租船订舱的实际情况而定，装运期过短，势必给船货安排带来困难，过长也不合适，特别是采用收到信用证后若干天内装运的条件下，会造成买方挤压资金、影响资金周转，从而反过来影响卖方的售价。

（3）要根据不同货物和不同市场需求，规定交货期。如无妥善装载工具和设备，易腐烂、易潮、易熔化货物一般不宜在夏季、雨季装运。

5.4.2 装运港和目的港

装运港（port of shipment）又称装货港，是指货物起始装运的港口。目的港（port of

   ⊖ 这里需注意，按《跟单信用证统一惯例》（UCP 600）第 3 条的解释，"在……之前"（before）及"在……之后"（after）不包含提及的日期。

destination），又称卸货港，是指货物最终卸下的港口。

1. 装运港和目的港的规定方法

（1）在一般情况下，装运港和目的港分别规定各为一个。

样 1： 装运港：大连　　　　　　　　　　　Port of Shipment: Dalian
　　　　目的港：鹿特丹　　　　　　　　　　Port of Destination: Rotterdam

（2）有时按实际业务的需要，也可分别规定两个或两个以上的装运港或目的港。

样 2： 装运港：大连 / 天津 / 上海　　　　　Port of Shipment：Dalian/Tianjin/Shanghai
　　　　目的港：伦敦 / 利物浦 / 曼彻斯特　　Port of Destination: London/Liverpool/Manchester

（3）笼统规定某一航区为装运港或目的港。

样 3： 目的港：欧洲主要港口　　　　　　　Port of Destination: European Main Port, E.M.P
样 4： 目的港：非洲主要港口　　　　　　　Port of Destination: African Main Port, A.M.P

在磋商交易时，如明确规定装运港或目的港有困难，可以采用规定选择港办法。

样 5： CIF 伦敦 / 汉堡 / 鹿特丹　　　　　　CIF London/ Hamburg/ Rotterdam

（4）采用选择港（optional ports）。有的客商在磋商时，尚未找到合适的买主，未能确定最后的卸货地，为了取得更多的选择时间，或为了便于进行"路货"（cargo afloat）交易，有时候要求采用选择港。即允许收货人在预先提出的两个或两个以上的卸货港中，在货轮驶抵第一个备选港口前，按船公司规定的时间，将最后确定的卸货港通知船公司或其代理人，船方负责按通知的卸货港卸货。

样 6： CIF 伦敦 / 汉堡 / 鹿特丹，任选　　　CIF London/Hamburg/Rotterdam optional
样 7： CIF 伦敦，任选汉堡 / 鹿特丹，选港附　CIF London, optional Hamburg/Rotterdam.
　　　　加费由买方负担　　　　　　　　　　Optional additionals for buyer's account

按一般航运惯例，如果货方未在规定时间将选定的卸货港通知船方，船方有权在任何一个备选港口卸货。我方在接受国外客户的选择港要求时，需要注意买卖合同中规定"选择港"的数目一般不超过三个；备选港口必须在同一条班轮航线上，而且是班轮公司的船只都停靠的港口；在核定价格和计算运费时，应按备选港口中最高的费率加上选港附加费计算。

💡 案例 5-2

【案情】

　　某出口公司按 CFR 条件向日本出口红豆 250 吨，合同规定卸货港为日本口岸。发货时正好有一船驶往大阪，我公司打算租用该船，同时我方主动去电询问哪个口岸卸货。时值货价下跌，日方故意让我方在日本东北部的一个小港卸货。我方坚持要在神户、大阪。双方争执不下，日方就此撤销合同。

【讨论分析】

1. 合同规定卸货港为日本口岸，这样规定可以吗？

2. 这样规定下目的港通常是怎样的口岸？最终目的港由谁决定？

3. 本案出口方去电询问是否必要？日方的要求是否合理？

4. 本案日方撤销合同的理由是否充分？

【延伸思考】

本案的教训是什么？

2. 确定国外装运港（地）和目的港（地）的注意事项

（1）要根据我国对外政策的需要来考虑，不应选择政府不允许往来的港口为装卸港。

（2）对国外装卸港的规定应力求具体明确。在磋商交易时，对外商笼统地提出以"欧洲主要港口"或"非洲主要港口"为装运或目的港时，不宜轻易接受。因为国际上对此无统一解释，且各港距离远近不一，条件各异，基本运费和附加运费相差很大。

（3）不能接受内陆城市为装卸港。因为接受这一条件，我方要承担从港口到内陆城市的运费和风险。

（4）必须注意装卸港口的具体条件，如有无直达班轮，港口装卸条件及运费和附加费水平等。[⊖]如租船运输时，还应进一步考虑码头泊位的深度，有无冰封期、冰封具体时间以及对船舶国籍有无限制等港口制度。

（5）应注意国外港口有无重名。世界各国港口重名很多，例如，维多利亚港世界上有12个之多，波特兰、波士顿、的黎波里等也有数个。为防止差错和引起纠纷，应在合同中订明港口所在的国家或地区。

3. 确定国内装运港和目的港时应注意的问题

（1）在出口业务中，规定装运港时，一般以接近货源地的港口为宜，以方便运输和节省运费。对统一对外成交而分口岸交货的某些货物，由于在成交时还不能最后确定装运港，可以规定为"中国口岸"或两个以上具体港口为装运港，这样较灵活主动。按FOB术语成交的合同，应考虑对方来船大小与我港口水深，以免船进不了港，引起争议。

（2）在进口业务中，规定目的港时，一般应选择接近用货单位或消费地区的港口。但根据我国目前港口条件，为避免港口到船集中造成卸货困难，目的港有时也可规定为"中国口岸"并规定"买方应在装运期前××天内将港口名称通知卖方"。

5.4.3　分批装运和转运

1. 分批装运

分批装运（partial shipment），又称分期装运（shipment by installments），是指一个合同项

⊖　这里是指装卸港必须是基本港，即各主要班轮公司在运价表中规定要定期挂靠的港口。需要注意的是，各班轮公司规定的基本港并不完全一致。

下的货物分若干批或若干期装运。在大宗货物或成交数量较大的交易中，买卖双方根据交货数量、运输条件和市场销售等因素，可在合同中规定分批装运条款。例如：

样 1： 分批装运：□允许 / □不允许　　　　Partial Shipment：□ allowed / □ not allowed

合同中若规定允许，则托运人有最大任意权，可选择不分批，也可选择分若干批次装运。合同中若规定不允许，则托运人只能不分批，一次装运。

样 2： 1/2/3 月分三批每月平均装运　　　during Jan/Feb/Mar in three equal monthly
　　　　　　　　　　　　　　　　　　　shipments

对每批次装运的时间、数量做了严格规定，托运人必须按照合同规定履行装运义务。

一个合同能否分批装运，应视合同中是否规定允许分批装运而定。如合同中未明确规定允许分批，按外国合同法，不等于允许分批。但有的国际惯例，例如国际商会制定的《跟单信用证统一惯例》（UCP 600）规定："分批支款或分批装运均被允许。"[一]按此规定，在信用证业务中，除非信用证另有规定，银行将接受分批装运的单据。有鉴于此，为防止误解，避免不必要的争议，在我国外贸实践中，如需要分期分批装运的，应明确在出口合同中订入"允许分批装运"。

《跟单信用证统一惯例》（UCP 600）对定期、定量分批装运规定："信用证规定在指定时期内分期支款及 / 或装运，其中任何一期未按期支款及 / 或装运，除非信用证另有规定，则信用证对该期及以后各期均告失效。"[二]

关于分批，该惯例还规定："运输单据表面上注明货物是使用同一运输工具装运并经同一路线运输的，即使每套运输单据注明的装运日期不同及 / 或装运港、接受监管地不同，只要运输单据注明的目的地相同，也不视为分批装运。"[三]

💡 案例 5-3

【案情】

A 公司以 CIF 条件与国外 B 公司达成交易，向其出售一批棉籽油。对方开来的信用证条款规定："840 公吨棉籽油，装运港：广州，允许分两批装运；460 公吨于 9 月 15 日前至伦敦，380 公吨 10 月 15 日前至利物浦。"A 公司于 8 月 3 日在黄埔港装 305 公吨至伦敦，计划在月末再装 155 公吨至伦敦，9 月末再装 380 公吨至利物浦。第一批 305 公吨装完后即备单办理议付，但单据寄到国外后，遭开证行拒付，认为单证不符。

【讨论分析】

1. 对于第一批货物，出口方在装运时在时间和数量上是否符合信用证？

2. 开证行可否以单证不符为由拒付？

3. 该批货款的拒付，对第二批货物是否有影响？

───────────────
㈠　参见《跟单信用证统一惯例》（UCP 600）第 31 条 a 款。
㈡　参见《跟单信用证统一惯例》（UCP 600）第 32 条。
㈢　参见《跟单信用证统一惯例》（UCP 600）第 31 条 b、c 款。

4. 若出口方 9 月末再装一批货物，他能在信用证下得到付款吗？

【延伸思考】

1. 对该批已经出运的货物，出口方应如何处理？

2. 若合同规定允许分批，而信用证明确规定分批的批次和数量，可以吗？在此情况下，如果出口方不想受分批批次和数量的约束应如何处理？

案例 5-4

【案情】

某公司出口 500 吨花生。买方申请开来的信用证规定："分 5 个月装运；3 月 80 吨；4 月 120 吨；5 月 140 吨；6 月 110 吨；7 月 50 吨。每月不许分批装运。装运从中国港口至伦敦。"

该公司接到信用证后，根据信用证规定于 3 月 15 日在青岛港装运了 80 吨；于 4 月 20 日在青岛港装运了 120 吨，均顺利收回了货款。

该公司后因货源不足于 5 月 20 日在青岛港只装了 70.5 吨。经联系得知烟台某公司有一部分同样规格的货物，所以该公司要求"HULIN"轮再驶往烟台港继续装其不足之数。船方考虑目前船舱空载，所以同意在烟台港又装了 64.1 吨。该公司向银行提交了两套单据：一套是在青岛于 5 月 20 日签发的提单，其货量为 70.5 吨；另一套是在烟台于 5 月 28 日签发的提单，货量为 64.1 吨。

【讨论分析】

1. 5 月出口方在青岛港只装了 70.5 吨，在烟台港又装了 64.1 吨。这样是否构成分批？

2. 5 月出口方在青岛港只装了 70.5 吨，在烟台港又装了 64.1 吨，共 134.6 吨，但合同规定 5 月 140 吨。这样出口方是否少交货物数量，违反合同规定？

3. 银行是否可以根据上述两点拒收单据、拒付货款？

【延伸思考】

信用证对该批及以后各批还有效吗？

2. 转运

转运（transhipment）是指从装运港或装运地至卸货港或卸货地的货运过程中进行转装或重装，包括从一运输工具移至同类方式的运输工具或船只，或由一种运输方式转为另一种运输方式的行为。

样 3：装运：□允许 / □不允许　　　　　　Transhipment：□ allowed/ □ not allowed

一般来说，转运对卖方而言比较主动，但要增加费用开支。《跟单信用证统一惯例》（UCP 600）规定，除非信用证另有规定，银行将接受转运的单据。为了明确责任和便于安排装运，买卖双方是否同意转运以及有关转运的办法和转运费的负担等问题，应在买卖合同中订明。

5.4.4　装运通知

装运通知（declaration of shipment）是装运条款的一项重要内容。买卖双方按 CFR 或 CPT 条件成交时，卖方交货后，及时向买方发出装运通知，具有更为重要的意义。

在实际业务中，装运通知可以是一张没有基本格式的普通通知函，也可以是一张具有范式的通知函。无论是哪种装船通知，都可以作为进口方用来在预约保险格式中投保的保险通知函（insurance declaration），保险公司收到该通知后即对该批进口货物自动承保。

本章小结

装运条款主要包括装运期、装运港与目的港、分批装运与转运、滞期和速遣等内容。对外贸易运输的主要方式包括：海洋运输、铁路运输、航空运输、公路运输、邮政运输、管道运输和国际多式联运，国际多式联运一般采用集装箱运输方式。其中，海洋运输是主体，可分为班轮运输和租船运输两种方式。需要重点把握班轮运费的计算，海运提单的性质、作用和种类。

练习题

1. 如果有 500 包衣服要从锦州运往德国汉堡，你采取哪种国际运输方式？为什么？
2. 如果目的港规定为"中国口岸"，你认为是否正确，为什么？
3. 规定装运期应注意些什么问题？
4. 何谓过期提单？过期提单的效力如何？
5. 国际多式联运与一般国际货物运输的区别是什么？
6. 我方出口商品共 100 箱，每箱的体积为 30cm×60cm×50cm，毛重为 40 千克，查运费表得知该货为 9 级，计费标准为 W/M，基本运费为每运费吨 109 港元，另收燃油附加费 20%，港口拥挤费 20%，货币贬值附加费 10%。试计算：该批货物的运费是多少港元？

第6章
CHAPTER6

货物运输保险

:: **学习目标**

| 了解国际货物运输保险的基本原则。

| 重点掌握海上货运保险的风险、损失和险别。

| 结合不同贸易术语的相互转换，计算保险金额和保险费。

| 掌握伦敦协会货物保险条款与我国海洋运输货物保险条款的异同。

| 能综合运用所学的货运保险知识进行案例分析。

6.1 保险的概念及原则

6.1.1 保险的概念

1. 我国法律对保险概念的界定

保险的概念
和基本原则

《中华人民共和国保险法》第 2 条将保险的概念界定为："本法所称保险，是指投保人根据合同约定，向保险人支付保险费，保险人对于合同约定的可能发生的事故因其发生所造成的财产损失承担赔偿保险金责任，或者当被保险人死亡、伤残、疾病或者达到合同约定的年龄、期限等条件时承担给付保险金责任的商业保险行为。"

2. 保险的种类

按保险标的的不同，保险可分为财产保险、责任保险、信用保险（或称保证保险）和人身保险四类。本章介绍的是在国际货物买卖中每笔交易都要办理的国际货物运输保险。国际货物运输保险是财产保险的一种。

3. 国际货物运输保险

在国际货物买卖中，货物由卖方所在地运到买方所在地的整个运输、装卸和储存过程中，可能会因遇到各种难以预料的风险而遭受损失。为了在货物遇险受损时能得到一定的经济补偿，买方或卖方就需要事先办理货物运输保险。货物运输保险（cargo transportation insurance）就是被保险人（the insured）或投保人（applicant）在货物装运以前，估定一定的投保金额（即保险金额）向保险人（insurer），或称承保人（underwriter），即保险公司，投保货物运险。被保险人按投保金额、投保险别及保险费率，向保险人支付保险费并取得保险单据。被保险货物若在运输过程中遭受保险事故造成损失，则保险人负责对保险险别责任范围内的损失，按保险金额及损失程度赔偿保险单据的持有人。国际货物运输保险是随着国际贸易和航运事业的发展而发展起来的，反过来，货物运输保险业务的发展又促使国际贸易和航运事业的进一步发展。

4. 保险的产生与发展

保险思想自古就有，在货物运输中的应用也可追溯到很早以前。在公元前 1000 年左右，以色列国王所罗门曾对从事海外贸易的商人征收税金，作为对在海难中受难人损失的补偿。在我国，中华人民共和国成立后，我国建立了国家保险机构——中国人民保险公司（The People's Insurance Company of China，PICC）。从此，我国对外贸易运输保险业务以及其他涉外保险业务就成了配合我国对外经济贸易发展和促进我国对外经济交往的一种手段。改革开放以来，随着我国社会主义市场经济体制的逐步建立和不断完善，国内经济和对外贸易迅速发展，保险业也得到快速发展。目前，一个以中外保险公司为主体、保险中介机构为纽带的平等竞争的保险市场正在我国形成。

6.1.2 保险的基本原则

保险的基本原则是在保险的发展过程中逐步形成的，并为国际保险业所公认。这些原则作为进行保险活动的准则，贯穿于整个保险业务的始终，有利于维护保险双方的合法权益，更好地发挥保险的职能作用。投保人和保险人在订立保险合同的同时，还要共同遵守下述原则。

1. 可保利益原则

可保利益，又称保险利益（insurable interest）、可保权益，是指投保人对保险标的具有的法律上承认的利益。[一]保险标的（subject matter insured）是保险所要保障的对象，它可以是任何财产及其有关利益或者人的寿命和身体。投保人对保险标的的应当具有可保利益。投保人对保险标的的不具有可保利益的，保险合同无效，这就是可保利益原则。就货物运输保险而言，反映在运输货物上的利益，主要是货物本身的价值，但也包括与此相关的费用，如运费、保险费、关税和预期利润等。当保险标的安全到达时，被保险人就受益；当保险标的遭到损毁或灭失，被保险人就受到损害或负有经济责任。

国际货运保险同其他保险一样，要求被保险人必须对保险标的具有可保利益，但国际货运保险又不像有的保险（如人身保险）那样要求被保险人在投保时便具有可保利益，它仅要求在保险标的发生损失时必须具有可保利益。这种特殊规定是由国际贸易的特点所决定的。例如，在国际货物买卖中，买卖双方分处两国，如以 FCA、FOB、CFR、CPT 条件达成的交易，货物风险的转移以货物在装运港装上指定船舶或在出口国发货地或装运地交付承运人为界。显然，货物在装上指定船舶或交付承运人风险转移之前，仅卖方有可保利益，而买方并无可保利益。如果硬性规定被保险人在投保时就必须有可保利益，则按这些条件达成的合同，买方便无

[一] 参见《中华人民共和国保险法》第 12 条。

法在货物装船或交付承运人之前及时对该货物办理保险。因此，在国际货运保险业务中，保险人可视买方具有预期的可保利益而允予承保。总之，国际货物运输保险，在被保险人投保时尚不具有保险利益的情况下，视被保险人具有预期的可保利益；在发生事故和向保险人索赔时，被保险人对保险标的必须具有保险利益。只有具有这种经济利益的人才能与保险人订立有效的保险合同，才有权在该标的发生保险责任范围内的损失时向保险人提出索赔。

2. 最大诚信原则

最大诚信原则（utmost good faith）是指投保人和保险人在签订保险合同以及在合同有效期内，必须保持最大限度的诚意，双方都应恪守信用，互不欺骗隐瞒。

它要求保险合同的双方当事人在订立合同时，必须将据以订立合同的主要情况和条件无保留地告知对方，以便保险人能在真实的基础上考虑是否接受承保和确定保险费率。保险人应当向投保人说明保险合同的条款内容，特别是免责条款，并可以就保险标的或者被保险人的有关情况提出询问，投保人应当如实告知。对被保险人来说，最大诚信原则主要有两方面的要求：一是重要事实的申报；二是保证（warranty）。

重要事实的申报是指投保人在投保时应将自己知道的或者在通常业务中应当知道的有关保险标的的重要事实如实告知保险人，以便保险人判断是否同意承保或者决定承保的条件。例如，在货物运输保险中，被保险人应向保险人提供保险标的、运输条件、航程以及包装条件等方面的事实情况。根据我国《海商法》第二百二十三条规定："由于被保险人的故意，未将本法第二百二十二条第一款规定的重要情况如实告知保险人的，保险人有权解除合同，并不退还保险费。合同解除前发生保险事故造成损失的，保险人不负赔偿责任。不是由于被保险人的故意，未将本法第二百二十二条第一款规定的重要情况如实告知保险人的，保险人有权解除合同或者要求相应增加保险费。保险人解除合同的，对于合同解除前发生保险事故造成的损失，保险人应当负赔偿责任；但是，未告知或者错误告知的重要情况对保险事故的发生有影响的除外。"

关于保证，是指被保险人在保险合同中所做的保证要做或不做某种事情；保证某种情况的存在或不存在；或保证履行某一条件。例如，货物不用15年以上船龄的旧船装运，载货船舶不驶入某些海域，货物必须是合法的，等等。经保险双方同意写进保险单中的条款即为保证条款，称为明示保证。此外，还有默示保证，即在保险单内虽未明文规定，但是按照法律或惯例，被保险人应该保证对某种事情的行为或不行为。对于保证条件，被保险人必须严格遵守，如有违反，保险人可自保证被违反之日起不再履行其应负的责任。总之，保险合同是以最大诚信为基础的，因此，如果一方当事人不遵守最大诚信原则，另一方可声明该保险合同无效。我国法律规定，保险活动当事人行使权利义务时应当遵循诚实信用原则。

3. 近因原则

近因（proximate clause）是指引起保险标的损失的直接的、起决定作用的原因。如果造成损失有两个或两个以上的原因时，在时间和空间上最接近损失结果的原因不一定是近因，而对损失的发生具有支配力的、最重要的、最有影响的原因，即在效果上与损失最接近的原因才是近因。近因原则是指保险人只对承保风险与保险标的的损失之间有直接因果关系的损失负赔偿责任，而对保险责任范围外的风险造成的保险标的的损失，不承担赔偿责任。

为了加深对近因原则的理解，下面对这一原则做进一步阐释。从损失是否属于保险人承保范围内的损失，以及造成损失的原因是一个还是多个，将近因原则分为以下两种情况。

（1）如果造成损失的原因只有一个，而这个原因又是保险人的承保责任范围内的，则这一原因就是损失的近因，保险人应负赔偿责任；反之，则不负赔偿责任。例如，货物在运输过程中因容器损坏而渗漏损失，如被保险人在投保平安险或水渍险的基础上加保渗漏险，保险人应负赔偿责任；若未加保，保险人则不予赔偿。

（2）如果造成保险标的损失的原因是两个或两个以上，则应具体情况具体分析。

① 如果损失是由多个原因造成，这些原因都在保险责任范围内，该项损失的近因肯定是保险事故，保险人应负责赔偿。反之，如果造成损失的多个原因都是保险责任范围以外的，保险人不负赔偿责任。

② 如果损失是由多个原因造成的，这些原因既有保险责任范围内的，也有保险责任范围外的，则应根据情况区别对待。如果前面的原因是保险责任范围内的，后面的原因不是保险责任范围内的，但后面的原因是前面原因导致的必然后果，则前面的原因是近因，保险人应负责赔偿。例如，包装食品投保水渍险，运输途中遭受海水浸湿，外包装受潮后导致食品发生霉变损失，霉变是海水打湿外包装水汽侵入造成的结果，保险人应负责赔偿。如果前面的原因不是保险责任范围内的，后面的原因是保险责任范围内的，后面的原因是前面原因导致的必然后果，则近因不是保险责任范围内的，保险人不负责赔偿。例如，在战争期间，某企业将投保一切险的出口商品运至码头仓库待运，此时，适逢敌机轰炸，引起仓库火灾，使该批商品受损。当被保险人要求保险公司赔偿时，保险公司予以拒绝，理由为，造成货物受损的原因有两个：投弹和火灾，而投弹是造成货损的直接原因。由于造成损失的近因不属保险公司责任范围，因此，保险公司可予以拒赔。由此可见，近因原则是保险标的发生损失时，用来确定保险标的所受损失是否能获得保险赔偿的一项重要依据，也是保险理赔工作中必须遵循的一项基本原则。

4. 补偿原则

补偿原则（principle of indemnity）是指当保险标的发生保险责任范围内的损失时，保险人应当依照保险合同的约定履行赔偿义务，以补偿被保险人的损失，所以补偿原则又称损害赔偿原则。但保险人的赔偿金额不得超过保险单上的保险金额或被保险人遭受的实际损失。保险人的赔偿不应使被保险人因保险赔偿而获得额外利益。

当保险标的发生保险责任范围内的损失时，保险人在对被保险人理赔时，对补偿原则掌握的标准主要为以下三点。

（1）赔偿金额既不能超过保险金额，也不能超过实际损失。实际损失是根据损失时的市价来确定的。

（2）被保险人必须对保险标的具有保险利益。同时，赔偿金额也以被保险人在保险标的中所具有的保险利益金额为限。

（3）被保险人不能通过保险赔偿而得到额外利益，即保险的赔偿是使被保险人在遭受损失后，经过补偿能恢复到他在受损前的经济状态，而不应使被保险人通过补偿而获得额外利益。因此，如果保险标的遭受部分损失，仍有残值，保险人在计算赔偿时，对残值作相应扣除；如果保险事故是由第三者责任方造成的，被保险人从保险人处得到全部损失的赔偿后，必须将其对第三方进行追偿的权利转让给保险人，他不能再从第三者那里得到任何赔偿；如果被保险人将同一标的（例如同一批货物）分别向两家或两家以上保险人投保相同的风险，即重复保险，其保险金额的总和超过了该保险标的的价值，当保险事故发生后，被保险人获得的赔偿金额总和不得超过其保险标的的价值。[⊖]由此可知，保险补偿原则还派生出代位追偿原

⊖　参见《中华人民共和国保险法》第 56 条。

则和重复保险分摊原则，其目的都是防止被保险人通过保险补偿而得到额外的利益。

6.2   海洋运输货物保险保障的范围

国际货物运输方式主要有海上运输、陆上运输（包括铁路和公路）、航空运输和邮包运输，与此相适应的货物运输保险也有海上货物运输保险、陆上货物运输保险、航空运输保险和邮包运输保险。由于海上货物运输保险形成得最早，应用得最多，也比较完善，所以其他货物运输保险都是以它为基础，并结合自身运输的特点，做某些调整而发展起来的。本节主要介绍海上货物运输保险。

6.2.1   保险人承保的风险

海洋运输
货物风险、
损失和费用

在各国海洋运输货物保险业务中，保险人承保的风险分为两类：海上风险和外来风险。

1. 海上风险

海上风险（perils of the sea）又称海难，指船舶或货物在海上航行中发生的或随附海上运输所发生的风险。在现代海上保险业务中，保险人所承保的海上风险是有特定范围的，一方面它并不包括一切在海上发生的风险，另一方面它又不局限于航海中所发生的风险。它所包括的是自然灾害和意外事故。

（1）自然灾害。自然灾害（natural calamities）是指不以人的意志为转移的自然界力量所引起的灾害。但它不是泛指一切由于自然界力量所造成的自然灾害。按照我国现行《海洋运输货物保险条款》的规定，自然灾害仅指恶劣气候、雷电、海啸、地震、洪水、火山爆发、浪击落海等人力不可抗拒的灾害。

（2）意外事故。意外事故（fortuitous accidents）是指由于外来的、偶然的、难以预料的原因所造成的事故。按照我国《海洋运输货物保险条款》的规定，意外事故仅指海运途中运输工具遭受搁浅、触礁、沉没、焚毁、互撞、与流冰或其他物体（如与码头）碰撞，以及倾覆、失火、爆炸等原因造成的事故。

有一点需要注意，按照国际保险市场的一般解释，海上风险并非局限于海上发生的灾害和事故，那些与海上航行有关的发生在陆上或海陆、海河或与驳船相连接之处的灾害和事故，例如地震、洪水、火灾、爆炸、海轮与驳船或码头碰撞，也属于海上风险。

2. 外来风险

外来风险（extraneous risks）是指由于海上风险以外的其他外来原因所造成的风险。货物运输中所指的外来风险必须是意外的、事先难以预料的，而不是必然发生的。外来风险又可分为一般外来风险和特殊外来风险两种。

（1）一般外来风险。一般外来风险（usual extraneous risks）指由于如偷窃、提货不着、短量、渗漏、淡水雨淋、碰损、破碎、钩损、锈损、玷污、混杂、串味、受潮受热、船长和船员的恶意行为等一般外来原因所引起的风险。

（2）特殊外来风险。特殊外来风险（special extraneous risks）主要指由于政治、军事、国家政策法令、社会动荡以及行政措施等特殊外来原因所造成的风险。常见的特殊外来风险有战争、罢工、拒收、没收、交货不到等。

海上货运保险可承保上述风险中的一种或几种，须在保险单中具体列明所承保的风险。

6.2.2　保险人承保的损失

1. 海上损失和费用

海上损失（sea average）是指海运保险货物在运输途中，由于遭遇海上风险而造成的损失或灭失。根据惯例，海损也包括与海运相连接的陆运过程中所发生的损失。海损按照损失的程度不同，可分为全部损失与部分损失。

（1）全部损失。全部损失（total loss）简称全损，是指整批或不可分割的一批被保险货物在运输途中遭受全部灭失或可视同全部灭失的损害。按照全损损失情况的不同，全部损失又可分为实际全损和推定全损。

① 实际全损。我国《海商法》第二百四十五条对实际全损（actual total loss）的概念界定为："保险标的发生保险事故后灭失，或者受到严重损坏完全失去原有形体、效用，或者不能再归被保险人所拥有的，为实际全损。"具体有三种表现形式：第一，保险标的灭失，即货物实体完全损毁和不复存在，如载货船舶沉入深海无法打捞；第二，保险标的完全失去原有形体、效用，即实体虽存在但已丧失原有商业价值和使用价值；第三，保险标的不能再归被保险人所有，如战时货物被敌对国俘获作为战利品分发殆尽。此外，根据我国《海商法》第二百四十八条和英国《1906 年海上保险法》第 58 条的规定，船舶失踪视为全部损失。

被保险货物在遭到实际全损时，被保险人可按其投保金额获得保险公司全部损失的赔偿。

② 推定全损。推定全损（constructive total loss）是指被保险货物在运输途中受损后，虽未达到完全灭失的状态，但是可以预见到它的全损将不可避免；或者为避免发生实际全损所需支付的抢救、修理费用加上继续将货物运抵目的地的费用之和将超过保险价值。

被保险货物发生推定全损时，被保险人可以要求保险人按部分损失赔偿，也可以要求按全部损失赔偿。如果要求按全部损失赔偿，被保险人必须向保险人发出委付通知（notice of abandonment），才能按推定全损赔付。所谓委付，是指在推定全损的情况下，被保险人将保险标的的一切权利包括所有权转让给保险人，要求保险人按照实际全损予以赔偿的一种行为。委付必须经保险人同意后方能生效，但是保险人应当在合理的时间内将接受委付或不接受委付的决定通知被保险人。委付一经保险人接受，不得撤回。

（2）部分损失。部分损失（partial loss）简称分损，是指被保险货物遭受海损，尚未达到全部损失的程度。按照我国《海商法》的定义，不属于实际全损和推定全损的损失被称为部分损失。区分全部损失和部分损失的法律意义在于保险人对这两者在赔偿处理时有所区别，因此，在保险理赔实践中，应明确货物的损失程度。部分损失按损失的性质，又可分为共同海损和单独海损。

① 共同海损。共同海损（general average，GA）是指载货船舶在海运途中遭受自然灾害或意外事故，船长为了解除船与货的共同危险或为使航程得以继续，有意识地采取某些合理措施而做出的特殊牺牲或支出的额外费用。[⊖]

共同海损必须满足以下条件：第一，导致共同海损的危险必须是真实存在的或不可避免的，而不是主观臆测的；第二，船方所采取的措施，必须是为了解除船货的共同危险，有意识而且

⊖　参见《中华人民共和国海商法》第一百九十三条。

是合理的；第三，所做的牺牲和支出的费用必须是特殊的，即这种牺牲不是海上危险直接造成的损失，支付的费用不是船舶营运所需的正常支出；第四，牺牲和费用的支出最终必须是有效的，也就是说经过采取某种措施后，船舶与货物的全部或一部分最后安全抵达航程的终点港或目的港，从而避免了船货同归于尽的局面。

根据惯例，共同海损的牺牲和费用，应由受益方，即船舶、货物和运费三方按最后获救的价值多寡，按比例进行分摊。这种分摊称之为共同海损分摊（general average contribution）。

② 单独海损。单独海损（particular average，PA）是指除共同海损以外的部分损失，即由承保风险直接导致的船或货的部分损失，是仅由各受损者单方面负担的一种损失。

💡 案例 6-1

【案情】

我国某进出口公司向挪威出口一批货物，装于 SUPER STAR 号货轮上。同一货轮上还有日本和韩国的货物，中、日、韩三家货物的价值分别为：60 万元、80 万元和 90 万元。船在航行途中触礁，船身底部发现一处裂口，涌入大量海水，致使舱内部分货物遭水浸泡。船长命令将船驶向浅滩进行修补，而后为了起浮又将部分笨重货物抛入海中。请分析上述损失的性质。

【讨论分析】

1. 何谓共同海损？共同海损必须满足哪些条件？

2. 上述损失，哪些是共同海损？

3. 被海水浸泡的损失是什么损失？

4. 若我方 60 万元的货物全部被海水浸泡，失去原有用途，属于什么损失？

5. 若我方 60 万元的货物没有被海水浸泡，而是全部被船方抛入海中，属于什么损失？

【延伸思考】

1. 若三家公司分别投保了平安险，保险公司对上述损失是否赔付？

2. 本案例中的共同海损，获救各方将如何分摊？

（注："延伸思考"问题 1、2 可以在学习本章 6.3 节内容后分析。）

（3）费用。海上货运保险的费用是指为营救被保险货物所支出的费用，包括以下两项。

① 施救费用（sue and labour expenses）。施救费用指保险标的在遭遇保险责任范围内的灾害事故时，被保险人或其代理人、雇用人员和保险单受让人对保险标的所采取的各种抢救、防止或减少货损的措施而支出的合理费用。保险人对这种施救费用负责赔偿。

② 救助费用（salvage charges）。救助费用指保险标的遭遇保险责任范围内的灾害事故时，由保险人和被保险人以外的第三者采取了救助措施并获得成功而向其支付的报酬。保险人对这种费用也负责赔偿。

施救费用与救助费用的不同，主要在于以下四个方面。

① 采取行为的主体不同。施救的主体是被保险人及其代理人等，而救助的主体是保险人和被保险人以外的第三者。

② 给付报酬的原则不同。施救费用是施救不论有无效果，都予赔偿，而救助则是"无效果，无报酬"。

③ 保险人的赔偿责任不同。施救费用可在保险货物本身的保额之外，再赔一个保额；而保险人对救助费用的赔偿责任是以不超过获救财产的价值为限，亦即救助费用与保险货物本身损失的赔偿金额两者相加，不得超过货物的保额，而且是按保险金额与获救的保险标的之价值比例承担责任。

④ 救助行为一般总是与共同海损联系在一起，而施救行为则并非如此。

2. 外来风险的损失

外来风险的损失是指海上风险以外的其他外来风险所造成的损失。按不同的原因，又可分为一般外来风险的损失和特殊外来风险的损失。前者是指在运输途中由于偷窃、短量、钩损、碰损、雨淋、玷污等一般外来风险所致的损失；后者是指由于军事、政治、国家政策法令以及行政措施，例如，由于战争、罢工、交货不到、拒收等特殊外来风险所造成的损失。

6.3　我国海洋运输货物保险的险别

我国海洋
运输货物
保险的险别

中国人民保险公司保险条款简称"中国保险条款"（China Insurance Clause，CIC），是参照国际保险业的习惯并结合我国保险业的实际而制定的，经中国人民银行及中国银行保险监督管理委员会审批颁布。目前使用的是 1981 年 1 月 1 日的修订本。⊖ "中国保险条款"按运输方式分为海洋、陆上、航空和邮包运输保险条款；对某些特殊商品，还配备有海运冷藏货物、陆运冷藏货物、海运散装桐油及活牲畜、家禽的海陆空运输保险条款；适用于上述各种运输方式货物保险的各种附加险条款。

我国海洋运输货物保险险别，按照能否单独投保，可分为基本险和附加险两类。基本险可以单独投保，而附加险不能单独投保，只能在投保某一种基本险的基础上才能加保附加险。

6.3.1　基本险别

保险险别是保险人对风险损失的承保责任范围，又是承保人责任义务大小及被保险人缴付保费数额的依据。按照中国人民保险公司 1981 年 1 月 1 日修订的《海洋运输货物保险条款》（Ocean Marine Cargo Clauses），海洋运输货物保险的基本险别分为平安险、水渍险和一切险三种。

1. 平安险

保险公司对平安险（free from particular average，F.P.A.）的承保责任范围如下所述。

（1）被保险货物在运输途中由于恶劣气候、雷电、海啸、地震、洪水自然灾害造成整批货物的全部损失或推定全损。当被保险人要求赔付推定全损时，须将受损货物及其权利委付给保险公司。被保险货物用驳船运往或运离海轮的，每一驳船所装的货物可视作一个整批。

⊖　现行版本因是 2009 年向中国保监会报备的，故称 2009 版，于 2010 年起使用，该 2009 版与 1981 年修订版内容相同。

（2）由于运输工具遭受搁浅、触礁、沉没、互撞、与流冰或其他物体碰撞以及失火、爆炸意外事故造成货物的全部或部分损失。

（3）在运输工具已经发生搁浅、触礁、沉没、焚毁意外事故的情况下，货物在此前后又在海上遭受恶劣气候、雷电、海啸等自然灾害所造成的全部或部分损失。

（4）在装卸或转运时由于一件、数件或整件货物落海造成的全部或部分损失。

（5）被保险人对遭受承保责任内危险的货物采取抢救、防止或减少货损的措施而支付的合理费用，但以不超过该批被救货物的保险金额为限。

（6）运输工具遭遇海难后，在避难港由于卸货所引起的损失，以及在中途港、避难港由于卸货、存仓以及运送货物所产生的特别费用。

（7）共同海损的牺牲、分摊和救助费用。

（8）运输契约订有"船舶互撞责任"条款，根据该条款规定应由货方偿还船方的损失。

2. 水渍险

保险公司对水渍险（with average，W.A.；with particular average，W.P.A.）的承保责任范围，除包括上述平安险的各项责任外，还负责被保险货物由于恶劣气候、雷电、海啸、地震、洪水等自然灾害所造成的部分损失。可见，水渍险的责任范围大于平安险。

3. 一切险

一切险（all risks）的责任范围，除包括上述平安险和水渍险的各项责任外，还负责被保险货物在运输途中由于一般外来风险所造成的全部或部分损失。在三种基本险别中，一切险的承保责任范围最大。

投保人可根据货物的特点、运输路线等情况选择投保平安险、水渍险和一切险三种险别中的任一种。

6.3.2　附加险

附加险是对基本险的补充和扩大。投保人只能在投保一种基本险的基础上才可加保一种或数种附加险。目前，《中国保险条款》中的附加险有一般附加险和特殊附加险两种。

1. 一般附加险

一般附加险（general additional risks）所承保的是由于一般外来风险所造成的全部或部分损失，具体包括下列 11 种险别。

（1）碰损、破碎险（clash and breakage）。承保被保险货物在运输过程中因震动、碰撞、受压所造成的破碎和碰撞损失。

（2）串味险（taint of odour）。承保被保险的食用物品、中药材、化妆品原料等货物在运输过程中因受其他物品的影响而引起的串味损失。

（3）淡水雨淋险（fresh water and/or rain damage）。承保被保险货物因直接遭受雨淋或淡水所造成的损失。

（4）偷窃、提货不着险（theft，pilferage and non-delivery，T. P. N. D.）。承保被保险货物因偷窃行为所致的损失，和整件提货不着等的损失。

（5）短量险（shortage）。承保被保险货物在运输过程中因外包装破裂或散装货物发生数量散失和实际重量短缺的损失，但不包括正常的途耗。

（6）渗漏险（leakage）。承保被保险货物在运输过程中因容器损坏而引起的渗漏损失，或用液体储藏的货物因液体的渗漏而引起的货物腐败等损失。

（7）混杂、玷污险（intermixture and contamination）。承保被保险货物在运输过程中因混进杂质或被玷污所造成的损失。

（8）钩损险（hook damage）。承保被保险货物在装卸过程中因遭受钩损而引起的损失，并对包装进行修补或调换所支付的费用负责赔偿。

（9）受潮受热险（sweat and heating）。承保被保险货物在运输过程中因气温突变或由于船上通风设备失灵致使船舱内水汽凝结、发潮或发热所造成的损失。

（10）锈损险（rust）。对被保险的金属或金属制品一类货物在运输过程中发生的锈损负责赔偿。

（11）包装破裂险（breakage of packing）。承保被保险货物在运输途中因搬运或装卸不慎，致使包装破裂所造成的短少、玷污等损失。此外，为继续运输安全需要而产生的修补包装或调换包装所支付的费用也均由保险公司负责赔偿。

当投保险别为平安险或水渍险时，可加保上述 11 种一般附加险中的一种或数种险别。但如已投保了一切险，就不需要再加保一般附加险，因为保险公司对于承保一般附加险的责任已包含在一切险的责任范围内。

案例 6-2

【案情】

某外贸公司按 CIF 术语出口一批货物，装运前已向保险公司按发票金额的 110% 投保平安险（F.P.A），6 月初货物装妥顺利开航，载货船舶于 6 月 13 日在海上遇到暴风雨，致使一部分货物受到水渍，损失价值为 1 200 美元。数日后，该轮又突然触礁，致使该批货物又遭到了部分损失，价值为 6 000 美元。

【讨论分析】

1. 载货船舶在海上遇到暴风雨，这是什么风险？所导致的一部分货物受到水渍，这是什么损失？

2. 轮船触礁是什么风险？所导致的部分损失是什么损失？

3. 这两项损失都在平安险（F.P.A.）范围内吗？保险公司对该批货物的损失该如何赔偿？

【延伸思考】

1. 本案中若投保的是水渍险，保险公司应如何赔偿？

2. 本案中若投保的是一切险，保险公司应如何赔偿？

3. 保险公司应赔偿多少？

（注："延伸思考"问题 3 可在学习完本章后回答。）

2. 特殊附加险

特殊附加险（special additional risks）承保由于特殊外来风险所造成的全部或部分损失，共有以下 8 种。

（1）战争险（war risks）。根据中国人民保险公司《海洋运输货物战争险条款》，海运战争险负责赔偿直接由于战争、类似战争行为和敌对行为、武装冲突或海盗行为所致的损失，以及由此而引起的捕获、拘留、扣留、禁止、扣押所造成的损失。还负责各种常规武器（包括水雷、鱼雷、炸弹）所致的损失以及由于上述责任范围而引起的共同海损的牺牲、分摊和救助费用。但对使用原子或热核武器所造成的损失和费用不负赔偿责任。

（2）罢工险（strike risks）。对被保险货物由于罢工、工人被迫停工或参加工潮、暴动等人员的行动或任何人的恶意行为所造成的直接损失，和上述行动或行为所引起的共同海损的牺牲、分摊和救助费用负责赔偿。但对在罢工期间由于劳动力短缺或不能使用劳动力所造成的被保险货物的损失，包括因罢工而引起的动力或燃料缺乏使冷藏机停止工作所致的冷藏货物的损失，以及无劳动力搬运货物，使货物堆积在码头淋湿受损，不负赔偿责任。

（3）舱面险（on deck）。对被保险货物存放舱面时，除按保险单所载条款负责外，还包括被抛弃或被风浪冲击落水在内的损失。

（4）交货不到险（failure to deliver）。对不论由于任何原因，从被保险货物装上船舶时开始，不能在预定抵达目的地的日期起6个月内交货的，负责按全损赔偿。

（5）黄曲霉素险（aflatoxin risks）。对被保险货物因所含黄曲霉素超过进口国的限制标准，被拒绝进口、没收或强制改变用途而遭受的损失负责赔偿。

（6）拒收险（rejection）。对被保险货物在进口港被进口国的政府或有关当局拒绝进口或没收，按货物的保险价值负责赔偿。

（7）进口关税险（import duty）。当被保险货物遭受保险责任范围以内的损失，而被保险人仍须按完好货物价值完税时，保险公司对损失部分货物的进口关税负责赔偿。

（8）货物出口到香港（包括九龙）或澳门存仓火险责任扩展条款（fire risks extension clause, F. R. E. C. —— for storage of cargo at destination Hong Kong, including Kowloon, or Macao）。被保险货物运抵目的地香港（包括九龙在内）或澳门卸离运输工具后，如直接存放于保单载明的过户银行所指定的仓库，本保险对存仓火险的责任至银行收回押款解除货物的权益为止，或运输险责任终止时起满30天为止。

被保险人不论已投保何种基本险别，均可另行加保有关的特殊附加险别。

现将海运货物运输过程中可能遇到的风险、损失和保险公司承保的险别归纳如表6-1所示。

表6-1　风险、损失、险别

风险的种类	风险的范围
海上风险	自然灾害：恶劣气候、雷电、海啸、地震、洪水等
	意外事故：搁浅、触礁、沉没、互撞、失火、爆炸等
外来风险	一般原因：偷窃、雨淋、短量、锈损、玷污、渗漏、破碎、串味、受潮、钩损、碰损等
	特殊原因：战争、罢工、拒收、交货不到、黄曲霉素、存仓着火等
损失的种类	损失的范围
海损	全部损失：实际全损、推定全损
	部分损失：共同海损、单独海损
其他损失	一般外来原因引起
	特殊外来原因引起
险别的种类	险别的范围
基本险别	平安险、水渍险、一切险
附加险别	一般附加险、特殊附加险

6.3.3　海洋运输货物专门保险险别

在我国海洋运输货物保险中，还有专门适用于海运冷藏货物的海洋运输冷藏货物保险，活牲畜、家禽运输的保险，以及海运散装桐油的海洋运输散装桐油保险。这三种保险均属基本险性质。

1. 海洋运输冷藏货物保险

根据中国人民保险公司 1981 年 1 月 1 日修订的《海洋运输冷藏货物保险条款》的规定，海洋运输冷藏货物保险（ocean marine insurance—frozen products）险别分为冷藏险（risks for frozen products）和冷藏一切险（all risks for frozen products）两种。

冷藏险的责任范围除负责水渍险承保的责任外，还负责赔偿由于冷藏机器停止工作连续达 24 小时以上所造成的被保险货物的腐败或损失。

冷藏一切险的责任范围，除包括冷藏险的各项责任外，还负责赔偿被保险货物在运输途中由于一般外来原因所造成的腐败或损失。

海洋运输冷藏货物保险的除外责任，除包括上述海洋运输货物保险的除外责任外，还对下列损失不负赔偿责任：被保险货物在运输过程中的任何阶段因未存放在有冷藏设备的仓库或运输工具中，或辅助运输工具没有隔湿设备所造成腐烂的损失，以及在保险责任开始时被保险货物因未保持良好状态，包括整理加工和包装不妥，冷冻上的不合规定及肉食骨头变质引起的腐败和损失。

海洋运输冷藏货物保险的责任起讫与海洋运输货物三种基本险的责任起讫基本相同。但是，货物到达保险单所载明的最后目的港，如在 30 天内卸离海轮，并将货物存入岸上冷藏仓库后，保险责任继续有效，但以货物全部卸离海轮时起算满 10 天为限。如果在上述期限内货物一经移出冷藏仓库，保险责任即告终止。如果货物卸离海轮后不存入冷藏仓库，保险责任至卸离海轮时终止。

2. 活牲畜、家禽运输保险

根据中国人民保险公司的《活牲畜、家禽的海上、陆上、航空运输保险条款》规定，活牲畜、家禽运输保险（Livestock & Poultry Insurance）是保险公司对于活牲畜、家禽在运输途中的死亡负责赔偿，但对下列原因造成的死亡，不负赔偿责任：在保险责任开始前，被保险活牲畜、家禽健康状况不好，或被保险活牲畜、家禽因怀仔、防疫注射或接种所致的死亡；或因传染病、患病、经管理当局命令屠杀或因缺乏饲料而致的死亡，或由于被禁止进口或出口或检验不符所引起的死亡。

活牲畜、家禽运输保险的责任起讫是自被保险活牲畜、家禽装上运输工具时开始直至目的地卸离运输工具为止。如不卸离运输工具，最长的保险责任期限从运输工具抵达目的地当日午夜起算满 15 天为限，但是在保险有效的整个运输过程中被保险活牲畜、家禽必须妥善装运，专人管理，否则保险公司不负赔偿责任。

3. 海洋运输散装桐油保险

根据中国人民保险公司 1981 年 1 月 1 日修订的《海洋运输散装桐油保险条款》的规定，海洋运输散装桐油保险（ocean marine insurance—woodoil bulk）是保险公司承保不论何种原因造成的被保险散装桐油的短少、渗漏、玷污或变质的损失。

海洋运输散装桐油保险的责任起讫也按"仓至仓"条款负责，但是，如果被保险散装桐油运抵目的港不及时卸载，则自海轮抵达目的港时起满15天，保险责任即行终止。

6.3.4 承保责任的起讫期限

承保责任的
起讫期限和
除外责任

1. 基本险责任的起讫期限

（1）在正常运输情况下基本险责任起讫期限的规定。根据我国海洋货物运输保险条款的规定，在正常运输的情况下，基本险承保责任的起讫期限依照国际保险业中惯用的"仓至仓条款"（warehouse to warehouse）规定的办法处理。其内容是：货物保险的效力自被保险货物运离保险单所载明的起运地仓库或储存处所开始运输时生效，包括正常运输过程中的海上、陆上、内河和驳船运输在内，直至该项货物到达保险单所载明目的地收货人的最后仓库或储存处所或被保险人用作分配、分派或非正常运输的其他储存处所为止。如未抵达上述仓库或储存处所，则以被保险货物在最后卸载港全部卸离海轮后满60天为止。如在上述60天内被保险货物需转到非保单所载明的目的地时，则在该项货物开始转运时，保险责任终止。

💡 案例 6-3

FOB 合同下的"仓至仓条款"

【案情】

买卖双方签订一份FOB合同，买方向保险公司投保"仓至仓条款的一切险"。当货物在从卖方仓库运往装运码头途中，出现意外事故并造成10%货物受损（属于承保范围内的风险损失），事后卖方以保险单含"仓至仓条款"为由，要求保险公司赔偿，但遭到保险公司的拒绝。卖方于是请买方出面以买方的名义向保险公司索要赔偿，同样又遭拒绝。

【讨论分析】

1. FOB合同下有关货物的风险何时由卖方转移到买方？

2. FOB合同下卖方有无义务为买方办理保险？

3. FOB合同下，当货物在从卖方仓库运往装运码头途中，买方对货物有无保险利益？

4. FOB合同下，当货物在从卖方仓库运往装运码头途中，买方能否为有关货物办理海运保险？为什么？

5. FOB合同下，当货物在从卖方仓库运往装运码头途中，遭遇承保范围内的风险损失，卖方能否凭买方投保的保单要求保险公司赔偿？为什么？

6. FOB合同下，当货物在从卖方仓库运往装运码头途中，遭遇承保范围内的风险损失，买方能否凭自己投保的保单要求保险公司赔偿？为什么？

7. 被保险人向保险公司索赔必须具备哪些条件？

【延伸思考】

1. 有人说，在 FOB 合同下买方投保的"仓至仓条款"实际上是"船至仓条款"。这个说法有道理吗？

2. 在这一点上，与 FOB 类似的还有哪些贸易术语？

3. 如果是 CIF 合同，卖方能否得到赔偿？

4. 在这一点上，与 CIF 类似的还有哪些贸易术语？

（2）在非正常运输情况下基本险责任起讫期限的规定。如果由于保险人无法控制的运输延迟、被迫卸货、航程变更等意外情况，在被保险人及时通知保险人并加付保费的前提下，可按"扩展责任条款"（extended cover clause）办理，扩展保险期。

2. 战争险、罢工险的责任起讫期限

（1）战争险的责任起讫期限。按照国际惯例，战争险的责任起讫期限以"水面危险"为限。其具体规定是：

保险责任自被保险货物装上保险单所载起运港的海轮或驳船时开始，到卸离保险单载有的目的港的海轮或驳船为止。保险责任的最长期限以海轮到达目的港的当日午夜起算满 15 天为限。"到达目的港"是指海轮在该港区一个泊位或地点抛锚停靠或系缆。如没有这种停泊地点，则指海轮在原卸货港或附近第一次抛锚、停泊或系缆。

货物如果在中途港转船，不论货物在当地卸载与否，保险责任以海轮到达该港或卸货地点的当日午夜起算满 15 天为止，等货物再装上续运海轮时方有效。

如运输契约在保单所载明的目的地以外的地点终止时，该地即视为保险目的地而终止责任。如需再运往原目的地或其他地方，被保险人必须在续运前通知保险人，并加缴保险费，则自货物装上续运的海轮或驳船开始，保险继续有效。

如运输发生绕道、改变航程或承运人运用运输契约赋予的权限所做的任何航海上的改变，在被保险人及时将获知情况通知保险人，并在必要时加缴保险费的情况下，保险仍继续有效。

（2）罢工险的责任起讫期限。罢工险的责任起讫期限也采用"仓至仓条款"。如货物运输已投保战争险，加保罢工险一般无须加缴保险费。

6.3.5　除外责任

除外责任（exclusions）是保险公司明确规定不予承保的损失和费用，它还能起到划清保险人、被保险人和发货人各自应负责任的作用。

保险公司对海洋运输货物保险，规定有下列除外责任：

（1）被保险人的故意行为或过失所造成的损失。

（2）属于发货人责任所引起的损失。

（3）在保险责任开始前，被保险货物已存在的品质不良或数量短差所造成的损失。

（4）被保险货物的自然损耗、本质缺陷、特性引起的损失。

（5）市价跌落、运输延迟所引起的损失或费用。

（6）属于海洋运输货物战争险条款和货物运输罢工险条款规定的责任范围和除外责任。

6.4　伦敦保险协会海运货物保险条款

在国际货物运输保险业务中，伦敦保险协会制定的《协会货物条款》（Institute Cargo Clause，ICC），对世界各国保险业有着广泛的影响。凡由我国保险公司承保的货物或船舶，一般采用中国人民保险公司的保险条款。但也接受国外客户或者国外开来的信用证要求使用的伦敦保险协会的《协会货物条款》，例如，在我国海运货物按 CIF 或 CIP 出口的合同中，如果外商提出按《协会货物条款》投保，我们一般予以接受。

伦敦保险
协会海运货
物保险条款

伦敦保险协会货物条款最早制定于 1912 年，经多次修订，现在世界上大多数国家办理海上保险业务所使用的《协会货物条款》，修订于 1982 年 1 月 1 日，于 1983 年 4 月 1 日起实施。同时，新的保险单格式代替原来的 S.G. 保险单格式，也自同日起使用。2008 年 11 月 24 日新版《协会货物条款》公布，于 2009 年 1 月 1 日起生效。

6.4.1　协会货物保险条款的种类

新修订的《协会货物条款》共有 6 种保险条款：协会货物 A 险条款（A）［Institute Cargo Clauses A，简称 ICC（A）］、协会货物 B 险条款（B）［Institute Cargo Clauses B，简称 ICC（B）］、协会货物 C 险条款（C）［Institute Cargo Clauses C，简称 ICC（C）］、协会战争险条款（货物）［Institute War Clauses（Cargo）］、协会罢工险条款（货物）［Institute Strike Clauses（Cargo）］、恶意损害险条款（Malicious Damage Clauses）。

除恶意损害险外，其余 5 种险别均按条文的性质统一划分为 8 个部分：承保范围（risks covered）、除外责任（exclusions）、保险期限（duration）、索赔（claims）、保险利益（benefit of insurance）、减少损失（minimizing losses）、防止延迟（avoidance of delay）和法律惯例（law and practice）。ICC（A）、ICC（B）、ICC（C）3 种险别都有独立完整的结构，对承保风险及除外责任均有明确规定，因而都可以单独投保；协会战争险条款（货物）与协会罢工险条款（货物），也具有独立完整的结构，如征得保险公司同意，可作为独立的险别投保。在内容上与我国的战争险和罢工险无实质性差别；恶意损害险条款是新订的条款，因为 ICC（A）中包括这一责任，所以它只适用于 ICC（B）和 ICC（C）的附加条款，属附加险别，其条款内容比较简单。加保恶意损害险后，保险人对于由任何个人或数人非法行动故意损坏或故意破坏保险标的或其任何部分的损失和费用负赔偿责任。

6.4.2　协会货物条款主要险别的承保风险和除外责任

协会货物条款主要险别包括 ICC（A）、ICC（B）和 ICC（C），现将它们的承保范围和除外责任分述如下。

1. ICC（A）条款的承保范围和除外责任

（1）承保范围。ICC（A）条款大体相当于中国人民保险公司所规定的一切险，在该条款中其承保范围最广，不便把全部承保风险一一列出，故采用列出"除外责任"的方式，即除了除外责任外，其余风险损失均予负责。

（2）除外责任。

① 一般除外责任。它包括：被保险人故意的不法行为造成的损失和费用；保险

标的自然渗漏，重量或容量的自然损耗，或自然磨损；保险标的的包装准备不足或不当造成的损失或费用；保险标的本质缺陷或特性造成的损失或费用；直接由延迟引起的损失或费用，即使延迟是由承保的风险所引起的；船舶所有人、经理人、租船人或经营人破产或不履行债务造成的损失或费用；使用任何原子或核子裂变或其他类似的反应或放射性作用或放射物质的战争武器引起的损失或费用。

② 不适航和不适货的除外责任。它包括：船舶、运输工具、集装箱或大型海运箱不适宜安全运载保险标的（即"不适货"），如果保险标的在装载时，被保险人或其受雇人知道这种不适航和不适货的情况；保险人放弃提出任何关于船舶不适航和不适货将保险标的运往目的地默示保证的权利，除非被保险人或其受雇人知道这种不适航或不适货的情况。

③ 战争除外责任。它指由于战争、内战、敌对行为等造成的损失或费用；由于捕获、拘留、扣留等（海盗除外）所造成的损失或费用；由于漂流水雷、鱼雷等造成的损失或费用。

④ 罢工除外责任。它指由于罢工者、被迫停工工人等造成的损失或费用；任何恐怖主义者或出于政治动机而行动的人所造成的损失或费用。

2. ICC（B）条款的承保范围和除外责任

（1）承保范围。ICC（B）条款大体相当于中国人民保险公司所规定的水渍险，它比 ICC（A）条款的责任范围小，故采用承保"除外责任"之外列明风险的办法，即将其承保的风险一一列举出来。所承保的风险包括：火灾或爆炸；船舶或驳船遭受搁浅、触礁、沉没或倾覆；陆上运输工具的倾覆或出轨；船舶、驳船或运输工具同除水以外的任何外界物体碰撞；在避难港卸货；地震、火山爆发或雷电；共同海损的牺牲；抛货或浪击落海；海水、湖水或河水进入船舶、驳船、运输工具、集装箱、大型海运箱或贮存处所；货物在船舶或驳船装卸时落海或跌落造成整件的全损。

（2）除外责任。除对"海盗行为"和"恶意损害险"的责任不负责外，其余与 ICC（A）的除外责任相同。

3. ICC（C）条款的承保范围与除外责任

（1）承保范围。ICC（C）条款的承保范围比 ICC（B）条款小，它只承保"重大意外事故"的风险，而不承保 ICC（B）中的自然灾害（如地震、雷电、火山爆发等）和非重大意外事故（如装卸过程中的整件灭失等）的风险。具体承保风险采用"列明风险"的方式，包括：灭失或损害合理归因于下列原因者——火灾、爆炸；船舶或驳船触礁、搁浅、沉没或倾覆；陆上运输工具倾覆或出轨；船舶、驳船或运输工具与水以外的任何外界物体碰撞；在避难港卸货；共同海损牺牲；抛货。

（2）除外责任。ICC（C）条款的除外责任与 ICC（B）条款的除外责任相同。

4. 战争险的承保风险与除外责任

战争险主要承保由于下列原因造成标的物的损失：

（1）战争、内战、革命、叛乱、造反或由此引起的内乱，或交战国或针对交战国的任何敌对行为。

（2）捕获、拘留、扣留、禁制或扣押，以及这些行动的后果或这方面的企图。

（3）遗弃的水雷、鱼雷、炸弹或其他遗弃的战争武器。

战争险的除外责任与 ICC（A）险的"一般除外责任"及"不适航、不适货除外责任"大致相同。

5. 罢工险的承保风险与除外责任

罢工险主要承保保险标的物的下列损失：

（1）罢工者、被迫停工工人或参与工潮、暴动或民变人员造成的损失和费用。

（2）罢工、被迫停工、工潮、暴动或民变造成的损失和费用。

（3）任何恐怖主义者或任何人出于政治目的采取的行动所造成的损失和费用。

罢工险除外责任也与 ICC（A）险中的"一般除外责任"及"不适航、不适货除外责任"大致相同。

6. 恶意损害险

恶意损害险是 1982 年版新增加的附加险别，承保被保险人以外的其他人（如船长、船员等）的故意破坏行动所致被保险货物的灭失或损坏。但是，恶意损害如果是出于政治动机的人的行动，不属于恶意损害险承保范围，而应属于罢工险的承保风险。由于恶意损害险的承保责任范围已被列入 ICC（A）险的承保风险，所以，只有在投保 ICC（B）险和 ICC（C）险的情况下，才在需要时加保。

6.4.3　协会海运货物保险的保险期限

英国伦敦保险协会海运货物保险条款的保险期限与我国海运货物保险条款的相应规定大体相同，也是"仓至仓"。

ICC（A）、ICC（B）、ICC（C）险别的责任范围可用表 6-2 和表 6-3 说明。

表 6-2　ICC（A）、ICC（B）、ICC（C）险别的承保范围对照表

承保范围	ICC（A）	ICC（B）	ICC（C）
1. 火灾或爆炸	√	√	√
2. 船舶或驳船搁浅、触礁、沉没或倾覆	√	√	√
3. 陆上运输工具的倾覆或出轨	√	√	√
4. 在避难港卸货	√	√	√
5. 抛货	√	√	√
6. 共同海损的牺牲	√	√	√
7. 船舶、驳船或其他运输工具同除水以外的任何外界物体碰撞或接触	√	√	√
8. 地震、火山爆发或雷电	√	√	×
9. 浪击落海	√	√	×
10. 海水、湖水或河水进入船舶、驳船、运输工具、集装箱、大型海运箱或贮存处所	√	√	×
11. 货物在船舶或驳船装卸时落海或跌落，造成任何整件的全损	√	√	×
12. 由于被保险人以外的其他人（如船长、船员等）的故意违法行为所造成的损失或费用	√	×	×
13. 海盗行为	√	×	×
14. 下列"除外责任"范围以外的一切风险	√	×	×

注："√"表示承保风险，"×"表示免责风险或不承保风险。

表 6-3　ICC（A）、ICC（B）、ICC（C）险别的除外责任对照表

除外责任	I. C. C.（A）	I. C. C.（B）	I. C. C.（C）
1. 被保险人的故意违法行为所造成的损失和费用	×	×	×
2. 保险标的的内在缺陷或特性造成的损失或费用	×	×	×
3. 自然渗漏，重量或容量的自然损耗或自然磨损	×	×	×
4. 包装或准备不足或不当造成的损失或费用	×	×	×
5. 由于船舶所有人、经理人、租船人或经营人破产或不履行债务所造成的损失和费用	×	×	×
6. 直接由于迟延引起的损失或费用	×	×	×
7. 船舶不适航，船舶、装运工具、集装箱等不适货	×	×	×
8. 战争险	×	×	×
9. 罢工险	×	×	×
10. 由于使用任何原子武器或核裂变等造成的损失和费用	×	×	×

注："√"表示承保风险，"×"表示免责风险或不承保风险。

6.5　我国陆空邮运输货物保险的险别

陆运、空运货物与邮包运输保险是在海运货物保险的基础上发展起来的。由于陆运、空运与邮运同海运可能招致货物损失的风险种类不同，所以陆、空、邮货运保险与海上货运保险的险别及其承保责任范围也有所不同，现介绍如下。

6.5.1　陆运货物保险的险别

根据中国人民保险公司 1981 年 1 月 1 日修订的《陆上运输货物保险条款》（Overland Transportation Cargo Insurance Clauses）的规定，陆上运输货物保险的基本险别分为陆运险与陆运一切险两种。适用于陆运冷藏货物的专门保险，即陆上运输冷藏货物险，其性质也属基本险。此外，还有附加险，陆上（例如火车）运输货物战争险。

1. 陆运险与陆运一切险

陆运险（overland transportation risks）的承保责任范围与海洋运输货物保险条款中的"水渍险"相似。保险公司负责赔偿被保险货物在运输途中遭受暴风、雷电、洪水、地震自然灾害，或由于运输工具遭受碰撞、倾覆、出轨，或在驳运过程中因驳运工具遭受搁浅、触礁、沉没、碰撞，或由于遭受隧道坍塌、崖崩或失火、爆炸意外事故所造成的全部或部分损失。此外，被保险人对遭受承保责任内危险的货物采取抢救、防止或减少货损的措施而支付的合理费用，保险公司也负责赔偿，但以不超过该批被救货物的保险金额为限。

陆运一切险（overland transportation all risks）的承保责任范围与海上运输货物保险条款中的"一切险"相似。保险公司除承担上述陆运险的赔偿责任外，还负责被保险货物在运输途中由于一般外来原因所造成的全部或部分损失。

以上责任范围均适用于火车和汽车运输，并以此为限。

陆运险与陆运一切险的除外责任与海洋运输货物险的除外责任相同。

陆上运输货物险的责任起讫也采用"仓至仓"责任条款。保险人负责自被保险货物运离保险单所载明的起运地仓库或储存处所开始运输时生效，包括正常运输过程中的陆上和与其有关的水上驳运在内，直至该项货物运达保险单所载目的地收货人的最后仓库或储存处所或

被保险人用作分配、分派的其他储存处所为止。如未运抵上述仓库或储存处所，则以被保险货物运抵最后卸载的车站满 60 天为止。

陆上运输货物险的索赔时效为：从被保险货物在最后目的地车站全部卸离车辆后起算，最多不超过两年。

2. 陆上运输货物战争险

陆上运输货物战争险（火车）（overland transportation cargo war risks—by train）是陆上运输货物保险的特殊附加险，只有在投保了陆运险或陆运一切险的基础上经过投保人与保险公司协商方可加保。对于陆运战争险，国外私营保险公司大都不予承保。但为适应外贸业务需要，我国的保险公司一般均接受加保，但目前仅限于火车运输。

加保陆上运输货物战争险后，保险公司负责赔偿在火车运输途中直接由于战争、类似战争行为和敌对行为、武装冲突所致的损失，以及由于各种常规武器包括地雷、炸弹所致的损失。但是，由于敌对行为使用原子或热核武器所致的损失和费用，以及根据执政者、当权者或其他武装集团的扣押、拘留引起的承保运程中的丧失和挫折而造成的损失除外。

陆上运输货物战争险的责任起讫与海运战争险相似，以货物置于运输工具时为限。即自被保险货物装上保险单所载起运地的火车时开始，到保险单所载目的地卸离火车时为止。如果被保险货物不卸离火车，则以火车到达目的地的当日午夜起计算，满 48 小时为止；如在运输中途转车，不论货物在当地卸载与否，保险责任以火车到达该中途站的当日午夜起计算，满 10 天为止。如货物在此期限内重新装车续运，仍恢复有效。但需指出：如运输契约在保险单所载目的地以外的地点终止时，该地即视作本保险单所载目的地。在货物卸离该地火车时为止，如不卸离火车，则保险责任以火车到达该地当日午夜起计算满 48 小时为止。

3. 陆上运输冷藏货物险

陆上运输冷藏货物险（overland transportation insurance—frozen products）是陆上运输货物保险中的一种专门保险。其主要责任范围是，保险公司除负责陆运险所列举的各项损失外，还负责赔偿在运输途中由于冷藏机器或隔温设备的损坏或者车厢内贮存冰块的溶化所造成的被保险货物解冻溶化以致腐败的损失。但对由于战争、罢工或运输延迟而造成的被保险冷藏货物腐败的损失，以及被保险冷藏货物在保险责任开始时未能保持良好状态，包括整理加工和包扎不妥，或冷冻上的不合规定及骨头变质所造成的腐败和损失则不负责任。至于一般的除外责任条款，也适用于本险别。

陆上运输冷藏货物险的责任自被保险货物运离保险单所载起运地点的冷藏仓库装入运送工具开始运输时生效，包括正常的陆运和与其有关的水上驳运在内，直至货物到达保险单所载明的目的地收货人仓库为止。但是最长保险责任的有效期限以被保险货物到达目的地车站后 10 天为限（中国人民保险公司的该项保险条款还规定：装货的任何运输工具，必须有相应的冷藏设备或隔离温度的设备；或供应和贮存足够的冰块使车厢内始终保持适当的温度，保证被保险冷藏货物不致因溶化而腐败，直至目的地收货人仓库为止）。

陆上运输冷藏货物险的索赔时效为：从被保险货物在最后目的地全部卸离车辆后起计算，最多不超过两年。

6.5.2　航空运输货物保险的险别

根据中国人民保险公司 1981 年 1 月 1 日修订的《航空运输货物保险条款》（Air Transportation Cargo Insurance Clauses）规定，航空运输货物保险的基本险别分为航空运输险和航空运输一切险两种。此外，还有航空运输货物战争险。

1. 航空运输险与航空运输一切险

航空运输险（air transportation risks）的承保责任范围与海洋运输货物保险条款中的"水渍险"大致相同。保险公司负责赔偿被保险货物在运输途中遭受雷电、火灾、爆炸或由于飞机遭受恶劣气候或其他危难事故而被抛弃，或由于飞机遭受碰撞、倾覆、坠落或失踪意外事故所造成的全部或部分损失。

航空运输一切险（air transportation all risks）的承保责任范围除包括上述航空运输险的全部责任外，保险公司还负责赔偿被保险货物由于一般外来原因所造成的全部或部分损失。

航空运输险和航空运输一切险的除外责任与海洋运输货物险的除外责任基本相同。

航空运输货物险的两种基本险的保险责任也采用"仓至仓"条款，但与海洋运输险的"仓至仓"责任条款不同的是：如货物运达保险单所载明目的地而未运抵保险单所载明的收货人仓库或储存处所，则以被保险货物在最后卸载地卸离飞机后满 30 天保险责任即告终止。如在上述 30 天内被保险货物需转送到非保险单所载明的目的地时，则以该项货物开始转运时终止。

2. 航空运输货物战争险

航空运输货物战争险（air transportation cargo war risks）是航空运输货物险的一种附加险，只有在投保了航空运输险或航空运输一切险的基础上经过投保人与保险公司协商方可加保。

加保航空运输货物战争险后，保险公司承担赔偿在航空运输途中由于战争、类似战争行为和敌对行为、武装冲突以及各种常规武器和炸弹所造成的货物的损失，但不包括因使用原子或热核制造的武器所造成的损失。

航空运输货物战争险的保险责任是自被保险货物装上保险单所载明的起运地的飞机时开始，直到卸离保险单所载明的目的地的飞机时为止。如果被保险货物不卸离飞机，则以载货飞机到达目的地的当日午夜起计算，满 15 天为止。如被保险货物在中途转运时，保险责任以飞机到达转运地的当日午夜起算，满 15 天为止；待装上续运的飞机，保险责任再恢复有效。

6.5.3　邮包运输货物保险的险别

根据中国人民保险公司 1981 年 1 月 1 日修订的《邮包保险条款》（Parcel Post Insurance Clauses）规定，邮包保险的基本险别分为邮包险和邮包一切险两种。此外还有邮包战争险。

1. 邮包险和邮包一切险

保险公司对邮包险（parcel post risks）的承保责任范围是负责赔偿被保险邮包在运输途中由于恶劣气候、雷电、海啸、地震、洪水自然灾害或由于运输工具搁浅、触礁、沉没、碰撞、出轨、倾覆、坠落、失踪，或由于失火、爆炸意外事故所造成的全部或部分损失；另外，还负责被保险人对遭受承保责任内危险的货物采取抢救、防止或减少货损的措施而支付的合理费用，但以不超过该批被救货物的保险金额为限。

邮包一切险（parcel post all risks）的承保责任范围除包括上述邮包险的全部责任外，还负责被保险邮包在运输途中由于一般外来原因所致的全部或部分损失。

但是，这两种险别，保险公司对因战争、敌对行为、武装冲突或罢工所造成的损失，直接由于运输延迟或被保险物品本质上的缺陷或自然损耗所造成的损失，以及属于发货人责任和被保险邮包在保险责任开始前已存在的品质不良或数量短差所造成的损失，被保险人的故意行为或过失所造成的损失，不负赔偿责任。

邮包险和邮包一切险的保险责任是自被保险邮包离开保险单所载起运地点寄件人的处所运往邮局时开始生效，直至被保险邮包运达保险单所载明的目的地邮局，自邮局签发到货通知书当日午夜起算，满 15 天终止，但在此期限内，邮包一经递交至收件人的处所时，保险责任即行终止。

2. 邮包战争险

邮包战争险（parcel post war risks）是邮政包裹保险的一种附加险，只有在投保了邮包险或邮包一切险的基础上经过投保人与保险公司协商方可加保。

加保邮包战争险后，保险公司负责赔偿被保险邮包在运输过程中直接由于战争、类似战争行为和敌对行为、武装冲突或海盗行为以及各种常规武器包括水雷、鱼雷、炸弹所造成的损失。此外，保险公司还负责赔偿在遭受以上承保责任范围内危险引起的共同海损的牺牲、分摊和救助费用。但保险公司不承担因使用原子或热核制造的武器所造成的损失和费用的赔偿。

邮包战争险的保险责任是自被保险邮包经邮局收讫后自储存处所开始运送时生效，直至该项邮包运达保险单所载明的目的地邮局送交收件人为止。

有一点请注意：在附加险方面，除战争险外，海洋运输货物保险中的一般附加险和特殊附加险险别和条款均可适用于陆、空、邮运输货物保险。

保险实务

6.6　我国进出口货物保险实务

投保人向保险公司办理货运保险时，需填写保险单据、选择适当的险别、确定保险金额、交纳保险费，如发生货损货差还需向相关方进行索赔。

6.6.1　投保业务手续

被保险人向保险人投保，是一种签订契约的法律行为，被保险人就是发出要约的人，习惯上多以书面形式提出，经保险人承诺，双方就确立了契约关系。被保险人提出的书面申请，称为投保单或投保书。我国出口货物运输保险需逐笔办理，逐笔填写投保单。投保单的主要内容有：① 被保险人；② 保险货物项目、标记、包装及数量；③ 保险金额；④ 装运工具、起讫地、开航日期；⑤ 投保险别；⑥ 投保日期；⑦ 投保人签章。保险公司根据投保单出立保险单或其他保险凭证，以此作为保险人已接受保险的正式凭证。

投保有个"及时"的时间问题，为了避免漏保，保障被保险标的在遭受意外风险时能获得补偿，投保人应当在风险可能出现之前办理投保。进出口货物运输保险一般是按照"仓至仓条款"承保，因此，CIF 出口货物应在运离装运地仓库进入码头准备装船之前办理投保；CFR 或 FOB 出口货物是由买方办理投保的，但货物在装运港装船之前这一段的保险仍需卖方自行安排。进口货物的投保，应在风险转移给进口人承担之前办理为宜。

保险人承保的是今后可能发生的意外风险，所以投保时如果被保险标的已经发生损失，保险理当无效。但在国际贸易中，由于买卖双方相距遥远，传递消息不及时，投保时货物在外地或运输途中已经发生损失的事也司空见惯。所以，国际货物运输保险的惯例是：投保时货物已经发生损失，只要是出于善意，保险仍然有效。如投保人投保时已知货物发生损失，而保险人不知情者，则保险无效。

对于进口货物，为了简化手续和避免漏保，各进出口单位一般都与中国人民保险公司签订预约保险合同，对不带保险条件的进口货物（如 FOB、CFR 等），由中国人民保险公司自动承保进口合同项下的货运保险；但各进口单位仍须在获悉每批货物起运时，将投保单所要求的内容书面通知保险公司办理投保手续。

6.6.2　保险单据

投保时要填开保险单据，保险单据就是保险人与被保险人之间订立保险合同的证明文件，它反映了保险人与被保险人之间的权利和义务关系，既是保险人的承保证明，又是保险索赔和理赔的主要依据。

在国际贸易实践中，常用的保险单据主要有下列几种形式。

1. 保险单

保险单（insurance policy）又称大保单或正式保险单，是使用最广的一种保险单据。货运保险单是承保一个指定航程内某一批货物的运输保险文件，它具有法律上的效力，对双方当事人均有约束力。保险人根据投保人逐笔投保、逐笔签发，货物安全抵达目的地后，保险单的效力即告终止。保险单正面的内容包括：当事人的名称和地址；保险标的的名称、数量或重量、包装、唛头；载货船名、起运地和目的地、开航日期；保险币别、保险金额、承保险别、保险费率；赔款偿付地点、保险人的签章以及出立保险单的日期等。保险单背面印就的是各项保险条款，这些条款是确立保险人与被保险人之间权利与义务关系的依据，主要包括承保责任范围、除外责任、责任起讫、被保险人的义务、索赔期限等。[⊖]

2. 保险凭证

保险凭证（insurance certificate）又称小保单，是正式保险单的简化形式。这种凭证除背面不载明保险人与被保险人双方的权利和义务等保险条款外，其余内容均与保险单相同。保险凭证与上述保险单具有同等法律效力。但是，如果信用证内规定提交的是保险单，一般不能以保险凭证代替。

3. 联合凭证

联合凭证（combined certificate）是一种将发票和保险单相结合的，比保险凭证更为简化的保险单据。保险公司将承保的险别、保险金额以及保险编号加注在投保人的发票上，并加盖印戳，其他项目均以发票上列明的为准。这种凭证现已很少使用。

4. 预约保单

预约保单（open policy）又称预约保险合同（open cover），它是被保险人（一般为进口人）与保险人之间订立的总合同。订立这种合同是为了简化保险手续，又可使货物一经装运即可取得保障。合同中规定承保货物的范围、险别、费率、责任、赔款处理等条款，凡属合同约定的运输货物，在合同有效期内自动承保。在实际业务中，预约保单适用于我自国外进口的

⊖　详见本书附录样单（七）。

货物。凡属预约保单规定范围内的进口货物，一经起运，我国保险公司即自动按预约保单所订立的条件承保。但被保险人在获悉每批货物装运时，应及时将装运通知书（包括货物名称、数量、保险金额、船名或其他运输工具名称、航程起讫地点、开航或起运日期等内容）送交保险公司，并按约定办法缴纳保险费，即完成投保手续。事先订立预保合同，可以防止因漏保或迟保而造成的无法弥补的损失，因为货物在未投保前出险，再向保险公司投保，照例不能被接受，当发生损失时，就得不到保险赔款。

5. 批单

保险单开立后，投保人如需要补充或变更其内容，可根据保险公司的规定，向保险公司提出申请，经同意后即可出具一种注明补充或更改原保险内容的书面凭证，此凭证称为批单（endorsement）。保险公司将按批单上更改的内容承担赔偿责任。其补充或变更内容如涉及保险金额增加和保险责任范围扩大，保险公司只有在证实货物未发生出险事故的情况下才同意办理。批单原则上须粘贴在保险单上，并加盖骑缝章，作为保险单不可分割的一部分。

和海运提单一样，货运保险单和保险凭证可以经背书或其他方式进行转让。保险单据的转让无须取得保险人的同意，也无须通知保险人。即使在保险标的发生损失之后，保险单据仍可有效转让。在 CIF 或 CIP 条件下，保险单据的形式和内容，必须符合买卖双方约定的要求，特别是在信用证支付条件下，必须符合信用证的有关规定。保险单据的出单日期不得迟于运输单据所列货物装船或发运或者承运人接受监管的日期。因此，办理投保手续的日期也不得迟于货物装运日期。

6.6.3 投保险别的选择

投保险别是保险单据必不可少的内容之一，保险人承担的保险责任，是以保险险别为基础的。在不同险别的情况下，保险人承担的责任范围不同，被保险货物在遭受风险损失时可能获得的补偿不同，保险费率也不同，所以，投保时应选择适当的险别，以保证货物获得充分的经济保障，并节省保费开支。

选择什么险别，应视被保险货物在运输途中可能遭遇的风险而定。一般需考虑下列因素。

1. 货物的性质和特点

不同种类的货物在运输途中遭遇意外事故时，所遭受的损坏和灭失的程度是不相同的。在选择保险险别之前，应分析各种风险对货物致损的影响程度，以确定适当的险别。例如，有些货物容易吸潮（如茶叶、烟草、化学药品等），有些货物容易串味（如茶叶），有些货物容易生锈（如金属制品）等。各种货物的不同特点，在选择险别时，均需充分考虑。

2. 货物的包装

货物的运输包装种类对货物的保护程度不同，例如集装箱对货物的保护作用要比其他运输包装好。因此，可根据不同的运输包装，考虑选择不同的险别。

3. 运输路线及港口情况

海运中载货船只的航行路线和港口情况，对货物损失的影响程度有很大不同。运输路线的长短、气候等都会对货物产生不同的影响。例如，某些航线途经热带气候区，如载货船舶通风不良就会增加货损。同时，世界各地港口在设备、装卸能力以及安全等方面也有很大差异。

4. 货物的残损规律

根据货物以往的残损情况进行分析、研究，找出其残损规律，掌握货物在运输途中最易发生的危险和损失，作为选择投保险别的重要参考。

5. 国际上政治局势、经济形势的变化

如果货物运往或途经动乱、战争及附近区域，则货物遭受意外损失的可能性增大，此前应加保战争险和罢工险。

上述因素在选择投保的险别时要充分考虑。

6.6.4　保险金额与保险费的计算

1. 保险金额的确定与计算

保险金额（insured amount）是被保险人对保险标的实际投保的金额，是保险人承担保险责任的标准和计收保险费的基础。在保险货物发生保险责任范围内的损失时，保险金额就是保险人赔偿的最高限额。我国《海商法》第二百二十条规定："保险金额由保险人与被保险人约定。保险金额不得超过保险价值；超过保险价值的，超过部分无效。"因此，投保人投保运输货物保险时，一般应向保险人申报保险金额。

国际贸易货物运输保险的保险金额，一般以发票价值为基础确定。从买方的进口成本看，除去商品的货价外，还须包括运费和保险费，即以 CIF 价值作为保险金额。但在货物发生损失时，被保险人已支付的经营费用和本来可以获得的预期利润，仍然无法从保险人处获得补偿。因此，各国保险法及国际贸易惯例一般都规定，进出口货物运输保险的保险金额可在 CIF 货价基础上适当加成。例如，按照《跟单信用证统一惯例》（UCP 600）第 34 条 f 款规定："除非信用证另有规定，保险单必须表明的最低投保金额，应为货物的 CIF 价或 CIP 价加 10%……"《2020 年通则》对 CIF、CIP 条件下卖方的义务之 A3 款规定："……保险最低金额应是合同规定价格另加 10%（即 110%），并应采用合同货币。"即卖方有义务按 CIF 或 CIP 价格的总值另加 10% 作为保险金额。这部分增加的保险金额就是买方进行这笔交易所支付的费用和预期利润。如买方要求按较高的金额投保，而保险公司也同意承保，卖方亦可接受，但由此而增加的保险费在原则上应由买方承担。当然，保险人与被保险人可以根据不同的货物、不同地区进口价格与当地市场之间不同差价、不同的经营费用和预期利润水平，约定不同的加成率。但过高的加成率，有时会造成保险人的误解，而拒绝承保或大幅度增加保险费，结果是不利的。

保险金额的计算见式（6-1）。

$$保险金额 = CIF（或 CIP）价 \times （1 + 投保加成率）\tag{6-1}$$

以 CIF 发票金额为计算保险金额的基础，这表明不仅货物本身而且包括运费和保险费都作为保险标的而投保，在发生损失时应该获得赔偿。因此，对 CFR 合同项下货物进行投保，需先把 CFR 变成 CIF，再加成计算保险金额。以 CFR 为基础换算为 CIF 时，可用式（6-2）计算。

$$CIF（或 CIP）价 = \frac{CFR（或 CPT）价}{1 - （1 + 投保加成率）\times 保险费率}\tag{6-2}$$

至于进口货物的保险，外贸单位一般与中国人民保险公司签订有预约保险合同，保险金额以进口货物的 CIF 价值为准，一般不再加成。以 FOB 或 CFR 贸易术语进口时，按预约保险

合同规定的平均保险费率直接计算保险金额，其计算公式为式（6-3）或式（6-4）。

$$保险金额 = CFR 价格 \times （1 + 平均保险费率） \qquad (6\text{-}3)$$

$$保险金额 = FOB（或 FCA）价格 \times （1 + 平均运费率 + 平均保险费率） \qquad (6\text{-}4)$$

如果进口单位未与保险公司签订预约保险合同，而是逐笔投保的，其保险金额也是以 CIF 价值为准，一般不再加成，计算公式为式（6-5）或式（6-6）。

$$保险金额 = \frac{CFR}{1 - 保险费率} \qquad (6\text{-}5)$$

$$保险金额 = \frac{FOB \times （1 + 运费率）}{1 - 保险费率} \qquad (6\text{-}6)$$

2. 保险费的计算

被保险人投保时须向保险公司缴纳一定金额的保险费，双方的契约关系才能成立。被保险人交纳保险费是保险合同生效的重要条件，在被保险人支付保险费前，保险人可以拒绝签发保险单据，也不承担相应的保险责任。保险费是保险人经营业务的基本收入，也是保险人所掌握的保险基金（即损失赔偿的基金）的主要来源。保险公司收取保险费，不论进口还是出口，都是根据费率表按保险金额计算的，其计算公式为式（6-7）。

$$保险费 = 保险金额 \times 保险费率 \qquad (6\text{-}7)$$

若按 CIF 或 CIP 加成投保，式（6-7）则转化为式（6-8）。

$$保险费 = CIF（或 CIP）价 \times （1 + 投保加成率） \times 保险费率 \qquad (6\text{-}8)$$

保险费率是计算保险费的依据。我国进出口货物保险费率是我国保险公司在货物损失率和赔付率的基础上，参照国际保险费率水平，并根据我国对外贸易发展的需要制定的。不同的货物、不同的险别、不同的目的地，保险费率是不同的。

中国人民保险公司出口货物保险费率分为"一般货物费率表"和"指明货物附加费费率表"。前者适用于一般货物投保基本险别；后者是针对某些易损货物加收的一种附加费率，由于这些货物在运输途中极易因为外来风险引起短少、破碎和腐烂等，损失率较高，所以将它们单独列出，并称之为"指明货物"。在指明货物中还有一部分货物规定有免赔率。如投保人要求降低免赔率或不计免赔率可按费率表规定的标准，经保险公司同意后，另行加费承保。

👆 **例 6-1**　我方出口货物 3 000 件，对外报价为每件 2 美元 CFR 纽约。为避免漏保，客户来证要求我方装船前按 CIF 总值代为办理投保手续。查得该货的保险费率为 0.8%，问：我方对该货投保时的投保金额和应缴纳的保险费是多少？

【解答】

$$CIF = CFR / 1 - （1 + 投保加成率） \times 保险费率$$
$$= 2 / 1 - 110\% \times 0.8\% = 2.02（美元）$$
$$投保金额 = CIF 总值 \times 110\%$$
$$= 2.02 \times 3\ 000 \times 110\% = 6\ 666（美元）$$
$$保险费 = CIF 总值 \times 110\% \times 保险费率$$
$$= 2.02 \times 3\ 000 \times 110\% \times 0.8\% = 53.33（美元）$$

答：该批货物的投保金额为 6 666 美元，保险费为 53.33 美元。

6.6.5 保险索赔

保险索赔是指当被保险货物遭受承保责任范围内的风险损失时，被保险人向保险人提出的赔偿要求。

在国际货物买卖业务中，如由卖方办理投保，卖方在交货后便将保险单背书转让给买方或其收货代理人，当货物运抵目的地发现残损时，买方或其代理人作为保险单的合法受让人，应就地向保险人或其代理人要求赔偿。中国人民保险公司为便利我国出口货物运抵国外目的地后及时检验损失，就地给予赔偿，已在 100 多个国家建立了检验或理赔代理机构。至于我国进口货物的检验索赔，则由有关的进口单位或其委托的收货代理人在港口或其他收货地点，向当地人民保险公司要求赔偿。

被保险人或其代理人向保险人索赔时，应做好下列工作。

（1）损失通知和货损检验。当被保险人获悉或发现货物已遭受保险责任范围内的损失时，应及时通知保险公司或保险单上所载明的保险公司在当地的检验、理赔代理人，并尽可能保留现场，申请检验。保险公司或指定的检验、理赔代理人在接到损失通知后即应采取相应的措施，如勘察损失程度、调查损失原因、确定损失性质和损失责任、提出施救意见、签发检验报告等。检验报告是被保险人向保险公司申请索赔时的重要证件。

（2）保留向第三者责任方的索赔权。当被保险货物运抵目的地，被保险人或其代理人提货时，如发现货物有明显的受损痕迹、整件短少或散装货物已经残损，应立即向理货部门索取残损或短量证明。如货损涉及第三者（如承运人、港务局等）责任，则首先应向有关责任方提出索赔或声明保留索赔权。在保留向第三者责任方索赔权的条件下，可向保险公司索赔。被保险人在获得保险补偿的同时，须将受损货物的有关权益转让给保险公司，以便保险公司取代被保险人的地位或以被保险人的名义向第三者责任方进行追偿。这就是保险业所谓的权益转让，保险人的这种权利，称为代位追偿权（the right of subrogation）。在实际业务中，保险人需首先向被保险人进行赔付，才能取得代位追偿权。其具体做法是，被保险人在获得赔偿的同时签署一份权益转让书，作为保险人取得代位权的证明。保险人便可凭此向第三者责任方进行追偿。

（3）采取合理的施救措施。被保险货物受损后，被保险人和保险人都有责任采取可能的、合理的施救措施，以防止损失扩大。因抢救、阻止或减少货物损失而支付的合理费用，保险公司负责补偿，但以不超过该批被救货物的保险金额为限。按照有关法律和保险条款规定，被保险人有义务对受损货物进行施救。被保险人能够施救而不履行施救义务，保险人对于扩大的损失甚至全部损失有权拒赔。

（4）备妥索赔单证，在规定时效内提出索赔。保险索赔时，通常应提供下列证据：① 保险单或保险凭证正本；② 运输单据（即海运提单或铁路运单、航空运单、邮包收据等）；③ 商业发票和重量单、装箱单[⊖]；④ 检验报告；⑤ 残损、短量证明；⑥ 向承运人等第三者责任方请求赔偿的函电或其他证明文件；⑦ 必要时还需提供的海事报告；⑧ 索赔清单，主要列明索赔金额及其计算依据，以及有关费用项目和用途等。

对易碎和易短量货物的索赔，应了解是否有免赔的规定，即所谓不论损失程度（irrespective of percentage，I.O.P.）均予赔偿；或规定免赔率。免赔率是指保险人对于某些易损易碎的货物，在运输途中发生的货损货差，如在一定比率之内的，不负赔偿责任。免赔率有绝对

⊖ 详见本书附录样单（九）。

免赔率和相对免赔率两种。绝对免赔率是指保险人只赔偿超过免赔的部分，对免赔率内的损失绝对不赔。相对免赔率（franchise）是指保险人对免赔率内的损失不赔，如损失超过免赔率，则全部损失都赔。中国人民保险公司采取的是绝对免赔率，并规定在投保一切险或加保某些附加险时才有免赔率。现行的伦敦保险业协会的《协会货物条款》则无免赔率的规定。

根据国际保险业的惯例，保险索赔或诉讼的时效为自货物在最后卸货地卸离运输工具时算起，最多不超过 2 年。被保险人应在索赔时效内提出索赔或诉讼。

6.7　合同中的保险条款

保险条款是国际货物买卖合同的重要组成部分之一。保险条款的内容根据选用的贸易术语而有所区别。

以 FOB、CFR 或 FCA、CPT 条件成交的合同，保险条款可订为：

保险由买方负责。　　　　　　　　　　　　Insurance: to be covered by the buyer.

如买方委托卖方代办保险，则应明确规定保险金额、投保险别、按什么保险条款投保，同时规定保险费由买方负担，明确保险费的支付时间和方法。

以 CIF 或 CIP 条件成交的合同，保险条款通常包括保险金额、投保险别、保险费的负担以及所援引保险条款的版本和生效日期。

样 1： 保险由卖方按发票金额的 ××% 投保 ×× 险和 ×× 险，以中国人民保险公司 × 年 × 月 × 日的有关海洋运输货物保险条款为准。

Insurance: To be covered by the Seller for ... % of total invoice value against ... and ... as per and subject to the relevant ocean marine cargo clauses of the People's Insurance Company of China, dated ...

样 2： 由卖方按发票金额的 110% 投保一切险和战争险。

Insurance: To be covered by the Seller for 110% of total invoice value against All Risks and War Risks.

样 3： 由买方委托卖方按 CIF 发票金额的 130% 代为投保水渍险，以中国人民保险公司 1981 年 1 月 1 日的海洋运输货物保险条款为准，保险费由买方负担。

Insurance: To be covered by the Seller on behalf of the Buyer for 130% of CIF invoice value against With Particular Average, as per Ocean Marine Cargo Clauses of The People's Insurance Company of China，dated 1981.1.1, Premium to be for Buyer's account.

在海洋运输保险条款中，样 1 可看作表述相对完整的保险条款模板。样 2 和样 3 套用了样 1 的条款模式，但样 2 的表述缺乏完整性——虽然保险费的负担方可以由所选用的贸易术语来确定，但在样 2 的保险条款中，没有体现所引用保险条款的版本和日期，因而在实践中，尽量不采用样 2 的条款表述形式。样 3 的情境是：在 FOB 或 CFR 合同下，买方可以委托卖方代办保险，保险费仍由买方负担。这里的投保加成率是 30%，一般实务中应用最多的投保加成率是 10%（见样 2）。如果一方当事人要求提高加成率，由此而增加的保险费应与另一方当事人协商好具体由谁支付。当然，保险人与被保险人可以根据不同的货物、不同地区进口价格与当地市场之间不同差价、不同的经营费用和预期利润水平，约定不同的加成率。

样 4： 保险由卖方按发票金额的 ××% 投保 ×× 险，按 1982 年 1 月 1 日协会货物条款（A）负责。

Insurance: To be covered by the Seller for ... % of invoice value against ..., as per Institute Cargo Clause（A）dated Jan.1, 1982.

样 4 引用的保险条款版本是英国伦敦协会货物条款（ICC），我国与外商洽谈国际贸易合同时，可以接受这种保险条款，ICC 中的 A 险大体相当于我国 1981 年 1 月 1 日海洋运输货物保险条款（C.I.C.）中的一切险。

样 5： 保险由卖方按发票金额的 ××% 投保陆运（火车、汽车）一切险和海洋运输货物一切险，按中国人民保险公司 × 年 × 月 × 日陆上运输货物保险条款和海洋运输货物保险条款负责，包括战争险，按 × 年 × 月 × 日陆上运输货物战争险（火车）条款和 × 年 × 月 × 日海洋运输货物战争险条款负责。

Insurance: To be covered by the Seller for ... % of total invoice value against Overland Transportation All Risks and All Risks as per Overland Transportation Cargo Insurance Clauses（Train, Truck）and Ocean Marine Cargo Clauses of the People's Insurance Company of China date ..., including War Risks as per Overland Transportation Cargo War Risks Clauses（By Train）dated ..., and Ocean Marine Cargo War Risks Clauses dated ...

样 5 以陆海联运为例，说明多式联运保险条款的类别要与不同的运输方式相对应。根据货物行程的陆段与水段，分段办理陆运一切险和海运一切险，附加险也是这样分陆段和水段分别办理的。多式联运保险条款的组成和表述方式，与海洋运输货物保险条款相同。

样 6： ……加保偷窃、提货不着险。

... Including Risk of Theft, Pilferage and Non-Delivery.

样 7： ……加保短量险，重量短少有绝对免赔率 0.5%，按全部货物计算。

... Including Shortage in weight in excess of 0.5% on the whole consignment.

附加险不能单独投保，必须在投保基本险的基础上才能加保。样 6 和样 7 条款句首中的省略号和"加保"字样，表示在投保基本险的基础上才加保一般附加险。此外，样 7 还规定有免赔率。

本章小结

保险条款通常包括保险金额、投保险别、保险费的负担以及所援引保险条款的版本和生效日期。保险的基本原则有：可保利益原则、最大诚信原则、近因原则和补偿原则。在海运货物保险中，保险公司承保的范围包括风险、损失和费用。风险有海上风险和外来风险；损失有海上损失和外来风险损失。费用包括施救费用和救助费用。其中海上损失包括：实际全损、推定全损、共同海损和单独海损。中国保险条款（CIC）将险别分为基本险和附加险两大类。基本险有平安险、水渍险、一切险；附加险分为一般附加险、特殊附加险两类。基本险的责任起讫采用"仓至仓条款"。伦敦保险协会条款（ICC）的险别有 ICC（A）、ICC（B）、ICC（C）、Institute War Clauses（Cargo）、Institute Strike Clauses（Cargo）和 Malicious Damage Clauses。ICC 与 CIC 在结构和内容上有较大的区别。

 练习题

1. 列举国际货物运输保险的基本原则。

2. 在海运货物保险中，保险公司承保哪些风险、损失和费用？

3. 请举实例说明实际全损和推定全损。

4. 何谓共同海损？它与单独海损有何区别？

5. 我国海运保险有哪几种基本险别和附加险？

6. 什么是"仓至仓条款"？

7. 伦敦协会货物保险条款与我国的保险条款有什么异同？

8. 国际货物买卖合同中的保险条款主要包括哪些内容？规定此条款时应注意什么问题？

9. 我对外报价为 CFR 纽约，每公吨 2 000 美元。客户要求改为 CIFC5% 纽约，投保一切险和战争险，保险费率分别为 0.5% 和 0.04%，按 CIF 单价的 110% 加成，请计算 CIFC5% 是多少？

10. 有批货物已投保了平安险，该货物在装船过程中有 8 件落海，其中 5 件因打捞及时仅造成部分损失，其余 3 件全部灭失。在这种情况下，保险公司应赔偿几件货物的损失？

11. 一批货物已投保了平安险，分装两艘货轮驶往目的港。一艘货轮在航行中遇暴风雨袭击，船身颠簸，货物相互碰撞而发生部分损失；另一艘货轮在航行中与流冰碰撞，货物也发生了部分损失。请问：保险公司对于这两次损失是否都应给予赔偿？

12. 一批货物已经按发票总值的 110% 投保了平安险。货轮在航行途中于 5 月 3 日遇暴风雨袭击，部分货物遭到水渍，损失货值 1 000 美元；该轮在继续航行中又于 5 月 8 日触礁，货物再次发生部分损失，损失额为 1 000 美元。在这种情况下，保险公司应赔偿多少钱？为什么？

第7章
CHAPTER7

货款结算

∷**学习目标**

| 掌握票据的含义及特点。

| 掌握汇票的含义、基本内容及使用，了解本票和支票。

| 掌握汇付、托收的含义、当事人及种类。

| 重点掌握信用证的含义、特点及种类。

7.1 票据

票据有广义和狭义之分。广义的票据泛指商业上的权利凭证（document of title），即赋予持有人一定权利的凭证都是票据，如股票、国库券、提单、存单、发票、保单等。狭义的票据是指以支付金钱为目的的有价证券，是指由出票人依法签发，由自己或委托他人于见票时或者指定日期向收款人或持票人无条件支付一定金额的流通证券，包括汇票、本票和支票等。

票据的含义
与特性

票据具有流通性、无因性、文义性和要式性等基本特性，以保证其顺利流通。票据的转让可凭交付或经背书后交付给受让人，即可合法地完成转让手续，而无须通知票据上的债务人，债务人也不能以未接到通知为理由拒绝向票据权利人清偿债务，此即票据的流通性。

无因性是指票据当事人的权利与义务不受票据产生或转让原因的影响，对于票据受让人来说，他无须调查这些原因，只要票据记载是合格的，并且是依法取得的，即使该票据有原因上的缺陷，他也享有票据权利，票据债务人必须对持票人支付票款。

文义性是指票据当事人的责任和权利，完全按照票据上记载的文义来解释。票据的债权人可依票据文义行使权利，票据的债务人也仅对票据文义负责。要式性则是指票据的形式和内容必须符合规定，必要的项目必须齐全，对票据的处理，包括出票、提示、承兑、背书、保证、追索等行为都必须符合一定的要求。

世界各国大多有自己的票据立法，目前世界上影响较大的有两大法系：一是英美法系。英国于 1882 年制定了《英国票据法》（Bill of Exchange Act），对汇票和本票做了规定，并将支票作为汇票的一种。1909 年、1914 年和 1917 年英国政府先后三次对其修订，目前仍适用该法。1957 年，英国政府另行制定《英国支票法》（Cheques Act），作为对《英国票据法》的补充。美国纽约州在 1897 年首先公布《统一流通证券法》（Uniform Negotiable Instruments Law），后被其他各州所采用。1952 年，美国制定了《统一商法典》（Uniform Commercial Code），将《统一流通证券法》加以修改且并入《统一商法典》，作为该法典的第三章，并定名为"商业票据"。二是大陆法系。各国票据立法的差异与分歧，给国际结算带来了很多现实问题。1910 年和 1912 年，荷兰政府两次在海牙召开日内瓦统一票据法会议，37 个国家一起制定了《统一票据公约》，但因第一次世界大战爆发而未及各国政府批准便告终止。1920 年的布鲁塞尔国际金融会议上，与会代表再度谋求票据法的国际统一。1927 年，国际联盟经济委员会指定法国和德国的 7 名法学家负责起草统一票据法和公约草案。1930 年和 1931 年，国际联盟两次在日内瓦召开日内瓦统一票据法会议，分别有 30 多个国家参加，议定了《汇票与本票统一法公约》和《日内瓦统一支票法公约》，两者合称《日内瓦统一票据法》，该两项公约于 1934 年生效。但英美未派代表参加日内瓦会议，也拒绝参加日内瓦公约，因为日内瓦公约主要是按照欧洲大陆法系的传统制定的，与以英国为首的包括美国和英联邦成员国之间的已有统一做法相矛盾。联合国国际贸易法委员会从 1971 年起就着手起草并几次修改，于 1987 年 8 月在第 20 届贸法会议上正式通过了《国际汇票和国际本票公约》，但签字国太少。

各国票据法

我国在 1995 年 5 月 10 日第八届全国人民代表大会常务委员会第十三次会议上通过了《中华人民共和国票据法》（简称为我国《票据法》），于 1996 年 1 月 1 日起实施。入世后，为适应更加开放的国际环境，我国于 2004 年 8 月 28 日第十届全国人民代表大会常务委员会第十一次会议上对《票据法》进行修订，形成现行的票据法。

本章所研究的票据为汇票、本票和支票。在国际贸易结算中，多数情况下使用汇票，有时也会使用本票和支票。

7.1.1   汇票

汇票（bill of exchange，简称 draft 或 bill）最能反映票据的性质、特征和规律，也最集中地体现了票据所具有的信用、支付和融资等功能，是票据的典型代表。

1. 汇票的含义

1882 年《英国票据法》第 3 条给汇票下的定义是："汇票是一个人签发给另一个人的，要求即期、定期或在将来可以确定的某一时间，对特定的人或其指定的人或来人支付一定金额的无条件的书面支付命令。"

我国《票据法》第 19 条对汇票定义为："汇票是出票人签发的，委托付款人在见票时或在指定日期无条件支付确定金额给收款人或者持票人的票据。"

2. 汇票的必备内容

汇票是一种要式证券，法律对汇票所记载的必要项目做了明确的规定。

我国《票据法》第 22 条规定汇票必须记载下列事项：① 表明"汇票"的字样；② 无条件支付的委托；③ 确定的金额；④ 付款人名称；⑤ 收款人名称；⑥ 出票日期；⑦ 出票人签章。汇票上未记载上述规定事项之一的，汇票无效。[⊖]

《日内瓦统一票据法》还把付款日期、出票地点和付款地点也作为汇票必要项目，但我国《票据法》第 23 条则规定，汇票上未记载付款日期的，为见票即付；汇票上未记载付款地的，付款人的营业场所、住所或者经常居住地为付款地；汇票上未记载出票地的，出票人的营业场所、住所或者经常居住地为出票地。

汇票上还可记载一些法律上允许的其他事项，如利息和利率、付一不付二、免作退票通知、免作拒绝证书、出票条款等。

3. 汇票的使用

汇票的使用
与种类

汇票的使用也称票据行为，是以行为人在汇票上进行必备事项的记载，完成签名并交付为要件，以发生或转移票据权利、负担、票据债务为目的的法律行为。

（1）**出票**（draw/issue）。我国《票据法》第 20 条规定："出票是指出票人签发票据并将其交付给收款人的票据行为。"此规定不仅适用于汇票，也适用于本票和支票。出票行为包括两个动作，一是在汇票的出票行为中出票人在汇票上填写付款人、付款金额、付款日期、付款地点以及收款人等项目（做成汇票）；二是出票人签字后交给收款人（交付汇票）。这一行为是创设票据法律关系的行为，是票据流通过程的起始。

汇票上收款人的填写可视交易需要的不同，在 3 种写法中选择其一作为汇票的抬头[⊜]（我国《票据法》和《日内瓦统一票据法》都不允许汇票做成来人抬头）。

① 限制性抬头。例，"仅付 A 公司"（pay A Co. only），"付 A 公司不准转让"（pay A Co. not transferable）。这种抬头的汇票不能流通转让，由记名收款人收取款项。

② 指示性抬头。例，"付 A 公司或其指定人"（pay A Co. or order; pay to the order of A Co.）。这样抬头的汇票经过背书并交付，可以转让给第三者。

③ 持票人或来人抬头。例，"付给来人"（pay to bearer 或 pay to A Co. or bearer）或付持票人（pay to holder）。这种抬头的汇票无须持票人背书，仅凭交付即可转让。

出票行为之后，对出票人而言须负担保承兑和付款的责任，即当汇票不获承兑或付款时，出票人应负偿还责任；对收款人而言，获得以自己的名义受领票款的权限，即取得付款请求权。付款人还可取得追索权和将汇票转让出去的权利（转让权视汇票收款人的记载方式而定）；对付款人而言则并不会因此而成为票据债务人。

（2）**背书**（endorsement）。汇票可以通过转让而流通，其转让方式有两种：一是背书转让；二是单纯交付转让。单纯交付转让仅适用于无记名汇票和空白背书汇票。但我国《票据法》不承认这两种汇票，因此在我国汇票只能以背书方式转让。

背书是指持票人以转让票据权利或者将一定的票据权利授予他人行使为目的，在票据的背面或粘单上记载有关事项并签章，将票据交付给他人的一种附属票据行为。对于受让人来说，所有在他以前的背书人和原出票人都是他的"前手"（prior party），而对于出让人来说，所有在他以后的受让人都是他的"后手"（sequent party），"前手"

⊖　详见本书附录样单（二）。

⊜　在习惯上，将票据的收款人也称为票据的"抬头"。

对"后手"负有保证汇票必然会被承兑或付款的担保责任。

背书方式有限制性背书、空白背书和特别背书 3 种。

① 限制性背书（restrictive endorsement）即不可转让背书，是指背书中包含有限制性的词语，如"仅付 A 公司"（pay A Co. only）、"付 A 公司不准转让"（pay A Co. not transferable）。此类汇票只能由指定的被背书人凭票取款，而不能另行转让。

② 空白背书（blank endorsement）又称略式背书或不记名背书，是指背书人只在票据背面签字，不指定被背书人。这种汇票可与来人抬头的汇票一样，仅凭交付即可转让。

③ 特别背书（special endorsement）又称为记名背书，是指背书人在票据背面签名外，还写明被背书人的名称或其指定人，如："付给某银行或其指定人"（pay ... bank or order；pay to the order of ... bank）。这种背书可进一步凭背书交付进行转让。

（3）**提示**（presentation）。提示是指持票人（holder）将汇票提交付款人，要求承兑或付款的行为。付款人看到汇票叫"见票"（sight）。如果是即期汇票，付款人见票后立即付款，若是远期汇票，付款人见票后办理承兑手续，到期才付款。

远期汇票的提示承兑和即期汇票的提示付款均应在法定期限内进行。我国《票据法》规定，定日付款或者出票后定期付款的汇票，持票人应当在汇票到期日前向付款人提示承兑；见票后定期付款的汇票，持票人应当自出票日起一个月内向付款人提示承兑；见票即付的汇票，自出票日起一个月内向付款人提示付款；定日付款、出票后定期付款或者见票后定期付款的汇票，自到期日起十日内向承兑人提示付款。[⊖]

（4）**承兑**（acceptance）。我国《票据法》第 38 条规定："承兑是指汇票付款人承诺在汇票到期日支付汇票金额的票据行为。"承兑手续一般由承兑人（付款人）在汇票正面写上"承兑"（accepted）字样，注明承兑日期并签名。

我国《票据法》第 41、42 条规定，汇票的付款人应当自收到提示承兑的汇票之日起 3 日内承兑或者拒绝承兑，汇票上未记载承兑日期的以付款人自收到提示承兑的汇票之日起的第 3 天为承兑日期。第 43 条规定，"付款人承兑汇票，不能附有条件；承兑附有条件的，视为拒绝承兑。"

汇票一经承兑，就不可撤销。我国《票据法》第 44 条规定："付款人承兑汇票后，应当承担到期付款的责任。"因此，汇票承兑后，付款人就成为汇票的承兑人，并成为汇票的主债务人，承兑人事后不得以诸如"出票人的签字是伪造的"等理由来否认承兑汇票的效力，而汇票一经付款人承兑，出票人便成为汇票的从债务人（或称为次债务人）。

（5）**付款**（payment）。付款是指付款人或承兑人向持票人清偿汇票金额的行为。即期汇票在付款人见票时即付；远期汇票于到期日在持票人提示付款时由付款人付款。该行为与出票、背书、承兑不同的是，行为人不必以在票据上做一定的意思表示为行为要素，所以它并不是一种票据行为。付款人付足全部票款后，票据上的一切债权债务即告结束，因而它是一种法律行为。

（6）**拒付**（dishonor）**与追索**（recourse）。拒付也称退票，是指汇票在提示付款或提示承兑时遭到拒绝。值得注意的是汇票的拒付行为不局限于付款人正式表示不付款或不承兑，在付款人或承兑人拒不见票、死亡、宣告破产或因违法被责令停止业务活动等情况下，使得付款在事实上已不可能，也构成拒付。

汇票遭到拒付时，对持票人立即产生追索权，他有权向背书人或出票人追索票款。正当

⊖ 参见《中华人民共和国票据法》第 39、40、53 条。

持票人可不依背书次序，越过其前手，对债务人（出票人、背书人）中的任何一人追索。被追索者付讫票款后，即取得了持票人的权利，再向其他债务人行使追索权，直到出票人为止。[○]如果汇票已经经过承兑人承兑，则出票人还可以向法院起诉，要求付款。持票人行使追索权时，应将拒付事实书面通知"前手"，即发出退票通知。国际汇票一般应请求拒付地的法定公证人或其他有权做拒付证书的机构做出拒付证书（letter of protest）。汇票的出票人或背书人为避免承担被追索的责任，可在背书时加注"不受追索"（without recourse）字样，但带有这种批注的汇票在市场上很难流通转让。

4. 汇票的种类

汇票按其内容和特征可以分为以下几种类型。

（1）按出票时有无附属单据，可分为光票（clean bill）和跟单汇票（documentary bill）。光票又称净票或白票，是指出具的汇票不附任何货运单据；反之，如出具的汇票附有货运单据，则称为跟单汇票或押汇汇票。国际货物贸易中大多使用跟单汇票作为结算工具。

（2）按付款时间的不同，可以分为即期汇票（sight bill/demand draft）和远期汇票（time draft/usance draft）。凡汇票上规定付款人见票后应立即付款的称为即期汇票。凡汇票上规定付款人在未来特定日期付款的称为远期汇票。远期汇票的规定办法有四种：① 见票后若干天付款（at ... days after sight），如见票后 30 天、60 天、90 天等；② 出票后若干天付款（at ... days after date）；③ 规定一个特定的日期，即定日付款，如 on 1 July, 2018 ... fixed pay（this bill）to ... 或者 At 30 days after 15th Nov. pay to ... ；④ 运输单据后若干天（at ... days after date of transport document），其中较多用"提单日后若干天"（at ... days after date of bill of lading）。

（3）按出票人不同，可分为银行汇票（banker draft）和商业汇票（commercial draft）。银行汇票是指汇票的出票人和付款人（受票人）都是银行。银行汇票一般是光票，不随附货运单据；如果汇票的出票人是外贸公司、外商投资企业或个人，付款人可以是工商企业或个人，也可以是银行，则称为商业汇票。商业汇票大都附有货运单据。在国际贸易结算中，使用商业汇票居多，商业汇票通常由出口商开立，向国外进口商或银行收取货款时使用。

（4）按承兑人不同，可以分为商业承兑汇票（commercial acceptance bill）和银行承兑汇票（banker acceptance bill）。以工商企业为付款人的远期汇票，经付款人承兑后，称为商业承兑汇票，它建立在商业信用的基础上；而工商企业出票但以银行为付款人的远期汇票，经付款行承兑后，成为银行承兑汇票，它建立在银行信用的基础上，易于在金融市场进行流通。

一张汇票往往可以同时具备几个特征，如一张商业汇票可以同时是远期的跟单汇票。

案例 7-1

【案情】

2015 年 8 月，我国某市的 A 公司与新加坡的 B 公司签订了一份进口胶合板的贸

票据案例

○　参见《中华人民共和国票据法》第 68 条。

易合同。合同列明：总金额 700 万美元，托收项下付款交单，允许分批装运。随后，第一批价值 60 万美元的胶合板在交货期前准时到货，A 公司对此批货物的质量非常满意，双方的合作也很愉快。

在第二批货物的交货期前，B 公司提议，A 公司可以银行已承兑见票后一年付款的 700 万美元的远期汇票付款，B 公司保证会如期交付第二批货物，以帮助 A 公司缓解资金周转的困难。经认真思考，A 公司认为只需出具远期汇票并请银行承兑，即可将货物在国内市场销售，销售所得货款还可进行投资，随即答应 B 公司的提议，并开出远期汇票，请某国有银行某市分行对此汇票承兑后交付 B 公司。

但始料不及的是，B 公司将银行已承兑远期汇票在新加坡美国银行贴现了 600 万美元后就消失了，更谈不上交付货物。一年后，新加坡美国银行将这张远期汇票向某国有银行某市分行提示付款，该行最终报请上级批准，支付给美国银行 600 万美元而结案。

【讨论分析】

1. 在本案例中，A 公司、B 公司、某市商业银行、新加坡美国银行是远期汇票中的什么当事人？

2. 什么是票据行为？在本案例中，发生了哪些票据行为？这些票据行为有怎样的法律效力？

3. 为什么 B 公司没有履行其交货义务，承兑银行仍需支付新加坡美国银行 600 万美元？

【延伸思考】

付对价持票人和正当持票人的票据权利有哪些差异？

7.1.2　本票

1. 本票的含义

1882 年《英国票据法》关于本票（promissory note）的定义为："本票是一项书面的无条件的支付承诺，由一人做成，并交给另一人，经出票人签名承诺即期或定期或在可以确定的将来时间，支付一定数目的金钱给一个特定的人或其指定人或来人。"

我国《票据法》第 73 条对本票所下的定义为："本票是出票人签发的，承诺自己在见票时无条件支付确定的金额给收款人或持票人的票据。本法所称本票，是指银行本票。"

2. 本票的必备内容

根据我国《票据法》第 75 条规定："本票必须记载下列事项：（一）表明'本票'的字样；（二）无条件支付的承诺；（三）确定的金额；（四）收款人名称；（五）出票日期；（六）出票人签章。本票上未记载上述规定事项之一的，本票无效。"并在第 76 条规定："本票上记载付款地、出票地等事项的，应当清楚、明确。本票上未记载付款地的，出票人的营业场所为付款地。本票上未记载出票地的，出票人的营业场所为出票地。"

一般本票的样例：

```
Promissory Note for GBP 800.00                    London, 8th Sept., 2018

At 60 days after date we promise to pay Beijing Arts and Crafts Corp. or order the sum of Eight hundred pounds

                                            For Bank of Europe, London
                                                      signature
```

3. 本票的种类

（1）商业本票和银行本票。

本票按出票人的不同，可分为商业本票和银行本票。商业本票的出票人一般是公司、商号或个人。银行本票则是由银行为出票人签发的本票。

在我国《票据法》中明确指出，"本法所称本票，是指银行本票"且"本票的出票人必须具有支付本票金额的可靠资金来源，并保证支付"。[一]

（2）即期本票和远期本票。

本票按付款期限的不同，可分为即期本票和远期本票。即期本票就是见票即付的本票，而远期本票则是承诺在未来某一规定的或可以确定的日期支付票款的本票。商业本票可以有即期本票和远期本票之分；而银行本票，根据某些国家的法律规定，只有即期。例如，我国《票据法》规定的本票就是即期，且第 78 条规定："本票自出票日起，付款期限最长不得超过二个月。"

（3）国内本票和国际本票。

按本票两个基本当事人的所在地是否为同一国家，本票可分为国内本票和国际本票。国内本票的出票人和收款人所在地为同一国家，国际本票的出票人和收款人所在地则非同一国家。

（4）本币本票和外币本票。

按本票支付货币的不同，本票可分为本币本票和外币本票。本币本票的票面金额以出票人本国货币表示，外币本票的票面金额以非出票人本国货币表示。

本票是一种流通票据，可以自由流通转让，但在国际贸易结算业务中使用得并不多，因为本票是以出票人本身的资信作为保证的。商业本票是建立在纯粹商业信誉基础上的，信用等级不高，债务人违约的情况也比较多见。然而，如果银行为出票人提供担保，那么，该本票的到期偿付，除出票人本身的承诺外，又得到银行的担保，这样一张集商业信用与银行信用于一体的本票，自然成为一种安全、理想的支付工具。在大型的资本货物的进出口交易中，由于交货期限长，金额巨大，通常由进口商签发到期时间不等的一套若干份本票，经过银行担保后，提供给出口商，由出口商到期收款。银行可以保证人的身份为出票人提供担保，也可以背书人的身份签字。无论以何种形式出现，当出票人到期不能偿付票款时，银行即应承担付款责任，以保证出口商或其他持票人的利益。

4. 本票和汇票的区别

本票和汇票在基本内容上有很多相似之处：都以货币表示，金额一定；都必须以无条件的书面形式做成；付款期限可以是即期或远期；收款人可以指定某人或来人。但本票和汇票

[一] 参见《中华人民共和国票据法》第 73、74 条。

除定义上的不同外，还有以下区别。

（1）基本当事人不同。本票有两个基本当事人，即出票人和收款人；汇票有三个基本当事人，即出票人、付款人和收款人。

（2）付款方式不同。本票的出票人自己出票自己付款，这是承诺式的票据；汇票是出票人要求付款人无条件支付给收款人的书面命令，付款人没有义务必须支付票款，除非他承兑了汇票，这是命令式或委托式的票据。

（3）承兑等项不同。远期汇票需经付款人承兑，而本票的出票人就是付款人，远期本票由他本人签发，无须承兑，见票后定期付款的本票，持票人只需向出票人提示"签见"（即"签字确认见票"），以确定到期日，如出票人拒绝签见，持票人应在见票提示期限内，做成拒绝证书，此后持票人不必再做付款提示或做付款拒绝证书，便可直接向前手行使追索权。

（4）主债务人。本票的主债务人是出票人；汇票的主债务人，承兑前是出票人，承兑后是承兑人。

7.1.3　支票

1. 支票的含义

参加《日内瓦统一支票法公约》国家的票据法一般不对支票（cheque/check）进行定义，而英美法系则将支票视为汇票的一种。如 1882 年《英国票据法》第 73 条规定：支票是以银行为付款人的即期汇票；美国《统一商法典》第 4 ～ 104 条规定：如果属于有银行付款并见票即付的汇票则是支票。我国《票据法》第 81 条对支票的定义为：支票是出票人签发的，委托办理支票存款业务的银行或者其他金融机构在见票时无条件支付确定的金额给收款人或者持票人的票据。

出票人在签发支票后，应负票据上的责任和法律上的责任。前者是指出票人对收款人担保支票的付款；后者是指出票人签发支票时，应在付款行存有不低于票面金额的存款。如存款不足，支票持有人在向付款行提示支票付款时，就会遭到拒付。这种支票叫作空头支票。开出空头支票的出票人要负法律上的责任。

2. 支票的记载项目

根据我国《票据法》第 84 条的规定，支票必须记载下列项目：（一）表明"支票"的字样；（二）无条件支付的委托；（三）确定的金额；（四）付款人名称；（五）出票日期；（六）出票人签章。支票上未记载前款规定事项之一的，支票无效。而对应记载项目则包括收款人、出票地和付款地。

支票是见票即付的票据。我国《票据法》第 90 条记载："支票限于见票即付，不得另行记载付款日期。另行记载付款日期的，该记载无效。"但在实践中往往存在票载日期滞后于实际出票日的情况。对于这种以将来日期作为出票日的支票，英美及我国台湾地区规定持票人在票载日期之后做付款提示，付款人应无条件付款，如持票人在票载日期之前做付款提示，付款人可不予付款，且不构成拒绝付款事由，持票人不能行使追索权；若付款人予以付款，持票人可以予以接受，同样具有付款效力；《日内瓦统一票据法》规定对于票载日期滞后于实际出票日期的支票，持票人不论在票载日期之前或之后提示，付款人都应无条件付款。

3. 支票的种类

（1）记名支票和不记名支票。记名支票写明收款人姓名，在取款时必须由收款人签章，在流通时以背书方式转让。收款人姓名可以由出票人在出票时记载，也可以由出票人授权补记。不记名支票不记载收款人姓名或仅记载"付来人"，取款时仅凭支票，付款人即向持票人付款，转让时可仅凭交付也可凭背书转让。我国《票据法》未把收款人作为支票必须记载事项，在法律上认可了不记名支票这一形式。

（2）普通支票、现金支票和转账支票。我国以支付方式为标准，可以将支票划分为普通支票、现金支票和转账支票。普通支票可以支取现金，也可以转账，用于转账时，应在支票正面注明；现金支票只能用于支取现金；转账支票则只能用于转账，不能支取现金。[一]

（3）划线支票和未划线支票。《日内瓦统一支票法公约》、日本《支票法》、英国《支票法》等均规定了划线支票的制度，在我国《票据法》中则没有这一规定。所谓"划线"即由出票人或收款人或代收银行在支票的正面画两条平行线，支票经"划线"后只能通过银行收款，不得出持票人直接提款，其目的是使不正当持票人转让支票或领取票款更加困难。未划线支票也可称为一般支票，可由持票人或收款人自主选择支取现金或转账的收款方式。

划线支票有普通划线和特别划线两种形式。普通划线指支票正面有两条平行线，但没有记载特定的银行或其他金融机构名称，收款人可通过任何一家银行或金融机构代收票款；而特别划线则指在支票正面的两条平行线中记有特定的银行或其他金融机构名称，付款人只能将支票金额支付给该指定的收款银行或金融机构。因而，特别划线支票较之普通划线支票更为安全。

（4）保付支票。在《美国统一商法典》和我国台湾地区的有关规定中，支票可由付款行加"保付"（certified to pay）字样并签字而成为保付支票。付款行保付后就必须付款，支票一经银行保付，出票人及其前手背书人即被解除责任。支票经保付后，身价提高，有利于流通。

一般支票的样例：

```
Cheque for $10 000.00                           London, 30th, May, 2020
        Pay to the order of United Trading Co.
The sum of TEN THOUSAND POUNDS
        To: Midland Bank                        For ABC Corporation

        London                                  London
                                                （Signed）
```

4. 支票与汇票、本票的区别

支票与汇票、本票均具有票据的一般特性，其票据行为除票据法特定的以外，均适用汇票的规定。[二]三者之间仍有明显差别，如下所述。

本票与支票

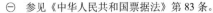

[一]　参见《中华人民共和国票据法》第 83 条。
[二]　参见《中国人民共和国票据法》第 94 条。

（1）当事人不同。汇票和支票均有三个基本当事人，即出票人、付款人和收款人；本票基本当事人有两个，即出票人和收款人。

（2）票据性质。汇票和支票均是委托他人付款的票据，是委托支付证券；本票是由出票人自己付款的票据，属于自付证券或承诺证券。

（3）付款期限。支票均为即期，即见票即付；汇票和本票则有即期和远期之分。

（4）承兑。远期汇票需付款人履行承兑手续；本票由出票人承担付款责任，因而无须承兑；支票均为即期，无须承兑。

（5）责任。汇票的出票人对付款人没有法律上的约束，付款人是否愿意承兑或付款，是付款人自己的独立行为，但一经承兑，承兑人就应承担到期付款的绝对责任；本票的付款人即出票人自己，一经出票，出票人即应承担付款责任；支票的付款人只有在出票人在付款人处有足以支付支票金额存款的条件下才负有付款责任。

🔍 案例 7-2

【案情】

甲开立 100 英镑的支票给乙，授权乙向丙银行取款，乙拿到支票后拖延很久不去取款，恰在此时，丙银行倒闭，甲在丙银行账户里的存款分文无着。乙在未获支票款项的情况下，找到了甲，要甲负责。甲以支票已过期为由拒绝对乙负责。

【讨论分析】

在案例中甲能以支票已过期为理由拒绝对乙负责吗？为什么？

【延伸思考】

1. 支票当事人的权利与义务是什么？

2. 汇票、本票和支票之间的联系与区别是什么？

7.2　汇付

汇付

汇付（remittance）又称汇款，是指付款人委托所在国的银行，将款项以某种方式付给收款人，是最简单的国际贷款结算方式。在汇款业务中结算工具（委托通知、票据）的传递方向与资金的流向相同，故汇付属于顺汇。

汇付的当事人有以下四个。

（1）汇款人（remitter），即付款人，在国际贸易结算中，通常是进口方、买卖合同的买方或其他经贸往来中的债务人。

（2）收款人（payee/beneficiary），通常是出口方、买卖合同的卖方或其他经贸往来中的债权人。

（3）汇出行（remitting bank），即受汇款人委托将资金汇出的银行，通常是付款人所在地银行。

（4）汇入行（receiving bank），又称解付行（paying bank），即接受汇出行委托解付款项的银行，通常是收款人所在地银行。

7.2.1 汇付方式的种类及其业务程序

汇付的一般业务程序为汇款人向汇出行递交"汇出汇款申请书"一式两联，其中一联为申请书，另一联为汇款回执，有时还需填写汇款资金支取凭证或外汇额度支出凭证，汇出行按照申请书的指示，使用某种结算工具（如电报、电传、信汇委托书、汇票等）通知汇入行，汇入行则按双方银行事先订立的代理合约规定，向收款人解付汇款（见图 7-1）。

图 7-1　汇款方式的一般业务程序

按照使用的支付工具不同，汇付可分为电汇、信汇、票汇三种方式。

1. 电汇

电汇（telegraphic transfer，T/T）是汇款人委托汇出行以电报（cable）、电传（telex）、环球银行间金融电信网络（SWIFT）等手段，指示收款人所在地的汇入行，解付一定金额给收款人的汇款方式（见图 7-2）。电汇是最快捷安全且普遍适用的汇付方式。

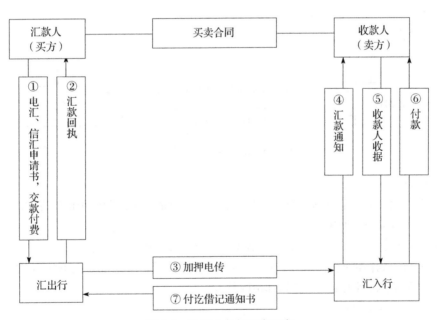

图 7-2　电汇业务的基本程序

图 7-2 说明：

① 汇款人填写汇款申请书，交款付费给汇出行，申请书中说明使用电汇方式。

② 汇款人取得电汇回执。

③ 汇出行发出加押电报、电传或 SWIFT 电文给汇入行，委托汇入行解付汇款给收款人。

④ 汇入行收到电报或电传，核对密押无误后，缮制电汇通知书，通知收款人。

⑤ 收款人收到通知书后在收据联上盖章，交汇入行。

⑥ 汇入行借记汇出行账户，取出头寸，解付汇款给收款人。

⑦ 汇入行将付讫借记通知书寄给汇出行，通知它汇款解付完毕，一笔电汇汇款业务结束。

2. 信汇

信汇（mail transfer, M/T）方式与电汇相似，是汇出行应汇款人申请，将信汇委托书（M/T advice）或支付委托书（Payment Order）邮寄给汇入行，授权其解付一定金额给收款人的汇款方式（见图7-3）。

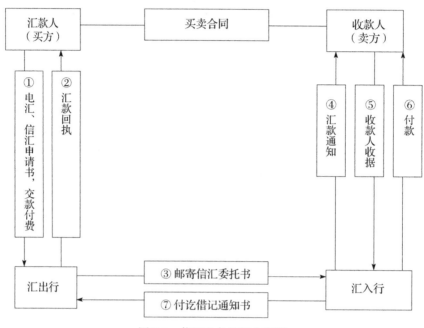

图 7-3　信汇业务的基本程序

图 7-3 说明：

① 汇款人填写汇款申请书，交款付费给汇出行，申请书中说明使用信汇方式。

② 汇款人取得信汇回执。

③ 汇出行根据申请书制作信汇委托书或支付委托书，邮寄汇入行。

④ 汇入行收到信汇或电汇委托书后，核对签字无误后，将信汇委托书的第二联信汇通知书及第三、第四联收据正副本一并通知给收款人。

⑤ 收款人凭收据收款。

⑥ 汇入行借记汇出行账户，取出头寸，解付汇款给收款人。

⑦ 汇入行将付讫借记通知书寄给汇出行，通知它汇款解付完毕，一笔信汇汇款业务结束。

信汇方式的操作程序与电汇方式相同。区别在于，信汇方式是将信汇委托书通过邮局以航寄方式寄给汇入行，而电汇采用的是电讯方式。信汇委托书不必加注密押，但必须有汇出行有权签字人员的签名或印鉴，汇入行经核对证实无误后，解付汇款。信汇费用较为低廉，但收款人收到款项的时间较晚，因而现在已很少使用了。

3. 票汇

票汇（demand draft, D/D）是指汇出行应汇款人申请，代汇款人开立以其分行或代理行为解付行的银行即期汇票支付一定金额给收款人的一种汇款方式（见图 7-4）。

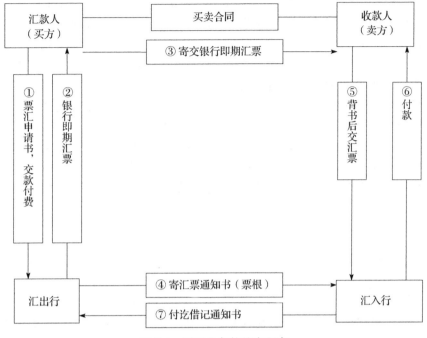

图 7-4　票汇业务的基本程序

图 7-4 说明：

① 汇款人填写汇款申请书，交款付费给汇出行，申请书中说明使用票汇方式。

② 汇出行作为出票行，开立银行即期汇票交给汇款人。

③ 汇款人将汇票寄收款人。

④ 汇出行将汇款通知书，又称票根，即汇票一式五联中的第二联寄汇入行，凭此将与收款人提交汇票正本核对。近年来，银行为了简化手续，汇出行已不寄出汇款通知书了，汇票也从一式五联改为一式四联，取消了汇款通知书联。

⑤ 收款人提示银行即期汇票给汇入行要求付款。

⑥ 汇入行借记汇出行账户，取出头寸，凭票解付汇款给收款人。

⑦ 汇入行将付讫借记通知书寄给汇出行，通知它汇款解付完毕，一笔票汇汇款业务结束。

票汇与电汇、信汇的不同之处在于：第一，汇票的传递不通过银行，汇入行即汇票的付款行无须通知收款人取款，而由收款人自行持票向汇入行提示，请求解付票款；而电汇、信汇的汇入行在收到汇出行的委托或支付通知后，必须通知收款人取款。第二，只要汇票的抬头允许，票汇的收款人可以通过背书转让汇票，到银行领取汇款时，很可能不是汇票上的收款人本人或其委托代收的往来银行，而是其他人，因此，票汇方式可能涉及较多的当事人；而电汇、信汇的收款人不能将收款权转让，因此，涉及的当事人较少。

采用票汇方式时，银行利用汇款资金的平均时间较电汇、信汇长，因为汇票在到达付款行手中时，可能经过了许多人的转让。

7.2.2 汇付在国际贸易中的应用

汇付是一种简便、快速的支付方式，但汇付方式的使用，完全取决于进出口双方的相互信任，因此属于商业信用。在汇付方式下，卖方在收到货款后是否交货，买方在收到货物后是否付款，完全靠买卖双方的信用，因此属于商业信用。在这种支付方式下，总存在着一方要冒占压资金、损失利益甚至货款两空的风险。因此在国际贸易中，这种方式主要用于预付货款、支付定金、分期付款、延期付款、小额交易的支付货款、待付货款的尾款支付、费用差额的支付以及佣金的支付等。大宗交易使用分期付款或延期付款办法，其货款支付也常采用汇付方式。分期付款（progression payment）是指买方预交部分定金，其余货款根据所定购商品的制造进度或交货进度分若干期支付，在货物交付完毕时付清或基本付清；延期付款（deferred payment）是指买方在预付一部分定金后，大部分的货款在交货后一段相当长的时间内分期摊付。

汇付案例

案例 7-3

【案情】

某年某月某日，上海 A 银行某支行有一笔美元汇出汇款通过其分行汇款部办理汇款，分行经办人员在审查时发现汇款申请书中收款银行一栏只填写了"Hong Kong and Shanghai Banking Corp．Ltd．"，而没有具体的城市名和国家名。汇丰在世界各地有众多的分支机构，汇出行的境外账户行收到这个汇款指令时肯定无法执行。为此，经办人员即以电话查询该支行的经办人员，后者答称当然是香港汇丰银行，城市名称应该是香港。本行经办人员即以汇丰银行香港分行作为收款人向境外账户行发出了付款指令。事隔多日，上海汇款人到支行查询称收款人告知迄今尚未收到该笔款项，请查阅于何日汇出。分行汇款部当即再一次致电境外账户行告知收款人称尚未收到汇款，请复电告知划付日期。账户行回电称，该笔汇款已由收款银行退回，理由是无法解付。这时，汇出行再仔细查询了汇款申请书，看到收款人的地址是新加坡，那么收款银行理应是新加坡的汇丰银行而不是香港的汇丰银行。在征得汇款人的同意后，银行重新通知其海外账户行将该笔汇款的收款银行更改为"Hong Kong and Shanghai Banking Corp．Ltd．，Singapore"，才最终完成了这笔汇款业务。

【讨论分析】

1. 在此案例中汇款未能顺利解付的原因是什么？
2. 从该案例中应吸取怎样的经验与教训？

【延伸思考】

1. 汇款方式中有哪些当事人？各当事人的权利与义务是什么？
2. 在国际贸易结算中，出口商使用汇款结算方式时应注意的问题有哪些？

7.3　托收

7.3.1　托收的含义及其当事人

1. 托收的含义

托收的含义
及交单条件

托收（collection）是委托收款的全称，是出口方委托银行向进口方收取货款的一种支付方式。国际商会《跟单托收统一规则》（Uniform Rules for Collection No.522，简称 URC 522）对托收所下的定义如下。

（1）托收是指银行依据所收到的指示处理对下述（2）项所限定的单据，以便于：

1）获得付款和 / 或承兑；

2）凭以付款或承兑交单；

3）按照其他条款和条件交单。

（2）单据是指金融单据和 / 或商业单据：

1）金融单据是指汇票、本票、支票或其他类似的可用于取得款项支付的凭证。

2）商业单据是指发票、运输单据、所有权文件或其他类似的文件，或者不属于金融单据的任何其他单据。

（3）光票托收是指不附有商业单据的金融单据项下的托收。

（4）跟单托收是指：

1）附有商业单据的金融单据项下的托收；

2）不附有金融单据的商业单据项下的托收。

托收分为光票托收和跟单托收，光票托收是仅把金融单据委托银行代为收款，可用于货款尾款、小额货款、贸易从属费用和索赔款的收取；跟单托收是指金融单据附带有商业单据或不用金融单据的商业单据的托收。在国际货物贸易中，大多数采用的都是跟单托收，其基本做法为出口方先行发货，然后备妥包括运输单据在内的有关商业单据，并开出汇票（或不开汇票），把全套单据交出口地银行，委托其通过进口地的分行或代理行，向进口方收取货款，凭进口方的付款或承兑向进口方交付全套单据。在这种方式中，票据或单据是从出口方开向进口方，资金是从进口方流向出口方，方向相反，属于逆汇的性质。

2. 托收当事人

托收当事人主要有如下几个。

（1）委托人（principal），是委托银行办理托收业务的客户，通常是出口方、出票人及托运人。

（2）托收行（remitting bank），是接受委托人的委托，办理托收业务的银行，通常是出口地银行。

（3）代收行（collecting bank），是接受托收行的委托，在取得国外付款人的付款或承兑后向其交单，并最终得到付款的银行，通常是进口地银行，并且大多数是托收行在进口地的分行或代理行。

（4）付款人（payer），通常是进口方，是汇票的受票人（drawee）。

（5）提示行（presenting bank），是向汇票付款人做提示的代收行。如果托收行不指定一家特定提示行，多数情况下提示行就是代收行，但有时提示行与代收行是分离的两家银行。

（6）需要时的代理（representation in case of need），是委托人指定的在付款地的代理人，其作用为在付款人拒绝付款、拒收货物时，代表委托人接受单据并处理货物。按《跟单托收统一规则》规定，委托人如需指定需要时的代理人，应对授予该代理人的具体权限在托收申请书和托收委托书（统称托收指示书（collection order））中做出明确和充分的指示，否则，银行对需要时的代理人的任何指示可以不予受理。

7.3.2 跟单托收的种类及业务程序

在跟单托收情况下，根据交单条件的不同，可分为付款交单和承兑交单两种。

1. 付款交单

付款交单（documents against payment，D/P）是指出口方的交单以进口方的付款为条件。即出口方发货后，取得装运单据，委托银行办理托收，并在托收书中指示银行，只有在进口方付清货款后，才能把装运单据交给进口方。按付款时间的不同，付款交单又可分为即期付款交单和远期付款交单两种。

（1）即期付款交单（documents against payment at sight，D/P at sight）是指出口方发货后开具即期汇票连同货运单据（或仅有货运单据），通过银行向进口方提示，进口方见票（或见单）后立即付款，进口方在付清货款后向银行领取货运单据（见图7-5）。

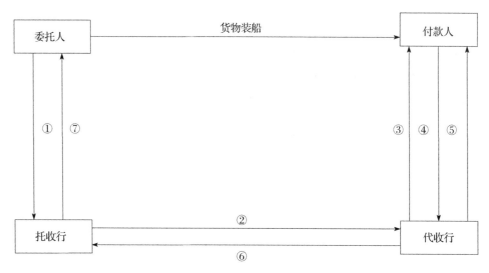

图 7-5　即期付款交单的一般业务程序

图 7-5 说明：

① 出口方按买卖合同规定装货后，填写托收申请书，开立即期汇票，连同货运单据（或不开立汇票，仅将货运单据）交托收行委托代收货款。

② 托收行根据托收申请书缮制托收指示，连同汇票（或没有汇票）、货运单据交进口地的代收银行委托代收。

③ 代收行按照委托书的指示向进口方提示汇票与单据（或仅提示单据）。

④ 进口方审单无误后付款。

⑤ 代收行交单。

⑥ 代收行办理转账并通知托收行已收妥。

⑦ 托收行向出口方交款。

（2）远期付款交单（documents against payment after sight，D/P after sight）是指出口方发货后开具远期汇票连同货运单据，通过银行向进口方提示，进口方审核无误后即在汇票上进行承兑，于汇票到期日付清货款后再领取货运单据（见图 7-6）。

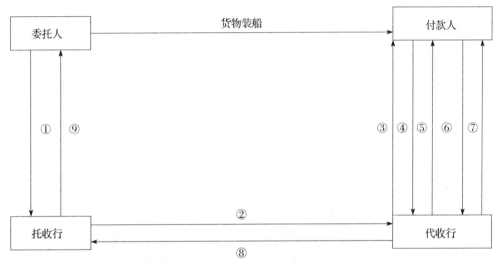

图 7-6　远期付款交单的一般业务程序

图 7-6 说明：

① 出口方按买卖合同规定装货后填写托收申请书，开立远期汇票，连同货运单据交托收行，委托代收货款。

② 托收行根据托收申请书缮制托收指示，连同汇票、货运单据寄交代收行委托代收。

③ 代收行按照委托书的指示向进口方提示汇票和单据。

④ 进口方经审核无误在汇票上承兑后，代收行收回汇票和单据。

⑤ 代收行到期向付款人提示汇票请求付款。

⑥ 进口方到期付款。

⑦ 代收行交单。

⑧ 代收行办理转账，并通知托收行。

⑨ 托收行向出口方交款。

2. 承兑交单

承兑交单（documents against acceptance，D/A）是指出口方的交单以进口方在汇票上承兑为条件。即出口方在装运货物后开具远期汇票，连同货运单据，通过银行向进口方提示，进口方承兑汇票后，代收银行即将货运单据交给进口方，汇票到期时，方履行付款义务（见图 7-7）。承兑交单方式只适用于远期汇票的托收。承兑交单是进口方只要在汇票上承兑之后，即可取得货运单据，凭以提取货物。也就是说，出口方已交出了物权凭证，其收款的保障依赖进口方的信用，一旦进口方到期不付款，出口方便会遭到货款两空的损失。因此，出口方对接受这种方式，一般采用很慎重的态度。

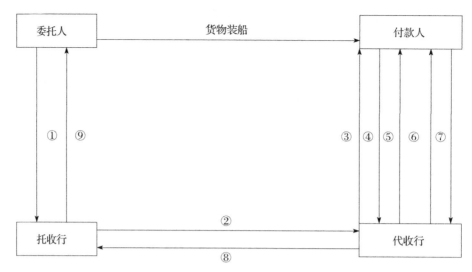

图 7-7　承兑交单的一般业务程序

图 7-7 说明：

① 出口方按买卖合同规定装货后填写托收申请书，开立远期汇票，连同货运单据交托收行，委托代收货款。

② 托收行根据托收申请书缮制托收指示，连同汇票、货运单据寄交代收行委托代收。

③ 代收行按照委托书的指示向进口方提示汇票和单据。

④ 进口方经审核无误后在汇票上承兑。

⑤ 代收行收回汇票的同时，将货运单据交给进口方。

⑥ 代收行到期日向付款人提示请求付款。

⑦ 进口方到期付款。

⑧ 代收行办理转账，并通知托收行。

⑨ 托收行向出口方交款。

《跟单托收统一规则》第 7 款"商业单据的交单"规定："① 附有商业单据必须在付款时交出的托收指示，不应包含远期付款的汇票。② 如果托收包含有远期付款的汇票，托收指示应列明商业单据是凭承兑不是凭付款交给付款人。如果未有说明，商业单据只能是付款交单，而代收行对由于交付单据的任何延误所产生的任何后果将不承担责任。③ 如果托收包含有远期付款的汇票而且托收指示列明应凭付款交出商业单据，则单据只能凭该项付款才能交付，而代收行对由于交单的任何延误所产生的任何结果将不承担责任。"由此可以看出，惯例的相关规定并不鼓励远期付款交单这种方式。

《跟单托收
统一规则》

7.3.3　跟单托收下的资金融通

在托收业务中，银行只是作为代理人办事，不提供信用保障，但是在适当的条件下，银行也可以为进出口商提供融资便利。

托收项下的
融资方式

1. 托收出口押汇

托收出口押汇（collection bill purchased，B/P）是由托收行以买入出口方向进口方开立的跟单汇票的办法向出口方融通资金的一种办法。具体做法为出口方在按照合同规定发运货物后，由托收行买入跟单汇票及其所附单据，按照汇票金额扣除从付款日（即买入汇票日）至预计收到票款日的利息和手续费，将款项先行付给出口方，此时，托收行即作为汇票的善意持票人，将汇票和单据寄至代收银行并通过代收银行向进口方提示，票款收到后，即归还托收行的垫款。

由于在押汇中，银行仅凭一张出口方开立的汇票和提交的货运单据垫款，缺乏第三者，特别是没有其他银行对进口方的付款做出信用保证，因此，为了防止遭到进口方拒付的风险，避免陷入追索出口方甚至被迫变卖货物的被动局面，托收行在做出口押汇时通常比较慎重。除非托收行对这笔业务的出口方特别是进口方的资信非常信任，有关出口商品的种类、价值合适，该商品的市场行情和进口地区的政治经济情况良好，否则大部分银行不愿或很少叙作。在承做时，大都也只根据托收的交单条件（大多仅限于付款交单）酌情发放一部分汇票金额的贷款，如按汇票金额贷放一半或 70%、80% 不等，很少像信用证项下出口押汇那样发放全额贷款。因此，托收出口押汇并不是一种常见的融资方式。

2. 信托收据

信托收据（trust receipt，T/R），又称进口押汇，是代收银行给予进口方凭信托收据提货便利的一种向进口方融通资金的方式。具体做法为由进口方在承兑汇票后出具信托收据，凭此向代收银行借取货运单据，并提取货物。信托收据是进口方在借单时提供的一种书面信用担保文件，用以表示出具人愿意以代收银行的受托人身份代为提货、报关、存仓、保险、出售，同时承认货物的所有权仍属银行，货物售出后所得的货款在汇票到期日偿还代收银行，收回信托收据。[一]这种做法是代收银行向进口方提供的信用便利，与出口方和托收行无关，如果在借出货运单据后，发生汇票到期不能收到货款，代收银行应对出口方和托收行负全部责任。如果凭信托收据借单提货的做法，是由出口方主动通过托收行授权办理的，称为"见票后若干天付款交单，以信托收据换取单据"（D/P at ... days after sight to issue trust receipt in exchange for documents，D/P·T/R），则由出口方承担一切风险，而与银行无关。

7.3.4 托收的风险及防范

托收的性质为商业信用。银行办理托收业务时，只是按委托人的指示办事，并无承担付款人必然付款的义务。因此，若进口商由于某种原因，不按合同履行付款义务，出口商就将蒙受损失。出口商在跟单托收中可能承担下列风险：① 发货后进口地的货价下跌，进口商不愿付款赎单或承兑取单，就借货物规格不符或包装不良等原因要求减价；② 因政治或经济原因，进口国改变进口政策，进口商没有领到进口许可证，或者申请不到进口所需的外汇，以致货物抵达进口地而无法进口或不能付款；③ 进口商因破产或倒闭而无力支付货款等。

跟单托收对出口商虽有一定的风险，但对进口商却很有利，它不但可免去申请开立信用证的手续，不必预付银行押金，减少费用支出，而且有利于资金融通和周转。由于托收对进口商有利，所以在出口业务中采用托收，有利于调动进口商采购货物的积极性，从而有利于促进成交和扩大出口，故许多出口商都把托收作为推销库存和加强对外竞销的手段。

㊀ 详见本书附录样单（三）。

在采用托收业务时，为了避免风险，成交之前应该做好调查工作，如进口商的资信情况、经营作风、进口地的市场销售情况、进口国的贸易和外汇管制法令、海关的规定，以及进口商是否已领到该批货物的进口许可证，或者是否已申请到外汇等。并且出口商最好在国外有自己的机构，或是在当地找好代理人，以便在出口货物遭到拒付时，有自己在国外的机构或代理人代办货物的存仓、保险、转售或运回等手续。

托收案例

🔍 案例 7-4

【案情】

×月×日，我国 A 公司同南美客商 B 公司签订合同，由 A 公司向 B 公司出口货物一批，双方商定采用跟单托收结算方式。

我方的托收行是甲银行，南美代收行是乙银行，具体付款方式是 D/P 90 天。但是到了规定的付款日，对方毫无付款的动静。更有甚者，全部单据已由 B 公司承兑汇票后，由当地代收行乙银行放单给 B 公司。

于是 A 公司在甲银行的配合下，聘请了当地较有声望的律师对代收行乙银行，因其将 D/P 远期作为 D/A 方式承兑放单的责任，向法院提出起诉。当地法院以惯例为依据，主动请求我方撤诉，以调解方式解决该案例。经过双方多次谈判，该案终以双方互相让步而得以妥善解决。

【讨论分析】

1. 出口商在 D/P 90 天的付款方式下如何能够较好地规避可能的风险？
2. URC 522 中对托收交单方式的规定是什么？

【延伸思考】

1. 在托收结算方式中有几种交单方式？不同交单方式的区别是什么？
2. 在托收结算中出口商可能面临的风险是什么？如何防范？

7.4　信用证

7.4.1　信用证概述

1. 信用证的含义

信用证的含义及基本当事人

信用证（letter of credit）又称为信用状，是出证人以自身名义开立的一种信用文件。在国际贸易中使用的信用证都是由银行开立的，是指开证行应申请人的要求并按其指示，向第三者开具的载有一定金额，在一定期限内凭符合规定的单据付款的书面保证文件。

《跟单信用证统一惯例》（UCP 600）在第 2 条规定：信用证是一项不可撤销的安排，无论其名称或描述如何，该项安排构成开证行对相符交单予以承付的确定承诺。

所谓承付（honour）即指"如果信用证为即期付款信用证，则即期付款；如果信用证为延期付款信用证，则承诺延期付款并在到期日付款；如果信用证为承兑信用证，则承兑受益人开出的汇票并在汇票到期日付款。"

2. 信用证的性质

（1）开证行承担第一性的付款责任。即由开证行出面对出口商承担付款责任。根据这一特点，出口商发货后，不是向与其签订买卖合同的进口商收款，而是向开证行或其授权的银行收款，因此信用证是一种银行信用。但如出现开证行破产倒闭等无力付款的情况，出口商仍有权根据买卖合同（而非信用证）向进口商索取货款。

（2）信用证是一项独立的、自足的文件。UCP 600 第 4 条（a）款规定："就其性质而言，信用证与可能作为其开立基础的销售合同或其他合同是相互独立的交易，即使信用证中含有对此类合同的任何援引，银行也与该合同无关，且不受其约束。"根据这一特点，出口商在收到开证行发来的信用证时，应审慎地审核该证，如有与合同规定不相符合之处，出口商有权要求修改信用证。

（3）信用证交易是单据交易。UCP 600 第 5 条规定："银行处理的是单据，而不是单据可能涉及的货物、服务或履约行为。"因此，信用证交易的标的是单据，受益人只要提供了符合信用证规定的单据，开证行就必须履行其付款承诺。因此，受益人发货后向银行索款时，如果单据完全正确而货物有毛病，开证行仍须照付货款，但进口商收货后可根据买卖合同或有关单据向出口商或其他有关单位索赔。反之，如果单据与信用证有不符之处，则虽然货物完全正确，开证行仍有权拒付货款，出口商只能找进口商协商解决或通过法律途径解决有关的纠纷。

综上所述，在信用证业务项下，开证行正是以自己的银行信用充当了贸易双方的"放心中介"，并在业务操作中向进出口商提供各种资金融通的便利条件，这些都极大地推动了国际贸易的发展。但信用证方式也存在一些风险，如买方不按时开证、不按合同规定条件开证或故意设下陷阱使卖方无法履行合同，或履行交货、交单后因不符信用证规定被拒付而使出口方遭受损失。再者，由于信用证处理的是单据，因而受益人可能会伪造单据而获得付款，且信用证方式的业务手续较汇付和托收烦琐，费用多，成本高，因此在进出口贸易中应根据实际情况选择合适的结算方式。

7.4.2　信用证当事人及其权利与义务

信用证的基本当事人有三个：开证申请人、开证行和受益人。其他当事人主要有：通知行、议付行、付款行、保兑行、偿付行、转让行（如果有）等。

1. 开证申请人

开证申请人（applicant；opener），又称为开证人，是向银行申请开立信用证之人，一般为买卖合同的买方（进口商），但在少数情况下，也可能是另外一家商人，如合同的买方为中间商，签约后由真正的买方申请开证或者买方已将合同转让另一进口商，由最后买主申请开证。在 UCP 600 中还允许开证行以自己的名义开证，这主要是针对备用信用证。

作为开证申请人的进口商受到两个合同的约束：贸易合同和开证申请书。因此，进口商应承担下列权利和义务。

（1）按照合同规定及时申请开立信用证。

进口商向银行申请开证时，必须将买卖合同的主要内容填入开证申请书，开证行以此为依据开出信用证。进口商应在买卖合同规定的期限内及时申请开证，并确保出口商有充分时间备货出运；若买卖合同规定了装运期的起止时间，进口商必须保证使出口商在装运期开始时收到信用证；若买卖合同规定了最后装运期，则进口商也应在合理时间内使出口商收到信用证，保证出口商有合理时间备货出运。若进口商没有按时申请开证，导致出口商延误装运期，进口商应承担违约责任。

（2）信用证项下进口商的权利和义务。

信用证开立后，开证行若向受益人履行了付款义务，进口商的义务是向开证行付款赎单。但进口商有权依据信用证条款审核单据，只有单证相符、单单相符及单内相符时，才向开证行偿还货款，取得单据提货；若单据不符合信用证规定，进口商有权拒绝接受，不偿还货款，也有权收回押金等。但进口商赎单提货后，发现货物不符合信用证或买卖合同规定时，只能依据买卖合同向出口商提出索赔。若开证行没有过错，则不能追究开证行的责任或要求其退还货款。在开证行向出口商付款时丧失支付能力，进口商通常还应向出口商履行付款责任。

2. 开证行

开证行（issuing/establishing bank）是指接受开证人委托，以自身的银行信用开立信用证的银行，一般为进口地的银行。开证行是信用证业务中最重要的一方，开证行的信誉、业务经验是其他当事人参与信用证业务与否的主要考虑因素。

开证行受三方面的约束：第一是与开证申请人的契约关系，即开证申请书；第二是对受益人的付款承诺；第三是与通知行、议付行、付款行、保兑行等的委托代理关系。信用证一经开出，按信用证规定的条款，开证行需承担第一性付款责任。因此，只要单证相符，无论是受益人直接寄来，还是由信用证指定的银行交来，开证行都必须付款，即使申请人倒闭或无力支付，或有欺诈行为，开证行仍有不可推卸的付款责任。[○]

开证行向受益人的付款为终局性付款，一经付出不得追索，即使付款后发现有单证不符，或进口商拒不赎单也不能向出口商追索。开证行仅凭议付行索汇电报所做的付款或代付行、偿付行凭汇票和议付行索汇证明书所做的付款，当开证行接到单据，发现不符时，有权向议付行追索票款。开证行的其他权利和义务如下。

（1）开证行对开证申请人的权利和义务。开证行应根据开证行申请书及时准确地开立信用证。开证行必须按照开证申请人的指示并依据 UCP 600 处理业务，同时必须对自己的过失承担相应的责任。

（2）开证行审单的权利和义务。开证行履行付款责任后，如进口商无力付款赎单，开证行有权处理单据和货物。开证行可以出售货物以抵偿货款，若货物售出款不足以弥补货款，开证行仍有权利向进口商追索不足部分。开证行在接到单据的 5 个营业日内进行单据审核，若发现不符点，则可以拒付。[○]

3. 受益人

受益人（beneficiary）是指信用证中所指定的有权使用该证的人，是信用证金额的合法享受人，一般为出口商，如果是中间交易，也可能是中间商。在信用证业务中受益人可能与偿付行以外任何其他当事人发生业务关系。

○ 参照《跟单信用证统一惯例》第 7 条开证行责任。
○ 参照《跟单信用证统一惯例》第 14 条单据审核标准。

（1）收到信用证后的权利和义务。

受益人在收到信用证后，应仔细审核信用证。若信用证条款与合同不符，或某些条款无法履行时，受益人有权要求进口商指示开证行修改信用证，或拒绝接受信用证。如受益人经审核接受信用证，应按信用证条款履行其义务，在规定的装运期内发货，并在信用证有效期内提交规定的单据，收取货款。

（2）收取货款的权利。

受益人按信用证要求发货并提交相符的单据后，有权向开证行取得货款。此时，开证行不能以进口商与出口商之间的业务纠纷为理由而推卸其付款的责任，也不能因本身工作差错导致信用证条款与开证申请书不符而以开证申请书为依据，或以开证申请人拒收单据为理由拒绝履行偿付义务，更不能借口开证申请人缴付押金或其他担保不足，开证申请人已丧失清偿能力或有欺诈行为等为由而拒绝承担付款义务。若开证行倒闭，受益人有权向进口商提出付款要求，进口商仍应承担合同项下的付款责任。

4. 通知行

信用证的
其他当事人
及内容

通知行（advising/notifying bank）是指受开证行委托，将信用证通知（或转递）给受益人的银行，通常是出口地银行，而且一般是与开证行订有往来协议或代理协议的代理行。

通知行在收到信用证后，如决定通知信用证，则须合理谨慎地核验所通知信用证的表面真实性，确定真实无误后，根据开证行的要求，缮制通知书，及时、正确地通知受益人。开证行通过出口地银行通知信用证，就是利用银行之间核对信用证真实性的手段，保证受益人能收到真实的信用证，以保护受益人的利益。如不能确定信用证表面真实性，必须毫不迟延地通知开证行有关情况，及时澄清疑点。如仍决定通知信用证，则须告知受益人，说明未能确定信用证的表面真实性。[⊖]

5. 议付行

根据 UCP 600 第 2 条的解释，议付是指"指定银行在相符交单下，在其应获偿付的银行工作日当天或之前向受益人预付或者同意预付款项，从而购买汇票（其付款人为指定银行以外的其他银行）"[⊖]。该指定银行即为议付行，其权利和义务如下。

（1）议付行有义务严格审单，并在信用证的有效期内决定接受或拒绝受益人提交的单据。开证行的付款承诺是议付行议付的前提，而开证行的付款承诺是有条件的，所以议付行进行议付时也应满足同样的条件，即单证、单单的表面相符，这样才能在垫付货款后，从开证行收回垫款。

（2）背批信用证。议付行在议付信用证时，应该把每次议付的情况如议付的日期、金额、发票号码等记录在信用证的背面。这样可以使受益人及银行知道信用证的金额，以防超支或重复支付。

（3）议付后，议付行取得正当持票人的权利。在开证行无力支付或倒闭或拒付时，议付行立即产生对受益人的追索权。至于追索的标准，各国银行标准不一，有的

⊖　参见《跟单信用证统一惯例》第 9 条信用证及其修改的通知。

⊖　在 UCP 600 中没有了"议付信用证"和"议付行"的定义，本书沿用 UCP 500 的提法，将被授权议付的银行称为"议付行"。

认为只有在单证相符、开证行无力支付时，议付行才能行使追索权，而不是在任何拒付的情况下都产生追索权。但如保兑行作为议付行时，则是无追索权的付款。

6. 付款行

付款行（paying bank/drawee bank）是开证行授权进行信用证项下付款或承兑并对受益人出具的汇票进行支付的银行。开证行一般兼为付款行，有时也可以是接受开证行委托代为付款的另一家银行。例如，以出口地货币开证时，付款行通常是出口地银行；以第三国货币开立时，付款行通常为第三国银行。付款行只是代开证行付款。在代付合约下，它应该对受益人所提交的与信用证条款相符的单据付款。付款行验单并付款后，即为终局性付款，再无权向受益人或议付行行使追索权。这点与开证行的责任是相同的。

7. 保兑行

保兑行（confirming bank）是指开证行以外的银行接受开证行的委托，以本行的名义承保开证行已开出的信用证，通常是出口地通知行或其他银行。

根据 UCP 600 第 8 条"保兑行责任"规定："保兑行自对信用证加具保兑之时起即不可撤销地承担承付或议付的责任"，因此保兑行的责任与开证行是一致的，有下列权利和义务。

（1）有权不加保兑。银行在接到开证行的保兑邀请后，往往要对开证行的资信状况以及信用证条款研究后才决定是否加具保兑，除非两个银行之间的代理合同有明确规定。但是如果该行决定不接受开证行授权或要求加具保兑时，必须立即通知开证行，不得延误。

（2）保兑行对信用证独立负责。保兑行在信用证上加具保兑后，即对信用证独立负责。加具保兑后，受益人有权在开证行和保兑行之间选择，要求保兑行履行承付或议付承诺。保兑行付款后只能向开证行索偿，如开证行倒闭或无理拒付，保兑行也无权向受益人或其他前手银行追索票款。若信用证规定由保兑行议付，则应无追索权的议付。[⊖]

8. 偿付行

偿付行（reimbursing bank）是指信用证指定的代开证行向议付行、承兑行或付款行清偿垫款的银行。如信用证货币不是开证所在国家货币，为了便于资金调拨，即可授权第三国货币清算中心的一家代理行或联行作为偿付行，如信用证货币就是开证行所在国家的货币，开证行可以自行偿付，不必指定另外一家银行作为偿付行。

（1）向出口地银行付款。根据 UCP 600 第 13 条"银行之间的偿付安排"规定"如果信用证没有规定偿付遵守 ICC 银行间偿付规则，则开证行必须给予偿付行有关偿付的授权"，因此信用证中如规定有关银行向指定银行索偿时，开证行应在开出信用证的同时，向偿付行发出偿付授权书，通知其授权偿付的金额、有权索偿的银行等内容。议付行议付后，一面将单据寄给开证行，另一方面向偿付行发出索偿书，偿付行收到索偿书后，如已授权且索偿金额在授权金额以内，即办理付款。

（2）不负单证不符之责。"索偿行不应被要求提供偿付行与信用证条款相符的证书"[⊜]，因此偿付行并无审单义务。偿付行只是代开证行付款，本身没有对受益人必须付款的义务。偿付行在接到索偿要求未能进行偿付时，开证行不能解除其自行偿付的义务。如偿付行延迟付款，开证行应负责赔偿索偿行的利息损失。偿付行的付款是代开证行转账的单纯付款，并

⊖ 参见《跟单信用证统一惯例》第 8 条保兑行责任。
⊜ 参见《跟单信用证统一惯例》第 13 条银行间的偿付安排。

非终局，付款后，其偿付责任即告结束，开证行收到单据后，发现单证不符，只能向议付行、代付行追索已付货款。[注]

9. 转让行

在有中间商参与的国际贸易活动中，为了方便资金的结算，中间商往往要求申请人开立可转让信用证。在此信用证项下，中间商可以向其所在地的一家银行提出申请，由该银行办理信用证的转让，即将原始信用证转让给第二受益人（实际供货商），该银行就成为转让行（transferring bank）。值得注意的是，转让信用证的行为是开证申请人与开证行都预先知道和了解的，但转让行的地位与开证行却是不同的，其不承担确定的付款责任。

7.4.3 信用证的内容

目前，信用证尚无统一格式，但基本大致相同，主要包括以下几个方面。

（1）信用证本身的说明：说明信用证可否转让；是否经另一家银行保兑；偿付方式等。

（2）信用证的当事人：必须记载的当事人有申请人、开证行、受益人、通知行；可能记载的当事人有承兑行、指定议付行、付款行、偿付行等。

（3）信用证的金额和汇票：包括信用证金额的大小写、单价和总值、币别代号等，以及汇票的金额、到期日、出票人、付款人（如信用证无需汇票则可无此内容）。

（4）货物条款：包括货物名称、规格、数量、包装、单价以及合约号码等。

（5）运输条款：包括运输方式、装运地和目的地、最迟装运日期、可否分批装运或转运。

（6）单据条款：说明须提交单据的种类、份数、内容要求等。

（7）其他规定：包括对交单期的说明，银行费用的说明，对议付行寄单方式、议付背批和索偿方式的指示等。

（8）责任文句：开证行的承付责任，所依据的国际惯例。

（9）有权签字人的签名或电传密押：签署和密押应与代理行控制文件一致，以便证实。

7.4.4 信用证的国际惯例

信用证的起源可追溯至古罗马法，该法对商品的物权和债权做了规定，明确了商品与货币交换过程中可采用文字书写的信用证件以示交换双方的商业信誉。但在国际贸易中采用信用证支付方式，还是近一百年的事。由于银行作为中间人的银行信用比买卖双方直接交易的商业信用好得多，但各国银行对于信用证条款，往往从维护自身的利益出发进行解释，因此调解信用证当事人之间的纠纷和矛盾，统一信用证的法律，迫在眉睫。1920 年在美国纽约召开了银行、金融界会议，讨论草拟了信用证条款，但未能取得一致意见，也未否认使用信用证有关范围和继续使用信用证的价值及其生命力。同年在巴黎成立了国际商会，着手解决信用证业务中存在的问题。国际商会的成立对统一各国对信用证条款的解释起了重大的作用。

1927 年国际商会在荷兰首都阿姆斯特丹起草了有关信用证的各项条款及规定，并向国际商会成员国分送，以求统一。1933 年 5 月在奥地利首都维也纳举行了第七届会议，通过了《商业跟单信用证统一惯例》，即国际商会第 82 号出版物。随着国际贸易实践的发展，该惯例分别于 1951 年、1962 年、1974 年、1983 年、1993 年、2006 年进行了多次修订。

[注] 参见《跟单信用证统一惯例》第 13 条银行之间的偿付安排。

最新版本是 2006 年第六次修订的《跟单信用证统一惯例》（UCP 600）于 2007 年 7 月 1 日正式实施。

7.4.5　信用证实务

信用证的
业务程序及
案例

在国际贸易结算中使用的跟单信用证有不同的类型，其业务程序也各有特点。大体来说要经过申请开证、开证、通知、交单、付款、赎单等几个环节（见图 7-8）。这些业务程序是环环相扣的，顺利进行结算必须把好每一环节。

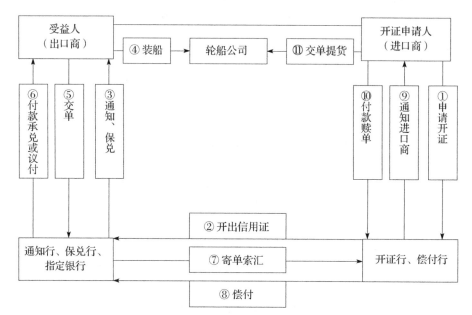

图 7-8　跟单信用证的一般业务程序

图 7-8 说明：
① 进口商向所在地银行申请开立信用证。
② 开证行开出信用证。
③ 通知行将信用证通知给受益人（出口商）。
④ 出口商接受信用证后，将货物交与承运人，取得相关单据。
⑤ 出口商备齐信用证规定的单据和汇票向指定银行交单支款。
⑥ 指定银行付款、承兑或议付。
⑦ 指定银行将单据和汇票寄往开证行索汇。
⑧ 开证行或偿付行提供偿付。
⑨ 开证行通知开证申请人付款赎单。
⑩ 进口商审核单证相符后，付清所欠款项（申请开证时已交保证金），赎回单据。
⑪ 开证申请人凭单向承运人提货。

1. 开证申请

如果进出口双方在国际货物买卖合同中约定以跟单信用证的方式进行货款结算，则进口商必须在合同规定的时间或在装船期以前及时向银行提出开证申请，这一环节是整个信用证业务处理程序的开端。

（1）申请开立信用证应符合的条件。首先，应符合国家有关对外贸易管理的规定，在国家批准的进口计划或进口许可证的范围之内；其次，应符合国家外汇管理的规定，有足够的现汇资金或有经批准的外汇用汇计划。因此，在申请开证时，进口商往往被要求提供进口许可证、外汇额度证明以及合同文本等相关文件。

（2）选择开证行。如果进出口合同中对开证行没有具体规定，那么，开证行的选择一般可由进口方自行确定，如合同中指定某行开证，则进口方必须按规定向有关银行申请开证。

在由进口方自行选择开证行的情况下，通常应选择与进口方有往来关系的银行或是进口方的开户银行。开证行的资信关系到出口方的收款保障，出口方为保证安全收汇，一般常在合同中对开证行的资信地位做出规定，如 "issue through a bank acceptable to the seller"（信用证通过一家为卖方所接受的银行开立）。当出口商指定某银行开证，而进口方又与该指定银行无往来关系时，则往往请与其有往来关系的银行代其向指定银行申请开证。

（3）填制开证申请书。申请开证时，申请人应填写并向银行递交开证申请书（documentary credit application），其格式由开证行提供。它是开证申请人对开证行的付款指示，也是开证申请人与开证行之间的一种书面契约，规定了开证申请人和开证行的责任与义务。

开证申请书的内容包括两个方面：一是指示银行开立信用证的具体内容，该内容应与合同条款相一致，是开证行凭以向受益人或议付行付款的依据。二是关于信用证业务中申请人和开证行之间权利与义务关系的声明，一般称为偿付协议。开证申请书应尽量简洁、明确、完整，避免加注过多细节以及内容前后矛盾。[⊖]

（4）开证抵押。在信用证业务中银行承担第一付款责任，因此其必须采取一定的措施保证自身的资金安全。通常有这样几种形式：

1）收取押金或其他担保品。开立信用证时，是否收取以及收取多少押金，取决于客户的资信状况和业务表现，以及开证行的习惯做法和有关当局的规定，为信用证金额的百分之几到几十不等。一般来说，对于资信良好的客户或拥有开证行授信额度的申请人，可以免交或少交押金。

2）以出口信用证为抵押品。如果申请人同时也是另一份信用证的受益人，则可以要求用出口信用证项下的权益代替押金。但应注意的是，出口信用证的金额应大于需支付的进口金额，且收款时间即信用证的有效期也必须早于付款时间。

3）凭其他银行保函。如果申请人提供其他银行的有效保函，保证承担因开证引起的各项义务，则开证行也可以免除押金的要求。

2. 开证行开出信用证

开证行接受申请人的开证申请后，应严格按照开证申请书的指示拟定信用证条款，有时草拟完信用证后，还应送交开证申请人确认。

（1）信用证的开立。信用证的开证方式有信开（open by airmail）和电开（open by telecommunication）两种，前者以信函方式开立，通常缮制正本一份，副本若干份，其中正副本各一份寄通知行，由通知行转交受益人，开证行和申请人各得副本存档。后者是以电报、电传以及 SWIFT 系统开立，又可分为全电本和简电本，"全电开证"是将信用证的全部内容加注密押后发出，该电信文本为有效的信用证正本；"简电开证"是将信用证的主要内容发出，预先

⊖　详见本书附录样单（四）。

通知受益人，银行承担必须使其生效的责任，但简电本身并非信用证的有效文本，不能凭以议付或付款，银行随后寄出的"证实书"才是正式的信用证。以何种方式开立，根据开证申请人视时间缓急、付费高低而定。目前银行大多以全电方式开立信用证。[⊖]

（2）信用证的通知途径。通常有三种途径：

1）由开证行将信用证直接发给受益人，受益人向开证行的代理行或联行进行印鉴核对，以证实信用证的表面真实性。此种方法在实务中比较少见。一般是开证申请人应受益人的要求，为使其尽早收到信用证而请开证行这样做。

2）由开证行将信用证交给开证申请人，开证申请人再将信用证发送给受益人，受益人向开证行的代理行或联行核对信用证印鉴。此种方法在实务中也比较少见。

3）开证行将信用证发送给出口地的联行或代理行即通知行，请其通知信用证，通知行通过核对印鉴或密押，证实信用证的真伪。在实务中，绝大部分的信用证通过此途径通知或传递至受益人。

3. 信用证的受理与通知

（1）信用证的受理。UCP 600 第 9 条"信用证及其修改的通知"规定通知行的责任是："① 信用证及其任何修改可以经由通知行通知给受益人。非保兑行的通知行通知信用证及其修改时不承担承付或议付的责任。② 通知行通知信用证或修改的行为表示其已确认信用证或修改的表面真实性，而且其通知准确反映了其收到的信用证或修改的条款。③ 如一银行被要求通知信用证或修改但其不能确信信用证、修改或通知的表面真实性，则应毫不延误地通知看似从其处收到指示的银行。如果通知行或第二通知行决定仍然通知信用证或修改，则应告知受益人或第二通知行其不能确信信用证、修改或通知的表面真实性。"这一规定赋予通知行对国外来证通知与否的决定权，并且明确了对真实性不确定的信用证的处理原则。

（2）信用证的通知。通知行受理国外来证后，应在 1～2 个工作日内对信用证审核完毕并通知出口商，不得随便延误，以利于出口方提前备货，在信用证有效期内完成规定工作。如是信开本信用证，通知行一般以正本通知受益人，副本存档；如是电开本信用证，则由通知行核对密押无误后，以信用证通知书的形式转告受益人。

（3）信用证的保兑。通常在受益人对开证行的资信不满意时，或在开证行主动要求之下，开证行会指示另一家银行对信用证加具保兑。一旦做出保兑，保兑行就无追索权地承担与开证行相同的首要付款责任。

4. 受益人审证并装船出运，取得相应单据

（1）信用证的审核及修改。受益人收到信用证后，应立即进行审核。审核的目的：一是判断开证行的资信状况，以决定是否要求其他银行加以保兑；二是审核信用证中有无内容与买卖合同不相符合，或者与有关国际惯例（如《2020 年通则》、UCP 600 等）的规定不相符合，以及是否存在软条款和无法办到的条款。如有上述情况，应决定是否通知申请人要求修改。

根据 UCP 600 第 10 条 a 款规定：除第 38 条的规定外，信用证未经开证行、保兑行（若有）及受益人的同意既不得被修改也不得被撤销。由此可见，信用证如需修改或撤销，必须征

⊖　详见本书附录样单（五）。

得当事人的同意。

（2）对开证行的效力。UCP 600 第 10 条 b 款规定：开证行在其开出修改书时起，不可撤销地受该修改的约束。

（3）对保兑行的效力。UCP 600 第 10 条 b 款规定：保兑行可以将其保兑扩展至修改，并在通知修改时其将不可撤销地受其约束。但是，保兑行可以选择通知修改但不扩展其保兑责任，此时，它必须毫不迟延地通知开证行并在其通知中告知受益人。

（4）对受益人的效力。依据 UCP 600 第 10 条 c 款的规定[⊖]，对信用证的修改，受益人可以不做明确表示接受与否，而修改的生效时间也被放宽到受益人提交单据为止，即截至交单日。若受益人提交的单据包括了修改书的内容，则表明接受了该修改；而若提交的单据与原信用证条款相一致，则表明拒绝该修改，原信用证的条款对受益人仍然有效。此外惯例中还规定："修改中关于除非受益人在某一时间内拒绝修改，否则修改生效的规定应不被理会。"UCP 600对于改证的规定更有利于受益人保护自己的权益，但受益人对于同一份修改书中的多项修改应全部接受或全部拒绝，不能部分接受、部分拒绝，否则当属无效。

办理信用证的修改应由开证申请人向原信用证的开证行提交信用证修改申请书，提出改证申请，在开证行审核同意后向信用证原通知行发出修改通知书，通知行在验明修改通知书的表面真实性后将其传递给受益人，受益人审核后决定接受与否。由于信用证是受益人获得付款的保证，因此在未收到合格的信用证以及未将信用证修改到满意之前，暂不能发货，否则会丧失主动权。

（5）单据的缮制和取得。在受益人接受信用证后，则应严格按照信用证的指示办事，包括租船定舱、货物出运、商检、投保等事宜，并取得符合信用证规定的合格单据。另外，还需自行缮制诸如发票、装箱单、汇票等必要单据，为下一步的交单结汇做好准备。

案例 7-5

【案情】

欧洲某银行开立一张不可撤销议付信用证，该信用证要求受益人提供 "Certificate of Origin：E.E.C Countries"（标明产地为欧盟国家的原产地证书）。该证经通知行通知后，在信用证规定的时间内受益人交来了全套单据。在受益人交来的单据中，商业发票上关于产地描述为 "Country of Origin：EU"，产地证则表明 "Country of Origin：EU Countries"。议付行审核受益人提交的全套单据后认为，单单、单证完全一致，于是该行对受益人付款，同时向开证行索汇。

开证行在收到议付行交来的全套单据后，认为单单、单证不符：

1. 发票上产地一栏标明：EU，而信用证要求为 EU Countries。

2. 产地证上产地一栏标明 EU Countries，而发票产地标明 EU。

⊖ 在受益人将其对修改的接受告知通知该修改的银行之前，原信用证（或包含先前已被接受的修改的信用证）的条款和条件对受益人仍然有效。受益人应该做出接受或拒绝修改的通知。若受益人未做出这样的通知，符合信用证的单据提示以及任何未被接受的修改的单据提示将被视为受益人接受该修改的通知，信用证于此时起被修改。

开证行明确表明拒付，并且保留单据听候处理。收到开证行拒付通知后，议付行据理力争：信用证对于发票并未要求提供产地证明，况且发票上的产地与产地证一致。故议付行认为不能接受拒付，要求开证行立即付款。

【讨论分析】

1. 试分析该信用证产生异议的原因是什么。

2. 开证行拒付的理由是否成立？为什么？

【延伸思考】

1. 信用证的含义与特点是什么？

2. 信用证的审单原则是什么？

5. 受益人交单支款

受益人备妥全部单据后，应立即到银行交单，并要保证所提交单据与信用证一致。交单应在合理时间内，合理时间的截止日期为信用证到期日与最迟交单日中先到的日期，如果该日期恰好为银行的非营业日，则可顺延至下一个营业日，但接受单据提示的银行应证明这一顺延。但是，如果交单银行因不可抗力使营业中断，而营业恢复后已超过最迟交单日或信用证的有效期，则银行没有义务再接受单据的提示或再承担付款责任，除非申请人授权银行这样做。

除自由议付信用证外，受益人必须到信用证指定的银行交单，也可到保兑行或直接到开证行柜台交单，但此时开证行或保兑行应采取措施防止第二套相同的单据向指定银行提示，避免发生重复付款、承兑或议付。

6. 指定银行付款、承兑或议付

指定银行或保兑行在收到受益人或其委托银行交来的单据后，应及时地以合理谨慎的态度审核信用证所要求的单据。

（1）出口单据的审核。出口单据的审核应以信用证为依据，做到"单证一致"和"单单一致"。"单证一致"是指受益人提交的信用证项下的单据必须与信用证规定的内容完全一致，"单单一致"是指受益人提交的信用证项下的单据与单据之间相同或相关内容必须完全一致。UCP 600 第 14 条对审单做了如下规定。

1）指定银行、保兑行（如有的话）及开证行须审核交单，并仅基于单据本身确定其是否在表面上构成相符交单。

2）指定银行、保兑行（如有的话）及开证行各有从交单次日起的至多 5 个银行工作日以确定交单是否相符。这一期限不因在交单日当天或之后信用证截止日或最迟交单日届至而受到缩短或影响。

3）如果单据中包含一份或多份正本运输单据，则须由受益人或其代表在不迟于发运日后的 21 个日历日内交单，但在任何情况下都不得迟于信用证的截止日。

4）提交的非信用证所要求的单据将不被理会，并可被退还给交单人。

5）如果信用证中含有一项条件，但未规定用以表明该条件得到满足的单据，银行将视为未做规定并不予理会。

如经审核为合格单据，则银行应根据信用证规定做出即期付款、延期付款、承兑或议付；如果单据不合格，则有权拒收单据，拒绝安排付款。

（2）出口单据的议付。

议付时银行应遵循一定的程序。第一，出口方交单。由出口方（受益人）向银行提交全套单据、正本信用证及《出口议付申请书》，议付行接单后认真清点单据的正副本份数，并在《出口议付申请书》上签字之后进行业务编号和登记。第二，银行审核单据。在审核时有关人员先将出口方提交的信用证正本与银行留存的副本相核对，以保证正副本一致，修改书、面函、附件齐全，然后再按事先列号的审单秩序，依据单证一致、单单一致的原则，认真、仔细地进行审核工作。第三，计算费用。经办人员按照银行的费率表计算出应向开证行收取的费用，以便一并向外收取。第四，缮制议付通知书。银行审单计算完毕，经办人员须缮制议付通知书，议付通知书一般已印就一定的格式，填制时逐项填入有关内容即可。第五，复核、付款买单。经过上述程序，审单工作基本完成，但仍须对单据进行一次复核审查，并对议付通知书和电稿进行复核，以避免一切可能的错漏，保证安全及时地收汇。如复核无误，即可从汇票或发票金额中扣除有关费用，向受益人付款买单。

7. 指定银行向开证行寄单索偿

指定银行在向受益人"付款买单"后，即可根据信用证的规定将单据寄往国外开证行或偿付行，要求偿付并收取有关费用。索汇工作的高质量与高效率是保证安全及时收汇的关键。

信用证项下的寄单路线一般有两种情况：

（1）汇票寄偿付行，其余单据寄开证行。国外开证行在信用证中授权另一家银行作为信用证的偿付行时，往往要求将汇票寄往该偿付行。寄单索偿的时候，应根据信用证要求将汇票寄往偿付行，其余单据寄往开证行。

（2）全部单据寄往开证行。如果信用证规定将全部议付单据寄往开证行，则应根据规定照办无误。

8. 开证行或偿付行提供偿付

开证行接到议付行寄来的单据后，应立即审核单据，并于 5 个工作日中付款或提出拒付。UCP 600 第 16 条"不符单据、放弃及通知"规定：

（1）指定银行、保兑行（如有的话）或者开证行确定交单不符时，可以拒绝承付或议付。

（2）在开证行确定交单不符时，可以自行决定联系申请人放弃不符点，但不能超过 5 个工作日。

（3）银行决定拒绝承付或议付时，必须给予交单人一份单独的拒付通知。该通知必须声明：

ⅰ银行拒绝承付或议付；

ⅱ银行拒绝承付或议付所依据的每一个不符点；

ⅲ：

a）银行留存单据听候交单人的进一步指示；

b）开证行留存单据直到从申请人处接到放弃不符点的通知并同意接受该放弃；或者其同意接受对不符点的放弃之前从交单人处收到其进一步指示；

c）银行将退回单据；

d）银行将按之前从交单人处获得的指示处理。

（4）拒付通知必须毫不延迟地以电信或其他快捷方式发出。

9. 开证行通知申请人赎单

开证行对议付行付款之后，马上通知申请人赎单，开证行的赎单通知称为 AB 单（accepted bill）。

10. 申请人审核单证相符后付清所欠款项、赎回单据

申请人在接到开证行的赎单通知后，必须立即到开证行付款赎单，当然在赎单之前他要审查单据，如果发现不符点，也可以提出拒付，但拒付理由一定是单单之间或单证之间的问题。

实务中有时尽管存在不符点，但申请人也愿接受单据，但只要接受单据，就不能是有条件的，而且必须在合理时间付款。

11. 申请人提货

申请人赎单后就可以安排提货、验货、仓储、运输、索赔等事宜。一笔以信用证为结算方式的交易即告终了。

💡 案例 7-6

【案情】

某市 A 公司与国外 T 公司达成协议，以 CFR 贸易术语、海运及信用证支付方式进口原料若干公吨，价值十余万美元。双方签订合同后，A 公司根据合同内容，通过当地银行向 T 公司开出即期、不可撤销信用证一份，由于货物的品质规格比较复杂，所以证内规定："品质按照 ×× 年签订的第 ×× 号购货确认书为准"，合同内对货物品质要求的关键部分是水分不能过高，标准水分为 5%，最高不能超过 8%，当水分超过 5% 时，则每超过 1%，单价应相应下调 1%。

T 公司收到开出的信用证后，按时将货物装出，并将信用证规定的全套单据送交当地银行索偿，后者按照有关规定，将单据寄至我国开证行求偿。开证行因证内关于货物的品质规格涉及合同，所以就通知 A 公司检查全套单据是否符合要求。A 公司经仔细检查单据后，发现 T 公司提交的单据存在以下问题：商业发票上关于货物的水分注明是 5%，而在品质检验证书内，关于货物的水分却注明是 8%。根据以上情况，A 公司一方面通知开证行暂时停止付汇，并请银行将暂停付汇的原因通过对方银行转告 T 公司，同时，也与 T 公司直接联系，说明根据合同规定，由于货物的实际水分已经超过标准水分 3%，所以应相应降价 3%。数天后，开证行收到国外银行转来 T 公司的反驳意见，称信用证与合同相互独立，单据内容并未违反信用证规定。同时，A 公司也收到国外 T 公司措辞强硬的传真，内容是要求 A 公司立即按照原价支付货款，对于降价问题，则置之不理。

本案最终以双方的协商一致结案。被申请人 T 公司虽然坚持认为按照国际惯例，信用证与可能作为其依据的销售合同或其他合同是相互独立的交易，但由于提交的单据内容有相互矛盾的地方，有被拒付的危险，最终不得不同意降低货价 3%。最后本案以 A 公司按原合同价的 97% 支付货款而结案。

【讨论分析】

1. 试结合案例分析信用证与基础合同的关系是什么？

2. 信用证中引用合同内容是否影响信用证的独立性？

3. 申请人得以减价 3% 顺利结案的原因是什么？

【延伸思考】

信用证结算方式存在哪些风险？如何防范？

7.4.6　信用证的种类

1. 跟单信用证和光票信用证

根据信用证项下的汇票是否随附货运单据，可以分为跟单信用证和光票信用证。

（1）光票信用证（clean L/C）。光票信用证又称无跟单信用证（non-documentary L/C），是指开证行仅凭不附单据的汇票（clean draft）付款的信用证。有时信用证也要求提供发票、垫款清单等非货运性质的票据，此也属光票信用证。贸易结算中的预支信用证和非贸易结算中的旅行信用证都属光票信用证。

信用证的
种类与银行
保证书

（2）跟单信用证（documentary L/C）。它是指凭跟单汇票或仅凭规定单据付款的信用证。国际贸易结算中使用的信用证绝大部分是跟单信用证。

"跟单"中的单据按照国际商会的解释，泛指任何依照信用证规定所提供的、用以记录或证明某一事实的书面文件，通常是譬如运输单据、商业发票、保险单、商检证书、原产地证书、装箱单等单据，汇票则是可有可无的。目前出于避免缴纳流通票据印花税的考虑，跟单信用证不要求汇票的情况已经相当普遍。

2. 保兑信用证和不保兑信用证

按是否有另一家银行的付款保证，可以分为保兑信用证和不保兑信用证。

（1）保兑信用证。

保兑信用证（confirmed L/C）是指开证行开立的信用证，由另一家银行保证对符合信用证规定的单据履行承付义务，即该信用证除了有开证行确定的承付保证外，还有保兑行确定的承付保证。

UCP 600 第 2 条规定：保兑指保兑行在开证行承诺之外做出的承付或议付相符交单的确定承诺；保兑行指根据开证行的授权或请求对信用证加具保兑的银行。

UCP 600 第 8 条还规定，只要规定的单据提交给保兑行，或提交给其他任何指定银行，并且构成相符交单，保兑行必须：

第一，承付，如果信用证为以下情形之一：

1）信用证规定由保兑行即期付款、延期付款或承兑；

2）信用证规定由另一指定银行延期付款，但其未付款；

3）信用证规定由另一指定银行延期付款，但其未承诺延期付款，或虽已承诺延期付款但未在到期日付款；

4）信用证规定由另一指定银行承兑，但其未承兑以其为付款人的汇票，或虽已承兑汇票，但其未到期日付款。

5）信用证规定由另一指定银行议付，但其未议付。

第二，无追索权地议付，如果信用证规定由保兑行议付。

由此可见，信用证一经保兑，则构成了保兑行在开证行承诺之外的一项确定承诺。即保兑行对信用证所承担的责任与开证行所承担的责任相同，或者说保兑行对受益人的确定承诺是独立于开证行责任之外的责任。

如果开证行授权或要求另一银行（保兑行）对信用证加具保兑，保兑行同意保兑，其操作一般为以下做法。

1）通知行保兑。

若通知行同意保兑信用证，则开证行在发给通知行的信用证通知中"□ adding your confirmation"前面的"□"中加注"×"，通知行在信用证中另加保兑说明。通知行向受益人发出的通知书上通常印有："□ As requested by the Issuing Bank,We hereby add our confirmation to the Credit in accordance with the stipulations under UCP 600 Article 8."通知行只在"□"中加注"×"即为保兑了该信用证。

2）其他银行保兑。

若开证行授权或要求另一银行保兑信用证，该银行同意后，保兑行通常在信用证中加列保兑条款以及加盖保兑行名称的图章。

常见的保兑条款有以下几种表示方式：

We confirm the Credit and thereby undertake that all drafts drawn and presented to us as above specified in compliance the terms of this Credit will be duly honored by us.

我行对该信用证加具保兑，并承诺对向我行提示的符合本信用证条款的汇票到期予以承付。

We confirm the Credit and thereby undertake to honor the drafts in compliance the terms and conditions of the Credit if presented at our counters on or before ...

我行对该信用证加具保兑，承诺在……日或之前对在我方柜台提示的符合信用证条款的汇票予以承付。

As requested by our correspondent, We hereby confirm the above mentioned Credit.

应代理行的要求，我行对上述信用证加具保兑。

We undertake to effect payment only if the documents we received are in compliance with the terms and conditions of the Credit.
...

仅在单据与信用证条款相符的条件下我行承担付款责任。

……

尽管保兑信用证对受益人的付款具有双重保障作用，但这并不意味着在任何情况都可以选择保兑信用证，受益人一般根据以下具体情况决定是否选择保兑信用证。① 开证行的信誉。这是选择使用保兑信用证时应考虑的一个重要因素。若开证行信誉卓著，受益人应有充分的信心和把握收回货款。若开证行信誉不佳，或出口商对开证行信誉缺乏认识，对货款能否顺利收回有所顾虑时，出口商可要求进口商交付经过国际上享有信誉的银行所保兑的信用证，以确保收回货款。② 交易规模。若货款数额巨大，出口商必须考虑，以开证行的资信，信用证是否提供了足够的保障。若对开证行的能力有所怀疑，则选择另一家银行加具保兑也是合理的。

（2）不保兑信用证。

不保兑信用证（unconfirmed L/C）指开证行开立的信用证没有另一家银行加具保兑。

不保兑信用证的操作。开证行在发给通知行的信用证通知中"□ without adding your confirmation"前面的"□"中加注"×"。通知行向受益人发出的通知书上通常印有："□ This notification and the enclosed advice are sent to you without any engagement on our part."通知行只要在"□"中加注"×"即为不保兑信用证。

3. 即期付款、迟期付款、承兑及议付信用证

根据 UCP 600 第 6 条"兑用方式、截止日和交单地点"规定："信用证必须规定可在其处兑用的银行，或是否可在任一银行兑用。信用证必须规定其是以即期付款、延期付款、承兑还是议付的方式兑用。"

（1）即期付款信用证（sight credit），是注明"即期付款兑现"（available payment at sight）的信用证。在该信用证项下开证行、保兑行或被指定付款行在收到符合信用证条款的汇票和 / 或单据时，应立即履行付款义务。

即期付款信用证的付款行可以是开证行自己，也可以是出口地通知行兼任或指定的第三国银行。多数情况下是指定出口地通知行作为付款行，此时，信用证的有效期也在出口国受益人所在地到期，且付款行一经付款，对受益人则无追索权，受益人可以放心地使用该资金，因而对其十分有利。若付款行为开证行自己或第三国银行，则交单到期地点一般规定在付款行所在地，受益人将承担单据在邮寄过程中遗失或延误的风险。但被指定的付款行有权拒绝受理相符的单据，因为开证行的指定并不构成付款行对即期付款的承诺，但开证行不能推卸其付款责任。即期信用证的形式有如下两种。

1）凭汇票付款信用证。这种信用证要求汇票应是以开证行或被指定银行为付款人的即期汇票。如信用证中规定："This credit is available with A Bank（Issuing Bank）or B Bank，（Nominated Bank）by sight payment against presentation of beneficiarys'drafts at sight drawn on A Bank or B Bank and of the documents detailed herein."（本信用证的 A 银行（开证行）或 B 银行（指定银行）凭以 A 银行或 B 银行为付款人的即期汇票和信用证所列明单据的提示即期付款。）受益人必须在信用证规定的单据提交期限内将单据提交开证行或被指定的银行，信用证开证行、付款行等付款行见票即付。

2）凭单据或收据付款信用证。这种信用证不要求汇票，目的在于免除印花税负担，受益人仅凭货运单据或收款收据及单据就可从开证行或被指定付款行获得付款。如信用证中规定："This credit is available with us（Issuing Bank）by sight payment against presentation of documents detailed herein."（我行（开证行）凭信用证所列单据的提示即期付款。）

（2）延期付款信用证（deferred payment credit），又称为迟期付款信用证，是注明"延期付款兑现"（available by deferred payment）的信用证。它是一种远期付款但不要求汇票（可减少印花税）的信用证。

延期付款信用证对付款期限一般有如下两种规定：

1）运输单据开出后若干天付款（available at_____days after the date of issuance of the transport documents）；

2）见单后若干天付款（available at_____days after presentation of the documents）。

在此信用证项下，信用证的兑现方式为延期付款，又不要求有汇票，受益人交单后，要

等到付款的到期日才能取得付款。实际上使用这种信用证是为了减少印花税负担，但对受益人来说风险较大。因为如果最终的付款行是开证行或保兑行，那么到期日银行必须付款，受益人不承担风险，但是如果执行付款的银行是一家非保兑行的出口地银行，该银行对受益人并不承担付款责任。一旦发生意外，如开证行破产、进口国实行外汇管制等，受益人则无法正常收汇，而此时，受益人已不掌握单据，很可能遭受钱货两空的损失或者是延迟收汇。因此，在使用这种信用证时，受益人应要求自己所在地的付款行对信用证加具保兑，以保证日后安全收汇。

延期付款信用证主要适用于以下情况。

1）资本货物交易、承包工程和投标等。这些交易的付款期限很长，有的超过几年。在这种情况下，出口商往往不能利用短期贴现市场融资，而只能利用出口国银行中长期贷款取得资金来源。这种贷款有时可以用延期付款信用证作为抵押。

2）有的国家票据法规定，超过6个月期限的经承兑的汇票不能在市场上贴现。有的国家还规定汇票的有效期不能超过一年。在上述情况下，远期承兑汇票不能解决远期付款所产生的问题，只能用延期付款信用证。

3）在欧洲很多国家，承兑汇票需要缴纳很高的印花税，因此，为了避免纳税，在延期付款信用证中以发票代替汇票作为付款凭证。

4）有的国家外汇管制很严，禁止开立承兑信用证。这些国家的银行只好绕开限制而采取其他规避办法，而延期付款信用证则是一种替代方法。

（3）承兑信用证（acceptance L/C），是注明"承兑兑现"（available by acceptance）的信用证。它是一种要求出具汇票的远期付款信用证。在该信用证项下，开证行或付款行在收到符合信用证条款的单据及远期汇票时予以承兑，凭汇票到期时再行付款。

承兑信用证需要受益人开立远期汇票，依据 UCP 600 的规定，汇票的付款人应是信用证中指定的银行。承兑行可以是开证行，也可以是开证行指定的其他银行，但多由出口地银行（如通知行）担任。开证行为承兑银行时，开证行负有根据合格单据承兑汇票的责任；若被指定银行承兑了汇票，但到期日不能付款，开证行仍有义务付款。承兑信用证的有效地点是指定的承兑行所在地，其有效到期日则以向该指定行提交单据和汇票要求承兑的日期为准。若承兑行经审核认为受益人提交的单据符合信用证条款，决定接受单据（如承兑行为开证行或保兑行，它必须接受合格单据，没有选择的余地），则承兑受益人提交的远期汇票。受益人交出单据，取得该承兑的汇票，到期取款就有了票据法上的保证。受益人取得承兑汇票后，可办理贴现，取得扣除利息后的票款，也可向承兑行要求贴现，也可持有承兑汇票等待到期收款。根据贴现费用支付方式不同，承兑信用证又可分为卖方远期信用证（seller's usance L/C）和买方远期信用证（buyer's usance L/C）。

买方远期信用证的背景是买卖合同为即期付款交易，但若进口商需要融通资金，可要求银行开立承兑信用证，在取得银行承兑后，将汇票贴现。由于买卖合同是即期付款，进口方有即期付款的责任，所以银行承兑及贴现汇票的费用应该由进口商负担，因而称为买方远期信用证，又称"假远期信用证"。假远期信用证一方面能满足受益人即期收汇的要求，另一方面适应进口商即期交易远期付款的愿望。

假远期信用证没有固定的格式，信用证中也没有注明是假远期，只是列有假远期付款的一些条款，且各银行使用的语句也不完全相同。因此，作为出口商的受益人应仔细分析这些条款，辨别是一般远期信用证还是假远期信用证。假远期信用证的一些常见付款条款有以下几种：

如，Please pay the beneficiary on a sight draft basis. Discount charges at current rate and acceptance commission are buyer's account in excess of the credit amount（即期付款受益人。按现行利率计算的贴现息和承兑手续费均由买方负担，可在信用证金额外支付）；或 Drawee bank's discount and acceptance commission are for the account of the applicant and therefore the beneficiary can receive the face value of the term drafts as if drawn at sight（付款行的贴现息和承兑费用均由开证申请人负担，受益人可按即期收汇）；或 Drawee will accept and discount usance draft drawn under this credit. All charges are for buyer's account, usance draft payable at sight basis（信用证项下的远期汇票由付款人承兑并贴现，所有费用由买方负担，远期汇票即期付款）。由上述条款可以看出，判断假远期信用证的标准有三条：第一，受益人开立远期汇票，但即期全额收取货款；第二，由开证行或其指定银行先承兑远期汇票再负责贴现；第三，由买方承担远期汇票的贴现息和有关费用。

在即期交易中，进口商提出采用假远期信用证，主要有以下两方面的原因。一是摆脱进口国家外汇管制的限制。有些国家由于外汇短缺，因此在外汇管制法令中规定，所有进口交易一律远期付款。这样，银行只能开出远期信用证。于是，当该国的进口商同外国的出口商达成即期付款交易时，只能采用远期信用证，同时安排保证出口商即期收汇的假远期做法。二是进口商借助这种信用证可以利用银行的资金或贴现市场的资金，解决资金周转的困难。利用假远期信用证融资比从银行贷款便利，而且贴现息较低，融资成本低。因此，假远期信用证可以满足进口的需要，并缓解进口国开立即期信用证存在的法律上的障碍与出口商即期收汇之间的矛盾。

（4）议付信用证（negotiation credit）。UCP 500 中将信用证分为四类，除了上述三类之外，还有"议付信用证"，但 UCP 600 中删除了"议付信用证"。这是因为任何一种信用证无论是即期还是远期，根据开证行的意愿，都可以是允许或不允许议付。

开证行通常在信用证中表明议付的方式。如，This Credit is expire on or before（有效日期）at（交单地点，被指定银行所在城市名称）and available with（议付行名称）by negotiation □ against the beneficiary's draft（s）（即期议付信用证可以要求汇票，也可以不要求汇票；远期议付时必须要求汇票）at sight（即期议付要求汇票时，则填写 at****sight；远期议付时，则填写 at××days sight）drawn on（汇票受票人，开证行或保兑行名称）and the documents detailed herein.

开证行同时在信用证中表明其责任，如：We hereby agree with the drawers, endorsers and bona fide holders of drafts/documents drawn under and in compliance with the terms and conditions of the Credit that such drafts/documents will by duly honored on due presentation if negotiated or presented at this office on or before the expiry date.（我行同意对到期日或到期日之前在我行议付或提示的符合本信用证条款的汇票和 / 单据的出票人、背书人和善意持票人予以到期承付。）

议付信用证项下汇票的出票人是受益人，收款人是受益人自己，再由其背书转让给议付行，或者收款人就是议付行。付款人多是开证行，也可以是议付行以外的其他银行，但不得以申请人作为付款人。议付信用证的有效地点在指定的议付行所在地，如无指定议付行，即公开议付信用证的情况下，信用证的有效地点是出口国所在地。因此，只要相符单据向议付行的提交是在信用证的有效期内就符合信用证的要求。

根据信用证议付的范围不同，议付信用证分为限制议付信用证和自由议付信用证。

1）限制议付信用证（restricted negotiation credit），又称授权议付信用证。即开证行开立信用证时，预先指定出口地的一家或几家银行承办议付买单的业务，受益人应向指定的银行提示单据。这种信用证一般注明："negotiation restricted to ×× bank"（仅 ×× 银行可议付）。开立限制议付信用证是开证行为了将此项业务控制在本银行或其代理行系统内，但对受益人不利，有时可能会出现提示单据不方便的情况。

2）自由议付信用证（freely negotiation credit），又称公开议付信用证。即开证行开立信用证时，授权出口地的任意银行议付买单，受益人可以随意选择。此类信用证一般注明："available with any bank by negotiation"（可由任何银行议付）。

4. 预支信用证

预支信用证（anticipatory credit）即允许出口商在装货交单前支取部分货款的信用证。由于预支款是出口商收购及包装货物所用，所以预支信用证又叫打包放款信用证（packing credit）。另外，由于该类信用证中的预支条款在过去多采用红色打印，因而也称为红条款信用证（red clause L/C）。

预支信用证实际上是由进口商要求开证行在开立的信用证上加列条款，授权出口地银行（通知行、保兑行等）在收单以前，向出口商预支垫付全部或部分贷款，出口商凭预支款组织货物，装船发运。发货后，受益人交单，预支行审单无误后议付或付款，并扣除贷款本息，向开证行寄单索偿（见图7-9）。由于预支信用证项下可能出现受益人预支了货款却不发货或交单的情况，因此一般进口商只有在对出口商充分信任的情况下才开立预支信用证。

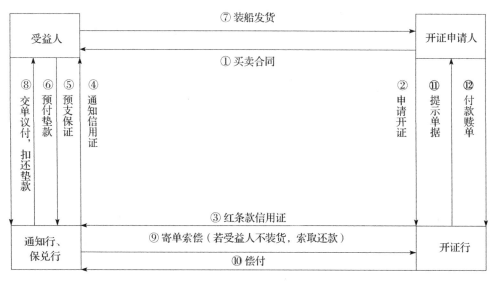

图7-9   预支信用证的业务流程

预支信用证中的预支条款通常应列明如下内容：

（1）预支的最高金额或百分比（一般为信用证金额的30%～40%）和预支款利息由何方负担；

（2）预支的依据，如受益人出具的书面保证、书面确认或收据等；

（3）如在信用证有效期内受益人未交单或未发货，开证行对预支行所需承担的担保责任，即开证行向预支行偿付预支款、利息及有关费用等。

5. 可转让信用证

可转让信用证（transferable L/C）是指信用证的受益人（第一受益人）可以要求转让银行，将信用证的全部或部分转让给一个或几个第三者（第二受益人）使用的信用证。第二受益人可根据被转让的信用证，以自己的名义装运或提交单据请求付款。因此，这种转让是第一受益人将信用证项下的权利和义务一起转让，即受让人在信用证中接替了让与人的地位，得到预先保证：只要信用证的条款和条件得到遵守，就有权请求银行付款。

UCP 600 第 38 条对可转让信用证的规定是："可转让信用证是指特别注明'可转让（transferable）'字样的信用证。可转让信用证可应受益人（第一受益人）的要求转为全部或部分由另一受益人（第二受益人）兑用。"因此，在可转让信用证中，银行通常在标题注明Transferable（可转让）字样，以表明该信用证是可转让的，但其中可转让条款并没有统一标准，常见的表述如：This Credit is transferable.（本信用证可转让。）This Credit is transferable and any transfer of all or any part of this Credit must conform strictly to the terms thereof and shall contain no enlargements, limitations, variations or changes of any nature whatsoever of said terms.（本信用证的全部或任何部分的转让必须严格遵守本信用证的条款，不得包含上述条款的任何性质的扩大、限制、变更或变更。）

在国际贸易实务中，可转让信用证的第一受益人通常是中间商，他们利用其国际交往关系向国外进口商出售商品，自己并非实际供货人。中间商与国外进口商成交后，将信用证转让给实际供货人办理装运交货，以便从中赚取差价利润。但是，信用证的此类转让并不等于销售合同的转让，倘若信用证的受让人（即第二受益人）不能按时发货，或提交的单据有不符点，第一受益人（即合同的卖方）仍应对销售合同中规定的卖方义务负连带责任。

（1）新证与原证的区别。一般情况下，办理转让的银行即转让行，都会重新缮制一份"新证"，以便将某些内容做适当调整，新证的大部分内容与原证相同，尤其是两份信用证的终结付款行都为原证的开证行，因此两份信用证实际上可以看作一证，但在以下几个方面可以有变化。

1）UCP 600 第 38 条 h 款的规定，在新证中，开证申请人可以不同于原证的申请人，即第一受益人可以将自己作为新证的申请人。由此，可以避免第二受益人知道真正的买主（原证申请人），这是中间商基于保守商业秘密的考虑，即阻止第二受益人直接与实际买主进行交易。但若原证要求办理信用证转让时原证申请人不得更改的，则新证中的申请人必须与原证相符，且原证申请人的名称还必须出现于发票以外的其他单据上。

2）UCP 600 第 38 条 g 款规定，信用证只能按原证转让，但信用证金额、任何单价、到期日、交单最后日期及装运期可以减少或缩短，或保险加成比例可以增加。因此，在新证中，原证条款原则上不能改变，而信用证金额与货物单价一般比原证低，这样第一受益人（中间商）可以赚取利润；新证的装运期与有效期通常比原证提前，交单期往往也要缩短，这是为了在第二受益人交单后，第一受益人有足够的时间替换发票或汇票，保证不超过原证规定的时间；新证的投保加成比例高于原证，这样才能使保险单的保险金额达到原证的规定，以保证收货人的利益不受损失。

（2）可转让信用证的程序（见图 7-10）。

图 7-10 说明：

① 进口商根据合同规定，申请开立可转让信用证。

② 开证行开出可转让信用证。

③ 通知行将可转让信用证通知给中间商（第一受益人）。

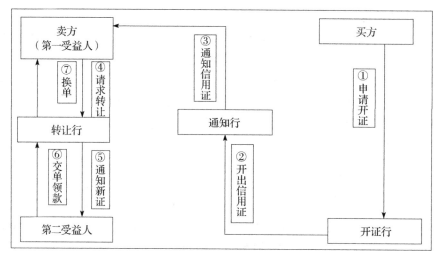

图 7-10　可转让信用证的程序

④ 中间商（第一受益人）向转让行（可能就是通知行）提出开立转让证。

⑤ 转让行开出转让证并通知实际供货人（第二受益人）。

⑥ 实际供货人（第二受益人）将货物出运后，备齐单据向转让行交单领款。

⑦ 转让行通知第一受益人更换单据。

⑧ 转让行将第一受益人提供的发票（和汇票）以及第二受益人提供的其他单据寄往开证行索偿。

⑨ 开证行审单无误后对转让行进行偿付，并通知申请人办理付款赎单。

（3）可转让信用证的规则。按照 UCP 600 第 38 条 d 款的规定，可转让信用证只能转让一次（原证注明可无限制转让除外），即允许第一受益人将信用证转让给第二受益人，而第二受益人则不能再转让。在货物允许分批装运时，受益人可以把信用证分成几部分转让给数人，也可以只转让其中的一部分，其余的由中间商自己使用，但货物禁止分批装运时，信用证只能做一次性的全额转让，当然其中要扣减中间商的利润部分。

第一受益人在提出转让申请时，应不可撤销地指示转让行说明自己是否保留拒绝允许转让行将原始信用证的修改通知给第二受益人的权利。UCP 600 第 38 条 e 款给予第一受益人这种权利，该款规定："任何转让要求须说明是否允许及在何条件下允许将修改通知第二受益人。已转让信用证须明确说明该项条件。"因此，如第一受益人保留该项权利，则转让行在将修改内容通知给第二受益人之前，必须征得第一受益人的同意；如放弃该项权利，转让行则可以直接进行通知；如部分放弃该项权利，则某些内容的修改通知（如信用证的展期、信用证金额的增加等），须征得第一受益人的同意，其他修改可以直接通知给第二受益人。

UCP 600 第 38 条 f 款还规定："如果信用证转让给数名第二受益人，一个或更多的第二受益人对任何修改的拒绝并不能使任何其他的第二受益人的接受无效。对接受修改的第二受益人而言，该已转让信用证已被相应地修改；对任何拒绝修改的第二受益人而言，该已转让信用证仍未被修改。"由此可见，若信用证被转让给两个或以上的第二受益人，则各第二受益人在信用证项下所享有的权利相互独立，各第二受益人对修改的接受或拒绝可以同时存在。当然，开证行可能不愿意各第二受益人对修改的信用证有不同的反应，且独立并存，认为其修改要么被同时接受，要么被同时拒绝。因此，对上述情况开证行应在信用证中做出明确规定。

（4）第一受益人的权利。按照 UCP 600 第 38 条 h 款的规定，第一受益人有用自己的发票、汇票替换第二受益人的发票、汇票的权利。第 38 条 k 款则规定："第二受益人或代表第二受益人的交单提示必须向转让银行做出。"因此，第二受益人不得直接向开证行交单。当第二受益人向转让行提示单据时，转让行应及时通知第一受益人，用自己的发票和汇票替换由第二受益人提供的发票和汇票，以便向开证行提交合格单据。在进行单据的替换时，第一受益人可以取得两份发票的差额，实际上就是中间商的利润，但转让行只有通知一次的义务，如果第一受益人没有及时替换单据，转让行可将第二受益人提交的单据直接寄开证行索偿。转让行的这种权利是 UCP 600 第 38 条 i 款赋予的，该款规定："若第一受益人要提示自己的发票和汇票（若有），但没有在第一次要求后照此办理；或第一受益人提示的发票中存在不符点，但该不符点在第二受益人的提示中并不存在，且第一受益人没有在第一次要求时修改这些不符点，则转让银行有权向开证行提示其自第二受益人收到的单据，且不再对第一受益人负责。"该条款充分保护了正当发货制单的第二受益人的利益。为了避免此类事故发生，第一受益人往往在提出转让申请时，就将自己的空白发票和汇票交到转让行，由转让行代为替换单据，以便转让行能够及时向开证行寄单索偿。

有时可转让信用证也可以不替换发票、汇票。信用证的第一受益人将信用证的权利和义务转让给第二受益人，第二受益人按信用证的规定发运货物，制作各种单据，以自己的名义办理信用证结汇，而转让行将第二受益人的单据原样不变地寄交开证行，无须第一受益人介入。在这种情况下，第二受益人的发票金额与原证的规定一致，此时，第一受益人只取得佣金。这种转让信用证，会使实际买方与实际供货人相互了解，因而这种转让信用证在国际贸易中使用得并不多。

案例 7-7

【案情】

1 月 30 日，中国银行上海分行（以下简称"中国银行"）寄出某可转让信用证下 14 票单据，金额共 1 223 499 美元。单寄新加坡某转证行，由新加坡的第一受益人换单后将单转寄德国的原始开证行要求付款。2 月 14 日，中国银行收到新加坡银行转来的德国银行的拒付电。随即，中国银行向新加坡银行发出反拒付电报，新加坡银行在回电中声明已将中国银行电文内容转达德国开证行听候回复，同时声明作为转让行本身对单据的拒付和最终的付款与否不负责任。其后，中国银行通过新加坡银行再次发出反拒付的电文，要求开证行付款，但从新加坡银行得到的回电却说正在与德国开证行联系，开证行坚持不符点成立，拒绝付款。

鉴于通过新加坡银行无法解决问题，中国银行曾几次直接给德国开证行发电，催促付款。但德国开证行在回电中声明，其信用证是开给新加坡的转让行的，中国银行无权直接与开证行联系。最终，此业务通过部分退单、部分无单放货的方式解决。作为出口商的我国外贸公司也丧失了信用证项下收款的保障。在上述情况下，中方作为第二受益人既无从与德国交涉也无法从新加坡银行处取得货款，最终丧失了信用证下的收款权。

【讨论分析】

1. 上述案例反映出的问题是什么？

2. 依据 UCP 600 的规定，可转让信用证中第二受益人是否与开证行之间存在直接的法律关系？

【延伸思考】

1. 可转让信用证中转让行的责任与义务是什么？

2. 可转让信用证在实际应用中应注意什么问题？

6. 背对背信用证

背对背信用证（back-to-back credit）是指信用证的受益人以自己为申请人，以该证作为保证，要求一家银行以开证行身份开立的以实际供货人为受益人的信用证。

背对背信用证的产生，同样是基于中间商的需要。当中间商向国外进口商售出某种商品时，进口商向银行申请开立以中间商为受益人的不可转让信用证。由于中间商不是实际供货人，信用证又不可转让，因此，中间商请求该证通知行或其他银行以原证作为基础和保证，另开一张以实际供货人为受益人的新证，这张新证就是背对背信用证。这样，进口商与实际供货人是相互隔绝的，从而使中间商保守住了商业秘密。

（1）背对背信用证的业务程序（见图 7-11）。

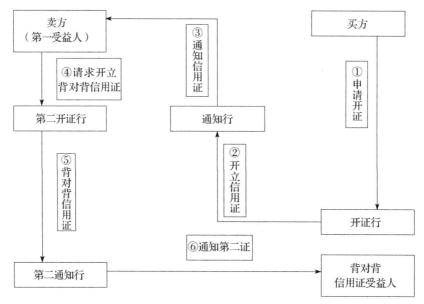

图 7-11 背对背信用证的业务程序

图 7-11 说明：

① 买方向开证行申请开立信用证。

② 开证行向通知行开立信用证。

③ 通知行向卖方（即第一受益人）通知信用证已开立。

④ 卖方向第二开证行申请开立背对背信用证。

⑤ 第二开证行向第二通知行开立背对背信用证。

⑥ 第二通知行向背对背信用证的受益人通知该信用证。

（2）背对背信用证和原始信用证的比较如下。

1）原证的受益人是与进口商订立贸易合同的出口商（中间商），称作第一受益人；而新证的受益人是当地或第三国的实际供货人，称作第二受益人。

2）原证的开证申请人是进口商；而新证的开证申请人是原证的受益人（中间商）。

3）原证的开证行是进口地的一家银行；而新证的开证行是出口地的通知行或其他银行。

4）新证较原证金额单价减少，有效期缩短。

（3）背对背信用证与可转让信用证的比较。背对背信用证的操作规则与可转让信用证相类似，但在某些方面也有不同，如表 7-1 所示。

表 7-1　背对背信用证与可转让信用证的比较

背对背信用证	可转让信用证
1）背对背信用证的开立，并非原始信用证申请人和开证行的意旨，而是受益人的意旨，申请人和开证行与背对背信用证无关	1）可转让信用证的开立是申请人的意旨，开证行同意，并在信用证上加列 Transferable 字样，方可开出可转让信用证
2）凭着原始信用证开立背对背信用证，两证同时存在	2）如果可转让信用证的全部或部分金额被转让出去，该证就失去了那部分金额
3）背对背信用证的第二受益人得不到原始信用证开证行的付款保证	3）可转让信用证的第二受益人可得到原始信用证开证行的付款保证
4）开立背对背信用证的银行就是该证的开证行	4）转让行按照第一受益人的指示开立变更条款的新的可转让信用证，通知第二受益人，该转让行地位不变，仍是转让行

7. 对开信用证

对开信用证（reciprocal credit）是用在易货交易、补偿交易和来料加工中的一种结算方式。在易货贸易时，要求进出口基本平衡，一方用其出口收入来支付从对方的进口，在双方互不了解或互不信任的情况下，采取相互开立信用证的做法，可以把出口和进口联系起来。甲开出以乙为受益人的信用证，同时乙开出以甲为受益人的信用证，后开的信用证（第二张信用证）称为回头证，与先开证的金额大致相等（见图 7-12）。

图 7-12　对开信用证的业务程序

对开信用证上一般加列此对开条款：This is a reciprocal credit against_____bank credit No._____favoring_____coving shipment of_____.（此对开信用证的开证行 _____ 信用证号码 _____ 受益人 _____ 货物 _____。）

对开信用证的生效办法，可以是两证同时生效，即第一证先开但暂不生效，待对方开来回头证，经受益人接受后，通知对方银行，两证同时生效；或者两证先后开立，分别生效，第一证开出后立即生效，第一证受益人在交单议付时附担保书，保证在约定时间内开出以第一证开证申请人为受益人的回头证。一般来说，对开信用证应以同时生效为妥。

8. 循环信用证

循环信用证（revolving credit）是在信用证的部分金额或全部金额被使用之后能恢复原金额再被使用的信用证。与一般信用证相比，它多了个循环条款，用以说明循环方法、次数及总金额。它适用于大额的、长期的分批交货。

循环信用证在信用证上必须明确注明"revolving"字样。具体做法有三种：

（1）自动式循环使用。出口商可按规定时期装运货物交单支取信用证的金额后，不需要等待开证行的通知，信用证就自动恢复到原金额再次使用。例如：

This Credit shall be renewable automatically twice for a period of one month each for an amount of \$50 000.00 for each period making a total of \$150 000.00.

本信用证应自动续期两次，每次续期一个月，每期金额为 50 000.00 美元，共计 150 000.00 美元。

（2）非自动式循环使用。出口商每次装货交单后，必须等待开证行的通知，才能使信用证恢复至原金额。例如：

The amount shall be renewable after each negotiation only upon receipt of Issuing Bank's advising that the credit may be renewable.

每次议付后，只有在收到开证行关于信用证可续期的通知后，该金额才可续期。

（3）半自动式循环使用。出口商每次装货交单后在若干天内开证行未提出中止循环的通知，信用证即自动恢复至原金额。例如：

Should the Negotiating Bank not be advised of stopping renewed within 7 days, the unused balance of this credit shall be increase to the original amount on the 8th day after each negotiation.

如果议付行在 7 天内未收到停止续期的通知，本信用证的未使用余额应在每次议付后的第 8 天增加至原始金额。

（4）可积累循环信用证。它指受益人在上一循环期未用完的信用证金额可以转到下一循环期使用。在国际贸易中，这种信用证的使用，通常是在信用证原规定的期限内应出运货物因故未能装运，或不能保证每次恰好支取规定的金额的情况下，下期补交货物，而补货款也在下一期支款时一起支取。若信用证未明确允许可以积累使用，则不能积累使用。因故未能及时出运的部分货物以及原来规定的其后各期货物，未经开证行修改信用证都不能再出运。UCP 600 第 32 条对此有严格的规定："若信用证规定在指定的日期内分期支款及 / 或装运，但任何一期未按期支款及 / 或装运时，则信用证对该期及其以后各期均告无效。"

（5）不可累积循环信用证。它指受益人在规定的循环期内可以使用的金额未用完时，信用证的余额不能转入其后一期合并使用，即余额失效。因此，各期金额是独立使用的，互不产生影响。

9. 备用信用证

备用信用证（standby L/C），又称商业票据信用证、履约信用证、担保信用证或保证信用证，是一种特殊形式的信用证，意即由银行应申请人的请求或以自身的名义向受益人出具的、承担一定条件下付款、退款或赔款责任的书面凭证。

备用信用证是在有些国家禁止银行开立保证书的情况下，为适应对外经济往来的实际业务需要而产生的，所以它的用途与保证书相似，既可用于全套设备、大型机械、运输工具的分期付款、进出口交易和一般国际货物买卖的延期付款的履约保证，又可应用于国际投标保证、加工装配、补偿贸易、技术贸易的履约保证，也适用于带有融资性质的还款保证。备用信用证可以说是具有信用证形式和内容的银行保证书。当开证申请人未能按时履行投标诺言、履行合同义务、交付货物、偿付货款或贷款时，受益人即可凭备用信用证出具关于开证申请人违约或未履行承诺的声明书，向开证行索偿，银行在收到汇票及信用证规定的凭证时承担付款责任。

7.4.7 SWIFT 信用证

SWIFT 是环球银行金融电信协会（Society for Worldwide Interbank Financial Tele-communications），或译为环球同业银行金融电讯协会。该组织是一个国际银行间非营利的国际合作组织，1973 年 5 月成立于比利时，总部设在比利时的布鲁塞尔。SWIFT 创立之后，其成员银行数逐年迅速增加，从 1987 年开始，非银行的金融机构，包括经纪人、投资公司、证券公司和证券交易所等，也开始使用 SWIFT。目前，该网络已遍布全球 200个国家和地区的 11 000 多家金融机构，提供金融行业安全报文传输服务与相关接口软件。

1980 年 SWIFT 连接到我国香港。中国银行于 1983 年加入 SWIFT，是 SWIFT 组织的第 1 034 家成员行，并于 1985 年 5 月正式开通使用，成为我国与国际金融标准接轨的重要里程碑。之后，我国的各国有商业银行及上海和深圳的证券交易所也先后加入SWIFT。进入 90 年代后，除国有商业银行外，我国所有可以办理国际银行业务的外资和侨资银行以及地方性银行纷纷加入 SWIFT。SWIFT 的使用也从总行逐步扩展到分行。

MT 700 和
MT 701 标
准格式

在国际贸易结算中，SWIFT 信用证是正式的、合法的、被信用证各当事人所接受的、国际通用的信用证。在我国银行的电开信用证或收到的信用证电开本中，SWIFT信用证也已占很大的比重。采用 SWIFT 信用证必须遵守 SWIFT 的规定，也必须使用SWIFT 手册规定的代号（tag），而且信用证必须遵循国际商会 2007 年修订的《跟单信用证统一惯例》（UCP 600）各项条款的规定。在 SWIFT 信用证中可省去开证行的承诺条款（undertaking clause），但不因此免除银行所应承担的义务。SWIFT 信用证的特点是快速、准确、简明、可靠。目前开立 SWIFT 信用证的格式代号为 MT 700 和 MT 701。

MT 707 标
准格式

如果对已经开出的 SWIFT 信用证进行修改，则需采用 MT 707 标准格式传递信息。

7.5 银行保证书

银行保证书和备用信用证不是某种结算方式，而是为承担交易风险的一方提供信用保证的某种手段。因此，在国际贸易中，当履行交货或承包工程项目所需的时间较长、有必要在相当长的时间内支付价款、交易条件又较为复杂，难以使用信用证方式进行结算，而一方当事人对于另一方所作履行合同的承诺又感到不够安全时，可要求另一方提供银行保证书或备用信用证，以保证其履行合同中规定的义务。

1. 银行保证书的含义

银行保证书（banker's letter of guarantee，L/G）又称银行保函，是指银行应其客户（委托人）的要求或应其他人（指示方）的指示开立的保证文件，就委托人关于某一基础合同的债务或责任向第三方当事人（债权人或受益人）做出保证，如委托人未能履行合同规定的义务则由银行向第三方当事人做出赔偿。

2. 银行保证书的主要内容

视具体交易的不同，银行保证书的内容也有所不同，一般包括以下各项。

（1）基本项目。它包括保证书的编号；开立日期；各当事人的名称、地址和所在国家或地区；有关工程项目或其他标的物的名称；有关合同或标书的编号和签约或签发日期。

（2）责任条款。开立保证书的银行在保证书中承诺的责任条款。

（3）保证金额。即出具保证书的银行所承担责任的最高金额。

（4）有效期。即最迟的索赔期限，可以是一个具体的日期，也可以是在有关某一行为或某一事件发生后的一个时期到期，如交货后 3 个月。

（5）索赔方式。即索赔条件，是指受益人在何种情况下方可向保证人提出索赔。

3. 银行保证书的种类

银行保证书根据不同用途可以分为许多种类，常见的有如下几种。

（1）投标保证书（tender guarantee）。它是银行（担保人）应投标人（委托人）的请求，向招标人（受益人）开立的一种担保。银行在保证书中承诺，如投标人未能履行由于参加投标而应承担的各项义务时，银行将按保函规定向招标人赔付一定金额，以弥补其损失。这些义务通常包括：投标人在开标前不得中途撤销或片面修改标书；中标后不得拒绝与招标人签约；签约后应按期提交履约保函取代投标保函。

（2）履约保证书（performance guarantee）。履约保证书的委托人通常是出口方或中标人，而受益人则为进口方或招标人，保证书所保证的履约义务是指卖方应按时、按量、按质地交运货物或完成工程项目。如以预付定金或分期付款方式达成的货物销售合同，若出口商不能按期交货，应向进口商支付违约金直至偿还已付款的本金和利息，若出口方不能支付这笔款项，则由担保银行负责偿付。又如，中标人和招标人签订承包工程合约，如果中标人不能履行合同义务，担保行应按保证书规定的金额赔付给招标人。

在国际货物买卖中的履约保证书，可以分为进口保证书和出口保证书。

1）进口保证书（import letter of guarantee）是指银行（保证人）应进口方（委托人）的申请，开给出口方（受益人）的信用文件，保证在出口方按合同交货后进口方一定如期付款，否则由保证银行负责偿付一定金额的款项。

2）出口保证书（export letter of guarantee）是指银行应出口方的申请开给进口方的保证文件，明确规定，如出口方未能交货，银行负责赔偿进口方一定金额。有的保证书规定如出口方未能按买卖合同交付货物，保证银行在收到通知后的一定期限内，无条件地将进口方已经支付给出口方的定金或预付款退还给进口方，并加付从支付定金或预付款项之日起至实际退款日期止的利息，这种保证书又称为还款保证书。

4. 银行保证书的当事人

（1）委托人（principal）。即申请人，是向银行提出申请，委托银行开立保函的当事人，也是被保证人；是投标保证业务项下的投标人；出口保证业务项下的出口方；进口保证业务项下的进口方等。

（2）受益人（beneficiary）。即债权人，是指结束保函并有权按保函规定向担保银行提出索赔的当事人，在基础合同中是与委托人相对的当事人。

（3）担保人（guarantor）。即保证人，是开立保证书的银行或其他金融机构，其责任是保证委托人履行基础合同，并在其违约时，根据受益人提交的符合保函规定的索赔文件，向受益人做出不超过保函金额的赔偿。担保银行在凭保函做出赔偿后，取得代位求偿权，即可取代债权人向委托人或其提供的反担保人索取赔偿。

在银行保证书义务中，除了以上三个基本当事人外，视情况需要还可能涉及另外三个当事人，即通知行、保兑行和转开行。

（4）通知行（advising bank）。即转递行，是受担保人委托，将保证书通知或转递给受益人的银行，一般是受益人所在地的银行。通知行只需负责检验保证书的授权签字或密押以确定其表面真实性，对于保证书项下的赔付则不承担责任，对于保证书内容的正确性等也不负责任。如果通知行拒绝通知，或无法通知给受益人时，应及时告知担保人以采取相应的措施。

（5）保兑行（confirming bank）。即在保证书上加具保兑的银行，其只在保证人不按保证书规定履行赔付义务时，才向受益人赔付，使受益人得到双重担保。

（6）转开行（re-issuing bank）。它是根据国外担保银行的要求，向受益人开出保证书的银行，发生符合保证书规定条件的事情时，受益人只能向转开行要求付款或赔偿。

7.6 各种支付方式的选择与运用

合同中的
支付条款与
支付方式的
选择

在国际贸易业务中，一笔交易的货款结算，可以只使用一种结算方式（通常如此），也可根据需要，例如不同的交易商品、不同的交易对象、不同的交易做法，将两种以上的结算方式结合使用，目的或有利于促成交易，或有利于安全及时收汇，或有利于妥善处理付汇。常见的不同结算使用的形式有：信用证与汇付结合、信用证与托收结合、汇付与银行保函或信用证结合。

1. 信用证与汇付相结合

这种方式具体有两种做法：① 部分货款采用信用证方式付款，余额用汇付方式结算。即进口商首先开信用证支付发票金额的若干成，余额部分待货物到达目的地后，根据检验结果计算出确切金额，另以汇付的方式支付。采用这种方法时，应明确规定使用何种信用证和何种汇付方式，以及采用信用证付款的比例，以防出现争议和纠纷。② 先汇付部分货款，余额部分在出口商发货时由进口商开立信用证支付。这主要用于须先付预订金的交易（如成套设备的交易），进口商成交时须交纳的订金以汇付方式支付，余额部分以信用证支付。

2. 信用证与托收相结合

这种方式是部分货款以信用证支付，余额部分以托收方式支付。采用这种做法时，发票和其他单据并不分开，仍按全部货款金额填制，只是出口方须签发两张汇票，分别用于信用证项下和托收项下。为降低风险，一般信用证项下部分的货款为光票支付，托收采用跟单托收方式。此外，还可在信用证中规定，只有在进口商付讫了托收项下的汇票后，开证行方可交单。这种做法既减少了进口商的开证费用，又使出口商的收汇有一定的安全保障，故受到进出口双方的欢迎。

3. 汇付与银行保函或信用证结合

汇付与银行保函或信用证结合使用的形式常用于成套设备、大型机械和大型交通运输工具（飞机、船舶等）等货款的结算。这类产品交易金额大，生产周期大，往往要求买方以汇付方式预付部分货款或定金，其余大部分货款则由买方按信用证规定或开加保函分期付款或迟期付款。

此外，还有汇付与托收结合、托收与备用信用证或银行保函结合等形式。我们在开展对外经济贸易业务时，究竟选择哪一种结合形式，可酌情而定。

7.7　合同中的支付条款

国际货物买卖合同中有关货款收付的规定通常以"支付条款"（terms of payment）出现。由于支付条款之间关系到贸易双方的切身利益，因此在制定该条款时应在确保安全收汇、利于扩大贸易和资金周转的前提下，根据不同的客户、商品、市场，结合价格和汇率风险等因素，进行综合考虑，选择适宜的结算方式。具体的支付条款，视不同的交易，特别是所选用的结算方式不同而有所不同，主要有付款时间、地点、金额及条件等。

7.7.1　合同中的汇付条款

使用汇付方式结算货款的交易，在买卖合同中应明确规定汇付的时间、具体的汇付方法和金额等。如样 1 中说明汇付时间为 × 年 × 月 × 日，汇付金额为 50% 的货款，汇付方式为电汇（信汇或票汇）。

样1： 买方应不迟于×年×月×日将 50% 的货款用电汇（信汇或票汇）方式预付给卖方。

The Buyers shall pay 50% of the sales proceeds to the Sellers in advance by T/T（M/T or D/D）not later than ...

样2： 买方应不迟于 × 年 × 月 × 日将全部货款用电汇预付交至卖方。

The Buyers shall pay the total value in advance by T/T to reach the Sellers not later than ...

样3： 买方同意在本合同签字之日起，1 个月内将本合同总金额的 60% 的预付款，以电汇方式汇交卖方。

60% of the total contract value as advance-payment shall be remitted by the Buyers to the Sellers through telegraphic transfer within one month after signing this contract.

样4： 买方收到本合同所列单据后，应于 ×× 天内电汇付款。

Payment by T/T: Payment to be effected by the Buyers shall not be later than ... days after receipt of the documents listed in the contract.

7.7.2　合同中的托收条款

以托收方式结算货款的交易，在买卖合同的支付条款中，必须明确规定交单条件和付款、承兑责任以及付款期限等内容。样 5 为即期付款交单，样 6、样 7、样 8 为远期付款交单，样 9 为承兑交单。对于买卖双方经过长期交往，对跟单托收已确立习惯做法的交易，买卖合同中的支付条款，也可适当从略，使合同文字简化，如即期付款交单方式的支付条款可简写为"D/P 即期"（D/P at sight）；远期付款交单简写为"D/P 见票后 ×× 天"（D/P at ... days sight 或 D/P at ... days after sight）；承兑交单可以简写为"D/A 见票后 ×× 天"（D/A at ... days sight 或

D/A at ... days after sight）。但需注意的是除非贸易双方对各种跟单托收方式表述的含义和具体做法已有共识，否则在贸易合同中仍应作具体详尽的规定，以明确责任，防止被动损失。

样 5：	买方应凭卖方出具的即期跟单汇票于见票时立即付款，付款后交单。	Upon first presentation the Buyers shall pay against documentary draft drawn by the Sellers at sight. The shipping documents are to be delivered against payment only.
样 6：	买方对卖方开具的见票后 ×× 天付款的跟单汇票，于提示时应即予承兑，并应于汇票到期日即予付款，付款后交单。	The Buyers shall duly accept the documentary draft drawn by the Sellers at ... days sight upon first presentation and make payment on its maturity. The shipping documents are to be delivered against payment only.
样 7：	买方应凭卖方出具的跟单汇票，于提单日后 ×× 天付款，付款后交单。	The Buyers shall pay against documentary draft drawn by the Sellers at ... days after date of B/L. The shipping documents are to be delivered against payment only.
样 8：	买方应凭卖方出具的跟单汇票，于汇票出票后 30 天付款，付款后交单。	The Buyers shall pay against documentary draft drawn by the Sellers at ... days after date of draft. The shipping documents are to be delivered against payment only.
样 9：	买方对卖方出具的见票后 ×× 天付款的跟单汇票，于提示时应即予承兑，并应在汇票到期日即予付款，承兑后交单。	The Buyers shall duly accept the documentary draft drawn by the Sellers at ... days sight upon first presentation and make payment on its maturity. The shipping documents are to be delivered against acceptance.

7.7.3　合同中的信用证条款

以信用证结算货款的交易，在买卖合同的支付条款中，应明确规定开证时间、开证行、信用证的受益人、种类、金额、装运期、到期日等。

1. 开证时间

按国际贸易惯例和法律规则，在信用证支付条件下，按合同规定的时间开立信用证，是买方在货物买卖合同中的主要义务。如在买卖合同中未规定开证时间，按一般的惯例和法律规定，买方应在"一个合理的时间"内开立，这个合理时间应从合同规定的装运期的第一天往回推算。如买方不按时开证并送达卖方，即构成买方的违约，卖方有权撤销合同并要求损害赔偿。但鉴于目前为止，各国法律均未对开证的"合理时间"做出具体解释，为了防止可能由于对此理解不同而引起纠纷，同时也为了明确卖方的开证责任，最好的办法就是在买卖合同中，特别是出口合同中具体规定开证时间，订法一般有以下几种。

在装运月份前 ×× 天开到卖方	To be opened to reach the Sellers ... days before the month of shipment
不迟于 × 月 × 日开到卖方	To be opened to reach the sellers not later than ... (month) ... (day)
接卖方货已备齐的通知后 × 天内开证	To be opened within ... days after receipt of the seller's advice that the goods are ready for shipment.

前两种是常用订法，第三种只是在特殊需要时才使用。

2. 开证行

为了确保收汇，在买卖合同中特别是出口合同中，一般还应对开证行的资信地位做出必要的规定，但比较笼统，如"通过卖方可以接受的银行"（through a bank acceptable to the sellers），"第一流的银行"（first class bank）。

3. 受益人

在一般情况下，可规定"以卖方为受益人"（in favor of the sellers），但如在异地装运或代理其他企业达成的交易，也可规定装运地的企业或被代理的企业为受益人。

4. 信用证的种类

信用证种类繁多，因此在买卖合同中应明确订立信用证的类型。按付款期限，信用证有即期和远期之分。

见票后 ×× 天付款（at ... days after sight）
提单日后 ×× 天付款（at ... days after the date of B/L）
出票日后 ×× 天付款（at ... days after the date of draft）

此外，是否还需要除开证行以外的其他银行加具保兑，是否需要加注"可转让"（transferable），是否需要预支或部分预支等，也应根据不同交易的需要做出具体规定。

5. 信用证金额

信用证金额是开证行承担付款责任的最高金额，在实务中通常规定为发票价值的100%，但如果涉及额外费用需在信用证金额外支付，则必须在合同中明确有关信用证应做出相关规定，以免影响收汇。此外，如在出口合同中对装运数量订有"约数"或"溢短装条款"的，则应要求买方在信用证内规定装运数量多交或少交的百分率或注明"约数"，同时，对信用证金额做相应的增加或在金额前注明"约数"（about）字样，以利于货物溢装时收足货款。

6. 到期日和到期地点

信用证的到期日（expiry date）也称为信用证的有效期（validity），是开证行承担即期付款、延期付款、承兑或议付责任的期限。到期地点是指被交付单据并要求付款、承兑或议付的银行的所在地，即在信用证有效期内应向何地的指定银行交单为准。

为了便于掌握时间及时向银行交单议付，在出口合同中一般都规定信用证到期地点在我国或在我国某地（出口或议付地点），如在上海议付有效期至……（valid for negotiation in Shanghai until ...）。

样 10： 买方应通过卖方所接受的银行于装运月份前××天开立并送达卖方不可撤销的即期信用证，有效期至装运后 15 天在中国议付。

The Buyers shall open through a bank acceptable to the Sellers an Irrevocable Sight Letter of Credit to reach the Sellers ×× days before the month of shipment, valid for negotiation in China until 15th day after shipment.

样 11： 买方应通过卖方所接受的银行于装运月份前××天开立并送达卖方不可撤销见票后 30 天付款的信用证，有效期至装运后 15 天在中国议付。

The Buyers shall open through a bank acceptable to the Sellers an Irrevocable Letter of Credit at 30 days after sight to reach the Sellers ×× days before the month of shipment, valid for negotiation in China until 15th day after shipment.

样 12： 买方须于×年×月×日将保兑的、不可撤销的、可转让的即期信用证开到卖方。信用证议付有效期延至装运期后 15 天在中国到期，该信用证中必须注明允许分运及转运。

By Confirmed, Irrevocable, Transferable L/C to be available by sight draft to reach the Sellers before ... and to remain valid for negotiation in China until 15 days after the time of shipment. The L/C must specify the transshipment and partial shipment are allowed.

7.7.4 多种结算方式结合使用的合同条款

在国际贸易中，一笔交易通常只选择一种结算方式，但由于不同结算方式各有利弊，买卖双方承担的风险和资金占用的时间各有不同，因此，为了取长补短，做到既能加快资金周转，又能确保收付外汇的风险，以利于达成交易，扩大交易，在同一交易中选择两种或两种以上的结算方式结合起来使用是比较有效的方法，如信用证和跟单托收相结合（如样 13），具体做法为一笔交易的货款部分以信用证付款、其余部分以托收方式结算，又称为"部分信用证，部分托收"、信用证和汇付结合（如样 14）、备用信用证与跟单托收相结合（如样 15），其目的是在跟单托收项下的货款一旦被拒付，可凭备用信用证利用开证行的保证追回货款。

样 13： ××% 发票金额凭即期光票支付，其余 ××% 即期付款交单。100% 发票金额的全套货运单据随附于托收项下，于申请人付清发票全部金额后交单。若进口方不付清全部金额，货运单据由开证行（或付款行掌握），凭出口方指示处理。

...% of the invoice value is available against clean draft at sight while the remaining ...% of documents be held against payment at sight under this credit. The full set of the shipping documents of 100% invoice value shall accompany the collection item and shall only be released after full payment of the invoice value. If the importer fails to pay full invoice value, the shipping documents shall be held by the Issuing Bank (or Paying Bank) at the exporter's disposal.

样 14：装运货物以电汇向买方提交××预付款为前提，其余部分采用托收凭即期付款交单。

Shipment to be made subject to an advance payment or down payment amounting ... to be remitted in favor of sellers by T/T and remaining part on collecting basis, documents will be released against payment at sight.

样 15：即期付款交单，并以卖方为受益人的总金额为××的备用信用证担保。备用信用证应载有责任条款：如××号合同项下跟单托收的汇票付款人未能在预定日期付款，受益人有权在本信用证项下凭汇票连同一份列明××号合同款项被拒付的声明书支款。

Payment available by D/P at sight with a Standby L/C in favor of sellers for the amount of ... as undertaking. The Standby L/C should bear the clause: In case the drawee of the documentary collection under S/C NO ... fails to honour the payment upon due date, the Beneficiary has the right to draw under this L/C by their draft with a statement stating the payment on S/C NO ... was not honoured.

本章小结

　　国际货款结算中基本上都采用票据作为结算工具，主要使用汇票，有时也使用本票和支票。结算的基本方式有汇付、托收和信用证三种。其中汇付和托收属于商业信用，信用证业务中银行承担第一性的付款责任，属于银行信用。信用证是本章的重点内容，包括信用证的含义、特点、当事人、种类、业务程序及《跟单信用证统一惯例》的相关规定等。在国际贸易中，如一方当事人对另一方当事人所做出的承诺感到不够安全时，可使用银行保证书或备用信用证。支付条款是贸易合同的核心条款。根据支付方式的不同，支付条款包含的内容也有所不同，主要有付款时间、地点、金额及条件等。

练习题

1. 名词解释：汇票、汇付、托收、信用证。
2. 请比较汇票、本票与支票。
3. 请简述托收的含义，并分析采用托收方式时出口商应注意些什么。
4. 请简述托收有几种交单方式，以及分析 D/P at 30 days after sight 与 D/A at 30 days after sight 两者有何区别。
5. 请简述信用证的含义，信用证与买卖合同的关系。
6. 请简述国际贸易结算中信用证方式有哪些特点。
7. 简述信用证业务的一般收付程序。
8. 什么是可转让信用证？转让的规则是什么？
9. 什么是背对背信用证？背对背信用证与可转让信用证有何不同？
10. 某公司接到一份经 B 银行保兑的不可撤销信用证。当该公司按信用证规定办完装运手续后，向 B 银行提交符合信用证各项要求的单据要求付款时，B 银行却声称：该公司应先要求开证行付款，如果开证行无力偿付，则由其保证付款。请问：B 银行的要求合理吗？为什么？

11. 某外贸公司受国内用户委托，以本公司名义与国外一公司签订一项进口某商品的合同，支付条件为"即期付款交单"。在履行合同时，卖方未经该公司同意，就直接将货物连同单据都交给了国内用户，但该国内用户在收到货物后由于财务困难，无力支付货款。在这种情况下，国外卖方认为，我外贸公司作为合同的买方，根据买卖合同的支付条款，要求我公司支付货款。请问：外贸公司是否有义务支付货款？

12. 中国某公司以 CIF 条件向美国出口一批货物，信用证付款。合同签订后，由美国花旗银行开来即期议付信用证，并规定装运期为 9 月，偿付行为相关的汇丰银行。8 月初，中国出口商获悉美国进口商经营不佳，传闻有可能倒闭。试分析出口商是否可按期发货。

13. 中国某企业从瑞典进口一批木材，分两批装运，即期信用证付款，每批分别由中国 B 银行开立一份信用证。第一批货物装运后，卖方向银行议付了货款，B 银行向议付银行偿付了货款。中国进口企业收到第一批货物后，发现品质与合同规定不符，于是要求银行对第二份信用证项下的单据拒付，但遭到 B 银行的拒绝。试分析 B 银行的做法是否合理。

第8章
CHAPTER8

商检与索赔

:: **学习目标**

| 掌握买方检验权的有关规定，检验时间和地点的规定方法。

| 了解检验机构及检验程序、检验证书的种类。

| 了解对违约行为的区分、索赔的种类及时效。

| 掌握索赔条款的内容和订立方法。

8.1 商品商检

商品检验

进出口商品检验简称商检，是指在国际货物买卖中，由国家设置的管理机关或由政府注册的第三者身份的民间公证鉴定机构，对进出口商品的质量、数量、规格、重量、包装、残损、安全性能、卫生方面的指标以及装运技术和装运条件等项目实施检验和鉴定，以确定其是否与贸易合同、有关标准规定相一致，是否符合进出口国有关法律和行政法规的规定；有时还要据此明确事故的起因和责任归属。进出口商品一般都要通过检验，才能确定其质量、数量、重量和包装是否符合合同规定。因此，商品检验是进出口货物交接过程中不可缺少的一个重要环节。在我国，实行商品检验制度，是国家对进出口商品实施品质管制的重要措施，为了加强对进出口商品的检验工作，国家颁布了《中华人民共和国进出口商品检验法》。该法规定我国商检机构和经国家商检部门许可的检验机构，依法对进出口商品实施检验。[⊖]凡未经检验的进口商品，不准销售、使用；凡未经检验合格的出口商品，不准出口。[⊜]我国商检机构担负着既把进出口商品质量关，又为促进对外贸易服务两个方面的职能。

由于商品检验关系到交易双方的利益，所以在买卖合同中必须订明商品检验条款。

⊖ 参见《中华人民共和国进出口商品检验法》第 1 章第 3 条。

⊜ 参见《中华人民共和国进出口商品检验法》第 1 章第 5 条。

8.1.1 买方的检验权

根据各国法律和《公约》规定，买方有权对其所买的货物进行检验，以保障买方的利益。

国际货物买卖双方在交接货物过程中，通常要经过交付（delivery）、检验或查看（inspection or examination）、接受或拒收（acceptance or rejection）三个环节。在长期的国际贸易实践中，对于货物的检验或查看、货物的接受或拒收方面，已形成了一些惯例，有的国家对此还做出法律规定。按照一般的法律规则，"接受"是指买方认为他所购买的货物在质量、数量、包装等方面均符合买卖合同的规定，因而同意接受买卖方所交付的货物。买方"收到"（received）货物并不等于他已经"接受"（accepted）了货物。如果他收到货物后经检验，认为与买卖合同的规定不符时，他可以拒收。如果未经检验就接受了货物，即使事后发现货物有问题，也不能再行使拒收的权利。

《公约》第三部分第二章第二节第 38 条明确规定了买方对货物享有检验权："① 买方必须在按情况实际可行的最短时间内检验货物或由他人检验货物。② 如果合同涉及货物的运输，检验可推迟到货物到达目的地后进行。③ 如果货物在运输途中改运或买方须再发运货物，没有合理机会加以检验，而卖方在订立合同时已知道或理应知道这种改运或再发运的可能性，检验可推迟到货物到达目的地后进行。"结合第 36 条第一款："卖方应按照合同和本公约的规定，对风险移转到买方时所存在的任何不符合同情形，负有责任，即使这种不符合同情形在该时间后方始明显。"可见买方对货物有检验的权利，即便货物不符合同的情形在风险转移的时候并未表现明显，但检验结果显示这种情形于风险移转到买方的时候就已存在的亦应由卖方负责。

《中华人民共和国合同法》对买方检验权也有明确的规定。第 9 章第 157 条规定："买受人收到标的物时应当在约定的检验期间内检验。没有约定检验期间的，应当及时检验。"第 158 条还规定："当事人约定检验期间的，买受人应当在检验期间内将标的物的数量或者质量不符合约定的情形通知出卖人。买受人怠于通知的，视为标的物的数量或者质量符合约定。当事人没有约定检验期间的，买方应当在发现或者应当发现标的物的数量或者质量不符合约定的合理期间内通知出卖人……"

美国《统一商法典》第 2-606 条（1）款规定，凡属下列情况均表明买方已接收货物：① 在有合理机会对货物进行检验之后，买方向卖方表示货物符合合同，或表示尽管货物不符合合同，他仍将收取或保留货物；② 在有合理机会对货物进行检验之后，未做出有效的拒收；③ 买方做出任何与卖方对货物的所有权相抵触的行为。

由此可见，法律普遍规定，除双方另有约定外，买方有权对自己所购买的货物进行检验。如发现货物不符合同规定，而且确属卖方责任者，买方有权采取要求卖方予以损害赔偿等补救措施，直至拒收货物。但是，必须指出，买方对货物的检验权并不是表示对货物接受的前提条件，买方对收到的货物可以进行检验，也可以不进行检验，假如买方没有利用合理的机会对货物进行检验，就是放弃了检验权，他也就丧失了拒收货物的权利。

所以说，买方检验权是一种法定的检验权，它服从于合同的约定，在合同中通常通过检验的时间和地点来对如何行使检验权的问题做出规定。

8.1.2 检验的时间和地点

商品检验在何时何地进行，各国法律无统一规定。而货物的检验权又直接关系到买卖双方在货物交接过程中的权利和义务，因此买卖双方通常在合同中就买方如何行使检验权，包括检验的时间和地点都做出明确的规定，以明确双方的责任。对于商品检验的时间和地点的规定与合同所使用的贸易术语、商品的特性、包装方式、行业惯例以及当事人所在国的法律、行政法规的规定有密切关系。

在国际货物贸易中、买卖贸易合同关于检验时间与地点的规定，基本做法有以下三种。

1. 在出口国检验

在出口国检验又可分为产地检验或工厂检验、装船前或装船时检验。

（1）在产地检验。货物在离开生产地点（如工厂、农场或矿山）之前，由出口方或其委托的检验人员或进口方的验收人员，对货物进行检验或验收。卖方承担离开产地之前的责任，而在运输途中出现的品质、数量等方面的风险则由买方承担。

（2）装运前或装运时在装运港（地）检验。它又称以离岸质量、重量（或数量）为准（shipping quality, weight or quantity as final），即出口货物在装运港（地）装运前或装运时，以双方约定的商检机构对货物进行检验后出具的质量、重量、数量和包装等检验证书，作为决定交货质量、重量或数量的最后依据。在这里，卖方取得商检机构出具的各项检验证书，就意味着其所交货物的质量、重量或数量是与合同规定相符合的，买方对此无权提出任何异议。货物运抵目的港（地）后，买方如再对货物进行复验，即使发现问题，也无权再表示拒收或提出索赔。

2. 在进口国检验

若贸易合同规定在进口国检验，则商检应在货物运抵目的港（地）卸货后进行，或在买方营业处所或最终用户的所在地进行。

（1）在目的港（地）卸货后检验。它又称以到岸质量、重量（或数量）为准（landing quality, weight or quantity as final），即在贸易货物运抵目的港（地）卸货后的一定时间之内，由双方约定的目的港（地）的商检机构进行商检，并以该商检机构出具的检验证书作为决定交付货物的质量、重量或数量的最后依据。如果检验证书证明货物的质量、重量或数量与贸易合同不符是卖方责任，卖方应予负责，当买方对此提出索赔时，卖方一般不得拒绝理赔。

（2）在买方营业处所或最终用户所在地检验。对于不方便在目的港（地）进行检验的贸易货物，如密封包装货物或需要一定的检验条件或设备才能进行检验的货物，可以将检验延伸和推迟到货物运抵买方营业处所或最终用户所在地后的一定时间内进行，并由双方约定的该地的商检机构实施检验。该检验机构对商品检验后出具的检验证书作为买卖双方决定交货质量、重量或数量的依据。

3. 在出口国检验、在进口国复验

贸易合同若规定在出口国检验、在进口国复验，则是指以装运港（地）的检验证书作为收付货款的依据，但货物运抵目的港（地）或发货地的检验机构进行检验，该商检机构出具的检验证书可以作为卖方议付的凭证，但不是最后依据。买方在货物运抵目的港（地）卸货后的一定时间内仍有权复验，这时双方约定的目的港（地）的商检机构对货物检验后出具的检验证书才是最后依据，如果发现由于卖方责任而造成交货的质量、重量或数量与贸易合同不符，买方仍有权凭该商检证书向卖方提出索赔。这种做法对于买卖双方来说都比较方便而且公平合理，因而已为国际贸易中绝大多数当事人所接受，成为一条公认的原则。

案例 8-1

【案情】

我国某纺织品进出口公司以 CIF 条件与国外买方签订一份出口 5 000 套西服的合同，合同规定在出口国检验、在进口国复验。货到目的港，经买方对货物进行复验后，发现部分西服有水渍。因此，买方向我国纺织品公司提出 30% 的扣价索赔。但当我方欲就此案进行核查

时，买方已将该批西服运往他国销售。

【讨论分析】

1. 本案买方是否有复验权？

2. 买方能否提出扣价索赔？

3. 在买方已将该批西服运往他国销售的情况下，买方还有索赔权吗？为什么？

4. 我方应如何处理此事？

【延伸思考】

若该批西服仍在买方处，我方应如何处理此事？

近年来，随着国际贸易的发展，在检验时间、地点上出现了一些新的做法。例如，在出口国装运前检验，在进口国最终检验。即在买卖合同中规定，货物在出口国装运前由买方自行或委托他人对货物进行检验，货物运抵目的港或目的地后，买方有最终检验权和索赔权；有的还伴以在产地或装运地实施监造或监装，这种做法在技术复杂、价值较高、大型设备的贸易中，是一种行之有效的质量保证措施。

8.1.3 检验机构

在对外贸易中，国际上都承认买方在接收货物之前有权检验货物，而商品检验工作一般都由专业的检验机构接受申请而负责办理。国际上的进出口商品检验机构主要有官司方的、非官司方的和半官司方的三种类型。

官司方的检验机构是由国家或地方政府设置的，根据国家颁布的有关法令，对特定的进出口商品，特别是有关安全、卫生、检疫、劳保、环保等方面的商品执行强制检验、检疫和监督管理。如美国粮谷检验署（FGES）、美国食品药品监督管理局（FDA）、法国国家实验室检测中心、日本通商产业检查所等都是由国家政府设置的官司方检验机构。非官司方检验机构一般是经政府注册登记，由一些具备专业检验鉴定技术业务能力和国际法律知识的审计署法人或私人建立的检验公司、公证行、鉴定公司等；民间检验机构具有半官司方的性质，主要是指根据法律规定，经过注册登记，具有法人资格，能独立执行检验、鉴定的检验机构。如瑞士日内瓦通用鉴定公司（S.G.S.）、美国保险人实验室（UL）、英国劳合社公证行（Lloyd's Surveyor）、日本海事鉴定协会（NKKK）、中国香港天祥公证行等都属于民间和社会检验机构。

在我国，进出口商品的检验工作由地方检疫机构、国家检验检疫局或其他地方机构所指定的检验机构负责。根据我国《商检法》和检验检疫统一后的新体制，国家检验检疫局设在各地的地方检验检疫机构管理其所辖地区的进出口商品检验工作。

检验工作
程序

8.1.4 商检证书

商品检验机构对进出口商品进行检验检疫或鉴定后，根据不同情况、不同的检验结果或鉴定项目签发的各种检验证书、鉴定证书和其他证明书，统称为商检证书（inspection certificates）。在国际贸易中，商检证书起着公证证明的作用，它是买卖双方商品交接、结算货款以及进行索赔和理赔的依据之一，也是报关验放、计算关税和运费的重要凭据，还是证明装运条件、明确贸易关系人责任、处理经济诉讼和仲裁的有效凭证；在使用信用证方式结算货款的情况下，商检证书通常也是银行议付货款和出口收汇的依据。

商检证书按其内容来分，主要有以下几种。

（1）品质检验证书（Inspection Certificate of Quality）。它是证明进出口商品的质量、规格、等级等实际情况是否符合贸易合同或有关规定的证明文件。它可以作为国际贸易关系人交接货物、结算货款、通关验放、索赔理赔及仲裁诉讼举证的有效证件。

（2）重量或数量检验证书（Inspection Certificate of Weight of Quantity）。它是证明进出口商品的重量或数量是否符合贸易合同规定的证明文件。它可以作为国际贸易关系人交接货物、结算货款、纳税、计算运费、进行索赔和理赔的有效证件。

（3）包装检验证书（Inspection Certificate of Packing）。它是证明进出口商品包装情况的证明文件。

（4）兽医检验证书（Veterinary Inspection Certificate）。它是证明进出口动物产品经过检疫合格的证明文件，适用于冻畜肉、冻禽、禽畜肉、罐头、冻兔、皮张、毛类、绒类、猪鬃、肠衣等出口商品。有时还要加上卫生检验内容，称兽医卫生检验证书（Veterinary Sanitary Inspection Certificate）。它是对外交货、银行结汇和进口通关的重要证件。

（5）卫生检验证书（Sanitary Inspection Certificate）。它又称健康检验证书（Inspection Certificate of Health），是证明可供人类食用或使用的动物产品食品等经过卫生检验或检疫合格的证明文件。适用于肠衣、罐头、冻鱼、冻虾、食品、蛋品、乳制品、蜂蜜等，也是对外交货、银行结汇和通关放行的重要证件。

（6）消毒检验证书（Inspection Certificate of Disinfection）。它用于证明出口谷物、油籽、豆类、皮张、山羊毛、羽毛、人发等商品，也是对外交货、银行结汇和进口通关的重要凭证。

（7）熏蒸检验证书（Inspection Certificate of Fumigation）。它是用于证明出口谷物、油籽、豆类、皮张等商品，以及包装用木材与植物性填充物等已经过熏蒸灭虫的证书。其内容主要证明使用的药物、熏蒸的时间等情况。

（8）温度检验证书（Inspection Certificate of Temperature）。它是证明出口冷冻商品温度的证书。测温结果一般列入品质检验证书中，若国外要求单独出证，可以单独出具温度检验证书。

（9）残损检验证书（Inspection Certificate on Damaged Cargo）。它简称验残证书，是证明进口商品残损情况的证明文件。它的主要内容为确定商品的受损情况及其对使用、销售的影响，估计损失程度，判断致损的原因。它可以作为收货人向供货人或承运人或保险人等有关责任方索赔的有效证件。

（10）船舱检验证书（Inspection Certificate on Tank/Hold）。它是证明承运出口商品的船舱清洁、牢固、冷藏功能及其他装运条件是否符合保护承载商品的质量和数量完整与安全要求的证明文件。它可以作为承运人履行租船契约适载义务，对外贸易关系人进行货物交接和处理货损事故的依据。

（11）货载衡量检验证书（Inspection Certificate on Cargo Weight & Measurement）。它也称衡量检验证书，是证明进出口商品重量、体积吨位的证书。它是计算运费和制定配载计划的依据。

（12）原产地证书（Certificate of Origin）。它包括一般产地证、限制禁运产地证、野生动物制品产地证和普惠制产地证[⊖]等。它是通关放行和减免关税的必要证明文件。

⊖　自2021年12月1日起，我国海关不再对输欧盟成员国、英国、加拿大、土耳其、乌克兰等32个国家货物签发普惠制产地证书。自此，仍然保留给予我国普惠制待遇的国家仅剩挪威、新西兰、澳大利亚3国。

（13）价值证明书（Certificate of Value）。它主要用于证明发票所列商品的价值是否真实正确。它是进口国管理外汇和征收关税的凭证。

上述各种检验证书，尽管类别不一，但其作用是基本相同的，商检证书的作用主要表现在下列几个方面：作为证明卖方所交货物的品质、重量（数量）、包装以及卫生条件等是否符合合同规定的依据；作为买方对品质、重量、包装等条件提出异议、拒收货物、要求索赔、解决争议的凭证；作为卖方向银行议付货款的单据之一；作为海关验关放行的凭证。

8.1.5　合同中的商检条款

贸易合同中的商检条款同其他条款一样，十分重要。出口商品能否顺利地履约交货，进口商品是否符合合同要求，以及发生问题时能否对外索赔以挽回损失，都与合同中的检验条款密切相关。因此，在国际贸易合同中，商检条款必须订得合理且比较完整，以避免事后发生纠纷时缺乏明确的依据。

国际货物贸易合同中的商品检验条款一般包括以下几方面内容：有关检验权的规定；检验或复验的时间和地点；检验机构；检验项目和检验证书等。

样 1： 双方同意以装运港中国进出口商品检验局签发的品质及数量检验证书为最后依据对双方具有约束力。

It is mutually agreed that the goods are subject to the Inspection Certificate of Quality and Quantity issued by China Import and Export at the port of shipment. The Certificate shall be binding on both parties.

样 1 是在出口地检验的标识方法，卖方取得出口地商检机构出具的各项检验证书，就意味着其所交货物的质量、重量或数量是与合同规定相符合的，买方对此无权提出任何异议。货物运抵目的港（地）后，买方如再对货物进行复验，即使发现问题，也无权再表示拒收或提出索赔。这种商检条款等于买方将自己的检验权交出口地商检机构，对买方较为不利，故使用较少。

样 2： 双方同意以装运港中国进出口商品检验局签发的品质及数量（重量）检验证书作为信用证项下议付所提出单据的一部分。买方有权对货物的品质和数量（重量）进行复验，复验费由买方负担。如发现品质或数量（重量）与合同不符，买方有权向卖方索赔。但须提供经卖方同意的公证机构出具之检验报告。

It is mutually agreed that the Inspection Certificate of Quality and Quantity (Weight) issued by the China Import and Export Commodity Inspection Bureau at the port of shipment shall be part of the documents to be presented for negotiation under the relevant L/C. The buyers shall have the right to re-inspect the Quality and Quantity (Weight) of the cargo. The re-inspection fee shall be borne by the Buyers. Should the Quality and/or Quantity (Weight) be found not in conformity with that of the contract, the Buyers are entitled to lodge with the Sellers a claim which should be supported by survey reports issued by a recognized Surveyors approved by the Sellers.

检验条款表述推荐使用的是样 2：买方享有对货物的检验权，其权利的行使通过在装运地检验、目的地复验来完成。由装运地检验机构进行检验，并出具的检验证书可以作为卖方议付的凭证，但不是最后依据。买方在货物运抵目的地卸货后的一定时间内仍有权复验，这时双方约定的目的港（地）的商检机构对货物检验后出具的检验证书才是最后依据，如果发现由于卖方责任而造成交货的质量、重量或数量与贸易合同不符，买方仍有权凭该商检证书向卖方提出索赔。这种做法对于买卖双方来说都比较方便而且公平合理，因而已为国际贸易中绝大多数当事人所接受，成为一条公认的原则。但样 2 的不足之处在于未订明复验期限和复验地点。签订进出口合同时，如有复验，最好订明复验时间和地点，复验时间的确定应结合商品检验的难易、港口的装卸能力以及港口的拥挤情况而定，而且要明确复验期是从何时算起，是从进口日算起、从到货日算起还是卸毕日算起。进口时，我方应争取复验时间从卸毕日算起。

| 样 3： | 在交货前制造商应就订货的质量、规格、数量、性能做出准确全面的检验，并出具货物与本合同相符的检验证书。该证书为议付货款时向银行提交单据的一部分，但不得作为货物质量、规格、数量、性能的最后依据，制造商应将记载检验细节的书面报告附在品质检验书内。 | Before delivery the manufacturer should make a precise and overall inspection of the goods regarding quality, quantity, specification and performance and issue the certificate indicating the goods in conformity with the stipulation of the contract. The certificates are one part of the documents presented to the bank for negotiation of the payment and should not be considered as final regarding quality, quantity, specification and performance. The manufacturer should include the inspection written report in the Inspection Certificate of Quality, stating the inspection particulars. |

样 3 虽然买方并未放弃检验权，但对买方检验权未做详细规定，也不推荐使用。

订立进出口商检条款时应注意：商检条款必须订得合理、完整、详细、明确，如有复验的，必须订明复验期限和复验地点。品质规格条款要订得明确、具体，避免出现模糊指标，避免订得绝对化。凭样品成交的商品，样品必须能代表实际的货物，如果样品不能说明问题，应在合同中辅以文字说明，样品最好一式三份，买卖双方各一份，另外一份送商检机构检验。数量和包装也应当完整、准确，以避免发生纠纷时缺乏明确的依据。

8.2 索赔

索赔

在我国的进出口贸易中，发生争议、索赔的事例是很多的，特别是市场情况发生变化，国外商人觉得履约对他们不利时，往往寻找各种借口拒不履约或拖延履约，甚至弄虚作假或提出无理要求。此外，我方也由于各种原因，有时也有影响对外履约的事例。因此，如何正确处理好对外的索赔和理赔是一个十分重要的问题，它既关系到维护国家的权益和声誉，又涉及比较复杂的业务技术问题。所以索赔、理赔是一项政策性、技术性很强的涉外工作，必须严肃对待和认真处理。

8.2.1　违约责任

索赔除天灾原因外，一般是由于违约而产生的。索赔是交易一方由于对方违反贸易合同而遭受利益的损害，请求违约的一方赔偿所受损失，或者是指货物自出口商交给进口商期间由于人为、天灾或其他原因导致的货物灭失或短损等，双方根据贸易合同与国际法律、惯例向有关责任方提出赔偿的要求。

不同性质的违约，所承担的法律责任不同。《公约》把违约分为根本性违约（fundamental breach）与非根本性违约（non-fundamental breach）。《公约》第 25 条规定："一方当事人违反合同的结果，如使另一方当事人蒙受损害，以至于实际上剥夺了他根据合同规定有权期待得到的东西，称为根本违反合同，除非违反合同一方并不预知而且一个同等资格、通情达理的人处于相同情况中也没有理由预知会发生这种结果。"根据这条规定可以看出：所谓根本性违约是指由于一方当事人违反合同的行为，其结果给另一方当事人造成实质性的损害，如卖方无理不交付货物，买方无理拒绝开证、拒收货物、拒付货款等即为根本性违约。根本性违约是由于当事人的主观行为所致。如果是当事人不能预知，而且处于相同情况的另外一个通情达理的人也不能预知会发生这种结果，那么就不能构成根本性违约。如果一方根本违反合同，另一方当事人可以宣告合同无效，并要求损害赔偿。如果一方违反合同并不构成根本性违约，则另一方当事人一般只能请求索赔。

我国《民法典》第五百六十三条规定，有下列情形之一的，当事人可以解除合同：……（二）在履行期限届满前，当事人一方明确表示或者以自己的行为表明不履行主要债务；（三）当事人一方迟延履行主要债务，经催告后在合理期限内仍未履行；（四）当事人一方迟延履行债务或者有其他违约行为致使不能实现合同目的。

第五百七十七条　当事人一方不履行合同义务或者履行合同义务不符合约定的，应当承担继续履行、采取补救措施或者赔偿损失等违约责任。

第五百八十二条　履行不符合约定的，应当按照当事人的约定承担违约责任。对违约责任没有约定或者约定不明确，依据本法第五百一十条的规定仍不能确定的，受损害方根据标的的性质以及损失的大小，可以合理选择请求对方承担修理、重作、更换、退货、减少价款或者报酬等违约责任。

综上所述，由于我国法律和国际条约对于违约行为的区分有不同的方法，对于不同的违约行为应承担不同的责任，以及另一方可以采取的补救方法都有不同的规定，因此，为维护我方的权益，根据我国法律和国际上有关的法律和惯例，订好国际货物买卖合同的索赔条款，并在合同的履行中加以正确运用，是十分重要的。

8.2.2　索赔

在国际贸易交易过程中，买卖双方往往会由于彼此间的权利义务问题而引起争议。争议发生后，因一方违反合同规定，直接或间接给另一方造成损失，受损方向违约方在合同规定的期限内提出赔偿要求，以弥补其所受损失，就是索赔。

违约的一方，如果受理遭受损害方所提出的赔偿要求，赔付金额或实物，以及承担有关修理、加工整理等费用，或同意换货等就是理赔。如有足够的理由，解释清楚，不接受赔偿要求的就是拒赔。索赔和理赔是一个问题的两个方面，国际贸易情况复杂，产生争议和索赔的原因是多种多样的。争议和索赔并不局限于买卖双方，有的还涉及运输、保险等方面，而且各方往往有着密切的关系。因此必须根据实际情况，分清原因和责任方。

1. 索赔种类

索赔的发生，一般不外乎以下几种情况。

（1）对卖方的索赔。由于卖方违约而造成的买方的损失，买方可以向卖方索赔。例如卖方未及时备好装运合同所要求的货物等。

（2）对买方的索赔。对买方的索赔较少发生。但是在买方违约的情况下，尤其卖方已根据合同备货而买方拒不开证，该货的专一性又强，以及买方采用不正当手段将货物转口至卖方限制的其他地区等，则会构成卖方对买方的索赔。

（3）对船公司的索赔。即运输索赔，包括船公司迟发船，运输途中出现货损、私自改线绕航推迟船到目的港时间、短卸等。

（4）对保险公司的索赔。凡发生在投保范围内的损失，均可向保险公司索赔。

2. 索赔的方式

对于一方的索赔，应根据损失发生的情况及责任对象，确定其赔偿方式。一般说来，索赔的解决有以下方式。

（1）要求一方履行合同义务。如卖方不交货、买方不开证、无理拒收货物、收货后拒付货款等，则可采取这种方式。

（2）要求卖方交付替代货物。如果卖方所交货物与合同要求不符，致使买方无法接受，即卖方该行为已构成根本性违约时，买方可要求卖方交付替代货物，即另外交付一批符合合同要求的货物，以替代不符合的货物。而原不符的货物则可运回或贱价售出。

（3）要求卖方对不符合同的货物进行修补，或补足合同数量。在大批量交货或数量较难以确定的合同中，买方可允许卖方补足不够的数量。而在大型设备的交易中，可能出现部分非关键部件的遗失或损坏，买方也可要求卖方派员对设备进行修补工作，以使货物符合要求。

（4）要求减价。当卖方所交货物勉强为买方接受，可对该货物的瑕疵或其他损坏情形要求适当的减价。减价应按实际交付货物在交货时的价值，与当时符合合同的价值两者之间的比例计算。但是如果卖方已对货物不符合同的情况做出补救，则买方不得再要求减低价金。

（5）赔款。通常对保险公司或船公司的索赔，均以赔款方式处理。如是卖方责任，而损失不大时，也可以赔款方式解决，以资简便。赔款多少根据损失的大小决定。

（6）退货还款。当卖方所交货物不符合同构成根本性违约时，买方可以拒收货物，将货物运还卖方，同时要求卖方退还所收货款。此种方式较为少见，因为往返运输耗时且耗费运输费用。

3. 索赔的时效

索赔的时效是指索赔一方向违约一方提出索赔要求的有效期限。如果逾期索赔，对方可以不予赔偿。因此，索赔一方应尽快于发现索赔原因之后提出索赔，以免耽误时间。

（1）向卖方索赔的时效。在合同中一般会规定买方向卖方索赔的期限。索赔的期限应根据不同商品的情况具体做出不同的规定，例如对于一些食品、家禽产品等易腐商品及鲜活产品，索赔期限应规定短一些；对于一般商品的索赔期限，通常规定为货到目的地后 30 天或 45 天；对于机器设备的索赔期限则可规定得长一些，一般规定货到目的地后 60 天甚至更多，但是保质期一般不宜太长，以免卖方承担过重的责任。当然也不宜规定过短，致使买方无法行使索赔权利。

（2）向承运公司索赔时效。向承运公司的索赔一般在提单中有规定。通常在卸货时如发现货物有包装破损、泄漏、串味、短卸等情况，应及时会同承运人或其代理人办理公证手续或直接取得有关的事故证明书或短卸证明书，以便收货人向承运人提出索赔。上述索赔并不影响正常提货，但索赔请求必须在船抵埠 14 天内（即小提单签发后 14 天内）发出。

（3）向保险公司索赔时效。向保险人索赔时，应注意在保单条款规定的时效以及地域内提货的公证手续。根据海上货物保险时效条款规定，除一般散装及特殊的货物，另订条款指明在卸载码头后，保险时效即行终止外，凡货物进入码头仓库后，如在收货人控制情况下，应尽速提货。如在无法控制情况下不能尽速提货，则该保险的有效期最长也不得超过60 天。

案例 8-2

【案情】

某年 10 月，我方公司与日本商人签订引进二手设备合同。合同规定，出口商设备在拆卸之前均在正常运转，符合正常生产要求。同时规定，如果有卸件损坏，货到我方工厂后 14 天内出具检验证明，办理更换或退货。设备运抵后，因我方工厂的土建工程尚未完工，三个月后才将设备运进厂房打开检验，结果发现几乎全是报废设备，只是对方刷了油漆，表面难以识别。

【讨论分析】

1. 该合同的检验索赔条款是否完备？

2. 该合同的检验索赔时效是几天？这个时间对二手设备检验来说，是否够长？

3. 本案货到工厂三个月之后检验，买方是否有索赔权？

4. 本案应该吸取的教训有哪些？

【延伸思考】

二手设备合同的索赔检验条款应包括哪些内容？

（注：二手设备的进口检验是非常复杂的。请查阅资料，回答此问题。）

4. 索赔的依据

索赔的法律依据是合同和适用的法律、惯例。索赔的事实依据是违约事实的书面文件，指有资格的机构出具的书面证明，当事人的陈述和其他旁证。索赔依据即规定提出索赔必须具备的证据以及出证的机构。如索赔时证据不全、证据不足或不清楚其原因，应立即向有关责任方发出索赔通知书。这种通知，一般向卖方、承运人、保险人发出，因为货损情况可能与这三方有着密切责任关系。

（1）向卖方索赔的依据。它包括索赔函、公证机构出具的检验报告（说明事故发生的性质、内容及数量等）、索赔清单（说明损失项目之名称、数量、索赔金额及计算方式）以及其他单据。

（2）向承运人索赔的依据。它包括索赔函、公证机构出具的检验报告、索赔清单、事故证明文件、由船公司或港务机构出具的破损事故证明书或短卸证明书、提单正本或副本（全部短卸或灭失时，应提交正本；部分损失时，提交副本）、商业发票副本、其他船公司要求的证件。

（3）向保险人索赔的依据。它包括索赔函，标的物损失名称、数量、单价，公证机构的事故证明文件（如海难证明书、事故证明书等），保单正本或副本（全部短卸或灭失时，应提交正本提单；部分灭失时，提交副本提单），卖方签发的商业发票，卖方签发的其他单据（如质量证明书、装箱单等），出口地公证机构出具的检验证明书。承运货物的船只，如因故宣布共同海损，买方还应另向保险公司提交承运人通知函副本以及共同海损保证书正副本。

当一方接到索赔通知及其相关证据后，应立即审核索赔内容，调查索赔发生情况，以便妥善采取处理措施。

8.2.3　合同中的索赔条款

在国际贸易交易过程中，买卖双方往往会由于彼此间的权利义务问题而引起争议。争议发生后，因一方违反合同规定，直接或间接给另一方造成损失，受损方向违约方在合同规定的期限内提出赔偿要求，以弥补其所受损失，就是索赔。买卖双方可根据交易的需要在合同中订立或不订立索赔条款。国际货物贸易合同中的索赔条款，大致有两种：一种是异议和索赔条款，一种是罚金条款。

在一般商品的买卖合同中，多数只订异议和索赔条款，该条款针对卖方交货品质、数量或包装不符合合同规定而订立，通常同检验条款合并订在一起。条款的内容包括：索赔权（即明确一方如违反合同，另一方有权提出索赔）；索赔依据（即规定索赔时需提供的证件以及检验出证的机构）；索赔期限（包括索赔有效期和品质保证期或称质量保证期）以及赔偿损失的估损办法和金额等。

样1： 品质数量异议：如买方提出索赔，凡属品质异议须于货到目的口岸之日起3个月内提出，凡属数量异议须于货到目的口岸之日起15天内提出，对所装运物所提任何异议属于保险公司、轮船公司及其他有关运输机构或邮递机构所负责者，售方不负任何责任。

QUALITY/QUANTITY DISCREPANCY: Incase of quality discrepancy, claim should be filed by the Buyers within 3 months after the arrival of the goods at port of destination, while of quantity discrepancy, claim should be filed by the Buyers within 15 days after the arrival of the goods at port of destination. It is understood that the Sellers shall not be liable for any discrepancy of the goods shipped due to causes for which the Insurance Company, Shipping Company, other transportation, organization or Post Office are liable.

样 1 是大多数合同中采用的品质数量异议条款，规定了索赔权和索赔时间，但没有对索赔依据进行说明。

样 2： 品质异议须于货物到达目的港 30 天内提出，数量异议须于货物到达目的港 15 天内提出，但均须提供相关检验机构的证明，如属卖方责任，卖方应在收到异议 20 天内予以答复，并提出处理意见。

Any discrepancy about quality should be presented within 30 days after the arrival of the goods at the port of destination; any discrepancy about quantity should be presented within 15 days after the arrival of the goods at the port of destination, both of which cases should be on the strength of the certificates issued by the related surveyor. If the Seller is liable he should send the reply together with the proposal for settlement within 20 days after receiving the said discrepancy.

样 2 则补充了索赔的依据，但未对索赔时提交的检验证书具体规定。事实上，许多合同的索赔条款是结合检验条款一起订立的，比如样 3。

样 3： 双方同意以装运港中国进出口商品检验局签发的品质及数量（重量）检验证书作为信用证项下议付所提出单据的一部分。买方有权对货物的品质和数量（重量）进行复验，复验费由买方负担。如发现品质或数量（重量）与合同不符，买方有权向卖方索赔。但须提供经卖方同意的公证机构出具之检验报告。

It is mutually agreed that the Inspection Certificate of Quality and Quantity（Weight）issued by the China Import and Export Commodity Inspection Bureau at the port of shipment shall be part of the documents to be presented for negotiation under the relevant L/C. The buyers shall have the right to re-inspect the Quality and Quantity（Weight）of the cargo. The re-inspection fee shall be borne by the Buyers. Should the Quality and/or Quantity（Weight）be found not in conformity with that of the contract, the Buyers are entitled to lodge with the Sellers a claim which should be supported by survey reports issued by a recognized Surveyors approved by the Sellers.

样 4 是罚金条款，在一般的进出口合同中并不常见，常用于大宗商品或成套设备的合同中，针对当事人不按期履约而订立，一般适用于卖方未按期交货或买方未按期派船、开证。罚金条款的主要内容是规定罚金或违约金的数额以补偿对方的损失：一方如未履行合同所规定的义务时，应向对方支付一定数额的约定罚金，以补偿对方的损失。值得注意的是罚金的支付并不解除违约方继续履行的义务，因此，违约方在支付罚金外，仍应履行合同义务，如因故不能履约，则另一方在收受罚金之外，仍有权索赔。此外，英美法系国家的法律，只承认损害赔偿，不承认带有惩罚性的罚金。所以在与英、美、澳、新等国贸易时，应注意约定的罚金额的合法性。

样4：如卖方不能按合同规定的时间交货，在卖方同意由付款行在议付货款中扣除罚金或由买方于支付货款时直接扣除罚金的条件下，买方应同意延期交货。罚金率按每7天收取延期交货部分总值的0.5%，不足7天者以7天计算。但罚金不得超过延期交货部分总金额的5%。如卖方延期交货超过合同规定期限10周时，买方有权撤销合同，但卖方仍应不延迟地按上述规定向买方支付罚金。

Should the sellers fail to make delivery on time as stipulated in the contract, the buyers shall agree to postpone the delivery on the condition that the sellers agree to pay a penalty which shall be deducted by the paying bank from the payment under negotiation, or by the buyers direct at the time of payment. The rate of penalty is charged at 0.5% of the total value of the goods whose delivery has been delayed for every seven days, odd days less than seven days should be counted as seven days. But the total amount of penalty, however, shall not exceed 5% of the total value of the goods involved in the late delivery. In case the sellers fail to make delivery ten weeks later than the time of shipment stipulated in the contract, the buyers shall have the right to cancel the contract and the sellers, in spite of the cancellation, shall still pay the aforesaid penalty to the buyers without delay.

本章小结

　　商品检验条款一般包括：有关检验权的规定；检验或复验的时间和地点；检验机构；检验项目和检验证书等。买方对货物享有检验权，并通常在合同中以规定检验时间和地点来明确检验权。

　　合同中的索赔条款，有针对品质、数量、包装等方面提出的异议和索赔条款，也有针对一方不按期履约提出的罚金条款。异议和索赔条款的内容包括：索赔权、索赔依据、索赔期限以及赔偿损失的估损办法和金额等，通常同检验条款合并订在一起。罚金条款，也称预定损害赔偿条款，主要包括履约期、宽限期和罚金金额等内容。在处理索赔理赔时，当事人应明确索赔对象，区分违约行为的性质，明确索赔的种类、方式、时效和依据。

练习题

1. 买方检验权的含义是什么？
2. 合同中规定检验时间和地点的方法有哪些？
3. 合同中的检验条款一般应包括哪些内容，订立商检条款应注意哪些问题？
4. 何谓索赔？索赔的种类有哪些？
5. 异议和索赔条款的内容包括哪些？

第9章
CHAPTER9

不可抗力与仲裁

∷学习目标

| 了解仲裁的形式和机构,仲裁程序,仲裁裁决的承认和执行。

| 掌握仲裁条款的写作方法。

| 理解不可抗力的原因、范围、认定和法律后果。

| 掌握不可抗力条款的订立方法和应注意的问题。

9.1 不可抗力

9.1.1 不可抗力的含义

不可抗力(force majeure),又称人力不可抗拒,是指买卖合同签订之后,不是由于签约当事人任何一方的过失或疏忽,而是由于发生了签约当事人不能预见,也无法预防或控制的意外事故,致使合同不能履行或不能按期履行。关于不可抗力的概念,各国的说法大体相同。我国《民法典》第一百八十条:"不可抗力是不能预见、不能避免且不能克服的客观情况。"按《公约》解释,不可抗力是指非当事人所能控制,而且没有理由预期他在订立合同时所能考虑到或能避免或克服它或它的后果而使其不履行合同义务的障碍。[一]

不可抗力

根据法律规定,可以归纳出不可抗力事件的构成应满足以下条件:① 事件是在有关合同成立以后发生的;② 不是由于任何一方当事人的故意或过失所造成的,而必须是偶发的和异常的事件;③ 事件的发生及其造成的后果是当事人无法预见、无法控制、无法避免和不可克服的。

9.1.2 不可抗力事件的原因和范围

引起不可抗力的原因有自然原因和社会原因两种。因而,不可抗力事件的范围

通常分为两种情况：① 由自然力量引起，如水灾、火灾、冰灾、地震、飓风、大雪、暴风雨等；② 由社会原因引起，如战争、暴动、罢工、政府禁令等。对于上述事故范围，国际上对自然力量引起的事故的解释比较一致；但对社会原因引起的意外事件，各国的解释常有分歧。例如，美国习惯上认为不可抗力仅指由于自然力量所引起的意外事件，而不包括社会力量所引起的意外事件，所以美国一般不使用"不可抗力"这一术语，而称为"意外事故条款"（contingency clause）。由于国际上没有统一的解释，各国法律一般都允许当事人在合同中订立不可抗力条款时自行商定。从国际贸易实践和某些国家的案例来看，一般对不可抗力事故的范围都是从严解释的，这既表现在对引起的不可抗力事故本身的解释上，也表现在对一些常见风险的解释上。某些事故，例如签约后，世界市场上价格的上涨和下跌，货币的升值和贬值，这对买卖当事人来说虽然是无法避免或无法控制的，但这是国际交易中常见的现象、常见的风险，也不是完全不可预见的，故不属于不可抗力的范围，不能援引不可抗力条款以求免责。

9.1.3　不可抗力的法律后果

合同中的不可抗力条款是一种免责条款。遭受不可抗力事件的当事人可免除其不履行或不按期履行合同的责任，而另一方不得要求赔偿损失。我国《民法典》第一百八十条："因不可抗力不能履行民事义务的，不承担民事责任。法律另有规定的，依照其规定。"《公约》第79条第（一）款："当事人对不履行义务，不负责任，如果他能证明此种不履行义务，是由于某种非他所能控制的障碍，而且对于这种障碍，没有理由预期他在订立合同时能考虑到或能避免或克服它或它的后果。"此处所述"障碍"即为不可抗力。

不可抗力是许多国家法律的一个原则，在英美法系中称为"合同落空"，在大陆法系中称为"情势变迁"。"合同落空"（frustration of contract）是指合同签订后，不是由于双方当事人自身的过失，而是由于发生了双方当事人意想不到的情况，致使签订合同的目的受挫，据此未履行合同义务，当事人得以免除责任。"情势变迁"也称"契约失效"，是指不是由于当事人的原因，而是由于发生了当事人预想不到的变化，致使不可能再履行合同或对原来的法律效力需作相应的变更。我国《民法典》第五百三十三条："合同成立后，合同的基础条件发生了当事人在订立合同时无法预见的、不属于商业风险的重大变化，继续履行合同对于当事人一方明显不公平的，受不利影响的当事人可以与对方重新协商；在合理期限内协商不成的，当事人可以请求人民法院或者仲裁机构变更或者解除合同。人民法院或者仲裁机构应当结合案件的实际情况，根据公平原则变更或者解除合同。"

不可抗力发生后，有三种法律后果：一是解除合同，二是部分解除合同，三是延期履行合同。至于在什么情况下采取什么样的处理方式，要看不可抗力对履行合同的影响，也可由双方当事人在合同中具体加以规定。我国《民法典》第五百九十条："当事人一方因不可抗力不能履行合同的，根据不可抗力的影响，部分或者全部免除责任，但是法律另有规定的除外。当事人迟延履行后发生不可抗力的，不免除其违约责任。"若合同对此未做明确规定，一般的解释是：如果发生的不可抗力事件已经破坏了履行合同的根本基础，致使履行合同成为不可能，则可解除合同，全部免除当事人履行合同的责任；如果不可抗力事件部分地影响了合同的履行，则可部分地免除当事人履行合同的责任；如果发生的不可抗力事故只是暂时或在一定时间内阻碍合同的履行，只能中止合同或延期履行合同，但不能解除有关当事人履行合同的义务。一旦事故后果得以消除，仍然要履行合同。

案例 9-1

【案情】

我国某出口企业以 CIF 纽约与美国某公司订立了 200 套家具的出口合同。合同规定某年 12 月交货。11 月底，我国企业出口商品仓库发生雷击火灾，致使一半左右的出口家具烧毁。我国企业以发生不可抗力事故为由，要求免除交货责任，美方不同意，坚持要求我方按时交货。我方无奈经多方努力，于次年 1 月初交货，美方要求索赔。

【讨论分析】

1. 11 月底，商品仓库发生雷击火灾，该事件能够作为不可抗力事件吗？

2. 我方能否因此要求免除交货责任？为什么？

3. 因火灾，我方延迟交货，美方的索赔要求是否合理？为什么？

【延伸思考】

1. 我国出口企业是否有办法补偿"一半左右家具烧毁"的损失？

2. 不可抗力事件和保险中的风险有许多是一样的，例如火灾、地震、战争等，请问：这些事件在什么情况下是不可抗力，在什么情况下是风险？

9.1.4 不可抗力的通知和证明文件

按照国际惯例，当发生不可抗力影响合同履行时，不能按规定履约的一方当事人要取得免责的权利，必须及时通知另一方，并提供必要的证明文件，而且在通知中应提出处理的意见。对此，《公约》第 79 条（4）款："不履行义务的一方必须将障碍及其对他履行义务能力的影响通知另一方。如果该项通知在不履行义务的一方已知道或理应知道此一障碍后一段合理时间内仍未为另一方收到，则他对由于另一方未收到通知而造成的损害应负赔偿责任。"我国《民法典》第五百九十条："因不可抗力不能履行合同的，应当及时通知对方，以减轻可能给对方造成的损失，并应当在合理期限内提供证明。"

在实践中，为防止争议，通常在合同的不可抗力条款中明确规定具体的通知期限。出具不可抗力证明的机构，在国外，一般由当地商会或合法的公证机构出证；在我国，由中国国际贸易促进委员会（即中国国际商会）或其设在各省、自治区、直辖市的分会出证。对出具证明的机构，最好也在合同中订明。

一方接到对方关于不可抗力的通知或证明文件后，无论同意与否都应及时答复，否则，若长期拖延不理，要负违约责任，或按有些国家的法律如《美国统一商法典》的规定，将被视作默认。

案例 9-2

【案情】

我方按 FOB 条件进口商品一批，合同规定交货期为 5 月。4 月 8 日接对方来电称，因洪水冲毁公路（附有证明），要求将交货期推至 7 月，我方接信后，认为既然有证明因洪水冲毁公路，推迟交货期应没有问题，但因广交会期间工作比较忙，我方一直未给对方答复。6月、7月船期较紧，我方于8月才派船前往装运港装货。因货物置于码头仓库产生了巨额的仓租、保管等费用，对方便要求我方承担有关的费用。

【讨论分析】

1. 洪水冲毁公路，能否作为不可抗力事件？

2. 洪水冲毁公路而致使交货期推迟，卖方可否免责？

3. 买方迟至8月才派船接货，是否可以？

4. 我方可否以对方违约在先为由，不予理赔？为什么？

【延伸思考】

如果我方接到对方的通知后，及时给予对方答复，是否可以避免巨额的费用损失？

9.1.5　合同中的不可抗力条款

不可抗力条款涉及不可抗力的范围、认定、通知和处理。不可抗力的范围，是一项容易引起争议的条款。有4种规定不可抗力范围的方式，即概括式（样1、样2）、列举式（样3）和综合式（样4）。

概括式是指在合同条款中不具体订明哪些意外事故属于不可抗力的范围，只做概括的规定。例如，样1和样2没有具体列出不可抗力事故的种类，只是说"如发生不可抗力情况"。对不可抗力的范围采用笼统概括的方式，一旦发生不可抗力，若当事人双方做不同解释，将导致争议，不利于问题的解决。

样1： 如发生不可抗力情况，卖方应及时以电报、传真或电传通知买方，并在14天内邮寄事故发生地或商会出具的证明事故的文件。

The sellers shall advise the buyers by CABLE/FAX/TLX in case of Force Majeure, and furnish the latter within 14 days by registered airmail with a certificate issued by local government/Chamber of Commerce attesting such event or events.

样2： 如由于不可抗力的原因，致使卖方不能全部或部分装运，或延迟装运合同货物，卖方对于这种不能装运，或延迟装运本合同货物不负有责任。但卖方须以电讯方式通知买方，并须在××天内，以航空挂号信件向买方提交由中国国际贸易促进委员会（中国国际商会）出具的证明此类事件的证明书。

If the shipment of the contracted goods is prevented or delayed in whole or in part due to Force Majeure, the Seller shall not be liable for non-shipment or late shipment of the goods of this contract. However, the Seller shall notify the Buyer by teletransmission and furnish the latter within ... days by registered airmail with a certificate issued by the China Council for the Promotion of International Trade（China Chamber of International Commerce）attesting such event or events.

　　列举式是指在合同条款中详列不可抗力事故的范围，凡合同中未规定的，不能作为不可抗力对待。这种规定方法对于事故范围固然表述得明确具体，然而由于不可抗力事故很多，合同中难以一览无余。例如，样 3 明确列举了不可抗力的种类，虽然包括了引发不可抗力的社会原因（如"战争"），和自然原因（如"地震、水灾、火灾、暴风雨、雪灾"），但列举的内容仅局限于此，如果发生超出列举范围的事故，就不能当作不可抗力来对待，这样也会导致纠纷。

样 3： 如由于战争、地震、水灾、火灾、暴风雨、雪灾的原因，致使卖方不能全部或部分装运或延迟装运合同货物，卖方对于这种不能装运或延迟装运本合同货物不负有责任。但卖方须以电讯方式通知买方，并须在 ×× 天以内，以航空挂号信件向买方提交由中国国际贸易促进委员会（中国国际商会）出具的证明此类事件的证明书。

If the shipment of the contracted goods is prevented or delayed in whole or in part by reason of war, earthquake, flood, fire, storm, heavy snow, the Seller shall not be liable for non-shipment or late shipment of the goods of this contract. However, the Seller shall notify the Buyer by teletransmission and furnish the latter within ... days by registered airmail with a certificate issued by the China Council for the Promotion of International Trade (China Chamber of International Commerce) attesting such event or events.

　　综合式将概括和列举两种方式结合使用，即先——列举若干种不可抗力事故，然后再加以概括。例如，样 4 在列举双方已经取得共识的不可抗力事故"如战争、地震、水灾、火灾、暴风雨、雪灾"的同时，再加上诸如"或其他不可抗力原因"或"以及双方当事人所同意的其他意外事故"之类的概括性文句。这样既明确具体，又具有一定的灵活性，若发生了合同未列明的意外事故，有利于双方当事人协商处理，合同中的不可抗力条款最好采用这种规定方法。

样 4： 如由于战争、地震、水灾、火灾、暴风雨、雪灾或其他不可抗力原因，致使卖方不能全部或部分装运货物或延迟装运合同货物，卖方可不负责任。但卖方应立即将事件通知买方，并于事件发生后 ×× 天内将事件发生地政府主管当局出具的事件证明书用航空挂号邮寄交买方为证，并取得买方认可。在上述情况下，卖方仍有责任采取一切必要措施从速交货。如果事件持续超过 ×× 个星期，买方有权撤销合同。

The Seller shall not be held responsible for failure or delay to perform all or any part of this contract due to war, earthquake, flood, fire, storm, heavy snow or other cause of Force Majeure.However, the Seller shall advise the Buyer immediately of such occurrence, and within ... days thereafter, shall send by registered airmail to the Buyer for their acceptance a certificate issued by the competent government authorities of the place where the accident occurs as evidence thereof. Under such circumstance, the Seller, however, is still under the obligation to take all necessary measure to hasten the delivery of the goods. In case the accident lasts for more than ... weeks, the Buyer shall have the right to cancel the contract.

在实际业务中，当交易的对方援引不可抗力条款要求免责时，我们应按照合同规定严格进行审查，以便确定其所援引的内容是否属于不可抗力条款规定的范围。凡不属于该范围又无"双方同意的其他人力不可抗拒事故"规定时，不能按不可抗力事故处理。即使有此规定，也应由双方协商。一方不同意时，不能算作不可抗力事故。

此外，援引不可抗力条款时，应实事求是地确定不可抗力的后果，本着实事求是的精神，弄清情况，确定影响履约的程度，以此来断定是解除履约责任，还是延期履行合同。

9.2 仲裁

9.2.1 仲裁的形式和机构

仲裁

在国际贸易中，当事人如发生争议，一般通过和解解决，当和解不成，则可以采取调解、诉讼和仲裁等其他方式。和解，即友好协商，是指当事人双方自行磋商解决争议，即双方各自做出一定的让步，最后达成和解。争议双方如自行协商不成，则可邀请第三者，即专门的调解机构居间调停，调解人不具有强制作用，即在双方和解的基础上解决争议。诉讼是指一方当事人向有管辖权的法院起诉，由法院按法律程序来解决双方的贸易争议。而仲裁（arbitration）是指买卖双方达成协议，自愿将有关争议交给双方同意的仲裁机构进行裁决，而裁决是终局的，对双方都有约束力，双方必须遵照执行。

仲裁方式既不同于和解和调解，又不同于诉讼。和解和调解是自愿性的，在双方同意的基础上才能进行，但和解与调解的结果是没有强制作用的，而诉讼是强制性的，诉讼的提起可以单方面进行，法院的判决也可强制执行。而仲裁方式既有自愿性，又有强制性。自愿性主要体现在仲裁的提起要有双方达成的协议，双方当事人可自行选定仲裁机构、仲裁规则和仲裁员；强制性则表现在仲裁裁决是终局性的，双方必须遵照执行。此外，仲裁比诉讼具有更大的灵活性，因为仲裁员是由双方当事人指定的，且仲裁员一般是熟悉国际贸易业务和法律的专家；仲裁程序较简单，处理问题比较迅速；仲裁费用也较低，有利于争议问题的解决。如果采用司法诉讼，一方当事人不需要事先取得对方同意，即可向有管辖权的法院起诉，且任何一方都无权选择法官；法院判决后，另一方不服，可在规定时间内向上一级法院提出上诉；诉讼程序较复杂，费用较高，且双方关系紧张，不利于今后贸易关系的继续发展。因此，在实践中，当争议双方通过和解或调解不能解决争议时，一般都愿意通过仲裁方式裁决。

1. 仲裁的形式

临时仲裁和机构仲裁是仲裁的两种基本形式，在纠纷的解决中各自发挥着作用。临时仲裁是仲裁的初始形态，又称特别仲裁或随意仲裁，是指由争议双方共同指定的仲裁员自行组织临时仲裁庭所进行的仲裁。临时仲裁庭是为审理某一具体案件而组成的，案件审理完毕，仲裁庭即自动解散。采用临时仲裁，凡是与仲裁审理有关的事项都可以完全由当事人约定；仲裁协议需就指定仲裁员的办法、人数、是否需要首席仲裁员以及采用的仲裁规则等问题做出明确规定。

机构仲裁（亦称制度性仲裁、常设仲裁），是指向一个由双方当事人约定的常设仲裁机构提出申请，并按照这个仲裁机构的仲裁规则或者双方选定的仲裁规则所进行的仲裁。所谓的常设仲裁机构是指根据一国的法律或者有关规定设立的，有固定名称、地址、仲裁员设置和具备仲裁规则的仲裁机构。仲裁规则是规定进行仲裁的程序和具体做法，例如，如何申请仲裁，如何答辩、反请求，如何指定仲裁员，如何审核，如何做出裁决和裁决的效力等。仲裁规则为仲裁机构、仲裁员和争议双方提供一套进行仲裁的行为准则。仲裁规则与仲裁机构有密切联系。一般来说，双方当事人约定由某个常设仲裁机构仲裁，就按照该机构仲裁规则进行仲裁。但不少国家也允许双方当事人自由选用他们认为合适的仲裁规则，例如，《中国国际经济贸易仲裁委员会仲裁规则》[一]第四条："……（二）当事人约定将争议提交仲裁委员会仲裁的，视为同意按照本规则进行仲裁。（三）当事人约定将争议提交仲裁委员会仲裁但对本规则有关内容进行变更或约定适用其他仲裁规则的，从其约定，但其约定无法实施或与仲裁程序适用法强制性规定相抵触者除外。当事人约定适用其他仲裁规则的，由仲裁委员会履行相应的管理职责。（四）当事人约定按照本规则进行仲裁但未约定仲裁机构的，视为同意将争议提交仲裁委员会仲裁。"常设的仲裁机构能为仲裁工作提供必要的服务和便利，有利于仲裁工作的顺利进行。因此，近年来，国际商务仲裁很多也采用了机构仲裁。双方当事人如约定采用仲裁方式解决争议的，应该明确在哪个仲裁机构进行仲裁。

2. 仲裁机构

世界上许多国家（地区）和一些国际组织都设有专门从事国际商事仲裁的常设机构，如国际商会仲裁院、英国伦敦仲裁院、英国仲裁协会、美国仲裁协会、瑞典斯德哥尔摩商会仲裁院、瑞士苏黎世商会仲裁院、日本国际商事仲裁协会以及中国香港国际仲裁中心等。这些机构不少与我国仲裁机构已有业务上的联系，在仲裁业务中进行过合作。国际商事仲裁机构一般是民间组织。

我国常设的涉外商事仲裁机构为中国国际经济贸易仲裁委员会，又称中国国际商会仲裁院，隶属于中国国际贸易促进委员会。仲裁委员会设在北京，并在上海、深圳、天津、重庆和香港等设有分会或仲裁中心。该仲裁委员会受理案件范围[二]是根据当事人的约定受理契约性或非契约性的经济贸易等争议案件，包括：国际或涉外争议案件；涉及我国香港特别行政区、澳门特别行政区及台湾地区的争议案件；我国大陆争议案件。

9.2.2　仲裁协议

1. 仲裁协议的概念

《中华人民共和国仲裁法》[三]（以下简称中国《仲裁法》）第四条："当事人采用仲裁方法解决纠纷，应当双方自愿，达成仲裁协议。没有仲裁协议，一方申请仲裁的，仲裁委员会不予受理。"据此，发生争议的任何一方申请仲裁时必须提交双方当事人达成的仲裁协议。仲裁协议是指双方当事人根据意思自治的原则，将两者之间已经发生或可能发生的合同纠纷或其他财产权益争议提交仲裁机构解决的一种共同的、书面的意思表示。仲裁协议应当采取书面形式。书面形式包括合同书、信件、电报、电传、传真、电子数据交换和电子邮件等可以有形

　㊀　《中国国际经济贸易仲裁委员会仲裁规则》（2015 版），2014 年 11 月 4 日由中国国际贸易促进委员会、中国
　　　国际商会修订并通过，自 2015 年 1 月 1 日起施行。
　㊁　参见《中国国际经济贸易仲裁委员会仲裁规则》第三条。
　㊂　《中华人民共和国仲裁法》，1994 年 8 月 31 日通过，2017 年 9 月 1 日第二次修正。

地表现所载内容的形式。[一]

2. 仲裁协议的形式

依据我国《仲裁法》的规定，仲裁协议分为合同中订立的仲裁条款和以其他书面形式订立的仲裁协议书两类。这两类具有同等法律效力。

（1）仲裁条款。仲裁条款是双方当事人在所签订的合同中表示愿意将他们之间将来可能发生的争议提交仲裁机构解决的条款。

（2）其他以书面形式达成的仲裁协议。其他以书面形式达成的仲裁协议是双方当事人在争议发生前或争议发生后，单独订立的愿意将争议提交仲裁机构仲裁解决的一种书面文件。该文件可有多种形式，如特别协议、往来函电及其他书面约定等。这种协议书是在合同中没有仲裁条款的情况下，由双方当事人另行共同商定的一种仲裁协议。

仲裁协议书的范例：

我们愿意提请××仲裁委员会根据其仲裁规则，仲裁解决如下争议：

1.……

2.……

3.……

……

（争议的事项）。

我们同意仲裁裁决是终局的，对双方均具有约束力。

当事人名称、地址

当事人名称、地址

签字（盖章）　　签字（盖章）

××年××月××日于××

根据中国仲裁规则，在仲裁申请书和仲裁答辩书的交换中，一方当事人声称有仲裁协议而另一方当事人不做否认表示的，视为存在书面仲裁协议。[二]

中国仲裁规则确认仲裁协议的独立性。合同中的仲裁条款应视为是与合同其他条款分离的、独立存在的条款，附属于合同的仲裁协议也应视为是与合同其他条款分离的、独立存在的一个部分；合同的变更、解除、终止、转让、失效、无效、未生效、被撤销以及成立与否，均不影响仲裁条款或仲裁协议的效力。[三]

3. 仲裁协议的内容

仲裁协议的内容至关重要，它直接关系到争议能否得到公平合理的解决，关系到当事人的切身利益。如何拟定好仲裁协议，是当事人十分关心的问题。仲裁协议应订得明确、具体，以便一旦发生争议需要仲裁时，不至于因为其中的重大缺陷而使仲裁机构无法受理。

依据中国《仲裁法》的规定，无论何种形式的仲裁协议，其基本内容都应包括以下几方

[一]《中国国际经济贸易仲裁委员会仲裁规则》第五条（二）款。
[二]《中国国际经济贸易仲裁委员会仲裁规则》第五条（二）款。
[三]《中国国际经济贸易仲裁委员会仲裁规则》第五条（四）款。

面。① 请求仲裁的意思表示。② 仲裁事项。如果仲裁协议对仲裁事项没有约定或约定不明确，当事人可以补充协议；达不成补充协议的，则仲裁协议无效。③ 选定的仲裁委员会。如果仲裁协议对仲裁委员会没有约定或约定不明确的，例如"在甲方所在地的仲裁机构仲裁"，就容易产生管辖上的争议。

4. 仲裁协议的法律效力

仲裁协议的法律效力主要表现在以下几个方面。

（1）对双方当事人具有约束力。如发生争议，双方当事人只能依仲裁协议进行仲裁而不得向法院起诉。

（2）使仲裁机构和仲裁员取得对该项争议案件的管辖权。如果无仲裁协议或仲裁协议无效，则当事人不得将该争议提交仲裁，仲裁机构也无权受理该项争议。

（3）排除了法院对该争议案件的管辖权。在有仲裁协议的情况下，双方当事人必须受仲裁协议的约束。协议范围内所发生的争议必须以仲裁方式解决，任何一方当事人不得随意撤销已成立的仲裁协议而向法院起诉，法院也不应受理有仲裁协议的争议案件。如果一方当事人违反协议，向法院起诉，对方可根据仲裁协议要求法院终止诉讼程序，把案件移交有关仲裁机构审理。

（4）使仲裁裁决具有强制执行力的法律前提。仲裁协议不仅是仲裁机构受理争议案件的基础，同时，也是胜诉方要求法院强制执行裁决不可缺少的依据。

案例 9-3

【案情】

甲方与乙方签订了出口某种货物的买卖合同一份，合同中的仲裁条款规定："凡因执行本合同所发生的一切争议，双方同意提交仲裁，仲裁在被诉人所在国进行。仲裁裁决是终局的，对双方均有约束力。"在履行合同的过程中，乙方提出甲方所交的货物品质与合同规定不一致，于是双方将争议提交甲国仲裁。经过仲裁庭调查审理，认为乙方的举证不实，裁决乙方败诉，事后，甲因乙方不执行裁决向本国法院提出申请，要求法院强制执行，乙方不服。

【讨论分析】

1. 该合同的仲裁条款是否有效？

2. 甲国仲裁庭对该争议有无管辖权？

3. 甲方能否因乙方不执行裁决向本国法院提出申请，要求法院强制执行？

4. 乙方可否向本国法院提出上诉？为什么？

【延伸思考】

甲国法院如何对乙方强制执行？

9.2.3　仲裁裁决的承认和执行

仲裁裁决的承认是指法院根据当事人的申请，依法确认仲裁裁决具有可执行的法

仲裁程序

律效力；仲裁裁决的执行是指当事人自动履行裁决事项，或法院根据一方当事人的申请依法强制另一方当事人执行裁决事项。

仲裁裁决一经做出，就具有法律效力，对双方当事人都有约束力。当事人应依照裁决书写明的期限履行仲裁裁决；裁决书未写明履行期限的，应立即履行。一方当事人不履行裁决的，另一方当事人可以依法向有管辖权的法院申请执行。⊖实践中，国际商事仲裁可能发生一种情况：在甲国进行仲裁，而败诉方在乙国。这时胜诉方向外国法院申请强制执行可能遇到困难。

（1）为了统一各国承认和执行外国仲裁裁决的制度，国际上曾先后缔结了三个有关承认和执行外国仲裁裁决的国际公约。第一个是1923年在国际联盟主持下制定的《仲裁条款议定书》，第二个也是在国际联盟主持下制定的1927年《关于执行外国仲裁裁决的公约》，第三个是1958年《纽约公约》。此外，还有一些区域性的国际商事仲裁公约也对这个问题做了规定。现在，1958年《纽约公约》实际上已取代了前两个公约，成为目前国际上关于承认和执行外国仲裁裁决的最主要的公约。截至2020年1月，已有161个国家批准参加了这个公约。我国于1986年12月2日批准加入1958年《纽约公约》。该公约已于1987年4月22日对我国生效。

（2）1958年《纽约公约》的主要内容是要求缔约国相互承认当事人之间订立的书面仲裁协议在法律上的效力，并根据该公约的规定和申请执行地的程序，承认和执行其他缔约国的仲裁裁决。在执行时不应在实质上比承认或执行本国的仲裁裁决规定更烦琐的条件或更高昂的费用。

该公约规定，缔约国在加入时可做互惠保留和商事保留。我国在加入时也做了这两项保留：第一，我国只在互惠的基础上对在另一缔约国领土内做出的仲裁裁决的承认和执行适用该公约；第二，我国只对根据我国法律认为属于契约性和非契约性商事法律关系所引起的争议适用该公约。

我国仲裁机构做出的涉外仲裁裁决，其强制执行分为国内执行和国外执行两种。如果在国内执行，当事人可根据我国法律规定，向被执行人所在地或者其财产所在地的中级人民法院申请执行。如果在国外执行，例如被执行人或者其财产不在我国领域内，应当由当事人直接向有管辖权的外国法院申请承认和执行。由于我国现在已加入1958年《纽约公约》，当事人可依照公约规定直接到其他有关缔约国申请承认和执行我国涉外仲裁机构做出的裁决。此外，我国政府与外国政府签订的贸易协定、航海协定和其他双边协定，一般也有互相承认和执行仲裁裁决的条款，我国企业与这些协定方国家的当事人发生争议时，也可以据以办理。如果对方所在国既未参加1958年《纽约公约》，又未与我国签订双边条约，只要对方所在国对执行外国仲裁裁决无特殊限制的，当事人也可以直接向外国有管辖权的法院申请承认和执行，一般也可获得执行。

国外仲裁机构的裁决需要我国人民法院承认和执行的，应当由当事人直接向被执行人住所地或其财产所在地的中级人民法院申请，人民法院应当依照我国缔结或者参加的国际条约或者按照互惠原则办理。

9.2.4　合同中的仲裁条款

目前，我国进出口合同中的仲裁条款的内容繁简不一，一般包括仲裁地点的规定、仲裁机

⊖ 《中国国际经济贸易仲裁委员会仲裁规则》第五十五条。

构的选择、仲裁规则的适用、仲裁的效力以及仲裁费用的承担问题，还有一些仲裁条款会包括仲裁程序的实施。

仲裁地点是买卖双方磋商仲裁条款时的一个重点。这主要是因为仲裁地点与仲裁所适用的程序法，以及合同适用的实体法关系甚为密切。在仲裁裁决的效力方面，一般规定仲裁庭做出的裁决均对双方当事人具有约束力，是终局的。

样 1 规定在我国进行仲裁，所有的争议都由北京中国国际经济贸易仲裁委员会来解决。

样 1： 凡因执行本合同发生的，或与本合同有关的一切争议，双方应通过友好协商解决。如果不能协商解决，应将争议提交北京中国国际经济贸易仲裁委员会，根据该会的仲裁规则进行仲裁。仲裁裁决是终局的，对双方均有约束力。仲裁费用除仲裁庭另有裁决外，应由败诉方承担。

All disputes arising out of the performance of, or relating to this contract, shall be settled through friendly negotiation. In case no settlement can be reached through negotiation the case shall be then submitted to the China International Economic and Trade Arbitration Commission, Beijing, China for arbitration in accordance with its Rules of Arbitration. The arbitral award is final and binding upon both parties. The arbitration fee shall be borne by the losing party unless otherwise awarded by the arbitration court.

样 2 规定在被告国仲裁，争议由被告国的仲裁机构并根据其仲裁规则解决。

样 2： 凡因执行本合同所引起的或与本合同有关的任何争议双方应该通过友好协商解决；如果不能协商解决，则应提交仲裁解决。仲裁在被告人所在国进行。在中国，由北京中国国际经济贸易仲裁委员会根据该会仲裁规则进行仲裁。在 ____（被告人所在国），由 ____（由被告人所在国仲裁机构）根据其仲裁规则进行仲裁，仲裁裁决是终局的，对双方均有约束力。仲裁费用除仲裁庭另有裁决之外，应由败诉方承担。

All disputes arising from the execution of, or in connection with this contract shall be settled amicably through friendly negotiation. In case no settlement can be reached through negotiation, the case shall then be submitted for arbitration. The location of arbitration shall be in the country of the domicile of the dependent. If in china, the arbitration shall be conducted by the China International Economic and Trade Arbitration Commission, Beijing in accordance with the Rules of Arbitration. If in ____, the arbitration shall be conducted by _____ in accordance with its arbitral rules. The arbitral award is final and binding upon both parties. The arbitration fee shall by borne by the losing party unless otherwise awarded by the arbitration court.

样 3 规定在第三国仲裁则依据第三国的仲裁规则来进行仲裁。

样3： 凡因执行本合同所引起的或与本合同有关的任何争议双方应该通过友好协商解决；如果不能协商解决，则应提交＿＿＿＿（仲裁机构），根据其仲裁规则进行仲裁，仲裁裁决是终局的，对双方均有约束力。仲裁费用除仲裁庭另有裁决之外，应由败诉方承担。

All disputes arising from the execution of or in connection with this contract shall be settled amicably through friendly negotiation. In case no settlement can be reached through negotiation, the case shall be submitted to ＿＿＿＿ for arbitration in accordance with its arbitral rules of procedure. The arbitral award is final and binding upon both parties. The arbitration fee shall be borne by the losing parties unless otherwise awarded by the arbitration court.

样4是联合国欧洲经济委员会制定的机械及厂房供应出口标准合同的仲裁条款，仲裁程序由双方协商确定。

样4： 凡是由本合同引起的任何争议都应该无追索权地交给仲裁庭来裁决。除双方另有协议仲裁程序应取得双方一致许可，并援引卖方所在国的法律来解释本合同。

Any dispute arising out of or in connection with the contract shall be finally settled by the arbitration without recourse to courts. The procedure shall be such as may be agreed between the partied unless otherwise agreed, and the contract shall be governed be the law of the Vendor's country.

本章小结

合同中的不可抗力条款是一种免责条款。遭受不可抗力事件的当事人可免除其不履行或不按期履行合同的责任，而另一方不得要求赔偿损失。不可抗力条款涉及不可抗力的原因、范围、认定、通知和处理。关于不可抗力范围的规定，有概括式、列举式和综合式。综合式兼容了概括式和列举式的优点，是一种较好的表述方式。

仲裁条款，一般包括仲裁地点、仲裁机构、仲裁规则、裁决的效力、仲裁费用的承担以及仲裁程序的实施。其中仲裁地点是重点，因为仲裁地点与仲裁所适用的程序法，以及合同适用的实体法关系甚为密切。仲裁形式主要有临时仲裁与机构仲裁。仲裁程序主要包括仲裁申请、仲裁庭组成、仲裁审理、裁决等。仲裁裁决之后应予承认并执行。

练习题

1. 何谓不可抗力？引起不可抗力的原因是什么？列举不可抗力的范围。
2. 不可抗力是如何认定的？发生不可抗力事故的处理原则是什么？
3. 在进出口合同中，不可抗力条款有几种规定方法？最好采用哪一种方法？为什么？
4. 当我方援引或对方援引不可抗力条款要求免责时，我方应分别注意哪些问题？
5. 在进出口贸易中，解决争议的方法有哪几种？

6. 请说明调解、诉讼与仲裁的区别和联系。

7. 我国进出口合同的仲裁条款一般包括哪些内容？仲裁地点应如何选定？

8. 仲裁协议的形式有哪几种？

9. 我方某企业与某外商按国际市场通用规格订约进口某化工原料。订约后不久，市价明显上涨。交货期限届满前，外商所属生产该化工原料的工厂失火被毁，外商以该厂火灾属不可抗力为由要求解除其交货义务。对此，我方应如何处理？为什么？

10. 我方某进口企业按 FOB 条件向欧洲某厂商订购一批货物。当我方派船前往西欧指定港口接货时，正值埃及与以色列发生战争，埃及被迫关闭苏伊士运河。我方所派轮船只得绕道南非好望角航行，由于绕道而增加航程，致使船只延迟到达装货港口。欧洲厂商要求我方赔偿因接货船只迟到而造成的仓租和利息损失。我方拒绝了对方要求，因此引起争议。对此，请予评论。

第10章
CHAPTER10

贸易合同的磋商和订立

::学习目标

| 了解出口交易磋商的形式、内容和一般程序。

| 了解询盘、还盘的含义、特点及注意事项。

| 掌握发盘的含义及其构成条件，发盘的有效期、撤回和撤销。

| 掌握接受的含义及其构成条件，接受的生效和撤回。

10.1　交易磋商的形式和内容

交易磋商的
一般程序

交易磋商（business negotiation），又称贸易谈判，它是指交易双方就买卖商品的有关各项条件进行沟通和协商，以期达成交易的过程。在国际贸易中，交易磋商占有十分重要的地位，是国际贸易业务活动中最重要的环节之一，交易磋商的好坏将直接影响到交易的成败及双方的经济利益。交易磋商是国际贸易合同的基础和根据，合同是磋商的目的和结果。

交易磋商是一项政策性、策略性和技术性都很强的工作，它比国内贸易中的洽谈交易复杂得多，因为交易双方分属不同的国家或地区，彼此有着不同的社会制度、政治制度、法律体系、经济体制和贸易习惯，有着不同的文化价值观、思维方式、行为方式、信仰、语言和民风民俗；而且由于国际商务谈判的结果会导致资产的跨国转移，因而要涉及国际贸易、国际结算、国际保险、国际运输等一系列问题，因此，在交易磋商中要以国际商法为准则，以国际惯例为基础，它要求从事此项工作的人员具有良好的政治素质、较高的政策水平和丰富的外经贸专业知识。

10.1.1　交易磋商的形式

交易磋商的基本形式可分为口头的和书面的两种。不论是哪种形式的磋商，所遵循的国际贸易基本规则和国际惯例都是相同的。

1. 口头磋商

口头磋商是指当事各方直接用口头语言进行沟通，包括面对面的谈判和电话谈判。在口头磋商特别是面对面的谈判中，谈判者进行直接的接触和交流，各方均可对各自提出的交易条件和其他建议，做出必要的详尽的说明，以减少误会，提高谈判效率；交易各方对具体背景的了解，也有助于多种建设性方案的提出，并可能引发谈判者之间新的合作机会；面对面的接触，也有助于谈判者全面地了解谈判对手的谈判风格、性格、思想方法、兴趣爱好、个人需求等情况，便于有针对性地运用谈判策略和技巧，便于长期合作。

口头磋商有以下特点，在磋商中要加以注意。

（1）口头磋商的时限压力比较大，从而可能对决策的科学性和谈判技能的发挥带来一定的影响。口头磋商一般要求在谈判期限内做出成交与否的决定，没有充分的考虑时间，从而要求谈判人员有较高的决策水平。一旦决策失误，会使企业蒙受损失或失去交易机会。

（2）为进行面对面会晤所必须要花费的差旅费、通信费、交际费等，使口头磋商的成本较高，在没有结果的情况下，磋商时间越长，谈判费用就越高，给谈判带来的压力也就越大。

（3）在面对面的谈判中，谈判人选的安排，通常要考虑谈判者的级别对等的问题，从而使得某些情况下谈判人选的安排出现困难。

由于口头磋商中的面对面谈判有上述特点，所以它比较适用于首次交易、大宗交易或价值高的标的物的谈判。

2. 书面磋商

书面形式是合同书、信件、电报、电传、传真等可以有形地表现所载内容的形式。以电子数据交换、电子邮件等方式能够有形地表现所载内容，并可以随时调取查用的数据电文，视为书面形式。[一]日常的交易一般是以书面的磋商方式为主。随着现代通信技术的发展，书面磋商越来越简便易行，而且费用与口头磋商相比要低廉很多，是现代国际贸易中的通常做法。

与口头磋商相比，书面磋商的优势主要表现在以下几方面。

（1）磋商的时限压力小。在运用商业函电进行磋商时，为确保交易的时效性，交易者通常被要求在一个较短的时间里，对对方的询问做出答复，如对方的发盘中可能有"发盘限××日回复""发盘有效××天"等语句。在此情况下，虽然对有效回复对方的发盘规定了明确的时限，有时收到对方发盘到发盘最后期限的时间很短，但由于谈判者不需要对对方的询问当面作答，而且收到对方发盘后，还可与企业内其他人员特别是决策人员商讨回复意见，避免直接磋商时谈判人员独自承担重大责任，因此，谈判者所感到的时限压力要小得多。

（2）在利用函电进行磋商时，谈判人选的安排不成问题，因为可以假借企业任何高层领导的名义进行书面回复和磋商。

（3）单纯的书面磋商只需支付函电费用，谈判的货币成本相对较低。

书面磋商要注意以下问题。

（1）由于双方不见面，无法通过观察对方的语态、表情、情绪等来判断对方的心理活动，谈判技巧的运用受到多方面的限制，如对对方的了解不深，信息传递方式比较单一等。

（2）受谈判各方交流方式的限制，难以对交易条件及相关背景知识做充分的解释，从而较难出现创造性的谈判结果。

㊀《民法典》第四百六十九条。

（3）传递到对方的书面文件，可以作为谈判的证据。如果缺乏深思熟虑或表达不当，会造成重大损失。

由于书面磋商的上述特点，这一谈判方式比较适用于正式谈判前的试探性接触，或有长期贸易关系的谈判，或空间距离较远、交易规模较小的谈判。口头磋商和书面磋商均有利弊，谈判者应根据具体项目的性质、要求、特点和条件，选择合适的磋商形式。事实上，在现代谈判中，结合两种类型的特点，加以灵活运用，更能提高磋商的效率。

近年来，随着互联网和跨境电子商务的发展，网络谈判成为非常重要的书面磋商形式。这种新的商务谈判方式，关键不在于更好地提供信息，而在于建立起与客户、合作伙伴之间新的沟通方式，通过无所不在的网络连接，使得相互间的联系、交往以及商务活动在网上进行，降低磋商成本，提高灵活度，缩短磋商时间，从而提高工作效率。

10.1.2　交易磋商的内容

在任何一笔具体交易的磋商中，我们都要同国外客户就买卖的商品及各项交易条件进行协商。只有双方就各项交易条件取得一致意见后，交易才可达成，合同才能签订。因此，有关买卖商品的各项交易条件就成为买卖双方交易磋商的重要内容。从理论上讲，只有就合同条款逐一达成一致的意见，才能充分体现"契约自由"的原则。买卖双方交易磋商的内容一般分为以下两部分。

1. 主要交易条件

主要交易条件（main terms and conditions）指商品的品名、品质、数量、包装、价格、交货和支付等条件。这些交易条件因货物、数量、交货时间等不同，每笔交易也不尽相同，需要在每笔交易中进行具体磋商。

2. 一般交易条件

一般交易条件（general terms and conditions）的内容，虽各有不同，但就我方出口企业所拟订的一般交易条件而言，通常包括以下几方面。

（1）有关主要交易条件的补充说明，如品质机动幅度、数量机动幅度，允许分批、转运，保险金额、险别和适用的保险条款，信用证开立的时间和到期日、到期地点的规定。

（2）有关预防和处理争议的条件，如关于货物检验、索赔、不可抗力和仲裁的规定。

（3）个别的主要交易条件，如通常采用的包装方法、凭不可撤销即期信用证支付的规定等。这些交易条件相对固定，在长期的贸易交往中已形成一种习惯做法，或贸易双方已订有长期的贸易协议，一旦交易达成，这些条件就成为不可分割的一部分。

在实际业务中，买卖双方在初次接触时要互相或单方面介绍一般交易条件，经双方共同确认后，作为将来交易的基础，一般都使用固定格式印在由进口商或出口商自行设计和印制的销售合同或购货合同的背面或正面的下部，只要对方没有异议，无须在每笔交易中对所有条款一一重新协商，可以缩短磋商的时间和节约费用开支。因此，一般交易条件也称格式条款。一般交易条件应按所经营的商品大类（如轻工业品、粮油食品、机械等）或按商品品种（如棉布、呢绒、真丝织物、人造丝织物等）分别予以拟订。因此，有的外贸企业由于其所经营的商品范围较广，而有必要按不同大类/品种拟订数套一般交易条件。

一般交易条件只有在实际交易前，事先得到对方对由我方提出的一般交易条件的确认，才能对双方日后订立的合同具有约束力。如果事先不取得对方的同意，在具体交易达成后，再向对方提出我方所拟订的一般交易条件，将有可能被对方以我方提出新的、额外的交易条件而加以拒绝，甚至否定已成立合同的有效性，并由此而引起争议甚至造成经济损失。

一般交易条件虽然适用于所有的合同，但并不是说，在日后的具体交易中，不得对一般交易条件中的任何规定做任何变更。与此相反，在磋商具体交易时，买卖双方完全可以根据交易的实际需要，提出与一般交易条件不同的条件，其效力将超越一般交易条件中所规定的条件。这是由于根据法律原则：事后协议可改变或否定事先协议；合同的书写条款可改变或否定印刷条款。对格式条款的理解发生争议的，应当按照通常理解予以解释。对格式条款有两种以上解释的，应当做出不利于提供格式条款一方的解释。格式条款和非格式条款不一致的，应当采用非格式条款。[○]

10.2　交易磋商的一般程序

在进出口业务中，交易磋商的基本环节一般可归纳为询盘（enquiry）、发盘（offer）、还盘（counter-offer）和接受（acceptance）四个环节。

10.2.1　询盘

询盘（enquiry）是指交易的一方向另一方询问是否买进或卖出某商品以及要求什么样的交易条件的口头或书面表示，主要是为了试探对方对交易的诚意和了解其对交易条件的意见。询盘的内容可涉及价格、品名、品质、数量、包装、交货期以及索取商品目录、价目单、样本或样品等。询盘可由买方发出，也可由卖方发出；可采用口头方式，也可采用书面方式。书面方式包括书信、电报、传真、电子邮件等，时常还采用询价单（enquiry sheet）格式进行询盘。随着信息网络技术的发展，目前业务中利用电子邮件和商务网络询盘已成趋势。例如：

买方询盘：请报 500 公吨 L- 苹果酸成本加运费加保险至新加坡的最低价，12 月装运，尽速电告。	Please quote lowest price CIF Singapore for 500 M/T L-Malic Acid December shipment Cable Promptly.
卖方询盘：可供纯度 99% 以上的 L- 苹果酸 500 公吨，12 月装运，如有兴趣请电告。	Supply 500M/T L-Malic Acid 99PCT Min December shipment please cable if interested.

1. 询盘的特点

（1）询盘的内容可以涉及某些成交条件，多数是询问成交价格，因此，在实际业务中，也有人把询盘称作询价。如果发出询盘的一方，只是想探询价格，并希望对方开出估价单，则对方根据询价要求所开出的估价单只是参考价格，并不是正式报价，因而也不具备发盘的要件。

（2）询盘是交易磋商的常见步骤，但不是每笔交易的必经程序。如交易双方彼此都了解情况，不需要向对方探询成交条件或交易的可能性，故不必使用询盘，可直接向对方做出发盘。

（3）询盘是一种内容不明确、不肯定、不全面或附有保留条件的建议，这种建议具有邀

○ 《民法典》第四百九十八条。

约性质，因此，对于双方均没有法律约束力。

2. 询盘时应注意的事项

询盘往往是一笔交易的起点，作为被询盘的一方，应对接到的询盘给予重视，并作及时和适当的处理。作为询盘的一方，既不宜在同一地区多头询盘，影响市场价格，也不宜只局限于个别客户而无法进行比较、选择。对数量较大的进口或出口，应适当安排采购或销售进度，以免对方抬价或压价，造成不必要的浪费。在询盘中要注意策略，一般不宜过早透露真实意图，以免处于不利地位。

询盘一般不直接使用询盘一词，而常用"请报价"（please quote）、"请告"（please advise）、"请发盘"（please offer）、"对 × × 有兴趣"（interested in ... please）、"可供"（can supply）等词句。

10.2.2 发盘

发盘（offer）又称为报盘、报价和发价，是指交易的一方（发盘人）向另一方（受盘人）提出购买或出售某种商品的各项交易条件，并表示愿意按这些条件与对方达成交易、订立合同的行为。我国法律上称为"要约"。

发盘一般由卖方发出，也可由买方发出。买方的发盘称为递盘（bid）。一项发盘，涉及的当事人是发盘人（offerer）和受盘人（offeree）。发盘既是商业行为又是法律行为，在《合同法》中称为要约。发盘可以是应对方的询盘做出答复，也可以是在没有询盘的情况下直接发出。发盘由卖方发出的称售货发盘（selling offer），若由买方发出，则称购货发盘（buying offer）或递盘（bid）。一项有效的发盘一经对方接受，发盘人就有义务按发盘中所规定的条件与对方订立合同；而受盘人有权利在发盘的有效期内要求对方按发盘中所规定的条件与之签订合同。

发盘一般采用下列术语和语句：发盘（offer）、发实盘（offer firm；firm offer）[⊖]、报价（quote）、供应（supply）、可供应（can supply）、订购（book；booking）、订货（order；ordering）、可订（can book）、递盘（bid；bidding）、递实盘（bid firm；firm bid）。

10.2.3 还盘

还盘（counter-offer），又称还价，是指受盘人收到发盘后，对发盘的内容不同意或不完全同意，为进一步协商而提出修改建议或新的限制性条件的表示。还盘可以用口头方式或者书面方式表达出来，一般与发盘采用的方式相符。例如：

贵方 2014 年 12 月 8 日电收到，我们遗憾地告诉你，贵方所报价格太高。还盘价格 970 美元 / 公吨，装运期 2015 年 3 月 15 日前，其他条件不变。	Thank you for your offer of 8 December 2014. We are disappointed to tell you that the price is too high. We can offer at USD970 per metric ton, for shipment before 15 March, 2015.We can accept what else you say.
贵方 12 月 19 日电收悉，还盘每只 10 美元 CIF 纽约。	Your email December 19TH counter offer USD10 Per piece CIF New York.

⊖ "firm offer" 始见于美国《统一商法典》，原意是不可撤销的发盘。我国译作"实盘"。

　　根据《公约》的规定，受盘人对货物的价格、付款、品质、数量、交货时间与地点、一方当事人对另一方当事人的赔偿责任范围或解决争端的办法等条件提出添加或更改，均作为实质性变更发盘条件。所以，还盘不一定是还价，对付款方式、装运期等主要交易条件提出不同的建议，也都属于还盘的性质。在还盘时，对双方都同意的条件一般无须重复列出。

　　一笔交易，通常要经过多次的发盘、还盘、再还盘才能敲定。值得注意的是，还盘实际上是对原发盘的拒绝表示，原发盘便告失效。此时，还盘遂成为一项新发盘，原受盘人与原发盘人的位置发生互换，前者变为新发盘的发盘人，后者变为新发盘的受盘人。后者可以对前者的新发盘（还盘）的内容表示接受，也可表示拒绝，还可再还盘。如果是再还盘，两者的位置将再一次互换，产生新的关系。因此，交易的一方在收到对方的还盘或再还盘后，要将还盘或再还盘同原发盘或原还盘的内容认真进行核对，找出其异同。如果在主要交易条件或一般交易条件上差距不大，根据市场行情和购销意图，可以表示接受。如果在上述条件，尤其是主要交易条件上，双方差距较大，则可表示拒绝。如果再经洽商，仍有相当差距，而交易的一方或双方又不愿放弃进一步洽商的努力，也可继续进行洽商，但不宜急于求成。

10.2.4　接受

　　接受（acceptance）是指受盘人接到对方的发盘或还盘后，同意对方提出的条件，愿意与对方达成交易，并及时以声明或行为表示出来。在法律上称作"承诺"。接受如同发盘一样，既属于商业行为，也属于法律行为。接受产生的法律后果是交易达成，合同成立。

　　可见，接受的实质是对发盘表示同意。根据《公约》的规定，受盘人对发盘表示接受，既可以向发盘人以发表声明的方式表示接受，也可以通过其他实际行动来表示接受。用声明表示接受，包括口头和书面两种形式。表示接受有时是将全部条件复述一遍，也有时无须复述，只是简单地用"接受"（accept）、"同意"（agree）、"确认"（confirm）等表示。当双方还盘次数少，交易条件变化不多，情况简单时，在接受时可不必复述全部条件。如果还盘次数多，交易条件变化多，情况复杂，则在接受时最好复述全部条件，以避免双方在条件解释上的不一致。例如：

你方 12 月 25 日电子邮件我方接受。

Yours December 25th email we accept.

你方 3 月 15 日电子邮件我方接受，纯度 99% 的 L－苹果酸 500 吨每公斤 10 美元 CIF 纽约 12 月份装运不可撤销即期信用证。

Yours March 15th email we accept 500M/T L-Malic Acid 99PCT at USD10.0 /Kg CIF New York December shipment irrevocable sight credit.

10.3　贸易合同的成立

　　合同的成立（conclusion of contract），即合同的订立（formation of contract），是双方当事人意思表示一致的结果。它包括两个法律程序：一是要约，二是承诺。要约和承诺是我国法律上的用词，在业务上分别称为发盘（offer，也称发价）和接受（acceptance）。我国《民法典》规定：当事人订立合同，可以采取要约、承诺方式或者其他方式。[注]要约一经承诺，即双方取

―――――
　　○ 《民法典》第四百七十一条。

得意思一致，达成协议，合同即告成立。《公约》规定，合同于按照本公约规定对发价的接受生效时订立。[⊖]可见我国《民法典》与《公约》关于合同订立的原则是一致的。鉴于我国已经批准加入《公约》以及批准加入《公约》的国家越来越多的事实，我国企业在进行国际贸易磋商、订立合同时，可以参照《公约》的规定行事。本章将参照《公约》、我国《民法典》和某些国家的法律规定，并联系我国外贸实际，进一步介绍关于发盘和接受的法律规则，及其在实际业务中的应用。

10.3.1 发盘

1. 发盘的定义和构成发盘的必要条件

构成发盘的
条件

《公约》第14条（1）款将"发盘"定义为："向一个或一个以上特定的人提出的订立合同的建议，如果十分确定并且表明发盘人在得到接受时承受约束的意旨，即构成发盘。一个建议如果写明货物并且明示或暗示地规定数量和价格或规定如何确定数量和价格，即为十分确定。"我国《民法典》第四百七十二条规定，要约是希望与他人订立合同的意思表示，该意思表示应当符合下列条件：（一）内容具体确定；（二）表明经受要约人承诺，要约人即受该意思表示约束。同时《公约》第15条（1）款规定，发盘于送达被发盘人时生效。我国《民法典》也有类似规定。[⊜]据此，构成一项法律上有效的发盘必须具备以下四个条件。

（1）向一个或一个以上特定的人提出。

发盘中的主体对象必须是该发盘的指定受盘人，可以是一个，也可以是一个以上。只有他或他们才能作为受盘人对该发盘的有关交易条件表示接受而订立合同。所谓"特定的人"，是指在发盘中指明个人姓名或企业名称的受盘人。非向指定受盘人提出的发盘仅应视为邀请发盘（invitation to make offers）。[⊜]

但有些国家如英美的判例则认为，商业广告原则上不是发盘，但如果广告的内容十分明确、肯定，在某些情况下也可视为发盘。我国《民法典》规定，商业广告和宣传的内容符合要约条件的，构成要约。[⊗]对此《公约》为了消除可能产生的歧义，明确规定发盘时必须指出特定的对象。《公约》第14条（2）规定："非向一个或一个以上特定人提出的建议，仅应视为邀请做出发盘，除非提出建议的人明确地表示相反的意向。"根据此项规定，一般的商业广告或向很多客户散发的价目单不是向一个特定人做出的，只能看作是一项发盘的邀请。^⑤

但是，如果广告或价目单的内容十分具体、明确和肯定，也可能成为一项发盘，一旦见到广告的人做出接受行为，即须按广告中所提出的条件，履行其承诺。所以，

⊖　《公约》第23条。

⊜　《民法典》第四百七十四条、第一百三十七条。

⊜　例如，出口商为招揽订货单而向一些国外客户寄发的商品目录（Catalogues）、报价单（Quotation）、价目表（Price List），或刊登的商品广告等，都不是发盘，而只是发盘邀请，客户据此提出订货单才是发盘。

⊗　《民法典》第四百七十三条。

⑤　鉴于《公约》对发盘的具体说明，并且有一定的灵活性，加上世界各国对发盘又有不同的理解，因此，在实际应用时应当特别谨慎。我方在对外寄发商品价目单时，最好在其中注明"可随时调整，恕不通知"或"须经我方最后确认"等字样，避免使对方误解我方有"一经接受，即受约束"的意思表示。

谨慎的出口商往往在广告宣传品上注明"所列价格仅供参考"（the prices stated are for reference only）、"价格需经确认为准"（the prices shall be subject to confirmation）等字句，以免引起纠纷。

（2）表明发盘人订约意图。

作为一项发盘，必须十分确定地表明发盘人有订约意图（contractual intent），即当其发盘被受盘人接受时，发盘人将承受约束的意旨，承担按发盘条件与受盘人订立合同的法律责任，而不得反悔或更改发盘条件。表明承受约束的意旨，可以是明示的，也可以是暗示的。明示的表示，发盘人可在发盘时明白说明或写明"发盘""发实盘"或明确规定发盘有效期等。暗示的表示，则应与其他有关情况结合起来考虑，包括双方已确立的习惯做法、双方磋商的情况、惯例和当事人随后的行为。

如果一方当事人在他所提出的销售建议中未表明承受约束的意旨，或者附有保留条款，如"以认可样品为准"（subject to approval of sample）、"以领得许可证为准"（subject to license obtainable）等，则该项建议不能构成发盘，仅视为发盘邀请。

（3）内容必须十分确定。

一项发盘必须包括十分确定的内容，该内容应该是完整的、明确的和终局的（complete, clear and final）⊖。但在实际业务中，一项发盘往往不以上述主要交易条件的完整形式出现，表面上显得不完整，但实际上是完整的。例如，业务双方在事先订有"一般交易条件"的协议中包含了某些主要交易条件，发盘的内容可以简化；又如，业务双方在以往的业务交易中已形成某些习惯做法，彼此都熟悉、了解，在发盘中即便不列入某些主要交易条件，也不影响发盘的完整性，等等。

关于一项发盘究竟应包括哪些内容，各国的法律规定不尽相同。有些国家的法律要求对合同的主要条件，如品名、品质、数量、包装、价格、交货时间与地点以及支付办法等，都要有完整、明确、肯定的规定，并不得附有任何保留条件，以便受盘人一旦接受即可签订一项对买卖双方均有约束力的合同。《公约》有关发盘的内容："一个建议如果写明货物并且明示或暗示地规定数量和价格或规定如何确定数量和价格，即为十分确定。"这个规定只是构成发盘的起码要求。在实际业务中，如发盘所提出的交易条件太少或过于简单，会给合同的履行带来困难，甚至容易引起争议。因此，在对外发盘时，最好将品名、品质、数量、包装、价格、交货时间与地点以及支付办法等主要交易条件具体列明。

（4）送达受盘人。

发盘于送达受盘人时生效。这里的"送达受盘人"，指的是将发盘的内容通知到受盘人本人，或其营业地或其通信地址，或其惯常居住地。只有这时，发盘才能生效。如果发盘在传递途中遗失，则该发盘不生效，对发盘人不再有约束力。如果受盘人在收到发盘之前，由其他途径获悉该发盘的内容，未收到发盘就主动表示接受，这样做合同是不成立的，而只能被看作是双方的交叉发盘（cross offer）。

发盘的这四项必要条件是一个有机整体，不可分割。

2. 实盘、虚盘及邀请发盘

鉴于当前各国对发盘的约束力存在较大的分歧，为了避免在这个问题上产生误解，引起

⊖　"完整的"，指货物的品名、品质、数量、包装、价格、交货和支付等主要交易条件要完备；"明确的"，指主要交易条件不能用含糊不清、模棱两可的词句；"终局的"，指发盘人只能按发盘条件与受盘人订立合同，而无其他保留或限制性条件。

不必要的纠纷，我国各进出口公司根据外贸业务的经验，把发盘分为实盘和虚盘。

（1）实盘。

实盘（firm offer，offer with engagement），又称有约束力的发盘。实盘是表示发盘人有肯定订立合同的意图，受盘人一旦承诺，合同即告成立。实盘的特征有三个：第一，发盘内容明确。发盘中无任何含糊其词的字句。第二，发盘内容完整。发盘中各项主要交易条件齐全。第三，发盘无保留条件。例如：

可供 L-苹果酸 500 吨，纯度不低于 99%，50 公斤纸板箱装，12 月装运，每公斤 5 美元 CIF 纽约，不可撤销即期信用证付款。	Can supply 500M/T L-Malic Acid at USD5.0/kg CIF New York, 99PCTMin, packed in 50kgs cartons, December shipment, irrevocable L/C at sight.

这是一个内容明确、完整无保留条件的实盘。实盘就是法律中的"要约"，必须满足构成发盘的条件。发实盘必然要承担相应的法律责任。运用实盘进行交易磋商时应注意三点：第一，实盘的含义不在于是否注明"实盘"字样，而在于是否具备上述必要条件。第二，应根据磋商交易的全部过程来判定实盘。第三，实盘的内容在有效期内，发盘人不得任意撤销或修改，并要受其约束。

需注意，我国习惯认为实盘必须具备品名、品质、数量、包装、价格、交货期、支付方式等七项内容才算交易条件完整，而《公约》第 14 条（1）规定：发盘"如果写明货物并且明示或暗示地规定数量和价格或规定如何确定数量和价格，即为十分确定"。

（2）虚盘。

虚盘（non-firm offer，offer without engagement）是发盘人有保留地按一定条件达成交易的一种不肯定的表示。它通常具有没有肯定订约的表示、交易条件不完整、附有保留条件等特征。如发盘中写有"参考价"（reference price）、"以我方确认为准"（subject to our final confirmation）、"以获得出口许可证为准"（subject to export license being approved）、"价格不经事先通知予以变动"（the prices may be altered without prior notice）等。发虚盘的意图在于：试探对方交易态度、吸引对方递盘、使自己保留对交易的最后决定权。虚盘对发盘人没有约束力，发盘人可以随时撤销或修改发盘内容。从法律角度上看，虚盘不是一项要约，而是一个要约邀请或邀请发盘。

（3）要约邀请、邀请发盘。

要约邀请是希望他人向自己发出要约的表示。拍卖公告、招标公告、招股说明书、债券募集办法、基金招募说明书、商业广告和宣传、寄送的价目表等为要约邀请。[⊖]《公约》中"邀请发盘"（invitation to offer）这一概念，是指交易的一方打算购买或出售某种商品，向对方提出内容不肯定或附有保留条件的建议。这种建议对于发盘人没有约束力，它只起到邀请对方发盘的作用。在业务中往往是卖方货源尚未落实，提出的条件带有不确定性，或者为争取较好的价格，就同一批货向两个或两个以上的客户邀请发盘，以便择优成交。也有的是为了探询市场情况并且便于比较价格，一方通过新闻媒体，如报纸、杂志、广播、电视等向公众发出发盘的邀请。这类邀请发盘从形式上看，有的内容不明确，如在提出价格时使用参考价（reference price）或意向价（price indication）；有的主要交易条件不完备，即使对方表示接受，仍需要商定其他主要交易条件，除非双方事先已有约定或习惯做法；还有的附有保留

⊖ 《民法典》第四百七十三条。

条件，如在提出交易条件之后，注明"以我方最后确认为准"（subject to our final confirmation）或者"有权先售"（subject to prior sale）等。这样即使提出的交易条件明确、完备，仍不能算是有效的发盘，而属于邀请发盘。

💡 案例 10-1

【案情】

你方 2 月 25 日函收，获知你方将购买 5 000 件男夹克，运往法国巴黎。现报价如下，以你方答复于北京时间 3 月 20 日到达为限：

"5 000 件男式夹克，法国巴黎到岸价包括 2% 佣金，每件 15 美元，4 月底装运，以保兑的、不可撤销的即期信用证支付，其他条款按惯例。"

期待你方早日答复。

【讨论分析】

1. 该发盘包含了哪些交易条件？有无不明确的条件？有无保留条件？

2. 该发盘是否满足《公约》所要求的发盘条件？

3. 该发盘是《公约》所定义的发盘吗？或者是实务中所谓的实盘吗？

【延伸思考】

本案发盘内容如果没有价格条件，该发盘还是实盘吗？如何区分实盘和虚盘？

3. 发盘的有效期

在发盘中通常都规定有效期（term of validity），作为发盘人受约束的期限和受盘人表示接受的有效期限。如果发盘中没有明确规定有效期，受盘人应在"合理时间内"（within a reasonable time）接受，否则无效。

发盘的
有效期、
生效和失效

在实际业务中，发盘有效期通常有以下三种规定方法：

（1）规定接受的最后日期。发盘人在发盘中明确规定受盘人表示接受的最迟期限。例如"发盘限 12 月 10 日复到我处"（offer subject reply reaching here December Tenth）；"发盘有效至我方时间星期二"（offer valid until Tuesday our time）。

（2）规定接受的天数或一段接受的期间。如"发盘限 3 天内复到有效"（offer subject reply here in three days ...）；"发盘有效 3 天"（offer valid three days）。

采用这种规定方法，存在一个如何计算"一段接受期间"的起讫问题。根据《公约》第 20 条规定：发盘人在电报或信件中订定的一段接受期间，从电报交发时刻或信上载明的发信日期起算。如信上未载明发信日期，则从信封上所载日期起算。发盘人以电话、传真或其他可立即传达到对方的通信方法订定的一段接受期间，从发盘到达受盘人时起算。在计算一段接受期间时，这段时间内的正式假日或非营业日应计算在内。但是，如果接受通知在接受期间的最后一天未能送达受盘人的地址，因为那天在受盘人的营业所在地是正式假日或非营业日，则这段时间应顺延至下一个营业日。

（3）不做明确的规定或仅规定答复传递的方式。例如"发盘……电复"（offer ... cable reply）、"即复"（reply promptly）、"速复"（reply immediately）、"急复"（reply urgently）、"尽快答复"（reply as soon as possible）等。

对于不明确规定有效期的发盘，其有效期界定在"合理时间内"受盘人接受有效，即该"合理时间"为有效期。至于该"合理时间"究竟多长，国际上并无明确的规定或一致的解释，有些国家的法律虽有规定，但彼此之间有很大差异，有的为有效 2 天，有的为 2 周，美国《统一商法典》第 2205 条则规定：一个商人的发盘有效期的合理时间不超过 3 个月。所以"合理时间"容易引起业务纠纷，应少用或不用。

口头发盘的有效期，《公约》第 18 条（2）款规定："对口头发盘必须立即接受，但情况有别者不在此限。"所谓"立即接受"，可理解为：在双方口头磋商时当场有效，受盘人不在磋商当场表示接受，发盘随即失效。对"情况有别者"，则可理解为：发盘人在口头发盘时，明确规定了有效期，例如"有效 5 天"，则该发盘不在"立即接受"之列。

4. 发盘的生效和撤回

（1）发盘的生效。

对于发盘何时生效的问题，《公约》第 15 条规定，发盘于送达受盘人时生效。不论是书面的还是口头的发盘，只有传达至受盘人时才能对发盘人产生约束力。如果发盘人用信件或电报向对方发盘，该信件或电报遗失或送错，对方没有收到，则该项发盘无效。另外，发盘的生效也是受盘人做出接受行为的起始时间，受盘人只有在收到发盘后，也就是在发盘生效后，才能做出接受，否则，不具有法律效力。

我国《民法典》第一百三十七条规定：以对话方式做出的意思表示，相对人知道其内容时生效。以非对话方式做出的意思表示，到达相对人时生效。以非对话方式做出的采用数据电文形式的意思表示，相对人指定特定系统接收数据电文的，该数据电文进入该特定系统时生效；未指定特定系统的，相对人知道或者应当知道该数据电文进入其系统时生效。当事人对采用数据电文形式的意思表示的生效时间另有约定的，按照其约定。

（2）发盘的撤回。

发盘的撤回（withdraw）是指在发盘送达受盘人之前，即在发盘尚未生效时，发盘人阻止该项发盘生效。根据《公约》第 15 条（2）款："一项发盘，即使是不可撤销的，得予撤回，如果撤回通知于发盘送达被发盘人之前或同时，送达被发盘人。"我国《民法典》第一百四十一条："行为人可以撤回意思表示。撤回意思表示的通知应当在意思表示到达相对人前或者与意思表示同时到达相对人。"根据上述规定，如果撤回发盘的通知先于发盘或与发盘同时送达受盘人，则该项发盘可以被撤回。换言之，任何发盘，包括不可撤销的发盘，在其送达受盘人之前，即在其生效之前，一律允许撤回。但如果发盘的通知已送达受盘人，发盘人若想修改或废除发盘，那就不是撤回的问题了，而是发盘的撤销问题。

在实际业务中，发盘的撤回只有在使用信件或电报向国外发盘时，方可使用，因为信件或电报送达收件人有一段时间间隔，如想撤回发盘，可采用快速方法（如电话、电子邮件），在发盘送达前撤回发盘。但如果发盘是使用电话、传真或电子邮件做出的，因这些信息随发随到，就不存在撤回发盘的可能性。

5. 发盘的撤销

发盘的撤销是指发盘送达受盘人，即已生效后，发盘人再取消该发盘，解除其效力的行为。因此，发盘的撤销不同于发盘的撤回。对于发盘生效后能否再撤销的问题，各国合同法的规定有较大分歧。英美等国的普通法系认为，发盘在原则上对发盘人没有约束力，在接受做出之前，发盘人可以随时撤销发盘或变更其内容。例外的情况是，受盘人给予了"对价"（consideration）；或者发盘人以签字蜡封的特殊形式发盘。大陆法系中的德国法认为，发盘原则上对发盘人有约束力，除非他在发盘中已表明不受其约束。法国法虽然允许发盘人在有效期内撤销其发盘，但判例表明，他须承担损害赔偿的责任。

《公约》第 16 条规定，发盘可以撤销，其条件是撤销通知要在受盘人发出接受通知之前送达受盘人。同时规定，凡有以下情形的，发盘人不得撤销其发盘[⊖]：

其一，发盘中已写明了接受发盘的期限，或以其他方式表示发盘是不可撤销的。这就是说，规定了有效期的发盘在有效期内是不可撤销的。例如，发盘规定：在 12 月 31 日以前接受生效。这项发盘 12 月 31 日之前就不得撤销。在这个期限内，发盘人承担了等待对方接受的义务，也给予了对方在此期间考虑接受与否的权利。"以其他方式表示发盘是不可撤销的"，这是指没有规定接受期限，但以某种方式承担了义务，使得该项发盘是不可撤销的。例如，在发盘中使用了"实盘"（firm offer）、"不可撤销的发盘"（irrevocable offer）这样的字眼，那么在合理时间内发盘也不得撤销。又如，买方在发盘中说明：能否供货，请尽快答复，未获贵方答复前，我方将不再另询价格。这项发盘虽然没有规定接受期限，但仍承担了等待答复的义务，就是一项不可撤销的发盘。

其二，受盘人有理由相信该项发盘是不可撤销的，并已经本着对该项发盘的信赖行事。这是指受盘人从主观上相信该发盘是不可撤销的，并且在客观上采取了与交易有关的行动。在这种情况下，发盘也不能撤销，因为发盘的撤销会造成严重的后果。例如，某工程承包商打算去参加一个工程项目的投标，在投标之前，他需要估算工程的造价，因此向原材料供应商发出询盘，了解有关建筑材料的价格。原材料供应商向该承包商做出了发盘，承包商在此发盘的基础上，拟订了自己的标价，并进行了投标。由于他的报价较低，符合招标人的条件，因此中了标。但此时，原材料供应商却提出要撤销自己的发盘。按照《公约》的解释，这时发盘人已不能撤销其发盘了。

6. 发盘的失效

一项发盘发出后，有多种原因或情况导致发盘要么受阻不能生效，要么在生效期间失效，要么因过期失效。发盘失效主要有以下几种情况。[⊖]

（1）生效前被阻止未能生效。典型的是发盘的撤回，即使是不可撤销的发盘在尚未被送达受盘人之前，在法律上是无效的，发盘人也可以采取行动阻止其生效，因而撤回只是个手续问题，不存在发盘人是否承担责任的问题。

（2）有效期间的失效。发盘在被送达受盘人时开始生效的有效期间，在未被受盘人接受之前，凡遇下列情况之一者，发盘立即失效，发盘人不再受该发盘约束：

其一，拒绝（rejection）。按《公约》第 17 条规定，一项发盘，即使是不可撤销的，于拒

⊖ 《民法典》第四百七十六条　要约可以撤销，但是有下列情形之一的除外：
　（一）要约人以确定承诺期限或者其他形式明示要约不可撤销；
　（二）受要约人有理由认为要约是不可撤销的，并且已经为履行合同做了合理准备工作。
⊖ 《民法典》第四百七十八条有下列情形之一的，要约失效：（一）要约被拒绝；（二）要约被依法撤销；（三）承诺期限届满，受要约人未作出承诺；（四）受要约人对要约的内容作出实质性变更。

绝通知送达发盘人时立即失效。

其二，还盘（counter-offer）。当受盘人对发盘做出某些更改的还盘表示，便构成对原发盘的实质上的拒绝，原发盘随之失效。

其三，法律实施。如当发盘人或受盘人丧失行为能力（如死亡、精神失常等），或标的物灭失时，发盘便告失效；又如，有些国家的政府颁布命令禁止发盘中的货物进口或出口，也会造成发盘失效。

其四，撤销（revocation）。按照法律，发盘被有效地撤销，也使发盘失效。

（3）有效期满的失效。一项发盘，不论是明确规定了有效期的，还是未明确规定有效期的，若有效期已过，仍未被接受，随即失效。

💡 案例 10-2

【案情】

我方 A 公司向国外 B 公司发盘，报谷物 300 公吨，每公吨 250 美元，发盘有效期为 10 天。3 天后，B 公司复电称，对该批货物感兴趣，但要进一步考虑。2 天后，B公司两次来电，要求将货物数量增至 600 公吨，价格降至 230 美元／公吨。3 天后 A公司将这批谷物卖给另一外商，并在第 10 天复电 B 公司，通知货已售出。但外商坚持要我方交货，否则以我方擅自撤约为由要求赔偿。

【讨论分析】

1. 针对 A 公司的发盘，B 公司复电称，对该批货物感兴趣，但要进一步考虑。是否构成还盘？

2. 针对 A 公司的发盘，B 公司两次来电，要求将货物数量增至 600 公吨，价格降至 230 美元／公吨。是否构成还盘？

3. 此时双方的交易是否达成？

4. A 公司是否可以将这批谷物卖给另一外商，并在第 10 天复电 B 公司，通知货已售出？

5. B 公司能否以 A 公司擅自撤约为由要求赔偿？

【延伸思考】

如果 A 公司还有货源，愿意按原发盘内容与 B 公司签订合同，需要怎样的程序，合同才能成立？

10.3.2　接受

1. 构成接受的条件

构成接受的
条件

《公约》第 18 条（1）款定义接受：被发盘人声明或做出其他行为表示同意一项发盘，即是接受，缄默或不行动本身不等于接受。我国《民法典》第四百七十九条、第四百八十条：承诺是受要约人同意要约的意思表示。承诺应当以通知的方式做出；

但是，根据交易习惯或者要约表明可以通过行为做出承诺的除外。

按照前述规定，构成一项有效的接受，要具备以下条件。

（1）接受必须由特定受盘人做出，而不能是第三者。这一条件与构成发盘的第一项条件是对应的。发盘必须向特定的人发出，即表示发盘人愿意按发盘中提出的条件与对方订立合同，但这并不表示他愿意按这些条件与任何人订立合同。因此，接受只能由受盘人做出，才具有效力，其他人即使了解发盘内容并表示完全接受，也不能构成有效的接受。当然，这并不是说发盘人不能同原定受盘人之外的第三方进行交易，只是说，第三方做出的接受不具有法律效力，它对发盘人没有约束力。如果发盘人愿意按照原定的条件与第三方进行交易，他也必须向对方表示同意才能订立合同，因为，受盘人之外的第三方做出的所谓"接受"只是一种"发盘"的性质，并不能表示合同成立。

（2）接受的内容必须与发盘完全相符。如果受盘人在答复对方发盘时虽使用了"接受"的字眼，但同时又对发盘的内容做出了某些更改，这就构成有条件的接受（conditional acceptance），而不是有效的接受。

应当注意的是，并不是说受盘人在表示接受时，不能对发盘的内容做出丝毫的变更，关键问题是看这种变更是否属于实质性的。

实质性变更（material alteration）是对发盘的拒绝，构成还盘。《公约》第 19 条（1）款："对发盘表示接受但载有添加、限制或其他更改的答复，即为拒绝该项发盘，并构成还盘。"《公约》第 19 条（3）款："有关货物价格、付款、货物质量和数量、交货地点和时间、一方当事人对另一方当事人的赔偿责任范围或解决争端等的添加或不同条件，均视为在实质上变更发盘的条件。"我国《民法典》第四百八十八条："承诺的内容应当与要约的内容一致。受要约人对要约的内容做出实质性变更的，为新要约。有关合同标的、数量、质量、价款或者报酬、履行期限、履行地点和方式、违约责任和解决争议方法等的变更，是对要约内容的实质性变更。"

非实质性变更（nonmaterial alteration），能否构成有效的接受，要取决于发盘人是否反对。如果发盘人不表示反对，合同的条件就包含了发盘的内容以及接受通知中所作的变更。《公约》第 19 条（2）款："但是，对发盘表示接受但载有添加或不同条件的答复，如所载的添加或不同条件在实质上并不变更该项发盘的条件，除发盘人在不过分迟延的期间内以口头或书面通知反对其间的差异外，仍构成接受。如果发盘人不做出这种反对，合同的条件就以该项发盘的条件以及接受通知内所载的更改为准。"我国《民法典》第四百八十九条：承诺对要约的内容做出非实质性变更的，除要约人及时表示反对或者要约表明承诺不得对要约的内容做出任何变更外，该承诺有效，合同的内容以承诺的内容为准。

在实际业务中，有时很难区分这两种变更。一般的做法是，如果对方对发盘内容做了变更，只要是发盘人不能同意的，就应及时提出反对，阻止合同成立，以免延误时机，造成被动。在实际业务中，有时还需要判定一项接受是"有条件的接受"，还是在接受的前提下的某种希望和建议。"有条件的接受"属于还盘，但如果受盘人在表示接受的同时提出某种希望，而这种希望又不构成实质性修改发盘的条件，应看作一项有效接受，而不是还盘。

（3）接受的时间必须在发盘有效期内。发盘中通常都规定有效期，这一方面是约束发盘人，使发盘人在有效期内不能任意撤销或修改发盘的内容；另一方面是约束受盘人，只有在有效期内做出接受，才有法律效力。如果发盘中未规定有效期，则应在合理时间内接受方为有效。

英美法系的国家采用"投邮生效"原则（dispatch theory），即接受必须传达到发盘人才生效，但是，如以信件或电报传达时，则例外地承认，当信件投邮或电报交发，接受即告生效。按此例外规则，即使接受的函电在邮递途中延误或遗失，发盘人未能在有效期内收到，甚至根本没有收到，也不影响合同成立。但如果发盘人在发盘中规定，接受必须于有效期内传达到发盘人，则接受的函电传达到发盘人时，接受方能生效。

大陆法系的国家则采用"到达生效"原则（receipt theory），即表示接受的函电必须在发盘有效期内到达发盘人，接受才生效。如果表示接受的函电，在邮递过程中延误或遗失，合同不能成立。

《公约》采用"到达生效"原则，其第18条（2）款中规定：接受于到达发盘人时生效。如果接受在发盘的有效期内，或者，如发盘未规定有效期，在合理时间内未到达发盘人，接受即为无效。对口头接受必须立即接受。

我国《民法典》第四百八十一条：承诺应当在要约确定的期限内到达要约人。要约没有确定承诺期限的，承诺应当依照下列规定到达：（一）要约以对话方式作出的，应当即时作出承诺；（二）要约以非对话方式作出的，承诺应当在合理期限内到达。《民法典》第四百八十二条：要约以信件或者电报作出的，承诺期限自信件载明的日期或者电报交发之日开始计算。信件未载明日期的，自投寄该信件的邮戳日期开始计算。要约以电话、传真、电子邮件等快速通讯方式作出的，承诺期限自要约到达受要约人时开始计算。

（4）接受必须明确表示出来。《公约》第18条（1）款规定："受盘人声明或做出其他行为表示同意一项发盘，即为接受，沉默或不行动本身不等于接受。"根据这一规定，接受必须用声明或行为表示出来，声明包括口头和书面两种方式。一般来说，发盘以口头表示，则接受也以口头表示；发盘人如果以书面形式发盘，受盘人也以书面形式来表示接受。所谓用做出其他行为表示接受，通常是指卖方以发运货物，买方以开立信用证、支付货款等实际行动表示接受，即为用行为表示接受。

沉默或不行动本身并不等于接受。如果受盘人收到发盘后，对发盘不采取任何行动，而只是保持缄默，则不能认为是对发盘表示接受。这是因为，从法律责任来看，受盘人一般并不承担对发盘必须进行答复的义务。

案例 10-3

【案情】

中国甲公司于2016年9月2日致函英国乙公司，提出以每公吨1 800美元 CIF 纽约的价格向乙公司出售100公吨咖啡豆，发盘规定的有效期为9月15日。9月14日甲公司获悉国际市场上咖啡价格上涨了30%，同日甲公司收到乙公司发来的表示接受的电传，乙公司表示其已做好履行合同的准备。15日，甲公司向乙公司提出将咖啡豆的售价由原来的每公吨1 800美元增加至每公吨2 300美元，乙公司未同意。后甲公司将该批咖啡豆以每公吨2 300美元的价格销售给了另一家公司。乙公司遂向中国某法院提起诉讼，要求甲公司赔偿其所遭受的损失。甲公司则辩称，其与乙公司间并不存在任何合同关系，乙公司的索赔主张缺乏依据。

【讨论分析】

1. 乙公司 14 日接受甲公司的发盘，表示其已做好履行合同的准备，该接受是否有效?

2. 甲乙之间的交易是否已经达成?

3. 15 日，甲公司向乙公司提出将咖啡豆的售价由原来的每公吨 1 800 美元增加至每公吨 2 300 美元，乙公司未同意。至此甲乙之间的交易是否已经达成? 价格条件是什么?

4. 甲公司将该批咖啡豆以每公吨 2 300 美元的价格销售给了另一家公司，甲公司的做法是否违约?

5. 甲乙之间是否存在合同关系? 乙公司的索赔主张有无依据?

【延伸思考】

1. 若发盘有效期是 9 月 10 日，乙公司 14 日接受甲公司的发盘。合同是否成立?

2. 此时，甲公司可否将货物转售他人?

3. 若发盘有效期是 9 月 10 日，乙公司没有表示接受，甲公司最早于何时可将货物转售他人?

2. 逾期接受

在国际贸易中，由于各种原因，受盘人的接受通知晚于发盘人规定的有效期送达，这在法律上称为"逾期接受"或"迟到的接受"（late acceptance）。根据各国合同法的规定，逾期接受不是一项有效的接受，它必须经过原发盘人的确认后，合同才能成立，因此，发盘人不受其约束，不具有法律效力。我国《民法典》第四百八十六条: 受要约人超过承诺期限发出承诺，或者在承诺期限内发出承诺，按照通常情形不能及时到达要约人的，为新要约; 但是，要约人及时通知受要约人该承诺有效的除外。《公约》第 21 条（1）款: "逾期接受仍有接受的效力，如果发价人毫不迟延地用口头或书面将此种意见通知被发盘人。"

但是法律规定也给出了例外。如果逾期不是由于受盘人的主观原因，而是由其他原因造成的，则该接受有效，除非发盘人及时发出通知表明该接受无效。我国《民法典》第四百八十七条: 受要约人在承诺期限内发出承诺，按照通常情形能够及时到达要约人，但是因其他原因致使承诺到达要约人时超过承诺期限的，除要约人及时通知受要约人因承诺超过期限不接受该承诺外，该承诺有效。《公约》第 21 条（2）款: "如果载有逾期接受的信件或其他书面文件表明，它是在传递正常、能及时送达发盘人的情况下寄发的，则该项逾期接受具有接受的效力，除非发盘人毫不迟延地用口头或书面通知被发盘人: 他认为他的发盘已经失效。"因此，对于因邮递延误而造成的逾期接受，如果发盘人保持沉默，则等于承认合同已经成立。在实践中，对逾期接受，发盘人通常应立即向对方发出通知，明确表达自己的意见。

3. 接受撤回

对于接受的撤回，按英美法系"投邮生效"原则，接受一经投邮立即生效，合同就此成立，因此不存在接受的撤回。《公约》采用的是"到达生效"原则，其 22 条规定，接受可以撤回，但撤回通知必须在接受通知送达发盘人之前或同时送达发盘人。可见，《公约》在接受的撤回问题上采取的原则与发盘的撤回是相同的。我国《民法典》做了类似的规定。《民法典》第四百八十五条：承诺可以撤回；第一百四十一条：行为人可以撤回意思表示。撤回意思表示的通知应当在意思表示到达相对人前或者与意思表示同时到达相对人。接受不存在撤销问题，因为接受在接受通知送达发盘人时生效，接受一经生效，双方之间的合同关系也就此确立。当事人如果反悔，撤销合同，就会构成违约行为，他要为此承担法律责任。需要指出的是，在当前通信设施非常发达和各国普遍采用现代化通信的条件下，当发现发出的接受存在问题而想撤回或修改时往往已经来不及了，因此为了防止差错以及避免不必要的损失，在实际业务中应当审慎行事。

10.4　贸易合同的签订

贸易合同的
签订

　　经过交易磋商，一方发盘经另一方接受后，交易即告成立，买卖双方就构成了合同关系。双方在交易过程中的往返函电，即是合同的书面证明。但根据国际贸易实践，买卖双方通常还要签订一定格式的书面合同，例如合同书或确认书，以进一步明确双方的权利和义务。

10.4.1　签订书面合同的意义

1. 合同生效的条件

　　合同虽不拘泥于某种特定的名称和格式，但是，假如在买卖双方磋商时，一方曾声明以签订书面合同为准，那么即使双方已对交易条件全部协商一致，在书面合同签订之前，合同不能生效。在此情况下，签订书面合同就成为合同生效的条件。我国《民法典》第四百九十一条："当事人采用信件、数据电文等形式订立合同要求签订确认书的，签订确认书时合同成立。当事人一方通过互联网等信息网络发布的商品或者服务信息符合要约条件的，对方选择该商品或者服务并提交订单成功时合同成立，但是当事人另有约定的除外。"此外，按规定须经一方或双方所在国政府批准的合同，也必须是有一定格式的书面合同。

2. 合同成立的证据

　　根据法律要求，凡是合同必须能得到证明，提供证据，包括人证和物证。通过书面形式达成的合同，举证自不成问题。但通过口头磋商达成的合同，举证可能难以做到。因此，口头磋商成立的合同，如不用一定的书面形式加以确定，就将由于不能被证明而不能得到法律的保障，甚至法律上认为无效。例如，美国《统一商法典》2-201条规定：凡500美元以上的货物买卖合同必须有书面文件为证，否则不得由法律强制执行。我国《民法典》第一百三十五条：民事法律行为可以采用书面形式、口头形式或者其他形式；法律、行政法规规定或者当事人约定采用特定形式的，应当采用特定形式。因此，我国企业在与国外客户订立贸易合同时，可以约定采用书面形式。通过口头磋商达成的交易，双方签署一份书面合同往往必不可少。

3. 合同履行的依据

　　合同的履行是一个十分复杂的过程。它涉及很多企业、单位和部门，各方面都要围绕同一份合同协同合作，才能有序地、正确地履行合同完毕。口头合同，如不形成书面合同，几乎无法履行。即使通过信件、电报、电传、传真电子数据交换、电子邮件等书面形式达成的交易，如不将双方协商一致的、分散于多份书面形式的条件，归纳到一份有一定格式的书面合同上来，也将难以得到有序、高效的履行。所以，不论通过口头还是书面形式磋商达成的交易，均需把协商一致的交易条件综合起来，全面、清楚地列明在一份有一定格式的书面合同上，这对进一步明确双方的权利和义务，以及为合同的有序、正确履行提供更好的依据，具有重要意义。

10.4.2　贸易合同的形式

书面形式包括合同书、信件以及数据电文（如电报、传真、电子数据交换和电子邮件）等可以有形地表现所载内容的形式。在我国的贸易实践中，书面合同形式包括合同、确认书、备忘录和协议书等，其中采用"合同"和"确认书"两种形式的居多。

1. 合同

合同（contract）的特点在于：内容比较全面，对双方的权利、义务以及发生争议后如何处理，均有较详细的规定。大宗商品或成交金额较大的交易，多采用此种形式的合同。我国在对外贸易中使用的合同，分为销售合同（Sales Contract）和购买合同（Purchase Contract），又称出口合同（Export Contract）和进口合同（Import Contract）。这两种合同的格式和主要内容基本一致，其中包括商品的名称、品质、数量、包装、价格、装运、保险、支付、商检、索赔、仲裁、不可抗力等条款。在我国的对外贸易业务中，通常由我方填制合同正本一式两份，经双方签字后，买卖双方各自保存一份。合同有正本和副本之分，合同副本与正本同时制作，无须签字，也无法律效力，仅供交易双方内部留作参考资料，其份数视双方需要而定。

2. 确认书

确认书（confirmation）属于一种简式合同，它包括的条款比合同简单，一般只就主要的交易条件做出规定，对买卖双方的义务描述得不是很详细。这种形式的合同适用于金额不大、批数较多的商品，或者已订有代理、包销等长期协议的交易。我国在外贸业务中使用的确认书，分为销售确认书（Sales Confirmation）⊖和购买确认书（Purchase Confirmation）。这两种确认书的格式基本一致。当达成交易时，通常由我方填制一式两份，经双方签字后，各自保存一份，它无正本与副本之分。

上述两种形式的合同，即正式的合同和确认书，虽然在格式、内容繁简、条款项目的设立和措辞上有所不同，但在法律上具有同等效力，对买卖双方均有约束力。在我国对外贸易业务中，书面合同主要采用这两种形式。在我国进出口业务中，各企业都有印有固定格式的进出口合同或成交确认书。当面成交的，即由双方共同签署；通过函电往来成交的，由我方签署后，一般将正本一式两份送交国外成交方签署后退回一份，以备存查，并作为履行合同的依据。

3. 协议

在法律上，协议（agreement）与合同具有相同的含义。书面文件冠以"协议"或"协议书"的名称，只要其内容对买卖双方的权利和义务都做了明确、具体与肯定的规定，它就与合同一样对买卖双方有法律约束力。但是，如果交易磋商的内容比较复杂，双方商定了一部分条件，还有一部分条件有待进一步磋商，于是先签订一个"初步协议"（preliminary

---

⊖　详见本书附录样单（一）。

agreement）或"原则性协议"（agreement in general），在协议书中也做了"本协议属初步性质，正式合同有待进一步磋商后签订"（this Agreement is of preliminary nature, a formal contract will be signed after further negotiation）之类的说明，这种协议就不属于正式有效的合同性质。

4. 意向书

意向书（letter of intent）是在交易磋商尚未最后达成协议之前，买卖双方为了达成某项交易，将共同争取实现的目标、设想和意愿，有时还包括初步商定的部分交易条件，以书面形式记录，作为今后进一步谈判的参考和依据。这种书面文件即称为"意向书"。意向书只是双方当事人达成某项协议的意愿表示，不是法律文件，对当事人仅仅具有一定道义上的约束力。但根据意向书，有关当事人彼此负有道义上的责任，在进一步洽谈时，一般不应与意向书中所做的规定偏离太远。

5. 备忘录

备忘录（memorandum）是在进行交易磋商时用来记录磋商的内容，以备今后核查的文件。如果当事人双方把磋商的交易条件完整、明确、具体地记入备忘录，并经双方签字，那么这种备忘录的性质和作用与合同无异。如果双方磋商后，只是对某些事项达成一致或一定程度的理解或谅解，并记入备忘录，作为双方的初步协议，以及今后进一步合作的参考依据，并冠以"理解备忘录"或"谅解备忘录"（memorandum of understanding）的名称，则这种备忘录不具有法律约束力，只是对双方具有一定道义上的约束力。备忘录在我国外贸实际工作中较少使用。

6. 订单和委托订购单

订单（order）是指进口商或实际买家拟制的货物订购单。委托订购单（indent）是指由代理商或佣金商拟制的代客购买货物的订购单。在我国出口贸易实践中，交易达成后，有的客户往往发出订单，要求我方签署后退回一份。这种经磋商成交后发出的订单，实际上是国外客户的购买合同或购买确认书。对此，我方应仔细审阅其内容，看其中的条款与双方已商定的各项交易条件是否一致。如果内容一致或者虽有添加、更改之处，但情况并不严重且我方可以接受，则应按对方要求签署订单。如果发现添加、更改之处是我方所不能接受的，则必须及时向对方提出异议，以免对方误认为我方已默认其订单中所列条款，进而产生不必要的纠纷。此外，有些并未与我方进行过磋商的国外客户有时会径自寄来订单，对于这类订单，应根据其具体内容区分其为发盘还是发盘邀请，并及时予以答复。

10.4.3   贸易合同的内容

我国对外贸易企业与国外客户签订的买卖合同，不论采取哪种形式，都是调整交易双方经济关系和彼此权利与义务的法律文件。其内容通常都包括约首（首部）、正文（主体）和约尾（尾部）三个部分。

1. 合同约首

合同的约首包括以下方面。

（1）合同名称。

合同名称是指合同的形式和性质，如售货（或订购）合同、补偿贸易合同等。即使是简化的合同，也应明确为售货（或订购）确认书。

（2）合同编号。

在进出口业务中，一般采用"一约一号"，即根据一定的规则编号。合同编号由各公司企业自己编号，可按签订时间、公司代码、部门代码、客户类型、商品类型等来编号，可以为买卖双方开具信用证或制作单据提供依据，便于存档和查阅。

（3）缔约日期。

通过谈判成交的，哪天签约写哪天；通过函电磋商成交的，写最后确认成交日期。缔约日期均采用公历。

（4）缔约地点。

通过面对面谈判成交的，哪里谈的就写哪里；通过函电磋商成交的，谁制作合同就写谁的地点。关于缔约地点，有个法律问题，按照某些国家的法律规定或贸易习惯，缔约的地点关系到发生合同纠纷时，援引所谓"契约缔结地法"的问题。即在哪个国家签约，就可用哪个国家的法律来解决合同中的有关争议和纠纷。如缔约地点在中国，就按中国的法律来处理。

（5）缔约双方名称、电报挂号、网址、电话及地址等。

这是签约的主体，要详细写明，不能简化，在签订合同时应做到明确、具体、详尽，前后一致，使合同的履行顺利进行，以免发生贸易纠纷。特别是买方的这些内容要详细、清楚，有些国家的法律还规定这是合同正式成立的条件之一。

2. 合同正文

合同的正文即主体，是合同的基本条款，包括货物的名称、品质、数量、包装、价格、装运、保险、支付、检验、不可抗力、索赔、仲裁等，具体规定着买卖双方各自的权利和义务，所以也叫作权利义务部分。商订合同，主要是指双方磋商如何规定这些基本内容，它分列为合同的主要条款和一般条款。

3. 合同约尾

合同的约尾涉及合同的效力范围和有效条件等主要问题，所以又称为效力部分。它一般包括合同适用的法律和惯例、合同的有效期、合同的有效份数、合同的文字及其效力和双方代表签字等内容。有的合同还根据需要制作了附件及其效力附在后面，作为合同不可分割的一部分。

合同文本采用两种以上文字订立并约定具有同等效力的，对各文本使用的词句推定具有相同含义。各文本使用的词句不一致的，应当根据合同的相关条款、性质、目的以及诚信原则等予以解释。[一]

本章小结

贸易合同可以通过口头或书面的方式进行。磋商的内容就是合同的条款。交易磋商的程序一般包括询盘、发盘、还盘和接受，其中发盘和接受是必不可少的环节。发盘、接受在法律上分别称为"要约""承诺"，有严格的构成条件。关于发盘的生效、失效，撤回、撤销，以及接受的生效、撤回等法律上都有明确规定。发盘经接受后，交易达成，合同成立。实践中

[一]《民法典》第四百六十六条。

通常签订书面合同，以作为合同成立的证据、利于合同履行。书面合同一般有合同书、确认书等形式，内容包括约首、本文和约尾三个部分。

练习题

1. 简述出口交易磋商的内容和一般程序。

2. 何谓询盘？询盘时应注意哪些事项？

3. 构成发盘的必要条件有哪些？

4. 何谓发盘的撤回和撤销？

5. 何谓接受？构成接受的条件有哪些？

6. 逾期接受在何种情况下仍具有接受效力？

7. 我方某公司与某外商洽谈进口交易一宗，经往来电子邮件磋商，就合同的主要条件全部达成协议，但在最后一次我方所发的表示接受的电子邮件中列有"以签订确认书为准"。事后对方拟就合同草稿，要我方确认，但由于对某些条款的措辞尚待进一步研究。故未及时给予答复。不久，该商品的国际市场价格下跌，外商催我方开立信用证，我方以合同尚未有效成立为由拒绝开证。试分析：我方的做法是否有理？为什么？

8. 我方某进出口公司向国外某商人询购某商品，不久，我方收到对方8月15日的发盘，发盘有效期至8月22日。我方于8月20日向对方复电："若价格能降至56美元/件，我方可以接受。"对方未做答复。8月21日我方得知国际市场行情有变，于当日又向对方去电表示完全接受对方8月15的发盘。试问：我方的接受能否使合同成立？为什么？

9. 某进出口公司欲进口包装机一批，对方发盘的内容为："兹可供普通包装机200台，每台500美元CIF青岛，6～7月装运，限本月21日复到我方有效。"我方收到对方发盘后，在发盘规定的有效期内复电："你方发盘接受，请内用泡沫，外加木条包装。"试问：我方的接受是否可使合同成立？为什么？

第11章
CHAPTER11

出口贸易合同的履行

::**学习目标**

| 掌握出口合同履行所涉及的基本程序和应注意的问题。

| 能根据合同的条款对信用证的内容进行审核和修改。

| 了解出口托运环节，并熟悉相关运输单据，以及涉及运输的保险、检验和报关等相关步骤和单据。

| 熟悉出口过程中所涉及的议付单据及种类，掌握各种议付单据的填制规范。

目前，我国出口合同很多以CIF和CFR价格条件成交、信用证方式结算货款。本章主要介绍这类典型合同的履行程序，以其他条件达成的合同可以参照执行。履行出口合同的环节，概括起来可分成货（备货、报验）、证（催证、审证、改证以及利用信用证融资）、运（托运、报关、保险）、款（制单结汇）四个基本环节。这些环节有些是平行展开，有些是互相衔接，但都必须严格按照合同的规定和法律、惯例的要求，做好每一步工作，同时还应密切注意买方的履约情况，以保证合同最终得以圆满履行。

11.1　备货和报验

为了保证按时、按质、按量交付约定的货物，在订立合同之后，卖方必须及时落实货源，备妥应交的货物，并做好出口货物的报验工作。

11.1.1　备货

1. 备货过程中应注意的问题

备货是进出口公司根据合同和信用证规定，向生产加工及仓储部门下达联系单（有些公司称其为加工通知单或信用证分析单等），要求有关部门按联系单的要求，对应交的货物进行清点、加工整理、刷制运输标志以及办理申报检验和领证等项工作。联系单

出口贸易
合同的履行

是各个部门进行备货、出运、制单结汇的共同依据。在备货工作中，应注意以下几个问题。

（1）按合同规定的时间交货。

交货时间是买卖合同的主要条件。延迟装运或提前装运均可导致对方拒收或索赔。合同中如规定允许分期或分批装运的，但同时又规定了每批的数量，则卖方必须严格照办。如果其中某一期未按规定时间或数量装运，买方可按违约情况要求损害赔偿直至解除该期合同，甚至解除该期以后各期的合同。

（2）货物包装应与合同和法律的要求一致。

合同中对包装的要求有繁有简，凡是合同中有明文规定的，卖方必须严格照办。对于合同没有明文规定的，应注意符合有关法律的要求。《公约》规定："货物按照同类货物通用的方式装箱或包装，如果没有此种通用方式，则按照足以保全和保护货物的方式装箱或包装。"在合同包装条款不明确时，这是对卖方在包装方面的最低要求。各国国内法对包装有相应规定，比如美国食品药物管理局规定食品罐头不能使用焊锡。对包装上的文字说明以及外包装材料和填充物等，各国也均有相应的规定。卖方必须在包装方面遵守这些强制性的规定。

（3）货物品质必须符合合同的规定和法律的要求。

货物品质应符合合同的规定。合同中表示品质的方法，有"凭文字说明"和"凭样品"两种类型。对于凭文字说明成交的合同，卖方所交货物必须与文字说明相符。文字说明包括品质指标、行业公认或买卖双方认定的等级，标明版本年份的标准以及技术说明书和图样等。对于凭样品成交的合同，该样品应是买卖双方交接货物的依据，卖方交付货物的内在质量与外观形态都应和样品一致。如果既凭文字说明又凭样品来表示商品品质，则卖方所交货物既要和文字说明相符，又要和样品一致，其中任何一种不一致，都构成违约。

（4）交货数量应符合合同的规定。

交货数量是合同的一个重要交易条件。对于卖方在交货数量上应承担的义务，各国法律都有具体的规定，但并不一致。由于世界各主要贸易国都是《公约》的缔约国，因而不论其国内法如何规定，我国企业在与其贸易时，均按《公约》规定处理。《公约》规定，如果卖方多交，则买方对于多交的部分，可以拒收，也可以接收部分或全部。如果卖方少交，则买方有权要求卖方补交，并请求损害赔偿。如果卖方少交货物的后果构成了根本违反合同，则买方可宣告合同无效并有权索赔。

2. 与备货有关的文件

对于大的有出口经营权的集团公司，通常由出口部门向市场加工及仓储部门下达联系单；而无实体的进出口贸易公司则是向国内的工厂签订购销合同。无论是哪一种有关部门都要以联系单或国内的购销合同为依据，对应交的货物进行清点、加工整理、刷唛以及办理出口检验等各项手续。所以在制作这类单据时，应与原先与外商签订的国际贸易合同的内容相符合，并清楚、完整地列名货物的品质、规格、数量、包装、唛头等具体条款。

（1）国内购销合同。

国内购销合同与国际贸易合同大致相符，用中文填写，内容比较简单。它是出口贸易公司与国内生产厂家之间权利和义务的法律文件。

（2）货物出仓申请单。

比较大的集团公司往往有储运部门，则必须填写货物出仓申请单，得到储运部门的出仓通知书后，即可办理出口手续。

11.1.2　出口商品的检验

国际贸易中，卖方所交货物的品质、数量、包装等必须符合合同规定，因而在买卖双方交接货物的过程中，对商品进行检验并出具检验证书，是一个不可缺少的环节。

商品可以由买卖双方自行检验，但在国际贸易中，大多数场合下买卖双方不是当面交接货物，而且在长途运输和装卸过程中，又可能由于各种风险和承运人的责任而造成货损。为了便于分清责任、确认事实，往往需要由权威的、公正的商检机构对商品进行检验并出具检验证书以兹证明。这种由商检机构出具的检验证书，已成为国际贸易中买卖双方交接货物、结算货款、索赔和理赔的主要依据。

1. 出口商品的检验范围

根据现行的法律、行政法规或国际条约、协议的规定，有一部分商品及其运输工具必须经过商检机构的检验。未经检验合格的，不能出口或不能在国内销售、使用。在我国，出入境检验检疫机构对列入目录的进出口商品以及法律、行政法规规定须经出入境检验检疫机构检验的其他进出口商品实施检验（称法定检验）。对法定检验以外的进出口商品，则根据国家规定实施抽查检验。

药品的质量检验、计量器具的量值检定、锅炉压力容器的安全监督检验、船舶（包括海上平台、主要船用设备及材料）和集装箱的规范检验、飞机（包括飞机发动机、机载设备）的适航检验以及核承压设备的安全检验等项目，由有关法律、行政法规规定的机构实施检验。

出境的样品、礼品、暂准出境的货物以及其他非贸易性物品，免予检验（法律、行政法规另有规定的除外）。列入目录的进出口商品符合国家规定的免予检验条件的，由收货人、发货人或者生产企业申请，经国家市场监督管理总局审查批准，出入境检验检疫机构免予检验。

2. 出口商品的检验

（1）法定检验的出口商品。

法定检验的出口商品的发货人应当在国家市场监督管理总局统一规定的地点和期限内，持合同等必要的凭证和相关批准文件向出入境检验检疫机构报检。⊖法定检验的出口商品未经检验或者经检验不合格的，不准出口。出口商品应当在商品的生产地检验。国家市场监督管理总局可以根据便于对外贸易和进出口商品检验工作的需要，指定在其他地点检验。出口实行验证管理的商品，发货人应当向出入境检验检疫机构申请验证，出入境检验检疫机构按照国家市场监督管理总局的规定实施验证。

在商品生产地检验的出口商品需要在口岸换证出口的，由商品生产地的出入境检验检疫机构按照规定签发检验换证凭单。发货人应当在规定的期限内持检验换证凭单和必要的凭证，向口岸出入境检验检疫机构申请查验。经查验合格的，由口岸出入境检验检疫机构签发货物通关单。法定检验或者是实行验证管理的出口商品，海关凭出入境检验检疫机构签发的货物通关单办理海关通关手续。

法定检验的出口商品经出入境检验检疫机构检验或者经口岸出入境检验检疫机构查验不合格的，可以在出入境检验检疫机构的监督下进行技术处理，经重新检验合格的，方准出口；不能进行技术处理或者技术处理后重新检验仍不合格的，不准出口。

（2）法定检验以外的出口商品。

法定检验以外的，或实行验证管理的出口商品，经出入境检验检疫机构抽查检验不合格的，经处理后若重新检验合格方准出口，否则禁止出口。

⊖　详见本书附录样单（十）。

出口危险货物包装容器的生产企业，应当向出入境检验检疫机构申请包装容器的性能鉴定。包装容器经出入境检验检疫机构鉴定合格并取得性能鉴定证书的，方可用于包装危险货物。出口危险货物的生产企业，应当向出入境检验检疫机构申请危险货物包装容器的使用鉴定。使用未经鉴定或者经鉴定不合格的包装容器的危险货物，不准出口。

对装运出口的易腐烂变质食品、冷冻品的集装箱、船舱、飞机、车辆等运载工具，承运人、装箱单位或者其代理人应当在装运前向出入境检验检疫机构申请清洁、卫生、冷藏、密固等适载检验。未经检验或者经检验不合格的，不准装运。

3. 办理申请出口商品检验的基本程序

（1）报验。具有该商品出口经营权的单位或受其委托的单位填写出口商品检验申请单，向当地商检机构申请报验。

（2）检验。报验的出口商品，原则上由商检机构进行检验，或由国家商检部门指定的检验机构进行检验。商检机构也可视情况，根据生产单位检验或外贸部门验收的结果换证，也可派出人员与生产单位共同进行检验。检验的内容包括商品的质量、规格、数量、重量、包装以及是否符合安全、卫生要求。检验的依据是法律、行政法规规定有强制性标准或者其他必须执行的检验标准（如输入国政府法令、法规规定）或对外贸易合同约定的检验标准。

（3）出证。出口商品经检验合格的，由商检机构签发检验证书，或在出口货物报关单上加盖检验印章。经检验不合格的，由商检机构签发不合格通知单。

图 11-1 是出境货物检验检疫、鉴定流程图。

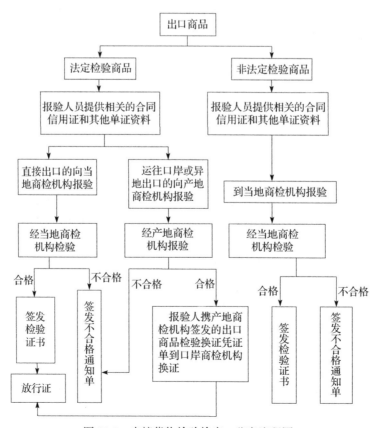

图 11-1　出境货物检验检疫、鉴定流程图

11.2　催证、审证和改证

11.2.1　催证

如果在出口合同中买卖双方约定采用信用证方式，买方应严格按照合同的规定开立信用证，这是卖方履约的前提。但在实际业务中，有时国外进口商在市场发生变化或资金发生短缺的情况时，往往会拖延开证。对此，我们应催促对方迅速办理开证手续。特别是大宗商品交易或应买方要求而特制的商品交易，更应结合备货情况及时进行催证。必要时，也可请我国驻外机构或中国银行协助代为催证。如：

The covering letter of credit is expected to reach here before _____, since the stipulated month of shipment is _____. Considering to prepare for the shipment timely, we are looking forward to your immediate covering letter of credit.

由于规定的装运月份为 _____，相关信用证应于 _____ 前送达。考虑到及时准备装运，我们期待你方立即开出有关信用证。

11.2.2　审证

信用证是依据合同开立的，信用证内容应该与合同条款一致。但在实践中，由于种种因素，如工作的疏忽、电文传递的错误、贸易习惯的不同、市场行情的变化或进口商有意用开证的主动权加列有利于自身利益的条款等，往往会出现开立的信用证条款与合同规定不符。为确保收汇安全和合同顺利履行，防止导致经济上和政治上对出口商不应有的损失，银行和出口商应该在国家对外政策的指导下，对不同国家、不同地区以及不同银行的来证，依据合同进行认真核对与审查。

根据 UCP 600 中有关义务与责任条款的规定：银行必须合理小心地审核一切单据，以确定单据表面上是否符合信用证条款。单据之间表面上的不一致，将被认为不是表面上符合信用证条款。单证不符就会失去安全收汇的保证，所以在装运之前，审查信用证的工作显得尤为重要。甚至有些进口商在申请开立信用证时故意在信用证条款中设置圈套，即软条款，以达到不付款或者拖延付款的目的。

1. 银行审证的主要范围

当信用证从开证行开来后，银行和出口公司都会对信用证进行审核，但是它们审核的重点各有不同，银行审核的重点主要是以下两方面内容。

（1）对开证行的审核。

1）政治性的审查。来证国家必须是与我国有经济往来的国家和地区，应拒绝接受与我国无往来关系的国家和地区的来证。来证各项内容应符合我国方针政策，不得有歧视性内容，否则应根据不同情况向开证行交涉。

2）开证行资信的审查。为了保证安全收汇，对开证行所在国家的政治经济状况、开证行的资信、经营作风等必须进行审查，对于资信不佳的银行，应酌情采取适当措施。如果开证行资信比较差，收汇有风险，则外贸公司可采取相应的措施。

3）还应审查印鉴、密押是否相符，索汇路线是否正确，是否符合支付协定等内容，以防止增加中间环节，避免迂回曲折和差错损失，保证安全及时收汇。

4）对开证行责任范围的审查。国外的开证行一般应遵循 UCP 600，如果开证行愿意依照该惯例解释信用证条款的话，就应该在信用证上注明本证受该惯例限制的条款。

（2）对信用证的审核。

1）信用证的性质应为不可撤销信用证，同时要证内载有开证保证付款的文句。但根据UCP 600规定，即使信用证没有注明"不可撤销"字样，仍应按不可撤销信用证处理。

2）信用证的大小金额是否一致。

3）信用证要求的单据是否符合我国政策的许可。

4）信用证一般要求在国内到期。如果来证规定在国外到期，则最好不要接受。

5）审核信用证条款之间是否相互矛盾。如CFR或FOB价格条件，要求出具保险单；信用证号码与出具汇票根据条款中的规定证号不一致；装运期晚于信用证的有效期等。

上述只是银行对审核信用证的主要范围，银行审证细节要求远不止这些，外贸工作人员要有一般的了解，以便在银行审证有遗漏时补齐不足。

2.受益人以合同条款对照信用证进行审核

银行虽然不管买卖双方合同，但信用证的开立，进口商申请开证时毕竟还是以合同条件为基础，信用证应该反映合同的内容。但是，往往进口商开来信用证与合同条款不一致或者互相矛盾。如果受益人一旦接受了信用证条款，无形中变成开证行和受益人之间成立新的契约，也意味着双方开始受新合同的约束，以新合同即信用证作为能否付款的主要依据。

审核信用证首先对合同中所规定的商品名称、品牌、商标、品质规格、包装条款、总值等一一核对。与合同有矛盾的项目应该向开证申请人提出修改，改妥后才安排装运。

（1）检查信用证的付款保证是否有效。

应注意有下列情况之一的，即不是一项有效的付款保证或该项付款保证是存在问题的：

1）信用证明确表明是可以撤销的。此信用证无须通知受益人或未经受益人同意可以随时撤销或变更，因此对受益人是没有付款保证的，对于此类信用证，一般不予接受。

2）应该保兑的信用证未按要求由有关银行进行保兑。

3）信用证未生效。

（2）检查信用证的付款时间是否与有关合同规定相一致。

要求支付的汇票是即期还是远期，要与合同核对，如果合同为即期而来证要求远期支付，就有利息和汇兑风险问题，则应该修改信用证。如果信用证规定远期汇票，要分清是假远期还是真远期，真远期一般都有到期付款字样。

（3）检查信用证受益人和开证人的名称与地址是否完整和准确。

受益人应特别注意信用证上的受益人名称和地址是否与其印好的文件上的名称和地址内容相一致，买方的公司名称和地址写法是不是也完全正确。在填写发货单时照抄信用证上写错了的买方公司名称和地址是有可能的，如果受益人的名称不正确，将会给今后的收汇带来不便。

（4）对商品的品质、规格、包装等条款的审查。

信用证中有关商品货名、规格、包装、单价等项内容必须和合同规定相符，特别是要注意有无另外的特殊条款，应结合合同内容认真研究，做出能否接受或是否修改的决定。

（5）检查信用证的数量是否与合同规定相一致。

除非信用证规定数量不得有增减，否则，在付款金额不超过信用证金额的情况下，货物数量可以容许有5%的增减。特别注意的是以上提到的货物数量可以有5%增减的规定一般适用于散装大宗商品，对于以包装单位或以个体为计算单位的货物不适用。

（6）检查装运期的有关规定是否符合要求。

注意能否在信用证规定的装运期内备妥有关货物并按期出运；如来证收到日期与装运期太近，无法按期装运，应及时与客户联系修改。若信用证中规定了分批出运的时间和数量，应注意能否办到，否则，任何一批未按期出运，以后各期即告失效。

（7）检查信用证的金额、币制是否符合合同规定。

信用证金额是否正确；信用证中的单价与总值是否准确，是否大小写并用且内容一致；如数量上可以有一定幅度的伸缩，那么信用证也应相应规定支付金额允许有一定的幅度；检查币制是否正确。

（8）检查价格条款是否符合合同规定。

不同的价格条款涉及具体的费用如运费、保险费由谁分担。如：合同规定 FOB 条款，根据此价格条款，有关的运费和保险费由买方即开证申请人承担。如果收到的信用证中要求海运提单注明"运费已付"，并要求提交保险单，显然与合同规定完全不同。对此要求如不及时修改，那么受益人将承担有关的运费和保险费。

（9）保险条款应符合合同规定。

若来证要求投保的险别超出合同的规定，或者保险责任范围扩展至内陆或者加保各种附加险等，应与保险公司联系能否接受，由此发生的超保费原则上应该由买方负担并允许在信用证项下支付。但有时因为是小额数目并且会影响及时出运和收汇，卖方也会放弃对信用证的修改。

3. 信用证一般条款的审核

信用证中各种条款都应该逐条审核和落实，如果受益人提交的单据没有满足信用证的某项条款或某一条件，就会造成单证不符，都有被开证行拒付的可能。所以有问题的条款都不应该被接受，否则就应该及时向开证申请人提出修改。

（1）检查能否在信用证规定的交单期交单。根据 UCP 600 第 14 条，交单出具的一份或者多份正本运输单据，必须由受益人或其代表按照相关条款在不迟于装运日后的 21 个日历日内提交，但无论如何不得迟于信用证的到期日。如果来证中规定向银行交单的日期不得迟于提单日期后若干天，则过了限期或单据不齐有错漏，银行有权不付款。

（2）检查信用证内容是否完整。如果信用证是以电传或电报拍发给了通知行即"电信送达"，那么应核实电文内容是否完整，如果电文无另外注明，并写明是根据 UCP 600，那么该电文可以被当作有效信用证执行。

（3）检查信用证的通知方式是否安全、可靠。信用证一般是通过受益人所在国家或地区的通知或保兑行通知给受益人。这种方式的信用证通知比较安全，因为根据 UCP 600 的有关规定及其解释，通知行应对所通知的信用证的真实性负责；如果不是这样寄交的，应特别注意风险的防范。

（4）检查货物是否允许分批出运和转运。除信用证另有规定外，货物是允许分批出运的。特别注意 UCP 600 第 32 条规定，如信用证规定在指定的时间段内分期支取或分期发运，任何一期未按信用证规定期限支取或发运时，信用证对该期及以后各期均告失效。如果在信用证中规定了每一批货物出运的确切时间，则必须按此照办，如不能办到，必须修改。

（5）装运期和有效期条款。装运期必须与合同规定一致，如国外来证晚，无法按期装运，应及时电请国外买方延展装运期。信用证中规定的最迟装运日期，应与合同中的装运条款相一致，运输单据的出单日期或上面加注的装船或起运日期，不得迟于最迟装运日期。若信用证未规定装运期，则最迟装运日期即为信用证的到期日。

（6）船只限制条款。信用证中指定船龄、船籍、船公司或不准在某港口转船等条款能否办到等。

（7）检查信用证中有无陷阱条款。在审证时，除对上述内容进行仔细审核外，有时信用证内加列许多特殊条款（special condition），如指定船籍、船龄等条款或不准在某个港口转船等，一般不应轻易接受，若受益人能按要求做到，则也可酌情灵活掌握。

（8）检查信用证中有无矛盾之处。如：明明是空运，却要求提供海运提单；明明价格条款是 FOB，保险应由买方办理，而信用证中却要求提供保险单；装运期与议付期颠倒。信用证的议付有效期比装运期要长，这是合乎常规的，反之装运期比议付有效期长，如装运期为 6 月 30 日，而议付有效期为 6 月 15 日，则应修改，或与银行联系，由银行向开证行申请代改。

（9）检查有关信用证是否受 UCP 600 的约束。明确信用证受 UCP 600 的约束，可以使信用证相关当事人在具体处理信用证业务中，对于信用证的有关规定有一个公认的解释和理解，避免因对某一规定的不同理解产生的争议。

（10）对某一问题有疑问，可以向通知行或付款行查询，得到他们的帮助。对信用证全面审核，如发现问题，应及时处理。对于影响安全收汇、难以接受或做到的信用证条款，必须要求国外买方通过银行对信用证进行修改。

4. 有关单据条款审核

（1）保险单条款的审核。

信用证在保险条款中要明确投保哪些主要险别，不建议使用通常风险（usual risks）或惯常风险（customary risks）等类似含糊不清的险别，因为根据 UCP 600 第 28 条规定：信用证应规定所需投保的险别及附加险（如有的话）。如果信用证使用诸如"通常风险"或"惯常风险"等含义不确切的用语，则无论是否有漏保的风险，保险单据将被照样接受。

（2）海运提单条款的审核。

一般信用证对提单份数条款最常见的规定为全套正本提单（full set of original bills of lading）。承运人签发的提单通常会注明正本份数。所谓全套，就是提交全部的提单正本。按照过去的习惯做法，提单通常缮制 3 份正本，但现在越来越流行缮制 1 份正本。

（3）包装单条款的审核。

对包装商品，信用证一般要求出具包装单。包装单用以表明货物的不同规格、不同包装和每件的具体情况。如果每件是不定量包装，则要逐一列出每件的毛重和净重等情况。如果数量大，缮制这种单据比较麻烦而且费时，受益人根据实际情况酌情考虑，如果是散装货物则不应接受这种单据。

（4）领事发票和领事签证单据条款的审核。

领事发票是根据进口国驻在出口国的领事馆所制定的一种固定格式而填制的一种发票，并由领事签章，或由受益人事先缮制单据，如发票和产地证等，再由领事签章。

以上为审核信用证时应注意的要点。此外，对于开证行在信用证中的各种疏漏错误，受益人应仔细审核，以确保单证一致，安全收汇。

11.2.3　改证

对信用证进行了全面细致的审核以后，如果发现问题，应区分问题的性质，分别同银行、运输、保险、商检等有关部门研究，做出恰当妥善的处理。凡是属于不符合我国对外贸易方针政策，影响合同执行和安全收汇的情况，出口商必须要求国外客户通过开证行进行修改，并坚持在收到银行修改信用证通知书后才能对外发货，以免发生货物装出后而修改通知书未到的情况，造成工作上的被动和经济上的损失。

在办理改证工作中，凡需要修改的各项内容，应做到一次性向国外客户提出。根据 UCP 600 第 10 条规定：在受益人向通知修改的银行表示接受该修改内容之前，原信用证（或包含先前已被接受修改的信用证）的条款和条件对受益人仍然有效。受益人应发出接受或拒绝接受修改的通知。如受益人未提供上述通知，当其提交至被指定银行或开证行的单据与信用证以及尚未表示接受的修改要求一致时，则该事实即视为受益人已做出接受修改的通知，并从此时起，该信用证已被修改。

对来证不符合规定的各种情况，还需做出具体分析，不一定坚持要求对方办理改证手续。只要来证内容不违反政策原则并能保证出口商安全迅速收汇，也可以灵活掌握。

11.3　出口托运

在国家货物买卖中，如果采用 CIF 或 CFR 术语成交，则根据《2020 年通则》的有关规定：出口方必须自付费用同承运人签订合同，同时负责租用适航的船舶或者向班轮公司订妥必要的舱位。

11.3.1　出口订舱

对于出口商而言，如果货物采用集装箱班轮运输，那么在备货及落实信用证的同时，就应该着手订舱，以便及时履行合同及信用证项下的交货和交单的义务。向班轮公司租订舱位，首先要了解各个班轮公司的船舶、船期、挂靠港口以及船舶箱位数等具体情况，目前经营中国国际集装箱海运班轮业务的著名航运公司有：中远（COSCO）、中海（CS）、中外运（SINOTRAN）、海陆（SEALAND）、日本邮船（NYK）、东方海外（OCCL）、马士基（MAERSK）、韩进海运（HANJIN）、铁行渣华（P&O NEDLLOYD）等。这些班轮公司利用各种媒体和渠道定期发布本公司船舶的船期以及运价信息，提供订船期、订船舶、订航线、订挂靠港的集装箱班轮运输服务。同时，一些航运中介机构，如上海航运交易所也定期发布各种航运信息，以供托运人在订舱时进行参考。托运人查询船期表以选择合适的船舶、航次，然后向具体的船公司订舱位。整个出口托运流程如图 11-2 所示。

图 11-2 说明如下。

① 出口企业，即货主在货、证准备好之后，填制订舱委托书，随附商业发票、装箱单等其他必要单据，委托货代订舱。有时还委托其代理报关，以及货物的储运工作等事宜。

② 货代接受订舱委托后，缮制集装箱货物托运单，随同商业发票、装箱单及其他必要的单证一同向船公司办理订舱。

③ 船公司根据具体情况，如接受订舱则在托运单的几联单据上填写与提单号码一致的

编号，填上船名、航次，并签署，即表示已经确认托运人的订舱，同时把配舱回单、装货单（shipping order，S/O）等与托运人有关的单据退还给托运人。

④ 托运人持船公司签署的 S/O，填制出口货物报关单，商业发票，装箱单等连同其他有关的出口单证办理货物出口报关手续。

⑤ 海关根据有关规定对出口货物进行查验，如同意出口，则在 S/O 上盖放行章，并将 S/O 退还给托运人。

⑥ 托运人持海关盖章的由船公司签署的 S/O，要求船长装货。

⑦ 装货后，由船上的大副签署大副收据（mater's receipt，M/R），交给托运人。

⑧ 托运人持 M/R，向船公司换取正本的已装船提单。

⑨ 船公司凭 M/R，签发正本提单（B/L）并交给托运人凭以结汇。

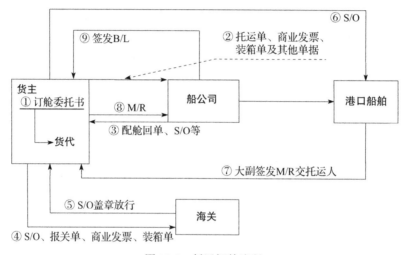

图 11-2　托运订舱流程

除了上述的程序外，在货物装船后，托运人应及时向国外收货人发出装船通知（shipping advice），以便对方准备付款赎单、办理进口报关手续和接货手续。如 CFR、FOB 合同由买方自办保险，则应该及时发出装运通知显得尤为重要。

装船通知的内容一般有：订单或合同号、信用证号、货物明细、装运港、装运期限、船名、航次、预计开航日期或预计到达日期等。

11.3.2　出口报关

报关工作的全部程序分为申报、查验、放行三个阶段。

1. 出口货物的申报准备

（1）单据的准备。出口商在出口前应缮制全套报关单据，并根据装运日期及时向海关申报。全套报关单据包括报关委托协议书（格式以海关的要求为准）、装箱单、发票、合同、出口收汇核销单、出口货物报关单以及海关监管条件所涉及的各类证件。若出口货物为法定检验商品，则应提前向有关检验机构申请报验或委托代理在装货港当地申请报验，为以后顺利通关、出货创造条件。出口货物报关单是出口商在装运前向海关申报出口手续的重要单据。报关单的填写质量，直接关系到报关效率以及出口商的经济利益。填写出口货物报关单应注意，所填内容应与箱单、发票、合同内容一致，做到单单相符，货物品名与其商品编码相符，数量及单位应与该出口货物的海关统计单位一致。

（2）货物的准备。目前，海关实行货到报关，因此提前将出口货物准备好是顺利通关的必要条件。如果是工厂送货，出口商可将货物发运到承运人指定的集装箱中转站，由中转站负责将货物依次装入集装箱。如果出口商要求整箱装运，则承运人可将空箱运至出口商的仓库，在将货物装箱之后，直接将集装箱运至堆场。

2. 出口货物的查验

出口货物，除海关总署特准查验的以外，都应接受海关查验。查验的目的是核对报关单证所报内容与实际到货是否相符，有无错报、漏报、瞒报、伪报等情况，审查货物的出口是否合法。海关查验货物，应在海关规定的时间和场所进行。如有特殊理由，事先报经海关同意，海关可以派人员在规定的时间和场所以外查询。申请人应提供往返交通工具和住宿并支付费用。

海关查验货物时，要求货物的收、发货人或其代理人必须到场，并按海关的要求负责办理货物的搬移、拆装箱和查验货物的包装等工作。海关认为必要时，可以进行开验、复验或者提取货样、货物保管人应当到场作为见证人。查验货物时，由于海关关员责任造成被查货物损坏的，海关应按规定赔偿当事人的直接经济损失。

3. 出口货物的放行

海关对出口货物的报关，经过审核报关单据、查验实际货物，并依法办理了征收货物税费手续或减免税手续后，在有关单据上签盖放行章，货物的所有人或其代理人才能提取或装运货物。此时，海关对出口货物的监管才算结束。另外，进口货物因各种原因需海关特殊处理的，可向海关申请担保放行。海关对担保的范围和方式均有明确的规定。

11.3.3 出口保险

1. 出口货物保险的流程

（1）申请投保。当投保人需要对一笔货物申请保险时，可到当地保险公司办理手续。一般先填制"运输险投保单"一式二份。一份由保险公司签署后交投保人作为接受承保的凭证；一份由保险公司留存，作为缮制、签发保险单或保险凭证的依据，保险契约即告成立。

（2）出具保险单。保险单是保险人与被保险人之间的一种契约，规定了双方之间的权利与义务，是投保的一方支付保险费，保险的一方在保险标的遭受损失时承担赔偿责任的依据；同时也是投保单位通过银行结汇的重要单据之一。保险公司根据投保人填报的内容，凭以签发保险单或保险凭证，并计算保险费。

2. 保险索赔程序

（1）提出索赔申请。一旦出口货物遭受损失，对方（进口方）向保险单所载明的国外理赔代理人提出索赔申请。如中国人民保险公司在世界各主要港口和城市，均设有委托国外检验代理人和理赔代理人两种机构，前者负责检验货物损失。收货人取得检验报告后，附同其他单证，自行向出单公司索赔，后者可在授权的一定金额内，直接处理赔案，就地给付赔款。

　㊀ 详见本书附录样单（十二）。

（2）审定责任，予以赔付。被保险人在办妥上述有关索赔手续和提供齐全的单证后，即可等待保险公司审定责任，给付赔款。在我国，保险公司赔款方式有两种：一是直接赔付给收货单位；二是集中赔付给各有关外贸公司，再由各外贸公司与各订货单位进行结算。

11.4　制单结汇

11.4.1　制单

制单过程中必须遵循的一个原则是"单证一致"，即结汇单据上所表述的内容要与信用证上所要求的内容完全一致。这种一致属于"表面一致"，不管信用证的内容正确与否，单据都必须如实反映出来。在实际操作中，单证不符的事例时有发生，给外贸企业的结汇带来了很大的麻烦，有些企业还因此遭受了巨大的损失，如收货人以单证不符为由，拒绝付款赎单或提出大幅降价的要求，托运人对此也有苦难言。

事实上，有些单证不符的原因不是出在制单上，而是信用证的内容不对，虽然不能因此归咎于合同订立双方，但是在合同的签订过程中，注意这些细节，对于单证的顺畅流转，进而促进整个贸易流程的高效运行，大有裨益。其实，信用证上的有些错误，只要稍加留心，就能够避免，如单词拼写的错误、数字小数点的错误、一些地名的称呼不规范等。由此可见，单证问题并不是很深的技术难题，只要能从小处着手，防微杜渐，很多失误就能避免。

用于结汇的主要单据有以下几种。

1. 汇票

跟单信用证项下的汇票缮制必须严格按信用证上的要求办理。为了防止丢失，一般汇票都有两张正本，即 first exchange 和 second exchange，根据票据法的规定，两张正本汇票具有同等效力，但付款人付一不付二，付二不付一，先到先付，后到无效。银行在寄送单据时，一般也要将两张正本汇票分两个邮次向国外寄发，以防在邮程中丢失。

2. 商业发票

商业发票（commercial invoice）是出口商开立的发货价目清单，是装运货物的总说明，发票全面反映了合同的内容。

发票的主要作用是供进口商凭以收货、支付货款，以及出口商记账、报关纳税的凭据。在不用汇票的情况下（如付款信用证、即期付款交单），发票代替汇票作为付款的依据。

发票没有统一的格式，其内容应符合合同规定，在以信用证方式结算时，还应与信用证的规定严格相符。由于发票是全套货运单据的中心，其他单据均参照发票内容缮制，因而其制作不仅要求正确无误，还应排列规范、整洁美观。⊖

3. 运输单据

运输单据因不同贸易方式而异，有海运提单、海运单、航空运单、铁路运单、货物承运收据及多式联运单据等。

⊖　详见本书附录样单（八）。

4. 保险单

保险单是保险人与被保险人之间订立的保险合同的凭证，是被保险人索赔、保险人理赔的依据。在 CIF 或 CIP 合同中，出口商在向银行或进口商收款时，提交符合销售合同或信用证规定的保险单据是必不可少的义务。

5. 原产地证书

原产地证书用以证明货物原产地或制造地，是进口国海关计征税率的依据。[⊖]我国出口商品所使用的产地证主要有以下两种。

（1）普惠制产地证（GSP certificate of origin）。凡是向给惠国出口受惠商品，均须提供普惠制产地证，才能享受关税减免的优惠，所以不管来证是否要求提供这种产地证，我方出口商均应主动提交。普惠制产地证的书面格式名称为格式 A（Form A）。其签发机构必须经过受惠国政府指定，其名称、地址、授权印鉴都必须在给惠国登记，并在联合国贸易与发展会议秘书处备案。在我国，普惠制产地证的签发机构是各地的出入境检验检疫机构。出口商须向各地检验检疫机构购买，需要时由出口商缮制，连同一份申请书和商业发票送检验检疫机构，经检验检疫机构核对签章后即成为有效单据。一套 Form A 产地证中有两份副本和一份正本，副本仅供参考和留存之用，正本是可以议付的单据。

（2）普通产地证。它用以证明货物的生产国别，进口国海关凭以核定应征收的税率。在我国，普通产地证可由出口商自行签发，或由出入境检验检疫机构签发，或由中国国际贸易促进委员会签发。实际业务中，应根据买卖合同或信用证的规定，提交相应的产地证。在缮制产地证时，应按《中华人民共和国出口货物原产地规则》及其他规定办理。

6. 检验证书

国际贸易中检验证书（inspection certification）的种类很多，分别用以证明货物的品质、数量、重量和卫生条件等方面的情况。检验证书一般由国家指定的检验机构出具，也可根据不同情况，由出口企业或生产企业自行出具。应注意出证机构检验货物名称和检验项目必须符合信用证的规定。还需注意检验证书的有效期。一般货物为 60 天，新鲜果蔬类为 2～3 个星期，出口货物务必在有效期内出运，如超过期限，应重新报验。

7. 包装单据

包装单据（packing document）是指一切记载或描述商品包装种类和规格情况的单据，是商业发票的补充说明，主要有装箱单（packing list）、重量单（weight list）、尺码单（measurement list）。

8. 其他单证

其他单证按不同交易情况，由合同或信用证规定，常见的有：寄单证明（beneficiary's certificate for dispatch of documents）、寄样证明（beneficiary's certificate for dispatch of shipment sample）、邮局收据（post receipt）、快速收据（courier receipt）、装运通知（shipping advice）以及有关运输和费用方面的证明。

⊖　详见本书附录样单（十一）。

11.4.2 审单

1. 信用证结算审单准则

（1）按照 UCP 600 的规定审单。UCP 600 是确保在世界范围内将信用证作为可靠支付手段的准则，已被大多数的国家与地区接受和使用。UCP 600 所体现出来的国际标准银行惯例是各国银行处理结算业务必须遵循的基本准则。我们必须按照 UCP 600 的要求，合理谨慎地审核信用证要求的所有单据，以确定其表面上是否与信用证条款相符。

（2）按照信用证所规定的条件、条款审单。信用证是根据买卖双方的贸易合同而开立的，它一旦为各有关当事人所接受，即成为各有关当事人必须遵循的契约性文件。在信用证结算业务中，各有关当事人必须受其约束，按照信用证所规定的条件、条款，逐条对照，以确定单据是否满足信用证的要求。当信用证的规定与 UCP 600 有抵触时，则应遵循信用证优先于 UCP 600 的原则，按照信用证的要求审核单据。

（3）按照银行的经营思想、操作规程审单。国际贸易结算作为银行经营的一项重要业务，在操作过程中，必须按照银行的有关操作规程行事。尤其是在向客户融资时，更应明确银行的观点和看法，更有权对单据有关条目的处理做出自己的选择和判断，以体现银行的经营方针和经营作风。

（4）按照普遍联系的观点，结合上下文内容审单。信用证是一个与商务合同分离的独立文件，其内容是完整的、互为联系的。其中要求的条件、单据等是相辅相成、前后一致的。审单时必须遵循普遍联系的观点，结合上下文内容进行，避免片面、孤立地看待某一条款。例如，挪威开来信用证，要求提交的单据中有一项是产地证，而在后文中又要求受益人将正本普惠制产地证寄交开证申请人。结合上下文内容，我们就能判断出信用证要求向银行提交的是副本普惠制产地证，而非一般的产地证。

（5）按照合情、合理、合法的原则审单。所谓合情、合理、合法是指审单员应根据自己所掌握的国际贸易结算知识，对各种单据的完整性和准确性，做出合乎情理的判断。例如，普惠制产地证是给惠国赋予受惠国出口货物减免的一种优惠凭证，其"收货人"一栏，应填写最终买主。如信用证未做明确规定，我们应根据提单的收货人、通知人及货至目的地对最终买主做出合理的选择。

（6）按照单据的商业功能和结算功能相统一的原则审单。单据的商业功能在商品流转及商品买卖过程中的作用是主要的，结算功能是次要的，审单时应着重考虑其商业功能。我们应该了解各类单据的作用及功能，按照各类单据自身的功能及用途审单，避免将不必要的内容强加于单据。

2. 单证审核指南

单证的审核是对已经缮制、备妥的单据对照信用证（在信用证付款情况下）或合同（非信用证付款方式）的有关内容进行单单、单证的及时检查和核对，发现问题，及时更正，达到安全收汇的目的。单证审核的基本要求是"单单一致、单证一致"。单单一致、单证一致是安全收汇的前提和基础，所提交的单据中存在的任何不符哪怕是细小的差错都会造成一些难以挽回的损失。

3. 单证审核的基本方法

单证审核的方法概括起来有以下两种。

（1）纵向审核法。它是指以信用证或合同（在非信用证付款条件下）为基础对规定的各项单据进行一一审核，要求有关单据的内容严格符合信用证的规定，做到"单证一致"。

（2）横向审核法。它是指在纵向审核的基础上，以商业发票为中心审核其他规定的单据，使有关的内容相互一致，做到"单单一致"。

上述审核一般由制单员或审单员进行，为第一道审核；为安全起见，应当对有关单据进行复审。

4. 单证审核的重点

（1）综合审核。检查规定的单证以及所需单证的份数是否齐全；检查所提供的文件名称和类型是否符合要求；有些单证是否按规定进行了认证；单证之间的货物描述、数量、金额、重量、体积、运输标志等是否一致；单证出具或提交的日期是否符合要求。

（2）分类审核。严格对汇票、商业发票、保险单据、运输单据、装箱单、重量单、产地证书、商检证书等进行审核。需要注意的是，均须先与信用证的条款进行核对，再与其他有关单据核对，求得"单证一致、单单一致"。

（3）常见差错。汇票大、小写金额打错；汇票的付款人名称、地址打错；发票的抬头人打错；有关单据如汇票、发票、保险单等的币制名称不一致或不符合信用证的规定；发票上的货物描述不符合信用证的规定；多装或短装；有关单据的类型不符合信用证要求；单单之间商品名称、数量、件数、唛头、毛净重等不一致；应提交的单据提交不全或份数不足；未按信用证要求对有关单据如发票、产地证等进行认证；漏签字或盖章；汇票、运输提单、保险单据上未按要求进行背书；逾期装运；逾期交单。

5. 有问题单据的具体处理

对有问题的单据必须进行及时更正和修正，否则，将影响安全收汇。在规定的有效期和交单期内，将有问题的单据全部改妥。因为根据 UCP 600 第 16 条规定，当按照指定行事的被指定银行、保兑行（如有）或开证行确定提交不符单据时，银行可以拒绝兑付或议付。当开证行确定不符交单时，可以依据其独立的判断联系申请人放弃有关不符点。

有些单据由于种种原因不能按期更改或无法修改，可以向银行出具一份保函（通常称为担保书）。保函中交单人要求银行向开证行寄单并承诺如果买方不接受单据或不付款，银行有权收回已偿付给交单人的款项。对此银行方面可能会接受。不过最好不要这样做，因为出具保函后，收不到货款的风险依然存在，同时要承担由此产生的其他费用。交单人向银行出具保函一般应事先与客户联系并取得客人接受不符单据的确认文件。

请银行向开证行拍发要求接受不符点并予付款的函电（俗称"打不符电"）。有关银行在收到开证行的确认接受不符单据的函电后再行寄送有关单据，收汇一般有保证，此种方式可以避免未经同意盲目寄单情况的发生。但要求开证行确认需要一定的时间，同时要冒开证行不确认的风险并要承担有关的通信费用。

改以托收方式。由于单据中存在不符点，原先信用证项下的银行信用已经变为商业信用，如果客人信用较好且急需有关文件提取货物，为减少一些中间环节，可采用托收方式。

上述各项措施主要是从有效控制货物所有权的前提下，以积极、稳妥的方式处理不符合有关规定的单据，避免货款两空情况的发生。因为只要掌握了代表物权的运输单据，买方就不能提取货物，如果买方仍然需要这批货物，那么买方也会接受有不符点的单据。这里必须切记的是，不符单据是有很大风险的，对不符单据的接受与否完全取决于买方。

11.4.3 交单

交单是指出口商（信用证受益人）在规定时间内向银行提交信用证规定的全套单据，这些单据经银行审核，根据信用证条款的不同付汇方式，由银行办理结汇。

交单应注意三点：其一是单据的种类和份数与信用证的规定相符，其二是单据内容正确，包括所用文字与信用证一致，其三是交单时间必须在信用证规定的交单期和有效期之内。

一般情况下交单方式有两种：一种是两次交单或称预审交单，在运输单据签发前，先将其他已备妥的单据交银行预审，发现问题及时更正，待货物装运后收到运输单据，可以当天议付并对外寄单；另一种是一次交单，即在全套单据收齐后一次性送交银行，此时货已发运，银行审单后若发现不符点需要退单修改，耗费时日，容易造成逾期而影响收汇安全。因而出口企业宜与银行密切配合，采用两次交单方式，加速收汇。

另外根据 UCP 600 第 16 条规定，当按照指定行事的被指定银行、保兑行（如有）或开证行决定拒绝兑付或议付时，必须一次性通知提示人。在通知里必须声明：银行拒绝兑付或议付；及银行凭以拒绝兑付或议付的各个不符点；及银行持有单据等候提示人进一步指示；或开证行持有单据直至收到申请人通知弃权并同意接受该弃权，或在同意接受弃权前从提示人处收到进一步指示；或银行退回单据；或银行按照先前从提示人处收到的指示行事。而且第 16 条（c）款中要求的通知必须以电信方式发出，或者，如果不可能以电信方式通知时，则以其他快捷方式通知，但不得迟于提示单据日期翌日起第五个银行工作日。

11.4.4 结汇

信用证项下的出口单据经银行审核无误后，银行按照信用证规定的付汇条件，将外汇结付给出口企业。我国出口业务中，使用议付信用证比较多。议付又称出口押汇，是指议付行收到受益人提交的单据，经审核确认与信用证条款的规定相符后，按汇票或发票面值，扣除从议付日起到估计收到开证行或偿付行票款之日的利息，将净款按照议付日人民币市场汇价折算成人民币，预付或同意预付给出口商（信用证受益人）。议付行买入汇票和／或单据后，即成为票据的善意持有人，可向信用证的开证行或其指定银行索取票款。根据 UCP 600 的规定，银行如仅仅审核单据而不向受益人预付或同意预付资金不构成议付。

我国银行对于议付信用证的出口结汇方式，除上述出口押汇外，还采用另外两种：一种是收妥结汇，即收到单据后不叙作押汇，将单据寄交开证行，待开证行将货款划给议付行后再向出口商结汇；另一种是定期结汇，即收到单据后，在一定期限内向出口商结汇，此期限为估计索汇时间。上述两种方式对议付银行来说，都是先收后付。出口银行在这两种结汇方式下并不能取得议付行资格，只能算是代收行。

1. 付款信用证

付款信用证通常不用汇票，在业务里使用的即期付款信用证中，国外开证行指定出口地的分行或代理行为付款行，受益人径直向付款行交单。付款行付款时不扣除汇程利息。付款是不可追索的。显然在信用证方式中，这是对出口商最为有利的一种。

2. 承兑信用证

承兑信用证的受益人开出远期汇票，通过国内代收行向开证行或开证行指定的银行提示，经其承兑后交单。已得到银行承兑的汇票可到期收款，也可贴现。

若国内代收行愿意叙作出口押汇（议付），则出口商也可立即收到货款，但此时该银行仅以汇票的合法持票人向开证行要求付款，不具有开证行所邀请的议付行的身份。

案例 11-1

【案情】

我国内地某外贸公司与我国香港某公司达成了一笔 1 019 公吨镀锡铁皮和镀锌薄板，金额约 20 万美元的交易。支付条件为即期信用证，规定为 2 月和 3 月。不久，中国银行广州分行很快开出了信用证，规定了商品的名称和规格、数量、重量和装运期等。中国船运公司应托运人请求，向其发运了 48 个集装箱，供其装货和加封。3 月 24 日承运人签发了"已装船"清洁提单，3 月 25 日，香港方寄单至中国银行，并且香港的中国船运公司"海星"号轮到达黄埔。集装箱明显完好，封条未动。但启封以后，发现箱内只有充满脏水的铁桶，没有镀锡铁皮和镀锌薄板。3 月 30 日，收货人立即将该欺诈行为通知了中国银行，并要求其通知指定的议付银行。但中国银行收到一份香港银行打来的电传，说已根据提示汇票和单据支付了货款。这时，外贸公司发现商业发票与提单两者不符：信用证内的商品发票中要求规格为 50 厘米，而提单内规格为 50 毫米。4 月 14 日，内地方提出，香港议付银行可以行使追索权，向出口商索回货款。3 天以后，中国银行又收到香港议付银行的电传，说中国银行提出偿还货款的要求超过了允许的合理时间，因此，要求中国银行（开证行）立即偿付。中国银行无奈做了偿付。

【讨论分析】

1. 在本案例中，受益人如何做才能较好地规避信用证项下的单据诈骗问题？

2. 在本案例中，进口商采取怎样的措施可以较好地预防单货不符的问题？

3. 在本案例中，开证行存在的问题是什么？

【延伸思考】

UCP 600 对银行的付款责任做了怎样的规定？从该事件中可以吸取哪些经验教训？

本章小结

CIF 或 CFR 贸易术语、即期信用证结算的出口合同，在履行过程中主要包括货（备货、报验）、证（催证、审证、改证以及利用信用证融资）、运（托运、报关、保险）、款（制单结汇）四个基本环节。各环节都有具体的细节需要注意。要求重点掌握信用证的审核要点，熟悉出口托运过程中各种相关单据的制作，能按信用证的要求以及"单证一致、单单一致、单货一致"的原则制作并审核议付单据。最后，银行按议付、付款或承兑信用证规定的付汇条件，将外汇结付给出口企业。

练习题

1. 某信用证上规定的交货期是大约 10 月 15 日，那么可以在哪个时间段出货？

2. 由于供货商未如期供货，但是我方已经开立不可撤销信用证，装运期 8 月 16 日之前，有效期到 8 月底。请问：能否申请撤销信用证，如果货物不如期装运，该信用证是不是自动失效？

3. 信用证境外到期能否接受？

4. 信用证规定 100 公吨货物：shipment in two lots for 70 M/T and 30 M/T during May, 2017。在议付时，实际上并未分批装运，却在同一条船上装了 100 公吨，只是分别做了两套单据，这样做行吗？银行会接受吗？

5. 商业发票在何种情况下应签字？是不是所有的发票都应该签字？

6. 50 纸箱和 1 木箱的货物，如何在提单或装箱单上体现？

7. 新加坡客户想把从我国某公司购买的产品转卖给英国并由我方直接运往英国。但是新加坡客户想在 FORM A 上不体现中国公司名称，而是把发货人写为新加坡公司的抬头，请问能否如此操作？

第12章
CHAPTER12

进口贸易合同的履行

:: **学习目标**

| 掌握进口合同履行所涉及的基本程序和应注意的问题。

| 能根据合同的条款开立信用证。

| 掌握进口货物报关单的填制。

目前我国进口合同大多以 FOB 价格条件成交，以信用证方式结算货款，所以本章主要介绍此类合同的履行过程。在国际货物买卖合同中，买方的基本义务是接货、付款。所谓接货，主要是指按时派船接货和按时开立符合合同的信用证，而且买方在履行合同义务的同时，应随时注意和卖方接洽，督促其按合同履行交货义务。另外，进口环节中还包括保险、审单付款、报关、检验以及可能的索赔等事项，因此进口商应与各有关部门密切配合，逐项完成各个环节涉及的工作。

12.1　开立信用证

12.1.1　申请开证

进口合同签订后，进口商应填写开证申请书向银行办理开证手续。开证申请书是银行开立信用证的依据，也是申请人和银行之间的契约关系的法律证据。开证申请书包括以下两个部分。

第一部分是信用证的内容，包括受益人名称、地址、信用证的性质、金额、汇票内容、货物描述、运输条件、所需单据种类份数、信用证的交单期、到期日和地点以及信用证通知方式等。

第二部分是申请人对开证行的声明，其内容通常固定印制在开证申请书上，包括承认遵守 UCP 600 的规定；保证向银行支付信用证项下的货款、手续费、利息及其他

进口贸易合
同的履行

费用；在申请人付款赎单前，单据及货物所有权属银行所有；开证行收下不符信用证规定的单据时申请人有权拒绝赎单等。

12.1.2　开证注意事项

进口商在向银行申请开立信用证时，应注意以下事项。

1. 信用证的内容应是完整的

信用证内容应严格以合同为依据，对于应在信用证中明确的合同中的贸易条件，必须具体列明，不能使用"按 × × 号合同规定"等类似的表达方式。因为信用证是一个自足文件，有其自身的完整性和独立性，不应参照或依附于其他契约文件。根据 UCP 600 第 4 条 b 款规定：开证行应劝阻申请人将基础合同、形式发票或其他类似文件的副本作为信用证整体组成部分的做法。

2. 信用证的条件必须单据化

UCP 600 第 14 条规定：如果信用证中包含某项条件而未规定需提交与之相符的单据，银行将认为未列明此条件，并对此不予置理。因而，进口方在申请开证时，应将合同的有关规定转化成单据，而不能照搬照抄。

3. 按时开证

如合同规定开证日期，进口商应在规定期限内开立信用证；如合同只规定了装运期的起止日期，则应让受益人在装运期开始前收到信用证；如合同只规定最迟装运日期，则应在合理时间内开证，以使卖方有足够时间备妥货物并予出运。通常掌握在交货期前一个月至一个半月左右。

4. 关于装船前检验证明

由于信用证是单据业务，银行不过问货物质量，因而可在信用证中要求对方提供双方认可的检验机构出立的装船前检验证明，并明确规定货物的数量和规格。如果受益人所交检验证明的结果和证内规定不符，银行即可拒付。

5. 关于保护性规定

UCP 600 第 1 条"统一惯例的适用范围"中规定，本规则适用于所有在正文中标明按本惯例办理的跟单信用证（包括本惯例适用范围内的备用信用证）。除非信用证中另有规定，本惯例对一切有关当事人均具有约束力。该条款说明了信用证的效力是大于惯例的。但如果进口商认为 UCP 600 的某些规定将给自己增加风险，则可利用"另有规定"这一前提，在信用证中列入相应的保护性条件。

12.2　办理运输和保险

在进口业务中，货物大多是通过海洋运输方式进行的，因为海洋运输的载货量大、运费便宜等优点，其运用越来越广泛，占了整个国际货物运输量的 80% 以上。凡是以 FOB 或 FCA 贸易术语成交的合同，应该由我进口方办理运输，负责签订运输合同。我国外贸企业的进口，或者有进出口经营权的企业在进口活动中，一般都委托中国远洋运输公司或者中国对外贸易运输集团公司或者其他的外运代理机构办理运输。前者是拥有运输工具的实际承运人，而后者是没有运输工具的代理公司，要与其订立运输代理协议。

12.2.1　办理运输

1. 派船接运货物

由于履行 FOB 交货条件下的进口合同，应由买方负责派船到对方口岸接运货物。我国外贸公司大都通过外运代理机构办理此项业务，也可直接向中国远洋运输公司等实际承运人洽办。根据合同规定，卖方在交货前一定时间内，应将预计装运日期通知买方。买方在接到上述通知后，应及时向运输公司办理租船订舱手续，在办妥租船订舱手续后，应按规定的期限将船名及船期及时通知对方，以便对方备货装船。同时，为了防止船货脱节和出现"船等货"的情况，注意催促对方按时装运。对数量大或重要物资的进口，如有必要，也可请驻外机构就地了解、督促对方履约，或派人员前往出口地点检验监督。

另外，进口公司对租船还是订舱的选择，应视进口货物的性质和数量而定。凡需整船装运的，则需洽租合适的船舶承运；小批量的或零星杂货，则大都采用洽订班轮舱位。

按《2020 年通则》规定，采用 FOB 贸易术语成交的，应由买方办理保险，所以在卖方装船后，应向买方发出货物已交至船上的充分通知，以利买方准备接货。该装货通知一般应列明合同号、货名、数量、金额、船名及起航日期，买方据此资料办理保险。

2. 办理租船订舱时的注意事项

（1）洽商班轮舱位时，注意与信用证装船日期衔接，保证按时在装运港接运货物。

（2）应在订舱前查明班轮费率表有无附加费、有无折让回扣、计价标准是尺码吨还是重量吨。

（3）班轮运输装卸费条件有多种，应注意与进口合同中的费用负担条件相衔接。

（4）应确实了解所订班轮是否直达目的港、停靠港口多少、中途是否转船等。

而采用租用整船运输货物时，应注意运输市场的行情状况，还必须了解装卸港口的情况，并根据实际情况选择船型，以保证货物安全运输和尽可能节约费用，除此之外还应了解各航线港口的习惯、运输契约的格式。

12.2.2　办理进口保险

1. 办理保险的方法

（1）预约保险。

为了简化投保手续，防止漏保，我国外贸公司和经常有货物进口的企业，向保险公司办理预约保险（open cover），签订一份预约保险合同。该合同对进口货物的投保险别、保险费率、赔付方法和承保货物的范围都做了具体的规定。

在预约保险合同规定范围内的货物，一经起运，保险公司即启动承担保险责任。外贸企业在接到国外卖方的装船通知后，应立即填制预约保险起运通知书或将装船通知送达保险公司，即完成了投保手续。

（2）逐笔投保。

未与保险公司签订预约保险合同的企业，对进口货物需逐笔办理保险、进口企业在收到国外卖方的装船通知后，应立即填制投保单或装货通知单。内容包括货物名称、数量、保险金额、投保险别以及船名、船期、起运日期和估计到达日期、装运港和目的港。

保险公司接受承保后将签发一份保险单作为双方之间保险合同的证明文件。

2. 支付保险费的时间和方式

（1）预约保险方式。

它是以"进口货物装船通知书"或其他具有保险要求的单证为依据，由保险公司每月一次计算保险费后向进口公司收取。

（2）逐笔投保方式。

它是以"进口货物国际运输预约保险起运通知书"上填明的保险金额为准，由进口公司直接付给保险公司。

12.3 审单和支付

我国的进口业务很多都是使用信用证付款方式来结算货款，这就要求对方提交的各种议付单据应符合我方开立的信用证的条款。为了保障我方的权益，应认真做好审单工作。鉴于审单工作是企业和银行密切联系在一起的，企业与银行承担着共同的责任，所以双方必须保持密切的联系。

12.3.1 审单

1. 银行的审单责任

UCP 600 第 14 条 a 款明确规定了审核单据的标准："按照指定行事的被指定银行、保兑行（如有）以及开证行必须对提示的单据进行审核，并仅以单据为基础，以决定单据在表面上看来是否构成相符交单"。

第 14 条 g 款规定：信用证中未要求提交的单据，银行将不予置理。如果收到此类单据，可以退还提示人。也就是说明信用证上没有规定的单据，银行不予审核。如果银行收到此类单据，应退还交单人或将其照转，但对此不承担责任。

根据 UCP 600 规定，银行必须：审核单据；决定单据是否相符；决定接受还是拒绝单据。同时还规定开证行可以就不符点问题征询开证申请人的意见，但无论如何，这都不能解释为允许由开证申请人来审核单据。因为允许开证行与开证申请人联系的前提条件是开证行已自主确定了单证不符，而且此种联系的目的仅限于劝说开证申请人"放弃拒付"，而不是与其共同对单据继续进行挑剔或共谋拒付的理由。根据 UCP 600 的规定，单据经审核存在不符点且银行决定拒付，则开证行所承担的信用证项下的付款责任得以免除；但当受益人在规定的时间内补交了符合信用证规定的单据，开证行仍然必须承担其付款责任。

2. 银行的审单时间

UCP 600 第 14 条 b 款规定：按照指定行事的被指定银行、保兑行（如有）以及开证行，自其收到提示单据的翌日起算，应各自拥有最多不超过 5 个银行工作日的时间以决定提示是否相符。该期限不因单据提示日适逢信用证有效期或最迟提示期或在其之后而被缩减或受到其他影响。该条规定说明开证行、保兑行或者其他同样承担第一付款人责任的银行应该在一段合理时间内审核单据，即不应超过收到单据次日起的 5 个银行工作日，审核和决定接受或拒绝接受单据，并相应地通知交单方。

3. 银行的审单要点

以信用证方式结算，出口商必须提交与信用证相符合的单据，开证行必须对全套单据进行审核。现将主要单据审核要点简述如下。

（1）汇票。

1）信用证名下汇票，应加列出票条款（drawn clause），说明开证行、信用证号码及开证日期。

2）金额应与信用证规定相符，一般应为发票金额。如单据内含有佣金或货款部分托收，则按信用证规定的发票金额的百分比开列，金额的大小写应一致。

3）汇票付款人应为开证行或指定的付款行。若信用证未规定，应为开证行，不应以申请人为付款人。

4）出票人应为信用证受益人，通常为出口商，收款人通常为议付银行。

5）付款期限应与信用证规定相符。

6）出票日期必须在信用证有效期内且不应早于发票日期。

（2）提单。

1）提单必须按信用证规定的份数全套提交。

2）提单应注明承运人名称，并经承运人或其代理人签名，或者船长或其代理人签名并注明身份。

3）除非信用证特别规定，提单应为清洁已装船提单。若为备运提单，则必须加上装船注记（shipped on board）并由船方签署。

4）以 CFR 或 CIF 方式成交，提单上应注明运费已付（freight paid）；以 FOB 方式成交，提单上应注明运费预付（freight prepaid）。

5）提单的日期不得迟于信用证所规定的最迟装运日期。

6）提单上所载件数、唛头、数量、船名等应和发票相一致、货物描述可用总称，但不得与发票货名相抵触。

（3）商业发票。

1）发票应由信用证受益人出具，无须签字，除非信用证另有规定。

2）商品的名称、数量、单价、包装、价格条件、合同号等描述，必须与信用证严格一致。

3）发票抬头应为开证申请人。

4）必须记载出票条款、合同号码和发票日期。

（4）保险单。

1）保险单正本份数应符合信用证要求，全套正本应提交开证行。

2）投保金额、险别应符合信用证规定。

3）保险单上所列船名、航线、港口、起运日期应与提单一致。

4）列明货物名称、数量、唛头等，并与发票、提单及其他货运单据一致。

（5）产地证。

1）应由信用证指定机构签署。

2）货物名称、品质、数量及价格等有关商品的记载应与发票一致。

3）签发日期不迟于装船日期。

（6）检验证书。

1）应由信用证指定机构签发。

2）检验项目及内容应符合信用证的要求，检验结果如有瑕疵，可拒绝受理。

3）检验日期不得迟于装运日期，但也不得离装运日期过早，因为检验证书一般都有有效期。

12.3.2　付款和拒付

信用证受益人在发运货物后，将全套单据经议付行寄交开证行（或保兑行）。如开证行经审单后认为单证一致、单单一致，即应予以即期付款或承兑或于信用证规定的到期日付款，开证行付款后无追索权。根据 UCP 600 第 16 条 c 款中规定：如果开证行审单后发现单证不符或单单不符，应于收到单据次日起 5 个工作日内，以电讯方式通知寄单银行，也就是要求的通知必须以电讯方式发出，或者，如果不可能以电讯方式通知时，则以其他快捷方式通知，但不得迟于提示单据日期翌日起第 5 个银行工作日，并且在通知中说明单据的所有不符点，并说明是否保留单据以待交单人处理或退还交单人。

对于单证不符的处理，按 UCP 600 规定，银行有权拒付。在实际业务中，银行需就不符点征求开证申请人的意见，以确定拒绝或仍可接受。作为开证申请人的进口方，对此应持慎重态度。因为银行一经付款，即无追索权。开证行向外付款的同时，即通知进口方付款赎单。进口方付款赎单前，同样需审核单据，若发现单证不一，有权拒绝赎单。

12.4　接货和报关

12.4.1　接货

进口方通常委托货运代理公司办理接货业务。可以在合同和信用证中指定接货代理，此时出口商在填写提单时，应在被通知人栏内填上被指定的货运代理公司的名称和地址。船只抵港后，船方按提单上的地址，将"准备卸货通知"（notice of readiness to discharge）寄交接货代理。接货代理应负责现场监卸。如果未在合同或信用证中明示接货代理，则也可由进口方在收到船方通知径直寄来的"准备卸货通知"后，自行监卸。但大多情况下，仍可委托货运代理公司作为收货人的代表，现场监卸。

进口货物运达港口卸货时，要进行卸货核对。如发现短缺，应及时填制"短卸报告"交由船方签认，并根据短缺情况向船方提出保留索赔权的书面声明。卸货时如发现残损，货物应存放于海关指定仓库，待保险公司同商检局检验后做出处理。

卸货后，货物可以在港口申请报验，因为根据《公约》规定：卖方交货后，在买方有一个合理的机会对货物加以检验以前，不能认为买方已接受了货物。如果买方经检验，发现卖方所交货物与合同不符。买方有权要求损害赔偿直至拒收货物。因此，买方收到货物后，应在合同规定的索赔期限内对货物进行检验，也可在用货单位所在地报验。

12.4.2　进口货物的征税

海关按照《中华人民共和国海关进出口税则》的规定，对进口货物计征进口关税。货物在进口环节由海关征收（包括代征）的税费有：进口货物关税、增值税、消费税、进口调节税、海关监管手续费等。下面对进口货物关税、进口调节税的计算方法介绍如下。

1. 进口货物关税

进口关税是货物在进口环节由海关征收的一个基本税种。进口关税的计算是以 CIF 价为基数计算的。如果是以 FOB 价格进口，那么还要加上国外运费和保险费，其公式为：

$$进口关税税额 = CIF 价格 \times 关税税率$$

2. 进口调节税

进口调节税是国家对限制进口的商品或其他原因加征的税种，是进口货物关税的附加税。具体计算公式为：

$$进口调节税 = CIF 价格 \times 进口调节税税率$$

12.4.3　进口报关

进口货物申报是指在进口货物入境时，由进口公司（收货人或其代理人）向海关申报、交验规定的单据文件，请求办理进口手续的过程。我国《海关法》对进口货物的申报时限做了如下规定：进口货物的收货人应当自运输工具申报进境之日起 14 日内向海关申报。进口货物的收货人超过 14 日期限未向海关申报的，由海关征收滞报金。对于超过 3 个月还没有向海关申报进口的，其进口货物由海关依法提取变卖处理。如果属于不宜长期保存的货物，海关可以根据实际情况提前处理。变卖后所得价款用作扣除运输、装卸、储存等费用和税款后，尚有余款的，自货物变卖之日起一年内，经收货人申请，予以发还；逾期无人申请的，上缴国库。

进口报关需填写"进口货物报关单"并随同交验下列单据：

（1）进口许可证和国家规定的其他批准文件。

（2）提单或运单（结关后由海关加盖放行章发还）。

（3）发票。

（4）装箱单。

（5）减、免税或免验的证明。

（6）报验单或检验证书。

（7）产地证以及其他海关认为有必要提供的文件。

海关接受申报后，对进口货物实施查验。核对实际进口货物是否与相关单证所列相一致。查验一般在海关监管区域内的仓库、场所进行，对散装货物、大宗货物和危险品等，结合装卸环节，可在船边等现场查验。对于在海关规定到期查验有困难的，经报关人申请，海关可派人员到监管区域以外的地点查验放行。

进口货物接受查验，缴纳关税后，由海关在货运单据上签章放行，即为结关。收货人或其代理可持海关签章的货运单据提取货物。

12.5　进口商品的检验

1. 法定检验的进口商品

法定检验的进口商品的收货人应当持合同、发票、装箱单、提单等必要的凭证和相关批准文件，向海关报关地的出入境检验检疫机构报检；海关放行后 20 日内，收货人应当依照规定，向出入境检验检疫机构申请检验。法定检验的进口商品未经检验的，不准销售，不准使用。法定检验的进口商品应当在收货人报检时申报的目的地检验。大宗散装商品，易腐烂变质商品，可用作原料的固体废物，以及已发生残损、短缺的商品，应当在卸货口岸检验。

除法律、行政法规另有规定外，法定检验的进口商品经检验，涉及人身财产安全、健康、环境保护项目不合格的，由出入境检验检疫机构责令当事人销毁，或者出具退货处理通知单并书面告知海关，海关凭退货处理通知单办理退运手续；其他项目不合格的，可以在出入境检验检疫机构的监督下进行技术处理，经重新检验合格的，方可销售或者使用。当事人申请出入境检验检疫机构出证的，出入境检验检疫机构应当及时出证。

出入境检验检疫机构对检验不合格的进口成套设备及其材料，签发不准安装使用通知书。经技术处理，并经出入境检验检疫机构重新检验合格的，方可安装使用。

2. 法定检验以外的进口商品

法定检验以外的或实施验证管理的进口商品，经出入境检验检疫机构抽查检验不合格的，依照《中华人民共和国进出口商品检验法实施条例》第19条的规定处理。

法定检验以外的进口商品的收货人，发现进口商品质量不合格或者残损、短缺，申请出证的，出入境检验检疫机构或者其他检验机构应当在检验后及时出证。

对属于法定检验范围内的关系国计民生、价值较高、技术复杂的以及其他重要的进口商品和大型成套设备，应当按照对外贸易合同约定监造、装运前检验或者监装。收货人保留到货后最终检验和索赔的权利。出入境检验检疫机构可以根据需要派出检验人员参加，或者组织实施监造、装运前检验或监装。

国家对进口可用作原料的固体废物的国外供货商、国内收货人实行注册登记制度，国外供货商、国内收货人在签订对外贸易合同前，应当取得我国国家市场监督管理总局或者出入境检验检疫机构的注册登记。国家对进口可用作原料的固体废物实行装运前检验制度，进口时，收货人应当提供出入境检验检疫机构或者经国家市场监督管理总局指定的检验机构出具的装运前检验证书。

另外，国家允许进口的旧机电产品的收货人在签订对外贸易合同前，应当向国家市场监督管理总局或者出入境检验检疫机构办理备案手续。对价值较高，涉及人身财产安全、健康、环境保护项目的高风险进口旧机电产品，应当依照国家有关规定实施装运前检验，进口时，收货人应当提供出入境检验检疫机构或者经国家市场监督管理总局指定的检验机构出具的装运前检验证书。

12.6　进口索赔

在进口业务中，有时会发生卖方不按时交货，或所交货物的品质、数量、包装与合同规定不符的情况，也可能由于装运保管不当或自然灾害、意外事故等致使货物损坏或短缺，进口方可因此向有关责任方提出索赔。

1. 索赔对象

（1）向卖方索赔。凡属下列情况可向卖方索赔：货物品质规格不符合合同规定；原装数量不足；包装不符合合同规定或因包装不良致使货物受损；未按期交货或拒不交货。

（2）向承运人索赔。凡属下列情况可向承运人索赔：货物数量少于运单所载数量；提单为清洁提单，由于承运人保管不当而造成货物短损。

（3）向保险公司索赔。属于投保险别的承保范围内的损失可向保险公司索赔。

2. 索赔注意事项

（1）索赔依据。索赔时应提交索赔清单和有关货运单据，如发票、提单（副本）、装箱单。在向卖方索赔时，应提交商检机构出具的检验证书；向承运人索赔时，应提交理货报告和货损货差证明；向保险公司索赔时，除上述各项证明外，还应附加由保险公司出具的检验报告。

（2）索赔金额。向卖方索赔金额，应按买方所受实际损失计算，包括货物损失和由此而支出的各项费用（如检验费、仓租、利息等）。向承运人和保险公司索赔，均按有关章程办理。

（3）索赔期限。向卖方索赔应在合同规定的索赔期限之内提出。如商检工作确有困难可能需要延长时间的，可在合同规定的索赔有效期内向对方要求延长索赔期限，或在合同规定的索赔有效期内向对方提出保留索赔权。如合同未规定索赔期限，按《公约》规定，买方行使索赔期限自其收到货物之日起不超过两年；向船公司索赔期限为货物到达目的港交货后一年之内；向保险公司提出海运货损索赔的期限，则为被保险货物在卸载港全部卸离海轮后两年。

（4）买方职责。买方在向有关责任方提出索赔时，应采取适当措施保持货物原状并妥善保管。按国际惯例，如买方不能按实际收到货物的原状归还货物，就丧失宣告合同无效或要求卖方交付替代货物的权利；按保险公司规定，被保险人必须按保险公司的要求，采取措施避免损失进一步扩大，否则不予理赔。

本章小结

以 FOB 即期信用证结汇合同为例，进口合同的履行程序一般包括：开证、租船订舱、装运、办理保险、审单付款、接货报关、检验和索赔。开证时要求开证内容必须与合同内容一致，做到完备、明确、具体。接着做好催缴、租船订舱、派船工作。进口商可采用预约保险或逐笔保险方式办理保险。进口商应在规定时间内对银行转来的单据认真审核，在货到目的港后须按海关规定的办法报关纳税，并由进口商向中国商检局申请商品检验。如果发现质量、重量和包装等方面有问题，进口商应在分清责任的基础上，及时向有关方提出索赔。

练习题

1. 国内某研究所与某日商签订了一项进口合同，欲引进一台精密仪表。合同规定 9 月交货，但到 9 月 15 日，日本政府宣布该仪表属高科技产品，禁止出口，自宣布日起 15 天后生效。后日方来电以不可抗力为由要求解除合同。请问：日方的要求是否合理？我方应如何处理较为妥当？

2. 我国内地 × 市的 A 公司委托沿海城市 S 市的 B 公司进口机器一台，合同规定买方对货物品质不符合同的索赔期限为货到目的港 30 天内。货到 S 市后，B 公司即将货转到 × 市交 A 公司，由于 A 公司的厂房尚未建好，机器无法安装，半年后，待厂房完工，机器装好，经商检机构检验，发现该机器均为旧货，不能很好运转，遂请 B 公司向外商提出索赔，外商置之不理，对此，我方应吸取什么教训？

3. 2020 年，武汉某外贸公司从德国进口一批钢材。合同中规定的价格条款为：USD1 000/MT

FOB STOWED HAMBURG。当进口商所租船舶按合同规定到达 HAMBURG 港时，出口商发来电传称：合同项下的货物已经运到香港，请进口商派船接货。请问：

（1）按大陆法系的规定，出口商的违约属于哪种类型？进口商有权采取哪些救济措施？

（2）针对出口商的上述行为，请你站在进口商的角度提出合理的解决方案。

4. 中国的某公司购买产自伊朗的槽钢，合同规定应符合德国的 DIN 标准，但是制造商实际是按照俄国的 TOCT 标准生产的。由于德国的 DIN 标准和俄国的 TOCT 标准对同一规格的槽钢规定的截面尺寸是不一致的，于是买方认为货物不符合合同，不能使用，但他没有拒绝收货，也没有要求退货或者换货，而是向卖方提出只能作为废钢回炉，要求按废钢降价处理。你认为买方的做法是否正确？请说明理由。

5. 我国某外贸公司为国内一用户进口一台设备，并同外商签订了合同。待到装船时，外商突然来电称：需要延迟交货 40 天，我国公司坚决不同意，后经多次交涉无果，我国公司最后通知外商，如不按期交货，我国公司将撤销合同并保留索赔权。问：我方的这种做法是否恰当，为什么？

第13章
CHAPTER13

经销与代理

:: **学习目标**

| 掌握经销与代理两种贸易方式的基本概念。

| 了解经销与代理的区别。

| 了解包销协议的主要内容及其利弊。

| 了解代理的分类、代理协议的主要内容等。

13.1　经销

经销（distributorship）是指出口商（即供货商，supplier）与国外进口商（即经销商，distributor）达成书面协议，主要规定经销商品的种类、经销期限和地区范围，利用国外经销商就地销售商品的一种贸易方式。它是出口商与经销商之间签订经销协议（distributorship agreement），通过两者的密切合作，扩大市场占有份额而通常采用的一种贸易方式。

经销与代理

经销有一般经销与独家经销两种方式。一般经销，也称定销，在这种方式下，出口商根据经销协议向国外一家或几家经销商提供在一定时间、一定地区内经销同类商品的销售权。此种贸易方式下，经销商有义务维护出口商利益，出口商也有义务向经销商提供各项帮助。经销商享有经销权，但没有专营权利，出口商可以在同一地区内指定几个经销商。凡出口商仅授予一家经销商在约定期限、约定地区内对约定商品享有独家经销权的，就是独家经销，或称包销。本节主要介绍包销。

13.1.1　包销的含义

独家经销（exclusive distributorship；exclusive sales），也称包销，在这种方式下，出口商通过订立包销协议授予经销商在一定时间、一定地区内独家经营某些指定商品的权利。可见，包销与一般经销的区别就在于经销商是否享有独家专营权（right of exclusive sales）。

包销业务中的两个当事人，出口商与独家经销商（或称包销商）之间是一种买卖关系，双方通过订立包销协议确立对等的权利和义务。出口商按照协议规定向包销商供给指定的商品，包销商以自己的名义买进商品，自行销售，自负盈亏，承担货价涨落及库存积压的风险。接受转售商品的当地客户与国外出口商之间不存在合同关系。

13.1.2 包销协议

包销协议（exclusive distributorship agreement；exclusive sales agreement）是出口商与其授权的包销商规定双方的权利和义务，并从法律上确立双方关系的契约。

在国际贸易实务中，对于包销协议内容的规定，并无统一的格式，根据包销商品的特点，当事人双方可以自行制定，一般来讲，应包括下列主要内容。

1. 包销专营权

包销专营权是出口商与包销商确定包销关系及双方各自的权利和义务的核心条款，包括专买权和专卖权。专买权是指包销商承担只向出口商购买而不得向第三者购买指定商品的义务。专卖权是指出口商将指定的商品在约定的时期和地区内给予包销商从事独家销售的权利，承担不再向该地区的其他买主直接销售该商品的义务。在包销协议中，大多将专买权和专卖权作为对等条件加以明确，但也有的包销协议只规定其中一项权利。

值得注意的是，专营权的做法可能与有些国家的反垄断法、反不当竞争法或类似的法律规定有抵触。所以在与经销商订立包销协议前，应先做调查，以免被动。

2. 包销商品的范围

明确适当地规定包销商品的范围，对出口商来说很重要，如果规定不明确或范围过大，容易扩大出口商受约束的范围，对其未来发展不利。包销商品可以是出口商经营的全部商品，也可以是其中一部分，这要根据包销商的经营能力、资信情况等来合理确定。在协议中要明确规定商品的范围，以及每种商品的品种、规格、牌号、货号等。

3. 包销区域

包销区域是指包销商行使独家专营权的特定地域范围。包销区域可大可小，确定包销区域时要考虑包销商的经营能力、经销网点的大小，以及商品的特性等因素。包销协议对于包销区域的界定必须明确，但并非一成不变，它可以根据业务发展的具体情况，由双方协商加以调整。在包销协议中，规定了包销区域之后，出口商有义务在该区域内不再指定其他经销商经营同类商品，以维护包销商的专营权。不少协议中相应规定，包销商也有义务不向包销区域之外转售包销商品。

4. 包销数量或金额

包销协议中应明确规定包销商在一定期限内包销商品的数量或金额。这对协议双方具有同等约束力。出口商必须向包销商提供协议约定数量或金额的指定商品；包销商也必须在规定的期限内完成协议规定的购货数量或金额的指定商品，否则以违约论处。包销数量或金额由双方酌情而定。一般，协定还可规定，如果包销商在约定的期限内超额完成销售数量或金额，出口商可给予一定的回扣或奖金以资鼓励。

5. 作价方法

包销商品的作价方法有以下两种。一种是在规定的期限内一次作价，固定不变，即在包销期限内无论市场价格如何波动，均以固定价格结算。这对双方都有一定风险，故一般不采用。另一种是在包销期限内分批作价，即在包销期限内，包销商品的价格随国际市场商品价格的波动而做出相应的调整。这种方法比较灵活，对双方都有好处，因而被普遍采用。

6. 包销商的其他义务

这主要包括：做好广告宣传、市场调研和维护出口商权益等。包销协议中往往规定，包销商有义务为其所经营的商品做广告宣传工作，以促进销售。在协议中还可以规定包销商承担市场调研的义务，这主要是指收集和报道当地市场的情况，供出口商在制定销售策略和改进产品质量时参考。有的包销协议中还规定，在包销区域内如果发生侵犯出口商知识产权等问题，包销商要及时向出口商通报，并配合出口商采取必要的行动，维护其合法权益。

7. 协议期限和终止条款

在这一条款中，首先要规定协议的生效时间，一般采用签字生效的做法。协议期限可规定为一年或若干年。本条款中还往往要规定延期条款，其做法可以是经双方协商后延期，也可以规定在协议到期前若干天如没有提出终止的通知，则可以继续延长一期。

13.1.3 包销方式的利与弊

采用包销方式，对出口商来讲，既有有利的一面，也有不利的一面。

在包销方式下，因为国外包销商是用自己的名义买货，并自行负担盈亏和承担风险，同时包销商在包销地区内享有专营权，出口商负有不向该地区的客户直接售货的义务。因此，采用包销方式，通过专营权的给予，有利于调动包销商经营的积极性，有利于利用包销商的销售渠道达到巩固和扩大市场的目的，并可减少多头经营产生的自相竞争的弊端。此外，包销数量或金额的确定，使出口商能有计划地组织生产和供货，防止脱销，减少积压；同时又能按市场需求，均衡供货，并能根据包销市场的信息反馈，改进产品质量，赢得消费者。

但是，如果包销商经营能力有限，信誉不佳，或不适当地运用包销方式，可能使出口商经营活动受到不利影响或者出现包而不销、包而少销的情况。此外，包销商还可能利用其垄断地位，操纵价格和控制市场，以此来制约出口商。

因此，出口商在选择包销方式时，对包销商必须认真进行资信调研，适当确定包销商品的种类和数量，同时在包销协议中将双方的权利和义务做出明确规定。

13.2 代理

代理（agency）是指代理人（agent）按照委托人（本人，principal）的授权，代表委托人与第三人签订合同或办理相关事宜，由此而产生的权利与义务直接由委托人负责的法律行为。我国《民法典》第一百六十二条：代理人在代理权限内，以被代理人名义实施的民事法律行为，对被代理人发生效力。代理是多数国家的商人在从事进出口业务中习惯采用的一种贸易方式。在国际市场上代理的种类有很多，按照行业性质的不同，可以分为销售代理、购货代理、货运代理、船方代理、保险代理等，这里只限于介绍销售代理。

13.2.1 销售代理的含义与分类

国际贸易中的销售代理是指委托人（principal）授权代理人（agent）代表他向第三者招揽

生意、签订合同或办理与贸易有关的各项事宜，由此而产生的权利与义务直接对委托人发生效力。

根据委托人授权的大小，销售代理可分为以下几种。

1. 总代理

总代理（general agency）是指代理商在一定地区和一定期限内不仅享有专营权，还代表委托人进行全面业务活动，甚至包括非商业性质的活动。总代理人实际上是委托人在指定地区的全权代表。

2. 独家代理

独家代理（sole agency；exclusive agency）是指委托人给予代理商在一定地区和一定期限内享有代销指定货物的专营权，只要在一定地区和规定的期限内达成该项货物的交易，无论是代理商签约，还是由委托人直接签约，代理商都按成交金额提取佣金。在我国的出口业务中，采用独家代理方式时，参照国际贸易习惯做法，一般都给代理商上述权利。

3. 一般代理

一般代理（agency）又称为佣金代理（commission agency），是指在同一代理地区的某一期限内，委托人同时委派几个代理商为其推销商品或服务。一般代理根据推销商品的实际金额或根据协议规定的办法和百分率向委托人计收佣金，委托人可以直接与该地区的实际买主成交，而无须向佣金代理支付佣金。

佣金代理与独家代理的主要区别有两点：一是独家代理享有专营权，佣金代理不享有这种权利；二是独家代理收取佣金的范围既包括招揽生意介绍客户成交的金额，也包括委托人直接成交的金额；佣金代理收取佣金的范围，只限于他推销出去的商品的金额。

13.2.2　销售代理与包销的区别

在出口业务中，销售代理与包销有相似之处，但从当事人之间的关系来看，两者却有根本的区别。包销方式下，包销商与出口商之间是买卖关系，包销商完全是为了自己的利益购进货物然后转售，自筹资金，自负盈亏，自担风险。而在销售代理方式下，代理商只是代表委托人从事有关行为，二者建立的契约关系属于委托代理关系。代理商一般不以自己的名义与第三者订立合同，只居间介绍，收取佣金，并不承担履行合同的责任，履行合同义务的双方是委托人和当地客户。

🔦 案例 13-1

【案情】

中国 A 公司与西班牙 B 公司签订了一份独家代理协议书，西班牙 B 公司委托中国 A 公司为某品牌橄榄油在中国市场的独家代理商。随后，A 公司积极配合 B 公司在中国对此品牌橄榄油进行宣传和推广销售工作，但 B 公司不久又独自在中国市场发展了几家代理商，这对 A 公司的业务造成了一定的影响。A 公司要求从其他几家代理商的业务中提取佣金，但 B 公司不肯。

【讨论分析】

1. 何谓独家代理？作为独家代理 A 公司有哪些权利和义务？

2. A 公司进行宣传和推广销售工作是否尽到作为独家代理的责任？

3. B 公司不久又独自在中国市场发展了几家代理商，这样的做法是否妥当？

4. A 公司要求从其他几家代理商的业务中提取佣金，这个要求能否可得到支持？

【延伸思考】

若 B 公司委托 A 公司代理其在中国的业务，本案结果会有不同吗？

13.2.3 销售代理协议

代理协议也称代理合同，它是用以明确委托人和代理人之间权利与义务的法律文件。协议内容由双方当事人按照契约自由的原则，根据双方的合意加以规定。国际贸易中的代理种类繁多，代理协议的形式和内容也各不相同。实务中常见的销售代理协议主要包括以下内容：

1. 代理的商品和区域

协议要明确规定代理商品的品名、规格以及代理权行使的地理范围。在独家代理的情况下，其规定方法与包销协议大体相同。

2. 代理商的权利与义务

这是代理协议的核心部分。一般应包括下述内容：① 明确代理商的权利范围，以及是否享有专营权。② 规定代理商在一定时期内应推销商品的最低销售额。③ 代理商应在代理权行使的范围内，保护委托人的合法权益。代理商在协议有效期内无权代理与委托人商品相竞争的商品，也无权代表协议地区内的其他相竞争的公司。对于在代理区域内发生的侵犯委托人的知识产权等不法行为，代理商有义务通知委托人，以便采取必要措施。此外，代理商还负有保守商业秘密的责任。④ 代理商应承担市场调研和广告宣传的义务。

3. 委托人的权利与义务

委托人的权利主要体现在对客户的订单有权接受，也有权拒绝，对于拒绝订单的理由，可以不做解释，代理商也不能要求佣金。但对于代理商在授权范围按委托人规定的条件与客户订立的合同，委托人应保证执行。委托人有义务维护代理商的合法权益，保证按协议规定的条件向代理商支付佣金。在独家代理的情况下，委托人要尽力维护代理商的专营权。如因委托人的责任给代理商造成损失，委托人应给予补偿。

4. 最低成交金额的规定

委托人为保证自身的利益，防止代理商取得专营权后发生"代而不理"的现象，可在协议中规定代理商在一定时期内必须完成的最低数量与金额，否则委托人有权撤销代理商的专营权或对其报酬作相应的调整。

5. 佣金的支付

佣金是代理商为委托人提供服务所获得的报酬，支付佣金也是委托人的一项主要义务。代理协议中一般应明确规定佣金率、佣金的计算方法和佣金的支付时间及方法等内容。

除上述基本内容外，还可在协议中规定不可抗力条款、仲裁条款以及协议的期限和终止办法等条款。委托人和代理商还可根据具体代理内容具体规定代理协议。

 **本章小结**

　　经销与代理是国际贸易业务中经常采用的贸易方式。凡出口商仅授予某一经销商在约定期限、约定地区内对约定商品享有独家经销权的，就是独家经销，或称包销。包销方式下，包销商与出口商之间是买卖关系，包销商购进货物然后转售，赚取利润。代理方式下，代理商只是代表委托人从事有关行为，代理商一般不以自己的名义与第三者订立合同，只居间介绍，收取佣金，并不承担履行合同的责任，履行合同义务的双方是委托人和当地客户。

练习题

1. 包销与销售代理的基本内涵和主要区别有哪些？

2. 代理商与委托人各自的权利与义务有哪些？

3. 我国某公司与国外一公司订有包销某商品的包销协议，期限为一年。到合同规定的年底，因行情变化，包销商未能完全销售该商品，要求退货并索赔广告宣传费用。问：包销商有无权利提出此类要求？为什么？（提示：考虑包销方式的特点，此方式与代理销售的区别。）

第14章
CHAPTER14

拍卖和寄售

:: **学习目标**

| 掌握拍卖和寄售的概念与特点。

| 了解拍卖的出价方法和一般程序。

| 了解寄售的基本做法及其利弊。

14.1 拍卖

拍卖（auction）是一种历史悠久的交易方式，在今天的国际贸易中仍被采用。通过拍卖成交的商品通常是品质难以标准化，或难以久存，或价格昂贵，或按传统习惯以拍卖出售的商品，如裘皮、茶叶、烟草、羊毛、木材、水果以及古玩和艺术品等。

拍卖与寄售

14.1.1 拍卖的概念与特点

拍卖是指由专门经营拍卖业务的拍卖行接受货主的委托，在一定的时间和地点，按照一定的章程和规则，以公开叫价的方式，将货物卖给出价最高的买主的一种贸易方式。

拍卖具有以下特点。

（1）拍卖是在一定机构内有组织地进行的，成交时间短，成交量大。拍卖一般由专业的拍卖行定期组织，也可以由货主临时组织。国际商品拍卖会通常定期举行，组织方事先准备好多方货源，吸引世界各地的买主。拍卖的时间虽短，但成交量一般都很大，由此形成了一些有国际影响力的拍卖中心，如英国伦敦和美国纽约等。

（2）拍卖是一种公开竞买的现货交易。拍卖采用事先看货、当场叫价、落槌成交的方法，成交后，卖方即可付款提货。

（3）拍卖具有自己独特的法律和规章。拍卖不同于一般的进出口贸易，在交易磋商的程序和方式、合同的订立和履行等问题上，各国法律都有其特殊的规定，各个拍卖机构一般也都有各自的章程和规则，供拍卖时采用。

（4）参与拍卖的买主，在拍卖开始前通常需向拍卖机构缴纳一定数额的履约保证金。买主在叫价后，若落槌成交，就必须付款提货；否则拍卖行将没收其保证金。

（5）卖主（货主）与拍卖机构是委托代理关系。拍卖机构是货主的代理人，也是代表货主的交易中介人。货物拍卖成功后，拍卖机构赚取以货款为基数的一定比例的佣金，在扣除其垫付的各种费用后，余款交由货主。

14.1.2　拍卖的出价方法

拍卖的出价方法，一般有以下三种。

（1）增价拍卖。它也叫"买主叫价拍卖"，是一种最常见的拍卖方式。拍卖人首先宣布拍卖货物的最低价，由买主按规定的增加额度竞相加价，直至出价最高时，由拍卖人接受并以击槌动作宣布成交。

（2）减价拍卖。它也叫"卖方叫价拍卖"，或"荷兰式拍卖"（Dutch auction）。拍卖人首先宣布拍卖货物的最高价，然后由拍卖人逐渐减低叫价，直到有人表示接受而达成交易。减价拍卖成交速度快，一般用于拍卖易腐烂的鲜活商品，如鲜花、水果、蔬菜、活鱼等。

（3）密封递价拍卖。它也叫"招标式拍卖"。拍卖人事先公布每批商品的具体情况和拍卖条件，然后由买主在规定的时间内将自己的出价密封标书递交拍卖人，再由拍卖人选择标书中条件最合适的达成交易。这种方式失去了公开竞买的性质，拍卖人不一定接受最高的递价，而是综合考虑多种因素做出选择。

随着互联网的发展，以互联网作为媒介进行的网上拍卖活动日渐兴起。采用网上拍卖，竞买人不必亲临拍卖现场，只需在电脑前点击键盘，足不出户即可完成交易。网上拍卖首先要求竞买人按规定等级注册，并提供一定的保证金。具体操作形式也包括增价拍卖、减价拍卖、密封递价拍卖。采用增价拍卖时，通常会预先设定拍卖截止时间，到时出价最高的人就成为买受人。

14.1.3　拍卖的一般程序

拍卖业务的一般程序分为以下三个阶段。

1. 准备阶段

参加拍卖的货主事先将货物运到拍卖地点，委托拍卖行进行挑选、整理、分类、分批、编印目录并招揽买主。参加拍卖的买主可以在规定的时间到仓库查看货物，了解商品的品质，拟定自己的出价标准，做好拍卖前的准备工作。拍卖行一般还提供各种书面资料，进行宣传，以扩大影响。

2. 正式拍卖

正式拍卖是指在规定的时间和地点，按照一定的拍卖规则和章程，依拍卖目录规定的次序，逐笔喊价成交。拍卖人作为货主的代理人掌握拍卖的进程。货主对于要拍卖的货物可以提出保留价，也可以无保留。对于无保留价的，拍卖主持人在拍卖前要给予说明；对于有保留价的，竞买人的最高喊价未达到保留价时，主持人要停止拍卖。拍卖过程中，买主在正式拍卖时的每一次叫价，都相当于一项发盘，当另一竞买者报出更高的价格时，该发盘即失效。拍卖主持人以击槌的方式表示竞买停止，交易达成。

3. 成交与交货

拍卖成交后，买主即在成交确认书上签字，并按规定付款和提货。买主通常以现汇支付货款，买主在付清货款后，货物的所有权随之转移，买方凭拍卖行开出的栈单（warrant）或提货单（delivery order）到指定的仓库提货。提货必须在规定的期限内进行。由于拍卖前买主可事先看货，所以事后发生索赔的现象较少。但如果货物确有瑕疵，或者拍卖人、委托人不能保证其真伪，必须事先声明。否则，拍卖人要负担保责任。

14.1.4　采用拍卖方式应注意的事项

拍卖是一种公开竞买、看货出价、击槌成交的现货买卖方式，存在着激烈的竞争，而且受到一定章程和规则的制约，因此，在采用拍卖方式时，要注意下列事项。

1. 选择适合拍卖的商品

选择一些销量较大，销路较好，或竞争性较强，或效益较高的商品参加拍卖。

2. 恰当确定拍卖商品的基价

要考虑拍卖时的压价系数，其基价应高于通常的买断成交价，但也不能定得过高，否则会影响商品脱手，增加额外的费用负担。

3. 了解各个拍卖中心的章程规则和习惯做法

每个拍卖中心都有自己特有的拍卖章程规则和习惯做法，货主应事先了解清楚，并调查相应的市场供货情况和价格水平，最后才能确定参加拍卖的商品种类、数量及确定拍卖基价，以争取扩大销路、卖得好价。

14.2　寄售

寄售（consignment）是一种委托代售的贸易方式，它是国际贸易中的习惯做法之一。在我国的进出口业务中，寄售方式的运用并不普遍，所占比重很小，但从长远看，它也是扩大出口的有效途径之一。

14.2.1　寄售的概念与特点

寄售是指寄售人（consignor）先将货物运往寄售地，委托当地代销商（consignee），按照寄售协议规定的条件和办法，由代销商代替寄售人进行销售，在货物出售后，代销商向寄售人结算货款的一种贸易做法。

寄售是一种先出运后出售商品的委托代售贸易方式。寄售人一般是卖方（出口商），也可称为委托人或货主，代销商也可称为受托人。通过寄售出售的货品，要待货物售出后才由代销商将货款交付寄售人。

寄售与正常的出口销售相比，具有以下特点。

（1）寄售人与代销商之间是一种委托代售关系，而不是买卖关系。代售商只能根据寄售人的指示代为处置货物，货物的所有权在寄售地售出之前仍属于寄售人。

（2）寄售是将货物先出运、后售卖的现货交易。寄售人先将货物运至寄售地，然后经代销商在寄售地向当地买主销售。

（3）寄售货物在售出之前，运输途中和到达寄售地后的一切费用和风险，均由寄售人承担。

（4）代销商不承担市价涨落与销售畅滞的风险和费用，只收取佣金作为报酬。

14.2.2　寄售方式的利与弊

1.寄售的优点

寄售货物在出售前，寄售人拥有货物的所有权，因此寄售人可以根据市场的供求状况，有效地掌握销售时机，随行就市；寄售是凭实物买卖，买主可以看货成交，即时采购，有利于产品的推销；代销商一般不需垫付资金，除在出售前负责保管外，不负担风险和费用，有利于促进其经营积极性。

2.寄售的缺点

采用寄售方式出口商品，对寄售人（出口商）来讲具有明显的缺点：一是出口商资金周转期长、费用增加、风险较大；二是寄售货物到达目的地后，如遇市场不景气，货物一时不能售出，或者代销商违背寄售协议，有意压低价格，出口商就会很被动，并有可能遭到货款两空的危险。

14.2.3　寄售协议

寄售协议是寄售人和代销商之间为了执行寄售业务，就双方权利、义务以及寄售业务中的有关问题签订的书面协议。在寄售协议中应特别处理好寄售商品的价格、货款的收付和佣金的支付等方面的问题。一般来讲，寄售协议中应包括下列内容。

1.协议名称及双方的义务与责任

一般应明确表明"寄售协议"（agreement of consignment），以表示协议的性质。同时，在协议中明确规定双方的义务、责任，在售出前货物的所有权仍属寄售人，各项风险和费用一般也由寄售人承担；在货物售出后，所有权直接由寄售人转移给买方。

2.定价方法

寄售商品的定价一般在寄售协议中注明，归纳起来，大致有以下4种。

（1）规定最低限价。代理商在不低于最低限价的前提下，可以任意出售货物，否则，必须事先征得寄售人同意。

（2）随行就市。即由代理商按照市价自行定价出售，寄售人不做限制，这种做法之下，代销商自主权较大。

（3）销售前征得寄售人同意。这种方法弹性较大，实践中较多采用。代销商在得到买主的递价后，立即征求寄售人意见，确认同意后，才能出售货物；也有的规定一定时期的销售价格，由代销人据以对外成交。

（4）规定结算价格。货物售出后，双方依据协议中规定的价格进行结算。对于代销人实际出售货物的价格，寄售人不予干涉。这种做法，代销人须承担一定的风险。

3.货款的收付

寄售方式下，货款多数是在货物售出后收回。寄售人和代销商之间通常采用记账的方法，定期或不定期地结算，由代销商将货款汇给寄售人，或者由寄售人用托收方式向代销商收款。

4.佣金的支付

佣金是寄售人付给代销商作为其提供服务的报酬。在佣金条款中，一般应规定佣金的计算基础、佣金率以及佣金的支付时间和方法等内容。

此外，寄售协议中还应规定货物的保险、各种费用的负担等预防性条款；同时为减少风险，必要时还可规定由代销商提供银行保函或者备用信用证，如遇代销商不履行协议规定义务时，由银行承担一定的责任，避免寄售人货款两空。

本章小结

拍卖和寄售是国际贸易业务中习惯采用的贸易方式。拍卖有增价、减价和密封递价 3 种方式，主要程序包括准备、正式拍卖、成交与交货 3 个阶段。寄售是一种先出运后出售商品的委托代售贸易方式，合理制订寄售协议的主要内容是出口方避免货款两空风险的最重要环节，即规范双方的权利义务关系、定价方法、货款收付、佣金支付以及相关费用负担的预防性条款等。

练习题

1. 什么叫拍卖？拍卖的出价方式有哪些？
2. 简述拍卖的一般程序。
3. 什么叫寄售？采用寄售方式有哪些利弊？
4. 简述寄售协议的主要内容。
5. 我国北京某出口商 A 公司在 2014 年采用寄售方式向巴西 B 经销商出口一批在仓库积压已久的箱包，这批箱包款式、质地均已过季。货到巴西后，虽经代销商 B 努力推销，仍然无法售出，最终只能装运回国。此事件导致我国出口商 A 损失惨重。试分析 A 公司采用寄售方式有何不妥。

第15章
CHAPTER15

招标与投标

∷**学习目标**

|掌握国际招标的方式，招标投标的含义与特点。

|了解国际招标投标业务的基本程序。

|重点掌握国际竞争性招标、选择性招标、谈判招标及两阶段招标的概念及其适用
范围。

15.1 招标与投标

15.1.1 招标与投标的含义及特点

1. 招标与投标的含义

国际招标与
投标

招标（invitation to tender）是由交易一方按照规定条件，公开征求应征人递盘竞争，最后由招标人选定交易对象订立合同的一种交易方式。它通常由招标人（购货人）发出招标通知，说明拟采购的商品名称、规格、数量及其他条件，或提出招标工程项目及其要求和条件，邀请投标人（供货人）在规定的时间、地点按照一定的程序进行投标供货，并选定对其最有利的投标人达成交易的行为。

投标（submission of tender）是指投标人（供货人或承包人）应招标通告的邀请，按照招标的要求和条件，在规定的期限和地点向招标人发盘，争取中标，达成交易的行为。

招标多用于政府机关、市政部门以及一些大企业特别是公营事业单位等，采购大宗物资、器材、机械设备及勘探、开采矿藏资源或承建工程项目。目前，国际的政府贷款项目和国际金融组织的贷款项目，往往也规定借款方必须采取招投标方式采购物资或招标工程，以便能更好地利用贷款。

2. 招标与投标方式的特点

（1）它是一次性递盘成交的贸易。招标方式下，投标人按照招标人规定的时间、

地点和条件进行递盘。这种递盘是对投标人有约束力的法律行为，一旦投标人违约，招标人可要求得到补偿。

（2）它属于竞卖方式。招标人只有一家，而投标人却有若干家。投标人之间的竞争使招标人在价格及其他条件上有较多的比较和选择，从而在一定程度上保证了采购商品或招标工程的最佳质量。

15.1.2　国际上常见的招标方式

1. 国际竞争性招标

国际竞争性招标（international competitive bidding，ICB）是指招标人邀请几个甚至几十个投标人参加投标，通过多数投标人竞争，选择其中对招标人最有利的投标人达成交易。竞争性招标有下列两种做法。

（1）公开招标。公开招标（open bidding）是一种无限竞争性招标（unlimited competitive bidding）。采用这种做法时，招标人要在国内外主要报刊上刊登招标广告，凡对该项招标内容有兴趣的人有均等机会购买招标资料进行投标。

（2）选择性招标。选择性招标（selected bidding）又称邀请招标，它是有限竞争性招标（limited competitive bidding）。采用这种做法时，招标人不在报刊上刊登广告，而是根据自己具体的业务关系和情报资料由招标人对客商进行邀请，进行资格预审后，再由他们进行投标。

2. 谈判招标

谈判招标（negotiated bidding）又称议标，它是非公开的，是一种非竞争性的招标。这种招标由招标人物色几家客商直接进行合同谈判，谈判成功，交易达成。

3. 两段招标

两段招标（two-stage bidding）是无限竞争招标和有限竞争招标的综合方式，采用此类方式时，则是先公开招标，再用选择性招标，分两段进行。

15.2　招标与投标的程序

招标、投标业务的基本程序包括：招标前的准备工作、投标、开标、评标、决标及中标签约等几个环节。

15.2.1　招标前的准备工作

1. 发布招标通告

采用"选择性招标"或"谈判招标"方式时，一般颁发招标通知给少数在该行业享有盛誉并殷实可靠的公司或在过去业务交往中建立了良好关系的厂商。采用"公开招标"或"两段招标"时，则应在国内普遍发行、带有权威性的报纸杂志或其他宣传媒介上刊登招标广告。招标通知与招标广告的内容基本相同，一般是指招标项目的内容、要求和投标须知等。

2. 预审投标人资格

由于投标人的资信和能力是投资效益和安全的重要保证，因此资格预审是公开招标前的一项重要工作，尤其是一些国际公开招标和大型项目的招标，资格预审是确保投标人在各方面有投标能力的关键工作。所谓资格预审包括招标人对投标人的基本情况、财务状况、供应和生产能力、经营作风及信誉进行全面预先审查，预审合格方能取得投标的资格。

3. 编制招标文件

招标文件（bidding documents）又称"标书""标单"，是招标的贸易条件和技术条件，也是投标人编制投标书的依据，是招标人与中标的投标人日后订约的基础。招标条件通常是由招标人单方面指定的，投标人没有讨价还价的余地。除了列明招标条件外，招标单上还需列明投标人须知，例如投标人资格、投标日期、寄送投标单的方法等。

15.2.2　投标

1. 研究招标书

投标人在接到招标通告以后，应搜集和了解招标人及其所在地的有关情况，研究招标书中所提出的招标商品、成套设备的规格质量要求、运输条件、保证金条款以及其他限制条件，凭自身的生产能力、技术条件以及生产经营管理是否可以满足，从而决定是否投标，并拟定适合的投标书。

2. 编制投标书

投标人研究了招标书并决定参加投标后，应按照招标书的规定和要求，认真编制和填报投标书。凡招标文件所规定的贸易条件和技术条件都不得更改或修正，所采用的术语要前后一致，编制投标书是投标过程中一项十分严肃的工作，随意填写标书，往往会造成不良后果，会给自身的信用带来影响，并造成经济损失。并且招标人一般不接受两个或两个以上并列厂商署名的投标，因此，当有几家联合投标时，投标人名义上只能有一个。

3. 提供银行保函或缴纳投标保证金

为了防止投标人投标后撤标或中标后不签订合同，招标人往往要求投标人投标时提供银行出具的保证书（L/G）或备用信用证（standby L/C），或者提供一定比例（通常为总价的3% ~ 5%）或金额的投标保证金（或称投标押金）。如果投标人中途撤标或中标后拒不签订合同，投标人支付的保证金由招标人没收。未中标的则在评标后全额退回。

4. 递送投标书

投标文件编制完毕，经审核校对无误，应用密封件挂号寄给招标人，邮寄时间要充分保证能在投标截止前寄达。为了保密或能按时送达，投标人一般采用专人送标书或经由当地代理人递交的办法。

15.2.3　开标、评标

1. 开标

开标是指招标人在指定的时间和地点，将寄来的投标书中所列的标价和提出的交易条件进行比较，然后择优选定中标者。公开开标是招标人按照规定的时间和地点，当众拆开密封投标文件，宣读内容。开标时允许投标人记录，但不得查阅标书。开标后，投标人不得更改任何投标内容。

2. 评标

开标后，招标人对各个投标书中提出的条件进行评审、比较，选择最有利者为中标人的过程称为评标。评标的基本原则是公正性、准确性和保密性。具体来讲，评标要做好以下三项工作。

（1）审查投标文件。审核其是否符合招标条件的要求，包括招标文件的贸易条件和技术条件。

（2）评标的方法有 3 种：打分法、投票表决法和集体评议法。评标主要是比较各投标人投标内容的优劣利弊，包括价格、质量、交货期等。招标大、中型工程项目或采购机器设备时，还必须对大量的技术指标、施工安装、培训技术人员等条件以及其他服务项目逐项进行比较。

（3）投标人的资格复审。为了确保选定的中标人是具有履行招标合同条款能力的最优投标人，在选定中标人时，有时选几个人，分别为第一中标候选人、第二中标候选人等，对初步选定的中标候选人还必须进行最后的资格复审，审定其生产能力、信贷能力。如经审核第一中标候选人确实可信，即该次招标的中标人为第一中标候选人，否则依次为第二、第三中标候选人。

如果招标人认为在所有投标人中不能选定中标人可以宣布招标失败，拒绝所有投标，并重新招标。凡是出现下列情况之一者，招标人即可拒绝全部投标：所有标价与国际市场的平均水平相差太大；所有投标内容与投标文件不符；参加投标的厂商太少，缺乏竞争性等。

15.2.4 中标签约

招标人选定中标人之后，应书面通知中标人在限定的日期（一般为 15～30 天）内到招标人所在地与招标人签订买卖协议或承包项目协议，招标人还通常要求中标人缴纳履约保证金。这些协议条款实际上与普通的商品买卖协议或承包项目的协议很少有或完全没有区别，但有时也涉及运输方式或使用本国商船、本国劳工及工程项目的某些特殊条款。

在贷款项目下，协议签订后并不意味着交易最后达成。协议需递交贷款人审批。因此协议中须加协议生效条款。这样，在协议签订后，招标人需填写协议批准申报单及招标评估报告，连同协议一并报送贷款人，经贷款人审批同意后，协议方可生效。招标人可据以通知供货人或承包商，宣告交易最后达成。

本章小结

招标与投标贸易方式属于竞卖方式，是一种贸易方式的两个方面，多用于政府机构或公用事业单位的物资或设备的采购和国家承包工程中。国际招标方式有竞争性招标、谈判招标和两段招标。本章重点阐述了招标与投标业务的基本程序，即招标、投标、开标、评标、决标和中标签约等。

练习题

1. 名词解释：招标、投标。
2. 招标与投标方式的特点有哪些？
3. 简述招标投标的基本程序。
4. 一招标机构接受委托，以国际公开招标形式采购一批机电产品。招标文件要求投标人制作规格和价格两份投标文件，开标时，先开规格标，对符合条件者，再定期开价格标，确定中标者。一共有12家企业投标。到了开标期先开规格标，经慎重筛选，初步选定7家，通知他们对规格标进行澄清，并要求将投标有效期延长两个月。7家中，有4家送来澄清函并同意延长有效期。另外3家提出若延长有效期，将提高报价10%或更多，否则将撤销投标。招标机构拒绝了后3家的要求，到了价格标的开标日期，对仅有的4家开标后，却发现4家报价均过高，超过招标机构预订标底30%以上，无奈，招标机构只得依法宣布此次招标作废，重新招标。试分析此次招标失败的原因以及应吸取的教训。

第16章
CHAPTER16

商品期货交易

:: **学习目标**

| 了解期货交易的含义和基本操作程序。

| 了解期货交易的基本特点。

| 了解套期保值的含义和基本特征，并掌握套期保值的主要类型。

　　商品期货交易，是在期货交易所内买卖特定商品的标准化合同的交易方式。商品期货交易市场与现货市场既相互联系，又相互区别。现货市场的价格是期货市场交易价格的基础，但期货市场的交易方式和内容又与现货市场不同。商品期货历史悠久，种类繁多，主要包括农副产品、金属产品、能源产品等几大类，是当今国际市场的重要组成部分。国际商品期货市场一般都为世界贸易中心，交易者来自世界各地，交易便捷，市场信息集中且流动快速，具备价格发现功能，使交易者利用期货市场与现货市场价格运动方向趋同的特点转移价格风险成为可能。国际商品期货市场所发布的商品成交价格，是公认的国际市场价格，常常成为现货交易价格的重要参考依据。

16.1　商品期货交易的基本知识

16.1.1　期货交易的含义

　　商品期货是指标的物为实物商品的期货合约，是关于买卖双方在未来某个约定的日期以签约时约定的价格买卖某一数量的实物商品的标准化协议。期货交易就是在交易所内买卖商品或有价证券的远期标准合约。交易所涉及的商品和有价证券不直接进入市场，而只是承诺在未来某一时刻以特定的价格销售或在规定交割日之前将合约转手买卖或冲销，其实质是借助买卖商品方式的金融行为。

商品期货
交易

商品期货交易（futures trading）是一种在特定类型的固定市场，即期货市场（futures market）或称商品交易所（commodity exchange），按照严格的程序和规则，通过公开喊价的方式，买入或卖出某种商品期货合同的交易。期货交易存在以下基本特征。

1. 标准合同交易为主

期货交易市场不是买卖货物的市场，而是买卖品质、数量、包装、支付、交货地点和方式、商验、争议解决等条款及内容已经标准化的期货合同（futures contract）的市场，买卖双方只需协商确定价格和交货期两项条款以及合同份数。据此，人们常把在商品期货交易所中进行的标准合同交易称为"买空卖空"，买入期货合同的一方称为"多头"，而卖出期货合同的一方则被称为"空头"。在进行期货合同交易时，买卖双方并不直接见面，而是通过经纪人来进行。当然，买卖双方在合同到期时也可要求交收实际商品来结算，但这种情况在期货合同交易中极为罕见，一般不超过交易总额的2%，如果期货合同的持有人需要以实物抵偿，则必须在5～7个工作日之内书面通知清算所。

2. 特殊的清算制度

从理论上讲，当期货合同规定的交货期限届满时，必须交收实际货物。但是在许多商品期货市场上都设立了清算制度或财力雄厚的清算所（clearing house），负责处理在商品交易所内达成的所有交易的结算和合同的履行。在期货市场上，买卖双方达成交易后，均需立即在清算所进行登记。登记后，买卖双方即不再存在合同责任关系，而是分别与清算所建立合同关系，清算所分别成为期货合同的卖方和买方。

期货市场上的清算办法主要有对冲和实物清算两种。所谓对冲是指当合同期限即将到达时，原来卖出货物的一方可以通过伺机买入同一时期交货的期货合同来抵冲卖出的货物，而本来买入货物的一方则可以选择恰当的时机卖出同一交货期的期货合同来抵冲买入的货物。通过对冲，从而使买卖双方只与价格发生关系，而不必牵涉到实际货物的买卖。所谓实物清算是指当期货经营者只买不卖（"多头"）或只卖不买（"空头"），而规定的交割期到达时，处于空头地位的经营者根据规定向清算所交付提货仓单，收取约定的货款，再由清算所将收到的仓单交给处于多头地位的经营者并向其收取价款的做法。

3. 严格的履约保证金制度

为了防止因交易一方丧失偿付能力逃避合同义务，而使交易的另一方蒙受损失，确保期货交易合同的履行以及清算制度的正常运行，各个商品期货交易市场中的清算所都实行了严格的履约保证金交纳制度。该制度一般包括原始押金（original margin）交纳制度和亏损时补交押金制度。原始押金交纳制度是指规定在每笔交易达成时，买卖双方均需向清算所交纳合同金额的一定百分比（一般为5%～10%）作为押金。而所谓亏损时补交押金制度，则是指清算所在每个交易日结束时，对每位会员进行盈亏测算，对所有会员的每笔交易进行名义上的结算，然后将该名义结算价格与会员在当日收市前的最后一个成交价（close price）进行比较，一旦发现会员名义亏损已经超出规定的百分比（占押金的比例），清算所便会立即向该会员发出补交一定金额押金的通知。会员在接到通知后，必须在次日期货交易所开市前按规定补交押金，否则，清算所有权终止该会员的交易，并按结算价对其交易进行清算。

16.2　套期保值

16.2.1　套期保值的含义

期货市场的基本经济功能之一就是风险转移,而要达到这一目的,最常用的手段就是套期保值。套期保值(hedging)又称海琴,传统含义是指在期货市场上买入或卖出与现货数量相当,但交易方向相反的商品期货合约,以期在未来某一时间通过卖出或买入同等数量的期货合约而补偿因现货市场价格波动所造成的实际价格风险的交易。

期货市场中的套期保值者数量很多,它既可以是个人,也可以是公司。任何想回避现货市场商品价格不利变化的人都可利用期货市场为其现货交易活动进行套期保值。作为一个已持有或计划持有某种现货如小麦、玉米、大豆、债券、外汇等商品的个人或公司,均可以利用期货市场来进行套期保值以回避风险。现今世界期货市场的套期保值者有农业生产者、农场主、谷物储存商、生产商、出口商、银行家、债券经销商、保险公司、制造商、年金基金会等个人与投资机构,几乎无所不包。

16.2.2　套期保值的基本特征

对于套期保值的期货交易方式来说,它具有以下 4 个基本特征。

1. 交易方向相反

交易方向相反是指在做套期保值交易时必须在两个市场上同时采取相反的买卖行为,进行相反操作。具体地说就是,在现货市场上买入现货商品的同时,就应该在期货市场上卖出该商品的期货合约;而在现货市场上卖出现货商品的同时,就应该在期货市场上买入商品的期货合约。

2. 商品种类相同

商品种类相同是指在做套期保值交易时,所选择的期货合约中所载的期货商品,必须和在现货市场上买卖的现货商品是同种类的。比如,准备做套期保值交易为自己在现货市场上将要买入(或卖出)的现货铜进行保值时,就应该选择铜的期货合约作为替代物。

3. 商品数量相等

商品数量相等是指在做套期保值交易时,所选用的期货合约上所载的商品数量必须等于交易者将要在现货市场上买入(或卖出)的该商品的数量。

4. 月份相同或相近

月份相同或相近是指在做套期保值交易时,所选用的期货合约的交割月最好和交易者将要在现货市场上买入或卖出现货商品的时间相同或相近。比如,将要在 11 月卖出一批现货玉米,那么,选用的玉米期货合约的交割月份最好是 11 月,只要能保证在交割期到来之前进行对冲就可以了。

上述套期保值交易的 4 个基本特征在做套期保值交易时必须注意遵循,否则,套期保值交易就不可能达到转移价格风险、提供价格保护的目的。

16.2.3　基差与套期保值

基差是指某一特定商品在某一特定时间和地点的现货价格与该商品近期合约的期货价格之差，即"基差＝现货价格－期货价格"。例如，假设2017年8月16日大连的大豆现货价格2 080元/吨，当日的2017年9月大连商品交易所大豆期货合约价格是2 121元/吨，则基差是–41元/吨。

基差可以是正数也可以是负数，主要取决于现货价格是高于还是低于期货价格。现货价格高于期货价格，则基差为正数，又称为远期贴水或现货升水；现货价格低于期货价格，则基差为负数，又称为远期升水或现货贴水。基差包含着两个成本，分隔现货与期货市场间的"时"与"空"两个因素，即两个市场之间的运输成本和持有成本。前者反映着现货与期货市场间的空间因素，这也正是在同一时间里，两个不同地点的基差不同的基本原因；后者反映着两个市场间的时间因素，即两个不同交割月份的持有成本，它又包括储藏费、利息、保险费和损耗费等，其中利率变动对持有成本的影响很大。由此可知，各地区的基差随运输费用不同而不同。但就同一市场而言，不同时期的基差理论上应充分反映着持有成本，即持有成本的那部分基差是随着时间而变动的，离期货合约到期的时间越长，持有成本就越大，而当非常接近合约的到期日时，就某地的现货价格与期货价格而言必然几乎相等，而农产品、矿产品等的基差将缩小成仅仅反映运输成本。

理想状态的套期保值，在整个保值过程中基差保持不变。这样，如果开始套期保值时玉米的现货价和9月玉米期货的差额是50元/吨，在套期保值进行完好的情况下，当套期保值完成玉米卖出去以后，基差应仍是50元/吨。但是，实际上这种理想状态很少发生，这是因为基差在不断地变动中，而且会导致套期保值者利润的增加或减少。

16.2.4　套期保值的类型

1. 买入套期保值

买入套期保值，是指预先在期货市场上买入期货合约，即买空。持有多头头寸，来为交易者将要在现货市场上买入的现货商品保值，因此又称为"多头保值"或"买空保值"。

买入套期保值交易的基本做法是：根据保值的目标先在期货市场上买入相关的合适的期货；然后，在现货市场上买入该现货的同时，又在期货市场上卖出与原先买入相同的期货合约，从而完成套期保值业务。具体地说，就是交易者目前不打算购进价格合适的实物商品，而为了保证在未来某一时间必须购进该实物商品时，其价格仍能维持在目前水平，那么就可以应用买入套期保值了。

买入套期保值的目的是防止日后因价格上升而承担亏损风险。例如，7月1日，大豆的现货价格为每吨2 040元，某加工商为了避免将来现货价格可能上升，从而提高原材料的成本，决定在大连商品交易所进行大豆套期保值交易。而此时大豆9月期货合约的价格为每吨2 010元，基差是30元/吨，该加工商于是在期货市场上买入10手9月大豆合约。8月1日，他在现货市场上以每吨2 080元的价格买入大豆100吨，同时在期货市场上以每吨2 050元卖出10手9月大豆合约，来对冲7月1日建立的多头头寸。

买入套期保值——大豆

	现货市场		期货市场	
	价格	行为	价格	行为
7 月 1 日	2 040 元 / 吨	卖出 100 吨	2 010 元 / 吨	买入 10 手 9 月期
8 月 1 日	2 080 元 / 吨	买入 100 吨	2 050 元 / 吨	卖出 10 手 9 月期
结果	−40 元 / 吨		+40 元 / 吨	

上述交易情况表明，由于大豆价格上涨使加工商在现货交易中蒙受 40 元 / 吨的损失，但由于适时地做了买入套期保值，在期货市场上盈利 40 元 / 吨，期货市场上的盈利弥补了现货市场价格波动所带来的损失。

2. 卖出套期保值

卖出套期保值是指预先在期货市场上卖出期货合约，即卖空。持有空头头寸，来为交易者将要在现货市场上卖出的现货而进行保值。因此，卖出套期保值又称为"卖空保值"或"卖期保值"。

卖出套期保值交易的基本做法是：根据保值的目标先在期货市场上卖出相关的合适的期货合约。然后，在现货市场上卖出该现货的同时，又在期货市场上买入与原先卖出相同的期货合约，在期货市场上对冲并结束实际套期保值交易。具体地说，就是交易者为了日后在现货市场售出实际商品时所得到的价格，能维持在当前对其来说合适的水平上，就应当采取卖出套期保值方式来保护其日后售出实物的收益。

卖出套期保值的目的在于规避日后因价格下跌而带来的亏损风险。通常是农场主为防止收割时，农作物价格下跌；矿业主为防止矿产开采以后价格下跌；经销商或加工商为防止货物购进而未卖出时价格下跌而采取的保值方式。

例如春耕时，某粮食企业与农民签订了当年收割时收购玉米 10 000 吨的合同，7 月，该企业担心到收割时玉米价格会下跌，于是决定将售价锁定在 1 080 元 / 吨，因此，在期货市场上以 1 080 元 / 吨的价格卖出 1 000 手合约进行套期保值。到收割时，玉米价格果然下跌到 950 元 / 吨，该企业以此价格将现货玉米出售给饲料厂。同时，期货价格也同样下跌，跌至 950 元 / 吨，该企业就以此价格买回 1 000 手期货合约，来对冲平仓，该企业在期货市场赚取的 130 元 / 吨正好用来抵补现货市场上少收取的部分。这样，该企业通过套期保值规避了不利价格变动的风险。

卖出套期保值——玉米

	现货市场		期货市场	
	价格	行为	价格	行为
7 月 1 日	1 090 元 / 吨	将产出 1 000 吨	1 080 元 / 吨	卖出 100 手 10 月期
10 月 1 日	950 元 / 吨	卖出 1 000 吨	950 元 / 吨	买入 100 手 10 月期
结果	−140 元 / 吨		+130 元 / 吨	

3. 综合套期保值

综合套期保值是指同时运用买入套期保值和卖出套期保值，来为将要在现货市场上买入或卖出的商品保值，这样一种综合性的套期保值交易。一方面，以买入套期保值交易来防止日后进货价格上涨带来的风险；另一方面，以卖出套期保值交易来防止日后出货价格下跌带来的风险。因此综合套期保值又称为"双向保值"。

在实际经营中，大多数交易者既是买方又是卖方。他们既可单独进行买入套期保值交易或卖出套期保值交易，又可进行综合套期保值交易。

16.2.5 套期保值的注意事项

经营者利用期货市场进行套期保值交易能得到许多实惠，但在有些情况下，也不能百分之百地保证避免价格风险。为了更好地利用套期保值这一有效的规避风险的手段，应注意以下几点。

1. 同一商品现货市场价格和期货市场价格有差别

在正常情况下，现货价格和期货价格的波动趋势基本上向相同的方向变动。因为到了交收时期，这两种市场价格会慢慢接近，最后达到一致。但是，在期货未到期的这一期间，现货价格变化可能比期货价格变化快些或慢些，这样现货价格和期货价格的差额（即基差）就会不断地发生变化。套期保值完全奏效的最重要条件是市场基差保持不变，但实际情况是，基差常发生变动，这就使套期保值只能保价格不利变化风险的主要部分，而不能百分之百地保值。

2. 充分地了解期货合约的标准化规定

期货交易的对象是期货合约，在对期货合约进行投资时，对期货合约必须要有全面的、仔细的了解，即所谓充分地了解期货合约。

（1）要了解合约关于标的商品的规定。绝大部分期货合约都用某指定品质级数的商品作为交收的标准，称为基本品级。同时也准许其他品级的商品以规定的质量差价进行交货结算。在利用期货市场做套期保值时，需保值的商品品级可能与期货合约规定的基本品级有差异，同时因各自供求关系的影响可能使所保品级商品和基本品级的价格差额与商品交易所规定的质量差价不同，进行套期保值时必须考虑到这些情况。

（2）期货合约的交易数量是固定的，买者只能按整张合约进行，因此对现货交易量应做不多不少恰如其量的保值。

（3）要对期货合约有关交易单位、变动价位、价格波幅限制、交易时间、保证金水平、交易部位限额的规定有所了解。

同时，在套期保值交易操作时，应熟知套期保值交易的"交易方向相反、商品种类相同、商品数量相等、月份相同或相近"的4个基本特征。并要认识到套期保值交易的防御特征，不要企图用套期保值来获取厚利。作为套期保值者，最大的目标是保值，因此在转移价格风险之后应专心致力于经营，获取正常经营利润。

本章小结

期货交易是一种特殊的交易方式，是通过期货交易所、结算所、经纪公司和交易者这4个组成部分的有机联系进行的，操作程序繁杂，在保证金、做空机制、交易制度、交易对象、交易期限、交割制度、市场操纵等方面有严格的规范。在期货交易条件下，交易方既可参考国际期货市场价格制定价格策略，也可利用期货交易，配合现货买卖进行套期保值。套期保值的最大目标是保值，可分为买入套期保值、卖出套期保值和综合套期保值，具有"交易方向相反、商品种类相同、商品数量相等、月份相同或相近"4 个基本特征。商品期货交易规范和套期保值是本章的重点。

 练习题

1. 什么是期货交易，它的特点是什么？
2. 什么是套期保值，它的基本特征是什么？
3. 买入套期保值和卖出套期保值的含义有何不同？

第17章
CHAPTER 17

跨境电子商务

::**学习目标**

|掌握跨境电子商务的概念和流程。

|知晓跨境电子商务模式及代表性平台。

|了解跨境电子商务相关的国际公约、惯例与法律。

17.1 跨境电子商务的概念和流程

17.1.1 跨境电商和外贸电商

跨境
电子商务

电子商务（e-commerce）是指电子商务经营者（自然人、法人和非法人组织）通过互联网等信息网络销售商品或者提供服务的经营活动。[一]跨境电子商务（cross-border e-commerce，以下简称"跨境电商"）是指分属不同关境的交易主体，通过电子商务平台达成交易，进行支付结算，并通过跨境物流送达商品、完成交易的一种国际商业活动。

跨境电商脱胎于"小额外贸"，始于 2005 年，最初是以个人为主的买家借助互联网平台从境外购买产品，通过第三方支付方式付款，卖家通过快递完成货品的运送。这一方式可以称为"跨境零售"，基本上针对终端消费者（即通常所说的 B2C 或者 C2C）。后来，一部分碎片化、小额批发买卖的小 B 类商家用户也成为消费群体（即 B2 小 B，这类小 B 商家和 C 类个人消费者在现实中很难严格区分和界定）。从海关的统计口径来看，"跨境零售"就是在网上进行小包的买卖。

随着时间的推移，"跨境零售"逐步发展出"外贸电商"。跨境电商出现"大型工厂上线、平台 B 类买家成规模、外贸服务商加入和移动用户量剧增"的发展势头，B2B 模式慢慢占据主流。

根据中国电子商务研究中心的数据，2019 年中国跨境电子商务市场规模突破 10 万亿元大关，高达 10.5 万亿元。其中 B2B 交易占比达 80.5%，B2C 交易占比为

㊀ 《中华人民共和国电子商务法》第二条、第九条。该法于 2019 年 1 月 1 日起实施。

19.5%。B2B 交易量大，订单稳定，处于相对较为成熟的阶段，在较长时间内仍将保持主流地位。随着智能手机、网购消费的兴起，以及物流、支付系统的完善，跨境电商零售（B2C、C2C）的增长势头强劲。从 2013 ~ 2019 年我国跨境电子商务交易模式的结构情况来看，B2B 交易的占比呈逐年下滑的趋势，而 B2C 的占比逐年上升。从产品种类上细分，成本优势强、标准化程度高的 3C 电子和服饰类商品的占比较高，而健康美容、母婴产品等增长势头强劲。

外贸电商不仅包括通过跨境交易平台实现线上成交，还包括通过互联网渠道线上进行交易洽谈，促成线下实现成交。跨境电商与传统外贸、国内电商的对比如表 17-1 所示。

跨境电商
中的 B、
C、M、A、
G、O……
是什么

表 17-1 跨境电商与传统外贸、国内电商的对比

内容	跨境电商	传统外贸	国内电商
发展起源	20 世纪末开始萌芽，起源于 2005 年个人代购	人类历史第一次社会大分工后，产品出现剩余，商品流通超出国界，产生国际贸易	始于 20 世纪 90 年代初的电子数据交换
交易主体	贸易双方分属不同国别或关境	贸易双方分属不同国别或关境	贸易双方在同一境内
业务模式	B2B、B2C、C2C 等	基于合同的业务模式	B2B、B2C、C2C 等
产品类目	产品类目丰富多样，更新及时	产品类目较少，更新延时	产品类目丰富多样，更新及时
物流要求	多借助第三方物流，消费者对物流服务要求高	多为空运或集装箱海运，物流因素对交易主体影响不大	可为自营或第三方物流，消费者对物流服务要求高
覆盖范围	覆盖全球范围，市场规模大	交易商品范围较小，市场规模大，但受地域限制	覆盖全国，市场较大
价格与利润	价格实惠，成本较低而利润较高	价格较高，成本高而利润较低	价格实惠，成本低而利润高
交易环节	简单，中间商少	复杂，中间商多	简单，中间商少

资料来源：中国电子商务研究中心。

17.1.2 跨境电商的流程

跨境电商出口的流程大体为：出口商或生产商将商品通过跨境电子商务企业（平台式或自营式）进行线上展示，在商品被选购下单并完成支付后，跨境电子商务企业将商品交付给境内物流企业进行投递，经过出口国和进口国的海关通关商检后，最终经由境外物流企业送达消费者或企业手中，从而完成整个跨境电商交易过程。在实际操作中，有的跨境电商企业直接与第三方综合服务平台合作，让第三方综合服务平台代办物流、通关商检等一系列环节的手续。也有的跨境电商企业通过设置海外仓等方法简化跨境电商部分环节的操作，但其流程与图 17-1 所示的框架基本相同。跨境电商进口的流程除方向与出口流程的相反外，其他内容基本相同。

17.1.3 跨境电商的作用

1. 促进贸易要素多边网状融合

跨境电商使得各国间实现资源有效配置、提升购物效率和购物体验成为可能。消费者在 A 国的购物平台可以挑选来自全球的优质商品，选定后可以在 B 国的支付平台上结算，并选择 C 国的物流公司。跨境电商促进了贸易要素的配置从传统的双边线状结构向多边网状结构的方向演进。

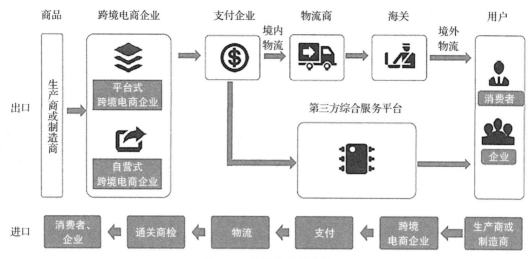

图 17-1　跨境电商的流程

资料来源：阿里巴巴（中国）网络技术有限公司. 从 0 开始：跨境电商实训教程［M］. 北京：电子工业出版社，2016.

2. 缩短国际贸易的交易链条

跨境电商作为一种新型的国际贸易模式，重塑中小企业国际贸易链条，实现多国企业之间、企业与消费者之间及消费者与消费者之间的直接贸易，大大缩减了贸易中间环节，提升了企业的获利能力和竞争力。传统外贸与跨境电商贸易链条如图 17-2 所示。

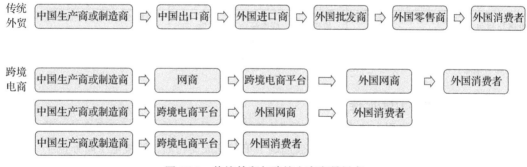

图 17-2　传统外贸与跨境电商贸易链条

资料来源：阿里巴巴（中国）网络技术有限公司. 从 0 开始：跨境电商实训教程［M］. 北京：电子工业出版社，2016.

3. 提升国际贸易组织方式的柔性

近年来，国际贸易的组织方式发生较大的变化，已由过去以大宗集中采购、长周期订单、低利润运营的刚性组织方式逐渐向小批量、高频次、快节奏的柔性组织方式转变。跨境电商在信息、技术方面的优势使得它比传统国际贸易更具灵活性，使得企业或消费者能够按需采购、销售、多频次购买成为可能。我国跨境电商产业链如图 17-3 所示。

4. 扩充国际贸易的交易对象"虚实"兼顾

传统国际贸易的交易对象多以实物产品和服务为主，其品类扩展往往受限。随着跨境电商的迅速发展，以软件、游戏、音像等为代表的虚拟产品由于不涉及物流配送，交易瞬间完成，正成为跨境电商新一轮贸易品类的重要延伸方向，但虚拟产品的知识产权保护、海关监管的缺失、关税的流失等问题也为跨境电商虚拟产品贸易的发展带来了新的挑战。

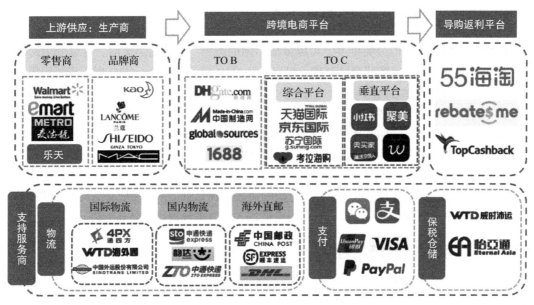

图 17-3 我国跨境电商产业锛

资料来源：iiMcdia Research（艾媒咨询）。

5. 产业生态日趋完善，交易更为便捷

跨境电商将传统的链状交易模式转变为基于平台的生态系统模式。围绕着跨境交易双方，跨境金融、跨境物流、外贸综合服务、衍生服务（代运营、搜索关键词优化、人员培训咨询等）、大数据和云计算等生态体系得以衍生。体系内的各方服务于生态圈，受益于生态圈。产业生态的完善，使得交易更为便捷、合同履行更有保障。基于交易平台的商业生态系统如图 17-4 所示。

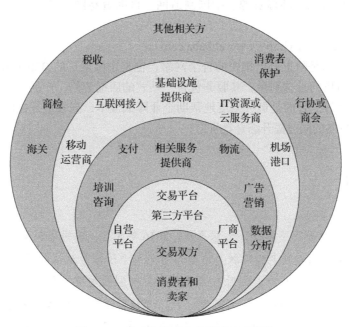

图 17-4 基于交易平台的商业生态系统

资料来源：阿里跨境电商研究中心。

17.2　跨境电商模式及代表性平台

跨境电商根据不同的分类维度，可以分成不同的类别。按照商品流向，可以分为跨境出口电商和跨境进口电商。按照交易对象，可以分为 B2B 型、B2C 型、C2C 型。按照销售经营模式，可以分为纯平台、自营 + 平台、自营。纯平台是指企业仅提供平台，不涉足采购和配送等；"自营 + 平台"是指企业一方面自营部分产品赚差价，另一方面作为平台提供方收取佣金；自营是指企业涉足采购和配送等领域。按业务专业性，跨境电商又可以分为传统大宗跨境电商、综合型跨境电商和垂直型跨境电商。传统大宗跨境电商以 B2B 模式展开运营，主要为达到一定规模的国内进出口贸易企业提供服务；综合型跨境电商的业务呈现多元化，其用户流量及商家商品数量巨大；垂直型跨境电商的业务比较专业化，专注核心品类的深耕细作。

下面结合商品流向与平台模式，对跨境电商的代表性平台进行分类和介绍。

17.2.1　跨境电商出口平台

按照产业模式和交易对象，跨境电商出口平台分为 B2B、B2C、C2C 三大类。其中，最具代表性的网站有阿里巴巴国际站、全球速卖通、亚马逊、易贝、兰亭集势、敦煌网等国内外知名电子商务平台，这些平台也是做跨境电商的首选对象。

1. B2B 平台

B2B 平台主要为境内外会员搭建网络营销平台，传递生产商或供应商、采购商及合作伙伴的商品或服务信息。这类平台通过较系统的附加服务（如搜索、广告等形式）帮助买卖双方完成交易，通过收取会员费、认证费、营销推广费等方式实现盈利。B2B 平台的特点是流量大、信息充分、交易安全。

B2B 交易属于历史最悠久、成交额最大的交易平台，占据主体地位。这类模式的代表性平台有阿里巴巴国际站、环球资源、中国制造网、自助贸易网、敦煌网等。

（1）阿里巴巴国际站（http://www.alibaba.com）。

阿里巴巴国际站是阿里巴巴集团的首个网站，也是中国最早的 B2B 跨境电商出口平台，是企业拓展海外市场的首选平台。其服务包含一站式的店铺装修、产品展示、营销推广、交易洽谈及店铺管理等。目的是最大限度地帮助企业降低成本，高效地开拓国际市场，在助推电子商务服务业发展的同时提升综合竞争力。

案例 17-1

【案情】

某日用品公司对平台不重视，生意不佳。2016 年 3 月，公司老板接到一个电话，自称是供应商，在阿里巴巴看到老板的联系信息，想先买个子账号试试效果。考虑到生意不佳，出租子账号能抵消一部分成本，同时对自己产品没有利益冲突，相反，热门产品有可能带来一些流量，于是老板欣然答应。突然有一天，老板陆续收到通知，说有买家投诉他收款不发货。于是老板打电话给这个供应商，但是对方手机已经关机。面对近 3 万美元的赔偿款，老板欲哭无泪。该公司的阿里巴巴账号被关闭拉黑，经营状况良好的诚信通也被关闭，损失惨重。

【讨论分析】

平台上注册的账号是企业经营的主体资格和身份，如同实体经营的营业执照，不可以租借给别人。子账号与主体账号关联，也不可以买卖或租借。

（2）环球资源（http://globalsources.com）。

环球资源成立于 1970 年，是业界领先的多渠道 B2B 媒体公司。通过环球资源网站可以对 B2B 进行整合推广服务，包括提供综合性的 B2B 出口推广服务，为电子行业提供从设计到出口的一条龙服务，对印度等新兴市场提供一整套的出口解决方案，等等。

（3）中国制造网（http://www.made-in-china.com）。

中国制造网创建于 1998 年，聚焦于科技开发和运营，面向全球市场提供产品。中国制造网汇集中国企业产品，面向全球采购商，专注于出口推广，为中国大量的中小企业提供网络营销策略和商业信息数据库服务，协助其开展信息交流和国际商贸活动，提供高效、可靠的信息交流与贸易服务平台。

（4）自助贸易网（http://diytrade.com）。

自助贸易网的前身为大中华商贸网，2006 年 5 月更名，是面向全球供应商和采购商的国际贸易 B2B 平台，旨在通过市场定位和营销手段建立企业间的信息发布与沟通平台，为中小企业提供电子商务服务。其个性化的技术基础服务颇具特色：具有自助建站功能，可以提供独立域名，可以即时将企业资料提交全球主要搜索引擎，等等。

（5）敦煌网（http://www.dhgate.com）。

敦煌网创立于 2004 年，是全球优质的外贸交易平台之一，在为中小型企业提供高效专业的信息流、安全可靠的资金流及快捷简便的物流方面做了诸多尝试，尤其是为中小企业提供了一系列的金融服务，是中小商家开展国际业务的优质外贸平台之一。

全球前十
知名跨境
电商 B2B
平台

案例 17-2

【案情】

业务员小王最近接了个大单，有一个美国买家 Jack 订购了 10 万个书包，双方沟通得很愉快，小王也将形式发票通过邮箱 wing_wang@xiwang.com 发给了买家，双方约定预付 30% 货款，尾款见提单付清，收款人为浙江新希望文具有限公司，账号：527382724。发完邮件后的两周内小王都没有再收到买家的邮件。

两周后的某一天，小王突然收到了买家 Jack 的催货邮件。小王很纳闷，为什么预付款都未支付就让发货呢？和买家进一步沟通后发现，发完形式发票邮件的第二天，买家收到了另外一封邮件，告诉买家公司账户出现了问题，需要将款项付到一个个人收款账号。Jack 认为既然是供应商的要求，个人账号就个人账号吧。

小王当场表示从未要求修改过银行账号，双方核对邮件后发现，交易过程中出现了一个新的邮箱地址 vving_wang@xiwang.com，这才恍然大悟，邮箱被盗了！

当前，越来越多的骗子通过盗取会员的邮箱账号，获得会员邮箱中的询盘信息进行欺诈行为。由于邮箱是会员自行注册获得的，阿里巴巴无法对其进行安全保护，最终导致买家受损，客户诚信受到挑战。

【讨论分析】

盗取邮箱的骗子惯用手段如下：

（1）发布钓鱼链接，进入客户邮箱获取双方邮件信息或修改邮箱后台设置，设置自动转发功能；

（2）监控买卖双方交易过程，等待至付款阶段，屏蔽双方正常往来，仿冒与买家或者卖家相近的邮箱，诱导付款或者发货；

（3）款项到手后，逃之夭夭。

2. B2C 平台

B2C 平台分为独立平台和自营平台。

独立 B2C 平台一般不参与支付、物流等交易环节，但在市场影响力及服务体系等方面较为完备；以收取佣金为主，收取会员费、广告费等为辅。其特点是门槛低、周期短、支付方式灵活、利润较高。这类模式的代表有全球速卖通、亚马逊、Wish 等。

自营 B2C 平台通常自主创建 B2C 商城，自建物流、支付及客服体系，主要利润来源是销售收入，通过不断巩固细分领域的发展优势，以差异化的竞争手段获取海外生存空间，有点类似于国内的京东商城、当当网等自营式电商企业。这类模式的代表有兰亭集势、易宝等。

（1）全球速卖通（http://www.aliexpress.com）。

全球速卖通正式上线于 2010 年 4 月，阿里巴巴旗下唯一面向全球市场打造的集订单、支付、物流于一体的外贸在线交易平台，是全球第三大英文在线购物网站。全球速卖通开店后，通过支付宝国际账户进行担保交易，并使用国际快递发货。2015 年 12 月 7 日，全球速卖通对外宣布，全面从跨境 C2C 平台转型为跨境 B2C 平台，提升商家入驻门槛，帮助中国优质的中小企业开拓全球市场。

（2）亚马逊（http://www.amazon.com）。

亚马逊成立于 1995 年，是美国最大的电子商务公司，也是最早经营电子商务的公司之一。其旗下业务包含 Amazon Services、Amazon Fulfillment、Amazon Kindle、Amazon Payments 等，网站经营范围从最初的图书业务逐步扩展至影视、音乐、家居、珠宝、婴幼儿用品、体育及户外用品等，已成为全球商品品种最多的网上零售商。

数据显示，目前亚马逊美国市场的新增卖家中，50% 来自美国本土以外的国家，这些国家中又有 56% 的卖家来自中国，即亚马逊美国市场每新增四个卖家，就有一个来自中国。由此可见，中国品牌正在迅速占领美国电子商务市场。

（3）Wish（http://www.merchant.wish.com）。

Wish 是北美地区最大的移动跨境购物平台，创立于 2011 年 9 月，目前 Wish 平台 95% 的订单量来自移动端。Wish 平台 60% ~ 70% 的商家来自中国，并占据了总交易额的 80% ~ 90%。Wish 的迅速崛起，不仅为数量众多的国内中小卖家提供了产品走出国门的机会，也为移动跨境电商的发展提供了范本。

Wish 专注于移动端的"算法推荐"购物，实现千人千面，即不同用户看到的商品信息不一样，同一用户在不同的时间也会看到不同的商品，这让在 Wish 的购物体验融合了更多的娱乐感，在无形的互动中增强用户的黏性。

（4）兰亭集势（http://www.lightinthebox.com）。

兰亭集势成立于 2007 年，旗下包含婚纱礼服、小额批发、手机数码等相关子网站。公司拥有一系列的供应商，并拥有自己的数据仓库和长期的物流合作伙伴。兰亭集势以欧洲和北美为主要目标市场，产品涵盖服装、电子产品、玩具、家居用品、体育用品等 14 大类。2014 年 6 月 7 日，兰亭集势在美国纽约证券交易所挂牌上市，成为中国第一个真正意义上的跨境电商上市公司，以"小批量、高频率、跨界走"的特色正形成跨境电商的一股新兴的力量。

（5）易宝（http://www.dx.com）。

易宝（DX）创立于 2007 年年初，坚持 3C 产品的主营线路，目标市场定位于俄罗斯、巴西、以色列等新兴市场。在营销模式上，易宝主打"论坛营销"，通过大量的论坛合作将产品信息整合推广至各个区域市场，并以此提升用户的黏性。在物流方面，借助"全网最低价 + 2 公斤以下电子产品 + 国际小包免运费"的模式，吸引了大量对价格敏感的客户。

3. C2C 平台

C2C 平台向所有个人开放注册，向卖家收取商品展示费和交易服务费，平台提供交易和支付保障，但一般不参与洽谈与物流等交易环节。其特点是商品种类多、门槛低、利润较高。这类模式的代表有 eBay、Etsy 等。

（1）eBay（http://www.ebay.com）。

eBay，又名电子港湾、亿贝、易贝，创立于 1995 年 9 月，是一个可供全球网民买卖物品的线上拍卖及购物网站，已发展成为全球最大的网络零售市场。eBay 全球交易中有 20% 的商品交易属于跨境贸易，交易使用 PayPal 进行支付。eBay 中国是 eBay 旗下的全资子公司，通过本地化服务平台 www.ebay.cn，为中国的中小企业和个人卖家提供跨境电商服务。

（2）Etsy（http://www.etsy.com）。

Etsy 是一个销售手工工艺品的社交型跨境电商网站，被认为是复古和创意电商，网站集聚了一大批极富影响力和号召力的手工艺术品设计师。每个人都可以在 Etsy 开店，销售自己的手工艺品，模式类似 eBay 和淘宝。

国内十大
跨境电商
平台排行榜

17.2.2　跨境电商进口平台

跨境电商进口业务占比仍然较低，随着自贸区政策和电子贸易通关政策试点的日益放开，国内对高质量进口产品需求的逐渐增加，其发展潜力巨大。

从业务模式来看，跨境电商进口目前主要包含以下五种形式：一是以天猫国际、易趣网等为代表的"支付 + 物流"的大平台模式；二是以京东国际、苏宁国际为代表的"自营 + 平台"模式；三是以洋码头、海豚村为代表的 M2B2C 模式；四是以 55 海淘（论坛 + 返利性质）、海淘城为代表的链接销售模式；五是以上海"跨境通"、宁波"跨境购"等跨境贸易电子商务服务试点为主的"网购保税"进口模式。

1. 大平台模式

大平台模式融合支付和物流，兼顾货品多样性和交易安全性。其代表是天猫国际、易趣全球集市。

（1）天猫国际（https://www.tmall.hk）。

2014 年 2 月 19 日，阿里巴巴集团宣布天猫国际正式上线，为国内消费者直供海外原装进口商品。入驻的商家为具有境外零售资质的中国大陆以外的公司实体。销售的商品均原产于或销售于海外，通过国际物流经中国海关入关。天猫国际为入驻商家配备旺旺中文咨询，并提供国内的售后服务；要求商家 72 小时内完成发货，14 个工作日内到达，并保证物流信息全程可跟踪。这些举措使得消费者可以像在淘宝购物一样使用支付宝买到海外进口商品，跨境购物体验与国内购物相差无几。

（2）易趣全球集市（http://www.eachnet.com）。

易趣网成立于 1999 年；2002 年 3 月，eBay 以 1.5 亿美元全资控股易趣网；2012 年 4 月，Tom 集团从 eBay 手中收购易趣网。2010 年 7 月 20 日，易趣网推出"全球集市"这一新业务，为买家提供代购服务，目前设有中国馆、美国馆和加拿大馆。

2. "自营 + 平台"模式

"自营 + 平台"模式由大型企业主导，既有自营产品，又利用平台引入第三方企业，其代表是京东国际、苏宁国际。

（1）京东国际（https://www.jd.hk）。

京东国际是京东集团旗下所属品牌，主营跨境进口商品业务。其前身为京东的"海囤全球"与"京东全球购"。作为国内首个全面专注于进口业务的消费平台，京东国际通过在消费场景、营销生态、品质和服务、招商四大维度的全面升级，为消费者带来更加优质和丰富的进口商品购物体验。

（2）苏宁国际（http://g.suning.com）。

苏宁国际采用"自营直采 + 平台海外招商"模式，以母婴美妆、食品保健、电子电器、服装鞋帽等四大品类为主，已相继上线我国香港、日本、美国、韩国、欧洲五个国家和地区的品牌馆。

3. M2B2C 模式

M2B2C 模式主要打通了国外优质生产商、零售商和国内消费者的通路，缩短了跨境进口链条，其代表是洋码头、海豚村、蜜芽、小红书等。

（1）洋码头（http://www.ymatou.com）。

洋码头于 2011 年 6 月正式上线，打通了从美国、欧洲、日本等世界各地购买当地商品的渠道，并跨过所有中间环节，提供直购、邮购服务，免去了零散代购模式中的一切繁杂手续。洋码头移动端 App 内拥有首创的"扫货直播"频道；而另一个特色频道"聚洋货"，则汇集了全球各地的知名品牌供应商，提供团购项目，认证商家一站式购物，保证海外商品现货库存。

（2）海豚村（http://www.haituncun.com）。

海豚村是一家主打"平价购物"的海外直邮网站，于 2013 年 12 月 20 日正式上线。海豚村通过与欧洲知名厂商合作，建立中欧物流通道，面向中国消费者销售海外品牌商品。该网站的特点有：商品价格与欧洲零售价同步，欧洲原产地直发，商品运输周期超长则赔偿，7 天无理由退货，购物送海豚币，等等。

（3）蜜芽（http://www.mia.com）。

蜜芽的前身 mia 时尚母婴用品于 2011 年在淘宝上线，后来逐步发展为进口母婴品牌限时特卖商城，目标是创造简单、放心、有趣的母婴用品购物体验。"母婴品牌限时特卖"是指每天在网站推荐热门的进口母婴品牌，以低于市场价的折扣力度，在 72 小时内限量出售。

（4）小红书（http://www.xiaohongshu.com）。

小红书创办于 2013 年 6 月，是一个社区电商平台，主要包括两个板块：UGC（用户原创内容）模式的海外购物分享社区，以及跨境电商"福利社"。小红书福利社采用 B2C 自营模式，直接与海外品牌商或大型贸易商合作，通过保税仓和海外直邮的方式发货给用户。

4. 链接销售模式

链接销售模式又称返利模式，主要通过提供大量的跨境进口的链接资源，以论坛、即时通信工具、社交网站等形式进行推广。对于通过链接进行购买的销售额，按照一定比例提供佣金，从而实现病毒式的传播，其代表是 55 海淘网、海淘橙等。

（1）55 海淘网（http://www.55haitao.com）。

55 海淘网是一家致力于为国内消费者提供海外购物全方位咨询服务的网站，介绍来自全球的网络商品的信息，并提供海淘返利和海淘转运服务，使消费者可以在全球范围内自由浏览及选购商品。

（2）海淘橙（http://www.haitaocheng.com）。

海淘橙是海外正品直播直购直送的一站式服务平台，集聚全球海量品牌，致力于为买家挑选最优性价比的海外正品行货，通过安全、便捷的购物体验和代购服务，方便买家跨境购买海外商品。其产品品类包括母婴用品、护肤保健、服饰户外、家具厨电等。

5. 网购保税模式

网购保税模式是指境外商品入境后暂存在保税区内，境内消费者凭身份证件购买物品，从保税区通过国内物流的方式送达。该模式主要由政府主导，包括上海的跨境通、宁波的跨境购、重庆的爱购保税等。

（1）跨境通（http://www.kjt.com）。

跨境通是一家上海自贸区官方的进口商品海外购物商城，所有商品全部原装进口，消费者购买后由上海自贸区发货，并实行国内售后；跨境通平台还是一家从事第三方进口清关及物流增值服务的跨境电商网站，它为入驻商户提供备案服务、商品交易导购和推广服务、一体化通关服务以及跨境资金结算服务。跨境通实现全程电子化管理，商品流程及管理比较透明，可信度很高。

跨境通的合作商户来自全球各地，它们在跨境通网站平台上主要经营进口食品、母婴用品、保健食品、鞋靴箱包、护肤彩妆、时尚服饰配饰、3C电子产品以及生活家居等八大类商品。

（2）跨境购（http://www.kjb2c.com/）。

跨境购是由国家发改委和海关总署授牌的宁波跨境贸易电子商务服务平台。它依托一套与海关、国检等部门对接的跨境贸易电子商务服务系统，可实现快速通关，解决灰色通关问题。纳入跨境购平台的卖家都经过平台认证，买家可享受实名身份备案、税单查询、商品防伪溯源查询等跨境网购服务。买家下单后，平台提供商品追溯二维码，买家用手机扫描二维码后，商品进口的详细信息一目了然，验证真伪极为便利。

（3）爱购保税（http://www.igetmall.net）。

爱购保税为专业B2C进口商品电商平台，是重庆保税港区唯一的线上商贸品牌，也是重庆市政府认可的跨境电商试点单位。爱购保税不是单一的购物网站，它依托保税港区现有仓储物流资源和保税政策，提供包含通关、仓储、分拣、包装等在内的全产业链服务。

17.3　跨境电商相关的国际公约、惯例与法律

随着电子商务的发展，以电子签名为主要抓手的电子商务立法工作在世界各国政府的努力推动下不断加快，许多国家相继通过了有关法律。由于电子商务不同于传统的商务形式，为了解决电子商务发展过程中的一系列法律问题，避免法律冲突，统一各国对有关电子商务法律问题的规定，联合国国际贸易法委员会（以下简称"贸法会"）、国际商会、世界贸易组织等在20世纪80年代初开始了有关统一电子商务法律规则的探索。

贸法会订立的相关法律和规则

贸法会早在1982年就提出了计算机记录的法律价值问题。从1991年开始，贸法会国际支付工作组（后改名为电子数据交换工作组）开始致力于电子数据交换的法律工作。1993

年 10 月，该工作组在维也纳召开的第 26 届会议上，审议了世界上第一个电子数据交换法草案——《电子数据交换及贸易数据通信有关手段法律方面的统一规则法草案》；1996 年 6 月，联合国贸法会第 29 届年会上将其进一步改名为《联合国国际贸易法委员会电子商务示范法》（The United Nations Commission on International Trade Law Model Law on Electronic Commerce，简称《电子商务示范法》），该法是世界上第一部有关电子商务的统一法规，同年 12 月，联合国大会以 51/162 号决议通过了该示范法。为了明确电子签名的法律效力，根据《电子商务示范法》第 7 条的规定，按照非歧视、技术中立和等效原则，2001 年 7 月，联合国贸法会第 34 届会议通过了《联合国国际贸易法委员会电子签名示范法》（简称《电子签名示范法》）。为了进一步保障电子商务安全和各方利益，促进电子商务在国际货物买卖中的应用，2005 年 11 月，联合国贸法会根据《电子商务示范法》和《电子签名示范法》的基本原则，在第 38 届会议通过了《联合国国际合同使用电子通信公约》（United Nations Convention on the Use of Electronic Communication in International Contracts）。2006 年 7 月 6 日，在联合国贸法会第 39 届年会上，中国商务部授权代表中国政府签署了《联合国国际合同使用电子通信公约》，该公约已于 2013 年 3 月 1 日正式生效。

1.《电子商务示范法》

《电子商务示范法》包括总原则和具体贸易使用情况两大部分，共 17 条。其中总原则是核心内容，主要规定包括以下内容。

（1）"商业"，包括不论是契约性还是非契约性的一切商业性质的关系所引起的种种事项。商业性质的关系包括但不限于下列交易：租赁；工厂建造；咨询；工程设计；许可贸易；投资；融资；银行业务；保险；开发协议或特许，合营或其他形式的工业或商业合作；空中、海上、铁路或公路的客、货运输。

（2）"数据电文"是指经由电子手段、光学手段或类似手段生成、储存或传递的信息，这些手段包括但不限于电子数据交换、电子邮件、电报、电传或传真。

（3）"电子数据交换"是指计算机之间使用某种商定标准来规定信息结构和信息电子传输。

（4）采用数据电文形式的信息具有法律效力、有效性和可执行性。如法律要求信息须采用书面形式，若一项数据电文所含信息可以调取以备日后查用，即满足了该项要求。在任何法律诉讼中，数据电文形式的信息可被接受作为证据，也即具有证据力。

（5）电子合同的订立和有效性。就合同的订立而言，除非当事各方另有协议，一项要约以及对要约的承诺均可通过数据电文的手段表示。如使用了一项数据电文来订立合同，则不得仅仅以使用了数据电文为由而否定该合同的有效性和可执行性。据此规定并结合以上关于数据电文要符合法律上采用书面形式的要求，可以认为，通过以数据电文交换而订立的合同属于法律上所要求的书面合同性质。

需要指出的是，《电子商务示范法》不具有强制力，只对各国制定和完善有关数据电文的传递与存储等法律规定起示范作用。

2.《联合国国际合同使用电子通信公约》

《联合国国际合同使用电子通信公约》包括 4 章 25 条，主要包括以下内容。

（1）适用范围（第 1 条、第 2 条）。公约适用于营业地位于不同国家的当事人之间订立或者履行电子合同的有关电子通信的使用；不适用于为个人、家人或家庭目的而订立的合同；不适用于受管制交易所的交易和有关金融以及票据相关的操作。

（2）国际合同适用于电子通信的有效性（第 9 条）。该公约对电子通信的法律效力予以肯定，引用"功能等同原则"，对"书面""签字"以及"原件"等效力予以承认，并肯定了通过自动电文系统订立合同的同等效力。

（3）发出和收到电子通信的时间和地点（第 10 条）。电子通信的发出时间是其离开发件人或代表发件人发送电子通信的当事人控制范围之内的信息系统的时间，电子通信的收到时间是其能够由收件人在该收件人指定的收件地址检索的时间。对于发出和收到的地点，分为有无指定地址两种情形，当电子通信发往非指定地址时，根据收件人能够"检索"并且"知悉"发送的标准来判断，对于地点的判断使用"营业地"原则。

（4）要约与要约邀请（第 11 条）。通过一项或多项电子通信提出的订立合同提议，凡不是向一个或多个特定当事人提出，而是可供使用信息系统的当事人一般查询的，包括使用交互式应用程序通过这类信息系统发出订单的提议，应当视作要约邀请，但明确指明提议的当事人打算在提议获得承诺时受其约束的除外。

（5）电子通信中的错误与撤回（第 14 条）。错误的做出方为合同当事人而不能是由自动电文做出；错误仅为输入错误；自然人做出的输入错误必须符合两个要件才可行使撤回权利。

17.4　其他国际组织有关电子商务规则的相关工作

国际商会对于电子合同也积极做出规定，以规范其跨国交易中的应用。2004 年 10 月，国际商会通过了《电子商务术语 2004》（ICC eTerms 2004），以两小章节的形式确定了电子合同在使用中的法律效力，并且对电子信息发送和接收的时间与地点的确定做出了规定。发送时间为电子信息处于发送方控制之外的时间，接收时间为电子信息进入收件人指定系统的时间。电子信息的发送地为发件人的营业所在地，接收地为收件人的营业所在地。同时还通过了《国际商会电子订约指南》（ICC Guide to Electronic Contracting），就《电子商务术语 2004》的应用、法律有效性和局限性、电子合同构建中的技术操作和风险管理、电子订约代表以及安全保障等做了相关规定。

世界贸易组织在 1998 年成立了电子商务工作组，是在国际贸易领域较早建立电子商务工作机制的。该工作组认为电子商务是以电子通信方式进行的商品、劳务生产、销售和交付等。

17.5　我国有关电子商务的法律

我国是电子商务大国，政府高度重视相关立法工作。2004 年 8 月 28 日，中华人民共和国第十届全国人民代表大会常务委员会第十一次会议通过了《中华人民共和国电子签名法》，并于 2005 年 4 月 1 日实施。2005 年 11 月 1 日实施了《电子支付指引（第一号）》。1999 年 3 月的《中华人民共和国合同法》将传统的书面合同形式扩大到数据电文形式，明确了数据电文的到达时间以及电子商务合同的成立地点。2021 年 1 月 1 日实施的《民法典》延续了上述规定。

为保障电子商务各方主体的合法权益，规范中国境内的电子商务行为，促进电子商务的发展，2018 年 8 月 31 日，中华人民共和国第十三届全国人民代表大会常务委员会第五次会议通过了《中华人民共和国电子商务法》，该法于 2019 年 1 月 1 日起实施。

在强化电子商务国内相关法律体系的同时，我国也积极参与国际电子商务规则的谈判和政策协同，在我国对外签署或正在磋商的双边或多边贸易协定中都设有电子商务相关章节，例如《中国—韩国自由贸易协定》《中华人民共和国政府和澳大利亚政府自由贸易协定》等均设立了专门的电子商务章节，涉及电子签名和电子认证、无纸化贸易、个人数据保护、国际合作与对话条款等内容。

💡 案例 17-3

【案情】

近日，国际第三方支付平台 PayPal 被爆出大量中国商户的账号因为诉讼遭到冻结。部分商户因为没有在规定期限内应诉，其账户资金可能被支付平台清零，产生巨额经济损失。一个 PayPal 账户维权 QQ 群的负责人统计，群内 134 位商户被冻结了 179 余万美元，折合人民币约 1 114 万元。

在义乌做生意的余女士就遇到了这样的困境。余女士：我的账号被我弟弟拿去，然后有一个客户，通过他那个账号问他，有个包有没有货，想买 20 个，能不能通过 PayPal 付款？我弟弟就把我的账号提供过去了。我这边直接收到一封 PayPal 发来的邮件，说我们收到法院传票，账户涉嫌卖侵权产品被冻结了。

遭遇 PayPal 账户冻结的商户汤女士指出，外国商户被美国买家提起诉讼时，相关诉讼通知需要通过电商平台代为转达，然而在这一点上，PayPal 的通知工作并不能保证及时到位。

汤女士：比如说 PayPal 关了我们的账户，那它至少要通知我们，但它没这样做。它只是说有书面的通知，但我们没有收到这个通知，它也没有进行这方面的确认。

余女士也称，PayPal 在处理事件的过程中没能及时传递法院传票等关键信息，这给她的跨国应诉增加了难度。

法律问题，最终还是需要通过法律途径解决。不过对中国商户来说，即便选择应诉，维权同样举步维艰，摆在他们面前的最大问题是跨国诉讼成本高昂。以余女士为例，她被冻结资金 25 000 美元，在美国请律师花费 4 000 美元，最终支付和解金 15 000 美元，算下来一共支付了十几万元，搭进去的时间和精力也让余女士疲惫不堪。

【讨论分析】跨境电商欺诈类型

1. 身份盗窃

电商中最常见的欺诈类型是身份盗窃（占 71%）、"网络钓鱼"（占 66%）和账号盗窃（占 63%）。信用卡是主要盗窃目标，因为骗子进行无卡交易非常方便。

传统的身份盗用案例中，骗子的目标就是用另一个身份进行交易，与其自己创建一个新的身份，直接盗用他人身份信息更简单迅速。

骗子通过获取姓名、地址和邮箱以及信用卡账户信息盗取他人身份。用别人的姓名和信用卡账号在网上下单购物。"网络钓鱼"就是用欺诈网站、邮件或短信骗取个人信息。另一种诈骗手段是网址嫁接，当消费者单击一个网站时，会被直接导入另一个欺诈网站。通常，这些盗用的身份信息都是用来进行欺诈性交易的——大多数情况下，账号中的支付信息已经被盗走。

2. 友善欺诈

友善欺诈并不像听起来那么友善。消费者在网上订购产品或服务，用信用卡或借记卡付款。然后声称信用卡账户信息被盗窃，要求退款。他们获得了退款，但是也保留了商品或服务。这种盗窃方式多发于服务行业。友善欺诈也经常与发货连在一起。骗子用盗来的支付信息付款，但是又不想将货物直接发送到自己的家庭地址。相反，他们通过盗用信息下单，然后由中间人（信息被盗用者）退货给骗子。

3. 连属欺诈

连属欺诈是一种国外流行的互联网营销模式。连属欺诈有两种表现形式，都是为了同一个目的：连属会员通过制造虚假访客量和注册数据骗取非法佣金。

4. 三边欺诈

三边欺诈是通过三点来实施的。第一点，注册虚假网店，低价提供高需求商品，还有其他一些吸引人的条件，比如下单后立即发货。这个网店用来收集消费者地址和信用卡数据，这是它唯一的目的。第二点，利用从别处盗来的信用卡数据和客户名称在网店真实下单，然后收货地址填自己在虚假网店下单的客户地址。第三点，再用虚假网店盗取的信用卡账号购买其他产品。这样，很难追查到订单信息和信用卡账户之间有什么联系，导致欺诈难以被发现，容易给卖家造成较大损失。

5. 商家欺诈

商家欺诈很简单：产品标价很低，但是收到付款后不会发货。这种欺诈类型也存在于批发商中。没有具体针对哪种付款方式，但肯定是属于买方无法申请自动退款的类型。

6. 跨境交易欺诈

跨境交易欺诈预防最大的挑战就是缺乏统一的市场交易规范机制。跨境交易量不断增加，也给欺诈预防带来很大困难。各国的欺诈预防工具也有很大差异。语言障碍和将货物跨境发往单一客人的复杂流程，都让跨境交易欺诈更加难以防范。

7. 不同销售平台欺诈

欺诈方式根据销售渠道而变化，很多企业都在努力实现多渠道销售，从而导致欺诈预防难度更大。通过第三方平台进行的欺诈交易比较容易成功，因为人们疏于防范，其次是移动端交易和自主交易。

资料来源：阿里巴巴（中国）网络技术有限公司.从0开始：跨境电商实训教程［M］.北京：电子工业出版社，2016.

本章小结

跨境电子商务是指分属不同关境的交易主体，通过电子商务平台达成交易，进行支付结算，并通过跨境物流送达商品、完成交易的一种国际商业活动。在各种跨境电商模式中，B2B（外贸电商）的交易量大，订单稳定，目前处于较为成熟的阶段，居主流地位。跨境电商的作用主要体现在：促进贸易要素多边网状融合；缩短国际贸易的交易链条；提升国际贸易组织方式的柔性；国际贸易的交易对象由实物和服务扩展至虚拟产品等。为了统一各国对有关电子商务法律问题的规定，联合国国际贸易法委员会先后提出了《电子商务示范法》《联合国国际合同使用电子通信公约》等。《中华人民共和国电子商务法》于 2019 年 1 月 1 日起实施。

练习题

1. 什么是电子商务？什么是跨境电子商务？

2. 跨境电子商务有哪些作用？

3. 如果你在中国国内完成以下跨境交易行为，分别属于哪种跨境电商模式？

（1）在天猫国际购买商品；

（2）在跨境通网站购买商品；

（3）在速卖通销售商品；

（4）在中国制造网销售商品；

（5）在 eBay 销售商品；

（6）在 eBay 购买商品；

（7）委托出国的朋友从国外购买带回。

4. 以下跨境电商支付渠道，传统国际贸易中没有使用的是哪个？（单选题）

A．西联汇款　　　　　B. PayPal　　　　　C. 托收　　　　　D. 信用证

5. 以下购买进口产品的行为，哪一个不属于跨境电商？（单选题）

A. 在社交网站代购　　B. 从天猫国际购买　　C. 从保税区网站购买　　D. 在超市购买

附录样单

（一）销售确认书

销售确认书
SALES CONFIRMATION

合同号：

CONTRACT NO：

日期：

DATE ：

签约地点：

SIGNED AT：

卖方（Seller）：_____

    地址（Address）：_____

    电话（Tel）：_____传真（Fax）：_____

    电子邮箱（E-mail）：_____

买方（Buyer）：_____

    地址（Address）：_____

    电话（Tel）：_____传真（Fax）：_____

    电子邮箱（E-mail）：_____

买卖双方同意就成交下列商品订立条款如下：

The undersigned Sellers and Buyers have agreed to close the following transactions according to the terms and conditions stipulated below:

1. 货物名称及规格 Name of Commodity and Specification	2. 数量 Quantity	3. 单价 Unit Price	4. 金额 Amount	5. 总值 Total Value

数量及总值均得有 ____ % 的增减，由卖方决定。

With ___% more or less both in amount and quantity allowed at the Seller's option.

    6. 包装：

    Packing：

7. 装运期限：

Time of Shipment:

收到可以转船及分批装运之信用证 _____ 天内装出。

Within_____days after receipt of L/C allowing transhipment and partial shipment.

8. 装运口岸：

Port of Loading:

9. 目的港：

Port of Destination:

10. 付款条件：开给我方 100% 不可撤销即期付款及可转让可分割之信用证，并须注明可在上述装运日期后 15 天内在中国议付有效。

Terms of Payment: By 100% confirmed, Irrevocable, Transferable and Divisible Letter of Credit to be available by sight draft and to remain valid for negotiation in China until the 15th day after the aforesaid Time of Shipment.

11. 保险：

Insurance:

12. 装船标记：

Shipping Mark:

13. 双方同意以装运港中国进出口商品检验局签发的品质的数量（重量）检验证书作为信用证项下议付所提出单据的一部分。买方有权对货物的品质和数量（重量）进行复验，复验费由买方负担。如发现品质或数量（重量）与合同不符，买方有权向卖方索赔。但须提供经卖方同意的公证机构出具之检验报告。

It is mutually agreed that the Inspection Certificate of Quality（Weight）issued by the China Import and Export Commodity Inspection Bureau at the port of shipment shall be part of the documents to be presented for negotiation under the relevant L/C. The buyers shall have the right to re-inspect the Quality and Quality（Weight）of the cargo. The re-inspection fee shall be borne by the Buyers. Should the Quality and/or Quantity（Weight）be found not in conformity with that of the contract, the Buyers are entitled to lodge with the Sellers a claim which should be supported by survey reports issued by a recognized Surveyor approved by the Sellers.

14. 备注

REMARKS：

（1）买方须于____年____月____日前开到本批交易的信用证（或通知卖方进口许可证号码），否则，售方有权不经通知取消本确认书，或接受买方对本合同未执行的全部或一部，或对因此遭受的损失提出索赔。

The buyers shall have the covering Letter of Credit reach the Sellers（or notify the Import.

License Number）before _____, otherwise the Sellers reserve the right to rescind without further notice or to accept whole or any part of this Sales Confirmation not fulfilled by the Buyers, or to lodge a claim for losses this sustained of any.

（2）凡以 CIF 条件成交的业务，保额为发票的 110%，投保险别以本售货确认书中所开列的为限，买方要求增加保额或保险范围，应于装船前经售方同意，因此而增加的保险费由买方负责。

For transactions concluded on CIF basis it is understood that the insurance amount will be for 110% of the invoice value against the risks specified in the Sales Confirmation. If additional Insurance amount of coverage is required, the buyers must have the consent of the Sellers before Shipment and the additional premium is to be borne by the buyers.

（3）品质数量异议：如买方提出索赔，凡属品质异议须于货到目的口岸之日起 3 个月内提出，凡属数量异议须于货到目的口岸之日起 15 在内提出，对所装运物所提任何异议属于保险公司、轮船公司及其他有关运输机构或邮递机构所负责者，售方不负任何责任。

QUATLITY/QUANTITY DISCREPANCY: In case of quality discrepancy, claim should be filed by the Buyers within 3 months after the arrival of the goods at port of destination, while of quantity discrepancy, claim should be filed by the Buyers within 15 days after the arrival of the goods at port of destination. It is understood that the Sellers shall not be liable for any discrepancy of the goods shipped due to causes for which the Insurance Company, Shipping Company, other transportation, organization/or Post Office are liable.

（4）本确认书所述全部或部分商品，如因不可抗力致使不能履约或延迟交货，卖方概不负责。

The Sellers shall not be held liable for failure or delay in delivery of the entire lot or a portion of the goods under this Sales Confirmation on consequence of any Force Majeure incidents.

（5）买方开给售方的信用证上请填注本确认书号码。

The buyers are requested always to quote THE NUMBER OF THIS SALES CONFIRMATION in the Letter of Credit to be opened in favour of the Sellers.

（6）仲裁：凡因本合同引起的或与本合同有关的争议，均应提交中国国际经济贸易仲裁委员会华南分会，按照申请仲裁时该会实施的仲裁规则进行仲裁，仲裁裁决是终局的，对双方均有约束力。

ARBITRATION: Any dispute arising from or in connection with this Sales Confirmation shall be submitted to China International Economic and Trade Arbitration Commission (CIETAC), South China Sub-Commission for arbitration in accordance with its rules in effect at the time of applying for arbitration. The arbitral award is final and binding upon both parties.

（7）本合同用中英文两种文字写成，两种文字具有同等效力。本合同共_____份，自双方代表签字（盖章）之日起生效。

This Contract is executed in two counterparts each in Chinese and English, each of which shall deemed equally authentic. This Contract is in _____ copies, effective since being signed/sealed by both parties.

卖方：_____　买方：_____

（签字）　　　　　　　　　　　　　　　（签字）

Seller：_____　Buyer：_____

（Signature）　　　　　　　　　　　　　（Signature）

（二）汇票

BILL OF EXCHANGE

凭
Drawn Under _____

不可撤销信用证
Irrevocable　　　L/C
　　　　　　　　No. _____

日　期
Date _____

支取　Payable　With
interest　　　　　@ ____ %　按 ____ 息 ____ 付款

号码　　　　　汇票金额
No. _____　Exchange for ▨▨▨▨▨▨▨

北京　　　　　　年　月　日
Beijing _____

见
票
at _____

日后 (本 汇 票 之 副 本 未 付) 付 交
sight of this FIRST of Exchange　(Second of Exchange Being unpaid)

Pay to the order of

金额
the sum of ▨▨▨▨▨▨▨▨▨▨▨▨▨▨▨▨▨▨▨▨▨▨▨▨▨▨

此致
To _____

_____

_____

（三）信托收据

恒 生 银 行
HANG SENG BANK

ORIGINAL 正本

信托收据
Trust Receipt

致：恒生银行(中国)有限公司 _____ 分行

To : Hang Seng Bank (China) Limited _____ Branch

日期 Date : _____

本公司/本人基于信托的方式，作为贵行的受托人，从贵行收到贵行加签的如下货物所有权凭证或签发给船公司的银行保函(以下合称"单据")，以使本公司/本人能够提取下述质押给贵行的货物。

Received from you upon trust the following document(s) of title covering or the letter(s) of guarantee to the shipping company duly countersigned by you (collectively, the "Documents") to enable us to take delivery of the undermentioned goods pledged to you as security:

参考资料 Your Reference	货物描述 Description of Goods
银行账号 Account No.:	
信用证号 D/C No.:	
票据号 Bill No.:	船名 Vessel:
提货担保书号 SG No.:	货物所有权凭证性质及份数 Nature & No. of Title Document(s):
金额 Amount	

鉴于贵行向本公司/本人释放单据，本公司/本人同意并向贵行承诺如下：

In consideration of your releasing to us the Documents, we agree with and undertake to you as follows:

(i) 本公司/本人现在和今后将继续把单据以及与单据相关的货物和/或产品（"货物"）质押给贵行，以作为本公司/本人完全履行义务的担保，该担保不受以任何其他人为受益人的任何担保权益的影响。除非贵行另行同意或指示，本公司/本人将仅为接收货物和/或为销售或加工而向买方或第三方交付货物之目的接收并持有单据。

The Documents and the goods and/or products to which they relate (the "Goods") are now and shall remain in pledge to you as security for the due performance of our obligations to you free of any security interest in favor of any other person and we shall receive and hold the Documents and take delivery of and deal with the Goods exclusively for obtaining delivery of and/or making delivery to purchasers of the Goods or third parties for the purpose of processing and selling the Goods unless you shall direct or agree otherwise.

(ii) 本公司/本人现在和将来均作为贵行的受托人持有单据、货物和销售收益并完全凭贵行指示行事，但是本公司/本人应承担全部风险和费用。本公司/本人一旦收到货物的销售收益(无论以何种形式)以及与货物保险相关的任何金额，应立即向贵行全额支付，不得作任何抵消或扣减。本公司/本人应就贵行对货物享有的利益进行正确记录。在将货物的销售收益支付给贵行之前，本公司/本人应当作为贵行的受托人持有该款项并凭贵行指示行事，并且应当将该款项存放在与本公司/本人控制的其他款项相分隔的单独银行账户中。

The Documents, the Goods and the proceeds of sale are and will be held by us on trust for you and solely to your order but we shall bear all risks and expenses. We shall pay all proceeds of sale of the Goods (in whatever form they may take), and any sums received in respect of insurances relating to the Goods, to you immediately on receipt without any set-off or deduction. We shall keep records which properly record your interest in the Goods. Pending payment of the sale proceeds of the Goods to you, we shall hold them on trust for you and solely to your order, and shall keep them in a separate bank account segregated from all other funds under our control.

(iii) 本公司/本人在此授权贵行直接向任何买方或其他人请求支付和/或接收货物的销售收益，并行使本公司/本人作为卖方所享有的全部其他权利（如有）。

You are hereby authorised to demand and/or receive the sale proceeds of the Goods directly from any buyer or other person, and to exercise all other rights (if any) of us as the seller.

(iv) 本公司/本人应当以贵行名义存储货物并将收据提交给贵行。在货物销售之前，本公司/本人承诺将按贵行不时发出的指示对货物进行仓储。本公司/本人在此授权贵行进入任何地点，以检查或确保货物和单据的占有情况，并授权贵行以销售或贵行认为适当的其他方式转移和处置货物（或其任何部分），以及以贵行认为有利的其他方式处置货物。

The Goods shall be stored in your name and any warrants for the Goods shall be delivered to you. Pending sale of the Goods, we undertake to warehouse the Goods as you may from time to time direct. You are authorised to enter any premises so as to inspect or secure possession of the Goods and the Documents, to remove and dispose of the Goods (or any of them) by sale or otherwise as you may think fit and otherwise to deal with the Goods as you may consider expedient.

(v) We shall pay all warehousing, freight, dock and other charges relating to the Goods and Documents.

恒生银行(中国)有限公司 Hang Seng Bank (China) Limited

汇丰集团成员 *Member* **HSBC Group**

CNIM5-R3(YX) 1-3 06/07 E

本公司/本人应支付与货物和单据有关的全部仓储费、运费、码头费和其他费用。

(vi) We shall advise you of the whereabouts of the Goods at all times and keep this transaction, the Documents, the Goods and all sale proceeds separate from any others and shall not permit the Goods to be processed or altered without your prior written consent. If the Goods shall be held in premises belonging to us or otherwise stored with other assets belonging to us, we shall ensure that the Goods are physically segregated and easily identifiable as being held on trust for you.

本公司/本人应当随时告知贵行货物的所在地点，并保持本交易、单据、货物和全部销售收益的独立性。在得到贵行的书面同意之前，不得允许对货物进行加工或变更。如果货物存放在本公司/本人的场地或者与本公司/本人的其他财产一起存放，本公司/本人应确保本公司/本人作为贵行受托人所持有的货物在物理上具有独立性并且容易与其他财产相区分。

(vii) We shall keep the Goods fully insured against all insurable risks as you may require at our expense with such insurers as you may approve and shall hold the policies and any insurance instruments and proceeds on trust for you and solely to your order. We shall notify you forthwith of any circumstances likely to give rise to an insurance claim under such insurances. In the event of loss or damage, we shall account to you immediately for any moneys received from the insurers and shall make good any deficiency.

本公司/本人应当根据贵行的要求，自负费用向贵行批准的保险公司就全部可保风险对货物进行投保，并应当作为贵行的受托人持有保险单、其他保险凭证和保险收益，凭贵行指示行事。本公司/本人将及时通知贵行在相关保险项下可能发生保险金索赔请求的任何情况。如发生损失或损害，本公司/本人将把自保险公司收到的任何款项立即支付给贵行，并就任何差额对贵行作出补偿。

(viii) We shall not sell or otherwise dispose of any of the Goods, except by a sale or other disposal as trustee for you in accordance with the terms and conditions of this Trust Receipt.

本公司/本人不得出售或者以其他方式处置货物，但依照本信托收据的条款和条件并作为贵行受托人进行的出售或其他处置除外。

(ix) You may, at any time, terminate this Trust Receipt and take possession of the Goods and/or the Documents and/or the proceeds of sale, wherever and in whatever form the same may be. We undertake to return to you forthwith upon your request at any time the Documents and/or any other documents received by us in exchange or substitution for them and to comply promptly and fully with any instructions which you may give as to the manner of processing and dealing with the Goods (or any of them) or the removal of them to, or storage of them at, any place.

贵行可随时终止本信托收据并占有货物和/或单据和/或销售收益，无论其处于何地或何种形式。本公司/本人承诺，一经贵行要求，本公司/本人即向贵行返还单据和/或本公司/本人作为单据的交换品或替代品而收到的其他文件，并立即完全遵照贵行就货物（或其任何部分）的加工和处置方式所发出的，或将货物（或其任何部分）从某地转出或储存于某地的任何指示。

(x) If the credit term arranged with you on this Trust Receipt expires, you are hereby authorised to debit our current account in full/partial repayment of the loan against import and/or retirement of the relevant bill without reference to us.

如本信托收据的授信期间到期，本公司/本人授权贵行在无需通知本公司/本人的情况下，借记本公司/本人的往来账户以偿还全部／部分进口押汇款项及／或结清相关单据款项。

(xi) We acknowledge that in case the Goods are taken delivery by means of a letter or letters of guarantee to the shipping company, the value appearing above is an approximate value only estimated by us in the absence of the exporter's invoice relating to the Goods which has not yet been received by either us or yourselves and we accordingly acknowledge and agree that we shall abide by and accept as the actual value of the Goods such total sum as shall be revealed by your books as relating to the commercial credit or loan against import as the case may be which shall be established pursuant to the document(s) relating to trade financing transactions executed by us and on file with you from time to time (as such document(s) may be amended from time to time) and after you have discharged your liability to your correspondent in relation to the Goods and the same shall be final.

本公司/本人确认，如果货物是以向船公司交付银行保函的形式提取，由于本公司/本人或贵行还没收到出口商出具的与货物相关的发票，此时上述的金额是由本公司/本人估计的近似的金额。本公司/本人确认并且同意，当贵行履行了与上述货物有关的责任后，接受上述货物的实际价格，其总额应与贵行根据本公司/本人与贵行随时签署并在贵行存档的有关贸易融资交易文件（该等文件可不时进行修订）所开立的信用证或进口押汇的账面总额相一致。

(xii) We shall not pledge, charge or otherwise encumber the Goods for any purpose, nor allow any person (other than you) to acquire any security interest in them, nor part with control of them except to purchasers thereof in the ordinary course of our business.

本公司/本人不得为任何目的在货物上设立质押、担保或其他负担，亦不得允许任何人（贵行除外）在货物上取得任何担保利益，并且除了正常经营过程中的买方外，不得放弃对货物的控制。

(xiii) We shall not without your prior written consent sell the Goods (or any of them) on credit terms or for less than the bill amount (if any) as shown above. Nor shall we sell the Goods to purchasers to whom we are indebted or under any liability.

未经贵行书面同意，本公司/本人不得赊销货物（或其任何部分），或者以低于上述票据金额（如有）的价格出售货物，并不得向本公司/本人对其欠付债务或负有任何责任的买方出售货物。

(xiv) Your knowledge of any breach, failure or omission in respect of any of our obligations under this Trust Receipt shall not operate as a waiver of or otherwise preclude you from exercising any of your rights under this Trust Receipt.

贵行知悉本公司/本人在信托收据项下的义务被违反，或者未能履行或疏于履行义务，不得视作贵行放弃本信托收据项下的任何权利，也不得以其他方式阻碍贵行行使相关权利。

(xv) You shall have no responsibility whatsoever for the correctness, validity or sufficiency of the Documents handed to us or for the existence, character, quality, quantity, condition, packing, value or delivery of the Goods.

贵行无需就贵行提交给本公司/本人的单据的正确性、有效性或充分性承担责任，也无需就货物的存在、性质、质量、数量、状况、包装、价值或交付承担责任。

(xvi) We hereby agree to promptly and fully indemnify you, your correspondents and agents on demand against all liabilities, claims, demands, losses, damages, taxes, costs, charges and expenses of any kind (including, without limitation, legal fees on a full indemnity basis) which may be suffered or incurred by you or any of your correspondents or agents and all actions or proceedings which may be brought by or against you or any of your correspondents or agents whether in contract, tort or otherwise arising from or in connection with your release to us of the Documents or otherwise in relation to the Goods in the absence of any negligence or willful default on your part.

本公司/本人在此同意，如果贵行、贵行的往来行和代理行因向本公司/本人释放单据或与货物有关的其他事项遭致或发生任何责任、索赔、请求、损失、损害、税赋、成本、费用和任何形式的支出（包括但不限于全部法律费用），或贵行提起或被提起合同、侵权或其他任何诉讼或程序，只要贵行不存在疏忽或故意的违约行为，本公司/本人一经请求，将立即对贵行、贵行的往来行和代理行做出充分补偿。

(xvii)　This Trust Receipt is of continuing effect notwithstanding the death, bankruptcy, liquidation, incapacity or any change in the constitution of us or any settlement of account or other matter whatsoever and is in addition to and shall not merge with or otherwise prejudice or affect any contractual or other right or remedy or any guarantee, pledge, bill, note, mortgage, (if permitted by law) lien or other security (whether created by the deposit of documents or otherwise) now or hereafter held by or available to you and shall not be in any way prejudiced or affected thereby or by the invalidity thereof or by you now or hereafter dealing with exchanging, releasing, varying or abstaining from perfecting or enforcing any of the same or any rights which you may now or hereafter have or giving time for payment or indulgence or compounding with any other person liable.

　　　　无论本公司/本人发生死亡、破产、清算、丧失行为能力，或者本公司/本人的组织机构、账户结算或其他任何事项发生任何变更，本信托收据将继续有效，并作为贵行当前和今后持有或可获得的合同或其他权利、补偿或任何担保、质押、单据、票据、抵押、（如法律允许）留置或其他担保（无论以质押单据的方式或其他方式创设）的补充，不得与其混同，并且不得以任何方式受到上述合同或其他权利、补偿或任何担保、质押、单据、票据、抵押、（如法律允许）留置或其他担保的损害或影响，或因其无效，或因贵行现在和将来交换、释放、变更、放弃完善或强制执行上述合同或其他权利、补偿或任何担保、质押、单据、票据、抵押、（如法律允许）留置或其他担保或贵行当前和将来拥有的任何其他权利，或因贵行给予付款延展期，宽限或与其他责任人达成妥协而受到损害或影响。

(xviii)　If signed by a firm, this Trust Receipt shall be binding jointly and severally on all persons from time to time carrying on business in the name of such firm or under the name in which the business of such firm may from time to time be continued notwithstanding the retirement or death of any partner or the introduction of any further partner.

　　　　如果本信托收据由合伙签署，则不时以该合伙名义或以该合伙存续的业务在当时所使用的名义从事经营的全部人士均应受其约束并承担连带责任，无论该合伙的任何合伙人发生退休，死亡或其引入任何新合伙人。

(xix)　This Trust Receipt ("this Trust Receipt")is governed by, and shall be construed in accordance with, the laws of the People's Republic of China (for the purpose of this Receipt, excluding the laws of Hong Kong Administrative Region, Macao Administrative Region and Taiwan). Any dispute arising from the performance of this Trust Receipt or in connection with them may be resolved by negotiation between us. If it could not be resolved by negotiation, any party may take proceedings in the court of competent jurisdiction in the place of the branch provided in the first page of this Trust Receipt. Nothing in this clause shall limit your right to take proceedings against us in any other court of competent jurisdiction. For the avoidance of doubt, any provisions other than those in dispute shall continue to be performed during the proceedings.

　　　　本信托收据("本信托收据")受中国法律(为本信托收据之目的，不包括香港特别行政区、澳门特别行政区及台湾省之法律)管辖并按其解释。任何与本信托收据有关或其履行中产生的纠纷均应由本公司/本人与贵行协商解决。如果协商无法解决，则任何一方均有权向本信托收据首页规定之分行所在地有管辖权的法院提起诉讼。本条款并不限制贵行在任何其他有管辖权的法院向本公司/本人提起诉讼的权利。为了避免疑问，任何不涉及纠纷的条款在诉讼过程中应继续履行。

(本信托收据以英文本和中文本签署，两种文本具有相同的法律效力。
This Trust Receipt is signed in English and Chinese, both versions shall have the same legal effect.)

S.V.

_____
授权签字和盖章 Authorised Signature and Chop

联系人 Contact Person：_____

电话号码 Tel No.：_____

恒生银行(中国)有限公司 Hang Seng Bank (China) Limited　　　　　　　　　　汇丰集团成员 *Member HSBC Group*

CN1M5-R3(YX) 3-3 06/07 E

（四）开证申请书

中国农业银行
AGRICULTURAL BANK OF CHINA

开立不可撤销跟单信用证申请书
APPLICATION FOR IRREVOCABLE DOCUMENTARY CREDIT

To: AGRICULTURAL BANK OF CHINA ZHEJIANG BRANCH　　　　　　　Date:

□Issue by airmail □With brief advice by tele-transmission □Issue by tele-transmission (which shall be the operative instrument)	Credit No. Date and place of expiry
Applicant	Beneficiary (Full name and address)
Advising Bank	Amount:

Partial shipments □allowed □not allowed	Transshipment □allowed □not allowed	Credit available with
Loading on board: not later than For transportation to: □FOB　　□CFR　　□CIF □or other terms		By □sight payment　　□acceptance　　□negotiation □deferred payment atagainst the documents detailed herein □and beneficiary's draft(s) for ___ % of invoice value at _____ sightdrawn on _____.

Documents required: (marked with X)

1. (　) Signed commercial invoice in ____ copies indicating L/C No. and Contract No. _____.

2. (　) Full set of clean on board Bills of Lading made out to order and blank endorsed, marked "freight [　] to collect / [　]prepaid [　] showing freight

    amount" notifying _____.

  (　) Airway bills/cargo receipt/copy of railway bills showing "freight [　] to collect/[　] prepaid [　] indicating freight amount" and consigned

    to_____.

3. (　) Insurance Policy/Certificate in ____ copies for ____ % of the invoice value showing claims payable in _____ in

  currency of the draft, blank endorsed, covering All Risks, War Risks and _____.

4. (　) Packing List/Weight Memo in ____ copies indicating quantity, gross and weights of each package.

5. (　) Certificate of Quantity/Weight in _____ copies issued by _____.

6. (　) Certificate of Quality in ____ copies issued by [　] manufacturer/[　] public recognized surveyor_____.

7. (　) Certificate of Origin in ____ copies .

8. (　) Shipping advice by fax to the applicant of shipment within 24 hours after the contract goods are loaded on the airplane, showing the contract no.,

    name of commodity, invoice value, quantity, packing, gross weight, net weight, flight No., the

date of shipment.

  (　)Other documents, if any Beneficiary's Certificate confirming that one copy each of the above mentioned documents have been sent to the Buyer

within two days after the date of shipment.

Description of goods:

Additional instructions:

1. (　) All banking charges outside the opening bank are for beneficiary's account.

2. (　) Documents must be presented within ____days after date of issuance of the transport documents but within the validityof this credit.

  (　) Other terms, if any

  STAMP OF APPLICANT 	

（五）信用证

SWIFT 信用证实例

Issue of a Documentary Credit

BKCHCNBJA08E SESSION: 000 ISN: 000000
BANK OF CHINA
LIAONING
NO. 5 ZHONGSHAN SQUARE
ZHONGSHAN DISTRICT
DALIAN
CHINA
KOEXKRSEXXX MESSAGE TYPE: 700

Destination Bank : KOREA EXCHANGE BANK
SEOUL
178.2 KA, ULCHI RO, CHUNG-KO

Sequence of Total	27	1/1	
Form of Documentary Credit	40A	IRREVOCABLE	
Letter of Credit Number	20	LC84E0081/99	
Date of Issue	31C	120916	
Date and Place of Expiry	31D	121015 KOREA	
Applicant Bank	51a	BANK OF CHINA LIAONING BRANCH	
Applicant	50	DALIAN WEIDA TRADING CO., LTD.	
Beneficiary	59	SANGYONG CORPORATION CPO BOX 110 SEOUL KOREA	
Currency Code, Amount	32B	USD 1,146,725.04	
Available with ... by ...	41A	ANY BANK BY NEGOTIATION	
Drafts at	42C	45 DAYS AFTER SIGHT	
Drawee	42A	BANK OF CHINA LIAONING BRANCH	
Partial Shipments	43P	NOT ALLOWED	
Transshipment	43T	NOT ALLOWED	
Port of Loading/Airport of Departure	44E	RUSSIAN SEA	
Port of Discharge/Airport of Destination	44F	DALIAN PORT, P.R.CHINA	
Latest Date of Shipment	44C	120930	

Description of Goods or Services:45A

FROZEN YELLOWFIN SOLE WHOLE ROUND (WITH WHITE BELLY) USD770/MT CFR DALIAN QUANTITY: 200MT

ALASKA PLAICE (WITH YELLOW BELLY) USD600/MT CFR DALIAN QUANTITY: 300MT

Documents Required: 46A

1. SIGNED COMMERCIAL INVOICE IN 5 COPIES.

2. FULL SET OF CLEAN ON BOARD OCEAN BILLS OF LADING MADE OUT TO ORDER AND BLANK ENDORSED, MARKED "FREIGHT PREPAID" NOTIFYING LIAONING OCEAN FISHING CO., LTD. TEL:(86)411-3680288

3. PACKING LIST/WEIGHT MEMO IN 4 COPIES INDICATING QUANTITY/GROSS AND NET WEIGHTS OF EACH PACKAGE AND PACKING CONDITIONSAS CALLED FOR BY THE L/C.

4. CERTIFICATE OF QUALITY IN 3 COPIES ISSUED BY PUBLIC RECOGNIZED SURVEYOR.

5. BENEFICIARY'S CERTIFIED COPY OF FAX DISPATCHED TO THE ACCOUNTEE WITH 3 DAYS AFTER SHIPMENT ADVISING NAME OF VESSEL, DATE, QUANTITY, WEIGHT, VALUE OF SHIPMENT, L/C NUMBER AND CONTRACT NUMBER.

6. CERTIFICATE OF ORIGIN IN 3 COPIES ISSUED BY AUTHORIZED INSTITUTION.

7. CERTIFICATE OF HEALTH IN 3 COPIES ISSUED BY AUTHORIZED INSTITUTION.

ADDITIONAL INSTRUCTIONS: 47A

1. CHARTER PARTY B/L AND THIRD PARTY DOCUMENTS ARE ACCEPTABLE.

2. SHIPMENT PRIOR TO L/C ISSUING DATE IS ACCEPTABLE.

3. BOTH QUANTITY AND AMOUNT 10 PERCENT MORE OR LESS ARE ALLOWED.

Charges	71B	ALL BANKING CHARGES OUTSIDE THE OPENNING BANK ARE FOR BENEFICIARY'S ACCOUNT.
Period for Presentation	48	DOCUMENTSMUST BE PRESENTED WITHIN 15 DAYS AFTER THE DATE OF ISSUANCE OF THE TRANSPORT DOCUMENTS BUT WITHIN THE VALIDITY OF THE CREDIT.
Confirmation Instructions	49	WITHOUT

Instructions to the Paying/Accepting/Negotiating Bank: 78

1. ALL DOCUMENTS TO BE FORWARDED IN ONE COVER, UNLESS OTHERWISE STATED ABOVE.

2. DISCREPANT DOCUMENT FEE OF USD 50.00 OR EQUAL CURRENCY WILL BE DEDUCTED FROM DRAWING IF DOCUMENTS WITH DISCREPANCIES ARE ACCEPTED.

"Advising Through" Bank	57A	KOEXKRSEXXX MESSAGE TYPE: 700 KOREA EXCHANGE BANK SEOUL 178.2 KA, ULCHI RO, CHUNG-KO

********other wordings between banks are omitted********

（六）海运提单

1 Shipper				B/L NO.

SEA GOLD TRANSPORTATION ,INC.
金海國際航運有限公司
Combined Transport BILL of LADING

2 Consignee		

RECIVED in apparent good order and condition except as otherwise noted the total number of containers or other packages or units enumerated below for transportation hereof .One of the bills of lading must be surrendered duty endorsed in exchange for the goods or deliver order. On presentation of this document duly endorsed to the Carrier by or on behalf of the holder of the bill of lading. the rights and liabilities arising in accordance with the terms and conditions her of shall, without prejudice to any rule of common law or statute rendering them binding on the Merchant, become binding in all respects between the Carrier and the Holder of the bill of lading as though the contract evidenced herby had be made between them.

3 Notify Party		

4 Pre-carriage by	5 Place of Receipt

6 Ocean Vessel Voy.No.	7 Port of Loading

8 Port of Discharge	9 Place of Delivery	REFERENCE NO.

Marks & Nos. Container Seal No.	No of containers or P'kgs	Kind of Packages: Description of Goods	Gross Weight kgs	Measurement（CBM）
		Declared Cargo value USD _____ per Clause 5 on the reverse of this bill of lading. If Merchant enters a value. Carrier's per package limitation of liability shall not apply and the ad valorem rate in Carrier's tariff will be charged.		

10 TOTAL NO.OF CONTAINERS OR PACKAGES (IN WORDS)	

11 FREIGHT & CHARGES	Per	Prepaid	Collect	

EX. Rate:	Prepaid at	Payable at	Place and date of Issue
	Total Prepaid	No. of Original B(s)/L	Signed for the Carrier

（七）保险单

北京2008年奥运会保险合作伙伴
OFFICIAL INSURANCE PARTNER OF THE BEIJING 2008 OLYMPIC GAMES

中国人民财产保险股份有限公司货物运输保险单

PICC PROPERTY AND CASUALTY COMPANY LIMITED CARGO TRANSPORTATION INSURANCE POLICY

总公司设于北京　　　　　　　　　　　　一九四九年创立
Head Office: Beijing　　　　　　　　　　Established in 1949

印刷号（Printed Number）　　　　　　　　　保险单号（Policy No.）

合同号（Contract NO.）

发票号（Invoice NO.）

信用证号（L／C NO.）

被保险人(Insured)

中国人民财产保险股份有限公司（以下简称本公司）根据被保险人的要求，以被保险人向本公司缴付约定的保险费为对价，按照本保险单列明条款承保下述货物运输保险，特订立本保险单。

THIS POLICE OF INSURANCE WITNESSES THAT PICC PROPERTY AND CASUALTY COMPANY LIMITED (HEREINAFTER CALLED "THE COMPANY") AT THE REQUEST OF THE INSURED AND IN CONSIDERATION OF THE AGREED PREMIUM PAID TO THE COMPANY BY THE INSURED, UNDERTAKES TO INSURE THE UNDERMENTIONED GOODS IN TRANSPORTATION SUBJECT TO THE CONDITION OF THIS POLICY AS PER THE CLAUSES PRINTED BELOW.

标　记 MARKS & NOS.	包装及数量 QUANTITY	保险货物项目 GOODS	保险金额 AMOUNT INSURED

总保险金额：

Total Amount Insured: ＿＿＿＿＿＿＿＿＿＿＿＿＿＿＿＿＿＿＿

保费（Premium）：＿＿＿＿＿＿＿＿＿＿＿　启运日期（Date of Commencement）：＿＿＿＿＿＿＿＿＿＿

装载运输工具（Per Conveyance）＿＿＿＿＿＿＿＿＿＿＿＿＿＿＿＿＿＿＿＿＿＿＿＿＿＿

自：　　　　　　　　　　经：　　　　　　　到：

From: ＿＿＿＿＿＿＿＿＿＿　Via: ＿＿＿＿＿＿　To: ＿＿＿＿＿＿＿＿＿＿＿

承保险别（Conditions）：

所保货物，如发生保险单项下可能引起索赔的损失，应立即通知本公司或下述代理人查勘。如有索赔，应向本公司提交正本保险单（本保险单共有＿＿＿＿＿份正本）及有关文件，如一份正本已用于索赔，其余正本自动失效。

IN THE EVENT OF LOSS OR DAMAGE WHICH MAY RESULT IN A CLAIM UNDER THIS POLICY, IMMEDIATE NOTICE MUST BE GIVEN TO THE COMPANY OR AGENT AS MENTIONED. CLAIMS, IF ANY, ONE OF THE ORIGINAL POLICY WHICH HAS BEEN ISSUED IN ＿＿＿＿＿＿ ORIGINAL(S) TOGETHER WITH THE RELEVENT DOCUMENTS ALL BE SURRENDERED TO THE COMPANY. IF ONE THE ORIGINAL POLICY HAS BEEN ACCOMPLISHED, THE OTHERS TO BE VOID.

保险人：

Underwriter:

电话（TEL）：

传真（FAX）：

地址（ADD）：

＿＿＿＿＿＿＿＿＿＿＿＿＿＿＿＿＿＿＿

赔款偿付地点

Claim Payable at＿＿＿＿＿＿＿＿＿＿＿＿＿＿＿　授权人签字：

签单日期（Issuing Date）＿＿＿＿＿＿＿＿＿＿＿　Authorized Signature

核保人：　　　　　　制单人：　　　　　　经办人：　　　　　　www.picc.com.cn

（八）商业发票

杭州瑞江化工有限公司
Hangzhou Ruijiang Chemical Co.,Ltd
Floor 12th.No.99.Huaxing Road.Hangzhou Zhejiang China

TO: *** Company

Invoice Number 14RJK09274

Sale Contract No 1-STA14001

Date 2014-09-04

商 业 发 票
COMMERCIAL INVOICE

"唛 头 及 号 数" Marks && Numbers"	"品 名 及 规 格" Commodities and Descriptions"	"数 量" Quantities"	"单价" Unit Price"	"总价" Amount"
			CIF ST. PETERSBURG . RUSSIA	
	1)Methyl Hydrogen Silicone Fluid RJ-202	200KGS	USD2.80	USD560.00
METHYL HYDROGEN SILOXANE		Freight Cost		USD86.00
FLUID RJ-202 NET WEIGHT		Total		USD646.00

GROSS WEIGHT:
BATCH NO.:
M.F.G. DATE: TT in advance
EXP. DATE:
ORIGIN: FROM SHANGHAI . CHINA TO ST. PETERSBURG . RUSSIA BY SEA

TOTAL PACKED IN 1 IRON DRUMS

TOTAL GROSS WEIGHT 220.00 KGS

TOTAL NET WEIGHT 200.00 KGS

TOTAL MEASUREMENTS 0.300 M3

NAME: HANGZHOU RUIJIANG CHEMICAL CO.,LTD
Bank's Name:CHINA CONSTRUCTION BANK. ZHEJIANG BRANCH
A C NO:33001616127053001936
SWIFT CODE ：PCBCCNBJZJX

杭州瑞江化工有限公司
Hangzhou Ruijiang Chemical Co.,Ltd.

（九）装箱单

杭州瑞江化工有限公司
Hangzhou Ruijiang Chemical Co.,Ltd

Floor 12th,No.99,Huaxing Road,Hangzhou Zhejiang China

Invoice No:	14RJK09274
Date:	2014/09/04
S/C NO:	1-STA14001

Marks & Nos:

```
METHYL HYDROGEN SILOXANE FLUID RJ-202
NETWEIGHT
GROSS WEIGHT:
BATCH NO.:
M.F.G. DATE:
EXP. DATE:
ORIGIN:
```

装箱单
PACKING LIST

Description	Package No	Quantity	N.WT(Kgs)	G.WT(Kgs)	Meas.(M3.)
1)Methyl Hydrogen Silicone Fluid RJ-202 3910000008	1IRON DRUMS	200KGS	200KGS	220KGS	0.30
TOTAL:	1IRON DRUMS	200KGS	200.00KGS	220.00KGS	0.300CBM

TOTAL PACKED IN 1 IRON DRUMS

NET WEIGHT 200.00 KGS

GROSS WEIGHT 220.00 KGS

TOTAL MEASUREMENTS 0.300 M3

（十）报检委托书

代理报检委托书

编号：

_____出入境检验检疫局：

　　本委托人（备案号/组织机构代码_____）保证遵守国家有关检验检疫法律、法规的规定，保证所提供的委托报检事项真实、单货相符。否则，愿承担相关法律责任。具体委托情况如下：

　　本委托人将于_____年____月间进口/出口如下货物：

品　名		HS 编码	
数（重）量		包装情况	
信用证/合同号		许可文件号	
进口货物收货单位及地址		进口货物提/运单号	
其他特殊要求			

　　特委托_____（代理报检注册登记号_____），代表本委托人办理上述货物的下列出入境检验检疫事宜：

　　□1. 办理报检手续；

　　□2. 代缴纳检验检疫费；

　　□3. 联系和配合检验检疫机构实施检验检疫；

　　□4. 领取检验检疫证单。

　　□5. 其他与报检有关的相关事宜：_____

　　联 系 人：_____

　　联系电话：_____

　　本委托书有效期至_____年____月____日　　委托人（加盖公章）

　　　　　　　　　　　　　　　　　　　　　　　　　年　　月　　日

受托人确认声明

本企业完全接受本委托书。保证履行以下职责：

1.对委托人提供的货物情况和单证的真实性、完整性进行核实；

2.根据检验检疫有关法律法规规定办理上述货物的检验检疫事宜；

3.及时将办结检验检疫手续的有关委托内容的单证、文件移交委托人或其指定的人员；

4.如实告知委托人检验检疫部门对货物的后续检验检疫及监管要求。

如在委托事项中发生违法或违规行为，愿承担相关法律和行政责任。

　　联 系 人：_____

　　联系电话：_____　　　　　　　受托人(加盖公章)

　　　　　　　　　　　　　　　　　　　　　　　　　年　　月　　日

本委托书一式三联，第一联检验检疫机构留存，第二联委托人留存，第三联代理报检单位留存。

（第一联）

（十一）一般原产地证书（CO）

ORIGINAL

1.Exporter	Certificate No.
2.Consignee	**CERTIFICATE OF ORIGIN** **OF** **THE PEOPLE'S REPUBLIC OF CHINA**
3.Means of transport and route	5.For certifying authority use only
4.Country / region of destination	

6.Marks and numbers	7.Number and kind of packages; description of goods	8.H.S.Code	9.Quantity	10.Number and date of invoices

11.Declaration by the exporter	12.Certification
The undersigned hereby declares that the above details and statements are correct, that all the goods were produced in China and that they comply with the Rules of Origin of the People's Republic of China.	It is hereby certified that the declaration by the exporter is correct.
-- Place and date, signature and stamp of authorized signatory	-- Place and date, signature and stamp of certifying authority

（十二）出口货物报关单

中华人民共和国海关出口货物报关单

预录入编号：　　　　　　　　　　　　　　海关编号：

出口口岸		备案号		出口日期		申报日期
经营单位		运输方式	运输工具名称		提运单号	
发货单位		贸易方式		征免性质		结汇方式
许可证号		运抵国（地区）		指运港		境内货源地
批准文号		成交方式	运费		保费	杂费
合同协议号		件数		包装种类	毛重（公斤）	净重（公斤）
集装箱号		随附单据			生产厂家	

标记唛码及备注

项号	商品编号	商品名称、规格型号	数量及单位	最终目的国（地区）单价	总价	币制	征免

税费征收情况

录入员　　录入单位	兹声明以上申报无讹并承担法律责任	海关审单批注及放行日期(签章)
报关员		审单　　　　　审价
	申报单位（签章）	征税　　　　　统计
单位地址		
邮编　　　电话　　　填制日期		查验　　　　　放行

参考文献

［ 1 ］ 国际商会（ICC）. 国际贸易术语解释通则 2020：国际商会国内与国际贸易术语使用规则［M］. 中国国际商会组织，编译. 北京：对外经济贸易大学出版社，2020.

［ 2 ］ 国际商会（ICC）. 国际贸易术语解释通则 2010［M］. 中国国际商会组织，译. 北京：中国民主法制出版社，2011.

［ 3 ］ 国际商会中国国家委员会. 2000 年国际贸易术语解释通则［M］. 北京：中信出版社，2003.

［ 4 ］ 邓旭，陈晶莹. 国际贸易术语解释与国际货物买卖合同：以 INCOTERMS 2010 和 CISG 为视角［M］. 北京：经济管理出版社，2012.

［ 5 ］ 中国国际商会. ICC 跟单信用证统一惯例（UCP 600）［M］. 北京：中国民主法制出版社，2006.

［ 6 ］ 陈岩，于永达. 解析贸易术语［M］. 北京：清华大学出版社，2005.

［ 7 ］ 苏宗祥，徐捷. 国际结算［M］. 7 版. 北京：中国金融出版社，2020.

［ 8 ］ 陈岩. 最新国际贸易术语适用与案例解析［M］. 北京：中国法律出版社，2012.

［ 9 ］ 黎孝先，王健. 国际贸易实务［M］. 7 版. 北京：对外经济贸易大学出版社，2020.

［10］ 吴百福，徐小薇. 进出口贸易实务教程［M］. 8 版. 上海：上海人民出版社，2020.

［11］ 阿里巴巴（中国）网络技术有限公司. 从 0 开始：跨境电商实训教程［M］. 北京：电子工业出版社，2016.

［12］ 梁琦. 国际结算［M］. 4 版. 北京：高等教育出版社，2019.

［13］ 余世明. 国际商务单证实务［M］. 8 版. 广州：暨南大学出版社，2021.

［14］ 余世明. 国际贸易实务及案例［M］. 广州：暨南大学出版社，2020.

［15］ 祝卫. 出口贸易模拟操作教程［M］. 4 版. 上海：上海人民出版社，2019.

［16］ 高成兴，朱立南，黄卫平. 国际贸易教程［M］. 5 版. 北京：中国人民大学出版社，2015.

［17］ 傅纯恒. 进出口报关实务［M］. 北京：中国商务出版社，2015.

［18］ 左连村. 国际贸易案例分析［M］. 广州：中山大学出版社，2018.

［19］ 庞红，尹继红，沈瑞年. 国际结算［M］. 6 版. 北京：中国人民大学出版社，2019.

［20］ 许南. 国际结算案例与分析［M］. 北京：中国人民大学出版社，2015.

［21］ 李时民. 出口贸易［M］. 北京：北京大学出版社，2005.

［22］ 刘德标，罗凤翔. 国际贸易实务案例分析［M］. 北京：中国商务出版社，2005.

［23］ 刘静华. 国际货物贸易实务［M］. 3 版. 北京：对外经济贸易大学出版社，2013.

［24］ 刘秀玲. 国际贸易实务与案例［M］. 2 版. 北京：清华大学出版社，2014.

［25］ 尚玉芳，阎寒梅. 新编国际贸易实务习题与解答［M］. 大连：东北财经大学出版社，2005.

［26］ 邵望予. 国际贸易方式实务教程［M］. 北京：中国海关出版社，2002.

［27］ 石玉川，张家瑾. 国际贸易实务［M］. 3 版. 北京：对外经济贸易大学出版社，2013.

［28］ 王涛生. 新编国际贸易实务［M］. 北京：科学出版社，2014.

［29］ 卓骏. 国际贸易理论与实务［M］. 4 版. 北京：机械工业出版社，2016.

［30］ 项义军. 国际货物贸易实务操作［M］. 北京：经济科学出版社，2012.

［31］ 熊良福，夏国政. 国际贸易实务新编［M］. 3 版. 武汉：武汉大学出版社，2005.

［32］ 徐宣全，张琦，田祖佑，等. 国际贸易实务［M］. 2 版. 杭州：浙江大学出版社，2007.

［33］ 余世明，彭月嫦. 国际贸易实务练习题及分析解答［M］. 3 版. 广州：暨南大学出版社，2009.

［34］ 俞业安. 实用期货交易分析［M］. 北京：中国纺织出版社，1998.

［35］ 陈胜权. 国际贸易实务经典教材习题详解［M］. 北京：对外经济贸易大学出版社，2005.

［36］ 岳华. 国际结算概论［M］. 上海：立信会计出版社，2002.

［37］ 郑光贵. 国际贸易理论与实务［M］. 大连：东北财经大学出版社，2019.

［38］ 祝合良，韩平. 期货贸易精要与案例［M］. 北京：石油工业出版社，1998.

［39］ 张炳达. 海关报关实务［M］. 上海：上海财经大学出版社，2015.

推 荐 阅 读

序号	书名	作者	中文书号	定价
1	货币金融学	钱水土（浙江工商大学）	978-7-111-65012-6	55.00
2	证券投资分析：理论、务实、方法与案例	王德宏（北京外国语大学）	978-7-111-72500-8	55.00
3	风险管理（第2版）	王周伟（上海师范大学）	978-7-111-55769-2	55.00
4	风险管理学习指导及习题解析	王周伟（上海师范大学）	978-7-111-55631-2	35.00
5	国际金融：理论与政策	汪洋（江西财经大学）	978-7-111-68785-6	69.00
6	金融市场学（第2版）	韩同文（武汉大学）	978-7-111-64656-3	55.00
7	商业银行经营管理	张桥云（西南财经大学）	978-7-111-69067-2	59.00
8	投资银行学：理论与案例（第3版）	马晓军（南开大学）	978-7-111-66146-7	55.00
9	中央银行学	汪洋（江西财经大学）	978-7-111-63489-8	45.00
10	行为金融学（第2版）	饶育蕾（中南大学）	978-7-111-60851-6	49.00
11	财富管理：理论与实践	易行健（广东外语外贸大学）	978-7-111-67696-6	59.00
12	《财富管理：理论与实践》学习指南与习题集	易行健（广东外语外贸大学）	978-7-111-70136-1	39.00
13	个人理财：流程与案例	张颖（对外经贸大学）	978-7-111-69498-4	49.00
14	金融工程	付剑茹（江西师范大学）	978-7-111-71936-6	59.00
15	衍生金融工具基础	任翠玉（东北财经大学）	978-7-111-60763-2	40.00
16	金融风险管理	郭战琴（郑州大学） 李永奎（电子科技大学）	978-7-111-69138-9	49.00
17	金融科技概论	曹衷阳（河北经贸大学）	978-7-111-70927-5	59.00
18	金融服务营销	周晓明（西南财经大学）	978-7-111-30999-4	30.00

推荐阅读

	中文书名	原作者	中文书号	定价
1	经济学（微观）（原书第7版）	R.格 · 哈伯 哥伦比亚大学	978-7-111-71012-7	99.00
2	经济学（宏观）（原书第7版）	R.格 · 哈伯 哥伦比亚大学	978-7-111-71758-4	99.00
3	计量经济学（原书第4版）	詹姆斯 · 斯托克 哈佛大学	978-7-111-70760-8	109.00
4	经济计量学精要（原书第4版）	达莫达尔 · 古扎拉蒂 西点军校	978-7-111-30817-1	49.00
5	经济计量学精要（英文版 · 原书第4版）	达莫达尔 · 古扎拉蒂 西点军校	978-7-111-31336-6	65.00
6	经济计量学精要（第4版）习题集	达莫达尔 · 古扎拉蒂 西点军校	978-7-111-31370-1	29.00
7	应用计量经济学（原书第7版）	A.H.施图德蒙德	978-7-111-56546-1	65.00
8	应用计量经济学：时间序列分析（原书第4版）	沃尔特 · 恩德斯 哥伦比亚大学	978-7-111-57847-5	79.00
9	商务与经济统计（原书第14版）	戴维 · R.安德森	978-7-111-71998-4	129.00
10	博弈论：策略分析入门（原书第3版）	罗杰 · A麦凯恩	978-7-111-70091-3	89.00
11	时间序列分析：预测与控制（原书第5版）	乔治 · E.P.博克斯	978-7-111-71240-4	129.00
12	管理经济学（原书第12版）	克里斯托弗R.托马斯 南佛罗里达大学	978-7-111-58696-8	89.00
13	发展经济学（原书第12版）	迈克尔 · P.托达罗 纽约大学	978-7-111-66024-8	109.00
14	货币联盟经济学（原书第12版）	保罗 · 德 · 格劳威 伦敦政治经济学院	978-7-111-61472-2	79.00